Kohlhammer

Roland Stein/Thomas Müller (Hrsg.)

# Inklusion im Förderschwerpunkt emotionale und soziale Entwicklung

3., überarbeitete Auflage

Verlag W. Kohlhammer

Dieses Werk einschließlich aller seiner Teile ist urheberrechtlich geschützt. Jede Verwendung außerhalb der engen Grenzen des Urheberrechts ist ohne Zustimmung des Verlags unzulässig und strafbar. Das gilt insbesondere für Vervielfältigungen, Übersetzungen, Mikroverfilmungen und für die Einspeicherung und Verarbeitung in elektronischen Systemen.

Die Wiedergabe von Warenbezeichnungen, Handelsnamen und sonstigen Kennzeichen in diesem Buch berechtigt nicht zu der Annahme, dass diese von jedermann frei benutzt werden dürfen. Vielmehr kann es sich auch dann um eingetragene Warenzeichen oder sonstige geschützte Kennzeichen handeln, wenn sie nicht eigens als solche gekennzeichnet sind.

Es konnten nicht alle Rechtsinhaber von Abbildungen ermittelt werden. Sollte dem Verlag gegenüber der Nachweis der Rechtsinhaberschaft geführt werden, wird das branchenübliche Honorar nachträglich gezahlt.

Dieses Werk enthält Hinweise/Links zu externen Websites Dritter, auf deren Inhalt der Verlag keinen Einfluss hat und die der Haftung der jeweiligen Seitenanbieter oder -betreiber unterliegen. Zum Zeitpunkt der Verlinkung wurden die externen Websites auf mögliche Rechtsverstöße überprüft und dabei keine Rechtsverletzung festgestellt. Ohne konkrete Hinweise auf eine solche Rechtsverletzung ist eine permanente inhaltliche Kontrolle der verlinkten Seiten nicht zumutbar. Sollten jedoch Rechtsverletzungen bekannt werden, werden die betroffenen externen Links soweit möglich unverzüglich entfernt.

3., überarbeitete Auflage 2024

Alle Rechte vorbehalten
© W. Kohlhammer GmbH, Stuttgart
Gesamtherstellung: W. Kohlhammer GmbH, Stuttgart

Print:
ISBN 978-3-17-045304-3

E-Book-Formate:
pdf:   ISBN 978-3-17-045305-5
epub:  ISBN 978-3-17-045306-7

# Vorwort der Reihenherausgeber

Vor dem Hintergrund der UN-Behindertenrechtskonvention, die seit 2009 für Deutschland verbindlich gilt, entwickelt sich die Idee der Inklusion zu einem neuen Leitbild in der Behindertenhilfe. Sowohl in der Schule als auch in anderen gesellschaftlichen Bereichen sollen Menschen mit Behinderung von vornherein in selbstbestimmter Weise teilhaben können. Inklusion in Schule und Gesellschaft erfordert einen gesamtgesellschaftlichen Reformprozess, der sowohl auf die Umgestaltung des Schulsystems als auch auf weitreichende Entwicklungen im Gemeinwesen abzielt. Der Ausgangspunkt dieser Entwicklung wird in Deutschland durch ein differenziertes Bildungssystem und eine stark ausgeprägte, spezialisierte sonderpädagogische Fachlichkeit – bezogen auf unterschiedliche Förderschwerpunkte – bestimmt.

Vor diesem Hintergrund soll die Buchreihe »Inklusion in Schule und Gesellschaft« Wege zur selbstbestimmten Teilhabe von Menschen mit Behinderung in den verschiedenen pädagogischen Arbeitsfeldern von der Schule über den Beruf bis hinein in das Gemeinwesen und bezogen auf die unterschiedlichen sonderpädagogischen Förderschwerpunkte aufzeigen. Der Schwerpunkt liegt dabei im schulischen Bereich. Jeder Band enthält dabei sowohl historische und empirische als auch organisatorische und didaktisch-methodische sowie praxisbezogene Aspekte bezogen auf das jeweilige spezifische Aufgabenfeld der Inklusion. Ein übergreifender Band wird Ansätze einer interdisziplinären Grundlegung des neuen bildungs- und sozialpolitischen Leitbildes der Inklusion umfassen. Als Herausgeber fungieren die Mitglieder des Wissenschaftlichen Beirats »Inklusion«, beauftragt vom Bayerischen Landtag.

Die Reihe umfasst folgende Einzelbände:

Band 1: Inklusion in der Primarstufe
Band 2: Inklusion in der Sekundarstufe
Band 3: Inklusion im Beruf
Band 4: Inklusion im Gemeinwesen
Band 5: Inklusion im Förderschwerpunkt emotionale und soziale Entwicklung
Band 6: Inklusion im Förderschwerpunkt geistige Entwicklung
Band 7: Inklusion im Förderschwerpunkt Hören

Band 8: Inklusion im Förderschwerpunkt körperliche und motorische Entwicklung
Band 9: Inklusion im Förderschwerpunkt Lernen
Band 10: Inklusion im Förderschwerpunkt Sehen
Band 11: Inklusion im Förderschwerpunkt Sprache
Band 12: Inklusive Bildung
Band 13: Inklusion in Kindertagesstätten
Band 14: Inklusion und Qualifikation

Erhard Fischer
Ulrich Heimlich
Joachim Kahlert
Reinhard Lelgemann

# Inhalt

Vorwort der Reihenherausgeber     5

Danksagung     9

Inklusion im Förderschwerpunkt emotionale und soziale
Entwicklung – zur Einleitung     11
*Roland Stein/Thomas Müller*

Verhaltensstörungen und emotional-sozialer
Entwicklungsbedarf: zum Gegenstand     19
*Roland Stein/Thomas Müller*

Zur geschichtlichen Entwicklung der schulischen
Erziehungshilfe     46
*Marc Willmann*

Zwischen Vulnerabilität und Potential: Empirischer
Forschungsstand zur inklusiven Bildung von Schülerinnen und
Schülern im Förderschwerpunkt emotionale und soziale
Entwicklung     78
*Gino Casale*

Organisationsformen inklusiver Förderung im Bereich
emotional-sozialer Entwicklung     119
*Thomas Hennemann/Heinrich Ricking/Christian Huber*

Beziehung statt Erziehung? Psychoanalytische Perspektiven auf
pädagogische Herausforderungen in der Praxis mit emotional-
sozial belasteten jungen Menschen     153
*Birgit Herz/David Zimmermann*

Evidenzbasierte Praxis im Förderschwerpunkt emotional-soziale
Entwicklung     181
*Clemens Hillenbrand*

## Pädagogik bei Verhaltensstörungen einschließlich inklusiver Bildung: zu disziplinären und professionsbezogenen Grundsatzfragen 229
*Pierre-Carl Link*

## Erziehung im Förderschwerpunkt emotionale und soziale Entwicklung 252
*Thomas Müller/Roland Stein*

## Schulische Inklusion im Förderschwerpunkt emotionale und soziale Entwicklung – quo vadis? 266
*Thomas Müller/Roland Stein*

## Autorenverzeichnis 273

# Danksagung

Dass dieses Buch entstehen konnte, ist zuallererst der Initiative und dem Vertrauen der Reihenherausgeber der Universitäten München und Würzburg – Erhard Fischer, Ulrich Heimlich, Joachim Kahlert und Reinhard Lelgemann – zu verdanken. Dass es dabei möglich war, für den Förderschwerpunkt emotionale und soziale Entwicklung ein derart vielschichtiges Spektrum an Beiträgen, Perspektiven und Positionen zu den Herausforderungen um Inklusion mit diesem spezifischen Fokus zusammenzuführen, ist der Fachkompetenz, dem großen Engagement sowie der Diskursbereitschaft aller durch die Buchherausgeber eingeladenen Autoren geschuldet.

Nachdem nach einer ersten Auflage 2015 auch die zweite Auflage, 2018, eine gute Akzeptanz fand, wurde eine dritte Auflage möglich. Hierzu wurden die Beiträge des Buches von den Autoren überarbeitet und aktualisiert. Des Weiteren wurde der Beitrag zum Forschungsstand durch einen zusätzlichen Autor neu geschrieben.

Würzburg, im Juni 2024
Roland Stein und Thomas Müller

# Inklusion im Förderschwerpunkt emotionale und soziale Entwicklung – zur Einleitung

Roland Stein/Thomas Müller

Verhaltensstörungen und der Umgang mit ihnen stellen mit Sicherheit einen der Brennpunkte und eine der größten Herausforderungen im Hinblick auf aktuelle wie zukünftige Fragen der Schulentwicklung dar. Dies gilt umso mehr angesichts der Zielsetzung, die Entwicklung hin zu einem stärker inklusiven Erziehungs- und Bildungssystem auch gut fünfzehn Jahre nach Inkrafttreten der UN-Behindertenrechtskonvention weiter voranzutreiben.

Die Entwicklung hin zu einer inklusiven Gesellschaft – und in diesem Kontext auch zu einem inklusiven Schulsystem – wird im Sinne dieser Konvention als Auftrag verstanden. Dabei gilt es, die Konvention nicht auf einzelne ihrer Artikel zu beschränken, sondern in ihrem Gesamtbild zu sehen. Ziel ist die uneingeschränkte Teilhabe von Menschen mit Behinderungen am gesellschaftlichen Leben. Während sich Bestrebungen um Integration darauf ausrichten, Menschen in bestehende Systeme einzupassen, besteht das Ziel nach Maßgabe der UN-Konvention darin, die Systeme so weiterzuentwickeln, dass sie allen Menschen gerecht werden und alle Menschen von vorneherein aufnehmen, auch Menschen mit Behinderungen, deren Wohlergehen Thema dieser Konvention ist. Dabei sind besondere Maßnahmen zur Beschleunigung oder Herbeiführung von Gleichberechtigung explizit mitgedacht, und das Wohl des Kindes soll im Hinblick auf die Abwägung von Maßnahmen Vorrang haben. Es ist davon auszugehen, dass hier ein fernes gesellschaftliches Ziel beschrieben und ein langfristiger Prozess in Gang gesetzt wird, der große Umsicht erforderlich macht. In einer ersten Phase gestaltete sich die Diskussion um die UN-Konvention in Deutschland sehr polarisiert, emotionalisiert und eng auf die institutionelle Frage der Zukunft von Sonder- bzw. Fördereinrichtungen beschränkt. In den letzten Jahren hat sich diese Diskussion etwas versachlicht und sie wird differenzierter geführt, so dass den individuellen Bedürfnissen von Menschen mit Behinderungen, Beeinträchtigungen bzw. besonderem Förderbedarf potenziell effektiver Rechnung getragen werden kann. Hierzu möchte das vorliegende Buch einen Beitrag leisten, indem der Blick zugleich auf einen der zentralen Brennpunkte, möglicherweise eine ›Nagelprobe‹ des Prozesses hin zu stärker inklusiven schulischen Strukturen gelenkt wird.

Denn aus der epidemiologischen Forschung ergibt sich deutlich, dass psychische Problematiken und Verhaltensauffälligkeiten wie Ängstlichkeit und Angststörungen, Dissozialität und Aggressivität, Aufmerksamkeits- und Hyperaktivitätsstörungen sowie auch Depressivität bei Kindern und Jugendlichen außerordentlich verbreitet sind. Aber auch weitere Phänomene wie Schulabsentismus, verschiedene Formen von Drogenmissbrauch und Abhängigkeit, selbstverletzendes Verhalten, Essstörungen, Autismus-Spektrum-Störungen oder auch Bindungsproblematiken spielen eine bedeutende Rolle. Hinzu kommen die kurzfristigen, aber auch überdauernden emotionalen und sozialen Belastungen, die sich aus den Folgen der Corona-Pandemie ergeben. Dieses Konglomerat stellt Lehrkräfte verschiedenster Schularten vor erhebliche Probleme, die sich nicht nur mit psychischen Störungen und Verhaltensauffälligkeiten, sondern auch mit (den damit in Verbindung stehenden) Erziehungsschwierigkeiten und Unterrichtsstörungen auseinandersetzen müssen. Verhaltensstörungen sind schon immer ein Thema aller Schulformen und Schulen, auch wenn nicht alle Schulformen bisher ein ausreichendes Bewusstsein hierfür entwickelt haben und sich in vertiefter Form um einen pädagogischen Umgang damit bemühen. Das Spektrum dieser Problemlagen will das vorliegende Buch differenziert und aus unterschiedlichen fachlichen Perspektiven beleuchten sowie Möglichkeiten des Umgangs mit solchen Herausforderungen, aber auch Schwierigkeiten und Begrenzungen pädagogischen Handelns aufzeigen.

Das Buch folgt dabei einem interaktionistischen Verständnis von Verhaltensstörungen – diese werden als Störungen im Person-Umwelt-Bezug betrachtet. Auffälligkeiten im Erleben und Verhalten von Kindern und Jugendlichen oder auch ein emotional-sozialer Förderbedarf sind aus einer solchen Perspektive Signale für dahinterstehende Störungen – Störungen in der Interaktion zwischen Mensch und Umwelt. Damit rücken neben Schülern mit auffälligen Persönlichkeitsanteilen auch Aspekte der Situation in den Vordergrund; des Weiteren geraten komplexere systemische Zusammenhänge in den Blick, unter anderem die Folgenden:

- Die Forschung zu Schul- und Unterrichtsklima weist auf bedeutsame Zusammenhänge zu psychischen Störungen hin;
- Untersuchungen zum Klassenmanagement verweisen auf bedeutsame Einflüsse der Gestaltung des Unterrichts auf das Verhalten der Schüler;
- in vielen Elternhäusern finden sich Bedingungen, die Auffälligkeiten bei Kindern hervorbringen oder befördern.

Verschiedenste belastende, aber auch provozierende Bedingungen und Kontexte müssen daher in den Blick genommen werden. Erst aus den Interaktionen von Menschen mit ihren Lebensbedingungen innerhalb verschiedener Situationen und Systeme entwickeln sich Problematiken, die als störend empfunden und erfahren werden. Ein solches interaktionistisches Verständnis des Problembereiches beinhaltet auch viele Möglichkeiten einer präventiven Sicht und Arbeit im Hinblick auf Störungen, so dass diese gar nicht erst entstehen oder sich möglichst wenig verfestigen.

Ziel des Buches ist es, die gegenwärtige schulische Situation im Förderschwerpunkt emotionale und soziale Entwicklung in Deutschland aus ihrer historischen Entwicklung heraus zu verstehen, sie im Hinblick auf wesentliche Leitlinien darzustellen sowie dann aus wissenschaftlicher Perspektive sinnvolle und mögliche Perspektiven einer zukünftigen Entwicklung zu umreißen. Im (scheinbaren) Spannungsfeld zwischen inklusiver und besonderer, separierender Beschulung sollen zentrale Aspekte des aktuellen Forschungsstandes betrachtet werden. Dabei geht es nicht allein um Fragen der Leistungsfortschritte, sondern ebenso um Leistungsmotivation, emotionale und soziale Entwicklung und Veränderungen des Selbstkonzepts. Aber auch die Einbindung der durch den Förderschwerpunkt beschriebenen Schüler in die Gruppe oder Klassengemeinschaft, die resultierende Gruppenatmosphäre und die Wirkung auf andere Schüler – ein Aspekt, der von vielen Eltern sehr kritisch hinterfragt wird – spielen eine wichtige Rolle.

Eine solche Bestandsaufnahme der aktuellen schulischen Situation im Förderschwerpunkt emotional-soziale Entwicklung ist unverzichtbare Grundlage für die Frage, welche Maßnahmen aus empirischer Perspektive wirksam sind, wobei ein Bogen von schulischer Prävention (für alle Schulen) bis zur intensiven Intervention (in besonderen Settings) ebenso gespannt werden muss – wie die Frage nach der Wirkung von Konzepten und Maßnahmen im Hinblick auf spezifische Problematiken zu stellen ist. Dies bringt ein enormes und eine Diversität der Handlungsformen erforderndes Spektrum der Problemstellungen mit sich: Ängstlichkeit und Ängste, Aggressivität und Gewalt, ADHS, Depressivität, selbstverletzendes Verhalten, Abhängigkeiten, Schulunlust und andere Auffälligkeiten des Verhaltens und Erlebens.

Neben dem Interesse an Evidenzbasierung, an dem, was ›wirkt‹, stellt sich aber gerade in diesem Förderschwerpunkt die zentrale Frage nach der Bedeutung von Erziehung – auch im Hinblick auf maßgebliche Aspekte, die teilweise schwer oder kaum messbar sein dürften und dennoch einen großen Bedeutungs- und Sinngehalt haben. Dabei gilt es besonders die Perspektive der Psychoanalytischen Pädagogik nicht nur in ihrer historischen Relevanz für den Förderschwerpunkt, sondern gerade auch in ihrer Aktualität aufzugreifen. Leitlinien dessen, was hier unter Erziehung verstanden werden kann, spielen eine zentrale Rolle für Allgemeine Schulen, in denen allzu oft die Fragen auf ein stark kognitiv orientiertes Bildungsverständnis und auf Lernfortschritte hin fokussiert sind – und sie sind von intensiver Bedeutung für spezielle Formen schulischer Erziehungshilfe. Aus den hier angerissenen Aspekten ergibt sich der Aufbau dieses Buches, der im Folgenden erläutert wird.

Das Bemühen um eine inklusive Beschulung von Kindern und Jugendlichen mit emotional-sozialem Förderbedarf zieht unweigerlich die Frage nach sich, um wen es sich dabei genau handelt und ob mit der Bezeichnung ›emotionalsozialer Förderbedarf‹ auch alle Kinder und Jugendlichen gemeint sind, die zum Gegenstandsbereich der Pädagogik bei Verhaltensstörungen gezählt werden können. *Roland Stein* und *Thomas Müller* entwerfen daher ein begriffliches Konzept, das im Sinne von Inklusion nicht nur interventive, sondern gerade auch präventive Perspektiven eröffnet. Emotional-sozialer Förderbedarf erweist sich dabei als ein Aspekt im Rahmen eines interaktionistischen Verständnisses, welches von einer spezifischen Sicht auf Verhaltensstörungen ausgeht und dabei mögliche Beiträge der Person, der Situationen, der jeweiligen Interaktion und der beurteilenden und diagnostizierenden Beobachter zum Entstehen und zur weiteren Entwicklung von Störungen beleuchtet. Mit Blick auf die Ausgangslage und Entstehung der Disziplin ›Pädagogik bei Verhaltensstörungen‹ erscheint es notwendig, Begrifflichkeiten und Erscheinungsweisen in den Blick zu nehmen und ausgehend von diesen nach den zugrundeliegenden Kriterien und Normen zu fragen. Im Anschluss an Möglichkeiten der Einteilung, Klassifikation und Epidemiologie wird die Frage nach einer inklusiven Beschulung von Kindern und Jugendlichen mit emotional-sozialem Förderbedarf schließlich unter anthropologischer Perspektive in ihrer Komplexität diskutiert.

Die Erkenntnis, von woher und auf welchen Entwicklungswegen die institutionelle Organisation und die pädagogische Arbeit für Kinder und Jugendliche mit Verhaltensauffälligkeiten ihre aktuelle Form gewonnen hat, ist unverzichtbar für den Blick auf das Gegenwärtige sowie das mögliche Zukünftige. Daher zeichnet der Beitrag von *Marc Willmann*, an das Verständnis von Verhaltensstörungen und sozial-emotionalem Förderbedarf anschließend und dieses vertiefend, die Geschichte der schulischen Erziehungshilfe systematisch anhand von vier Entwicklungslinien nach. Betrachtet wird die Ideengeschichte des pädagogischen Umgangs mit ›schwierigen‹ Kindern und Jugendlichen, die Geschichte der schulischen Institutionen und organisatorischen Versuche, die Historiographie der sonderpädagogischen Profession und Disziplin sowie Tendenzen in der Bildungspolitik und Behindertengesetzgebung. Daraus werden Schlussfolgerungen zu den Implikationen für die aktuelle Inklusionsdebatte gezogen. Die Diskussion gegenwärtiger und in die Zukunft zielender Fragen hinsichtlich Inklusion im Förderschwerpunkt emotionale und soziale Entwicklung ließe sich ohne historische Auseinandersetzung nur verkürzt führen und ist daher von besonderer Bedeutung.

Den insbesondere quantitativen empirischen Forschungsstand zu Inklusion im Förderschwerpunkt emotional-soziale Entwicklung arbeitet *Gino Casale* auf. Hierzu bestimmt er zunächst die Eckpunkte: das Verständnis von Inklusion, die Frage, wer die Schülerinnen und Schüler in diesem Förderschwerpunkt sind – sowie das Verständnis quantitativ-empirischer Forschung. Auf dieser Grundlage wird der Erkenntnisstand zu vier Feldern zusammengetragen und analysiert: akademischer, emotionaler, sozialer sowie verhaltensbezogener Entwicklung. Es wird deutlich, dass es sich auch und gerade im Hinblick auf Prozesse zu stärker inklusiver Einbindung und Unterstützung um eine vulnerable Gruppe handelt. Zugleich wird der Forschungsstand zu Fragen der Förderung und Unterstützung mit herangezogen. Hier finden sich viele evaluierte und durchaus potenziell wirksame Methoden, die jedoch in der Praxis nach wie vor zu selten eingesetzt werden. Das Plädoyer gilt einer verstärkten Nutzung evidenzbasierter Fördermethoden, zugleich bei stärkerer entsprechender Professionalisierung von Lehrkräften. Angesichts dieser Situation kommt auch speziellen Schulen auf absehbare Zeit eine besondere Relevanz zu, als förderlicher Lern- und Entwicklungsraum für Schülerinnen und Schüler im Förderschwerpunkt emotional-soziale Entwicklung.

Im Hinblick auf die herausgearbeitete Notwendigkeit eines breiten Spektrums der Angebote ist es logisch und bedeutsam, dass sich der Beitrag von *Thomas Hennemann, Heinrich Ricking* und *Christian Huber* den Organisationsformen inklusiver Förderung im Bereich emotional-soziale Entwicklung widmet und zunächst die Ausgangslage im Förderschwerpunkt beschreibt. Dabei werden die besonderen Herausforderungen im Rahmen der Beschulung von Kindern und Jugendlichen mit Auffälligkeiten des Erlebens und Verhaltens näher beleuchtet. So zeigt sich in den bundesländerübergreifenden Statistiken auch weiterhin für diesen Förderschwerpunkt, trotz großer Anstrengungen integrativer Beschulungsbemühungen, wie in kaum einem anderen Förderschwerpunkt eine drastische Zunahme der Förderquote. Auch internationale Erfahrungen zur inklusiven Beschulung belegen unisono die besonderen pädagogischen Herausforderungen im Rahmen einer angemessenen und förderlichen Unterrichtung von Kindern und Jugendlichen mit Förderbedarf in ihrer emotionalen und sozialen Entwicklung. Nach einer näheren Fokussierung der Besonderheiten in diesem Förderschwerpunkt stellt der Beitrag wichtige bildungspolitisch-institutionelle Rahmenbedingungen für den Aufbau inklusiver Strukturen vor. Auf dieser Grundlage erfolgt zunächst eine Bestandsaufnahme der bestehenden Organisationsformen schulischer Erziehungshilfe. Im Anschluss werden exemplarisch zukunftsweisende nationale wie internationale institutionelle Organisationsformate vorgestellt – bis hin zu Modellen der dezentralen Erziehungshilfe, die ohne eine bestehende Förderschule auskommen.

Von den Organisationsformen, ihren Möglichkeiten und Entwicklungen führt ein wichtiger Schritt in die erzieherische Arbeit innerhalb der Institutionen. Die Psychoanalytische Pädagogik ist ein gerade für den Kontext Verhaltensstörungen sehr bedeutsamer Theorierahmen, der von *Birgit Herz* und *David Zimmermann* gewählt und erörtert wird, um die biographischen Belastungen von Kindern und Jugendlichen in den Mittelpunkt der Erziehungs- und Bildungsarbeit zu rücken. Armutslagen, dysfunktionale familiäre Sozialisation, Gewalterfahrungen oder Trennungserleben zeigen sich auf der Verhaltensebene der hiervon betroffenen Heranwachsenden. Die resultierenden problematischen Verhaltens- und Erlebensformen der unter solchen Belastungen leidenden Kinder und Jugendlichen führen oft zu Krisen und Konflikten im Schulalltag und belasten Lehrkräfte. Der psychodynamisch-interaktionelle Zugang zur Beziehungsgestaltung mit dieser Zielgruppe ist von zentraler Bedeutung, um den Reinszenierungen solcher biographischen Verletzungen in institutionellen Systemen professionell zu begegnen. Pädagogische Handlungskompetenz zeichnet sich demnach durch eine hermeneutische Diagnostik und die Selbstreflexion in schwierigen Phasen der Erziehungsprozesse aus. Der Beitrag versteht sich als Erweiterung der fachlichen Kompetenzen von Lehrkräften und als Plädoyer für das Primat der Beziehungsarbeit. Damit wird die Inklusionsdiskussion um eine wesentliche Dimension erweitert, die nicht nur, wenn auch besonders, für den Förderschwerpunkt emotional-soziale Entwicklung von großer Relevanz ist.

Auf einen anderen, ebenso bedeutsamen Theorierahmen greift *Clemens Hillenbrand* zurück, der sich in seinem Beitrag evidenzbasierten Verfahren im Förderschwerpunkt emotional-soziale Entwicklung widmet. Evidenzbasierte Praxis meint die Ausrichtung des Handelns an wissenschaftlich fundierten sowie überprüften Maßnahmen bezogen auf die spezifische, professionelle Situation. Angesichts der UN-Konvention über die Rechte von Menschen mit Behinderung, die reale Verbesserungen für Personen mit Benachteiligungen und Behinderungen verlangt, stellt sich die Frage des wirksamen Handelns und der effektiven sonderpädagogischen Unterstützung dringlicher denn je. ›Evidenzbasierung‹, aus der medizinischen Forschung übernommen, drückt generell die Anforderung an Vorgehensweisen, Methoden, Verfahren und

Programme aus, bestimmten wissenschaftlichen Überprüfungen Stand zu halten und dabei zu positiven Wirkungen zu führen. Evidenzbasierung als Anforderung wird in der deutschsprachigen Sonderpädagogik bisher wenig thematisiert und nur allzu selten werden Studien zur Überprüfung nach entsprechenden Maßgaben durchgeführt. Daher gilt es, Grundlagen und Kriterien für Evidenzbasierung zu klären, bevor ein Überblick über jene Verfahren geboten wird, die den Kriterien zumindest näherungsweise genügen. In der internationalen, englischsprachigen Forschung stellt die Ausrichtung an einer evidenzbasierten sonderpädagogischen Praxis einen breit akzeptierten Standard dar, der als Auswahlkriterium für sonderpädagogische Vorgehensweisen dient. Für den Einsatz evidenzbasierter Verfahren in inklusiven Bildungssystemen ist jedoch ein schlüssiges Rahmenkonzept notwendig, das eine den Bedürfnissen der Lernenden gemäße und wirksame Unterstützung bietet. Das international anerkannte Rahmenkonzept eines responsiven Handlungsmodells entspricht nach den vorliegenden Studien diesen Anforderungen. International besteht Konsens dahingehend, dass erst durch den Einsatz evidenzbasierter Verfahren in einem wirksamen Rahmenkonzept tatsächlich das Recht auf inklusive Bildung, nämlich eine den Bedürfnissen angemessene Unterstützung, verwirklicht werden kann.

*Pierre-Carl Link* weitet den Blick auf den Inklusionsdiskurs mit besonderem Fokus auf das Subjekt der sonderpädagogischen Disziplin Pädagogik bei Verhaltensstörungen und unter Bezug auf die Psychoanalytische Pädagogik sowie die Psychoanalyse. Dabei stellt er durch die Annahme eines gespaltenen Subjekts die Inkludierbarkeit des Menschen grundsätzlich in Frage. Auf den Grenzen einer Inklusion des Subjekts aufbauend diskutiert Link in einem zweiten Schritt die Frage nach Möglichkeiten von Inklusion im Förderschwerpunkt emotionale und soziale Entwicklung auf ethischer Ebene.

Abschließend nehmen *Thomas Müller* und *Roland Stein* die Frage nach den erzieherischen Herausforderungen vor dem Hintergrund der Bemühungen um ein inklusives Schulsystem noch einmal grundsätzlich auf. Es wird dabei zunächst ein Verständnis von Erziehung im Hinblick auf aktuelle gesellschaftliche Herausforderungen und den erzieherischen Umgang mit auffälligem Verhalten und Erleben grundgelegt. Davon ausgehend werden herausfordernde besondere erzieherische Problemlagen und Aufgaben beschrieben. Im Ergebnis liegt ›schwierige‹ Erziehung dann vor, wenn Bemühungen erheblich intensiviert werden müssen, obgleich sich schwerlich Kennzeichen zusammentragen lassen, welche diese trennscharf von regulären Problemstellungen abgrenzen würden. Es handelt sich letztlich um ein Kontinuum der Problemstellungen und um eine Potenzierung von Schwierigkeiten. Eine solche Potentialität lässt sich im Ergebnis auch als emotional-sozialer Förderbedarf beschreiben, obgleich verstärkt und mit hohem Bewusstsein darauf zu achten ist, dass damit nicht schwierige und herausfordernde Aspekte von Erziehung auf die Edukanden ›abgeschoben‹ werden. Auch hier bietet daher wiederum das interaktionistische Konzept von Verhaltensstörungen den Hintergrund der Betrachtung und Erörterungen, und das Hervortreten von Förderbedarf im emotionalen und sozialen Bereich wird als Ausdrucksform und Signal für eine dahinterstehende Störung betrachtet. Besonders dann, wenn sich inklusive schulische Rahmungen Kindern und Jugendlichen mit emotional-sozialem Förderbedarf widmen, gilt es, dies durch ein auf gemeinsam geteilte Situationen und Interaktionen erweitertes Verständnis des Förderbegriffs zum Ausdruck zu bringen und als Prozess einer ebenso gemeinsamen Daseinsgestaltung immer wieder neu zu akzentuieren. Der Beitrag weist auf Erziehung als ein prozesshaftes, dialogisches Geschehen hin und lotet auch Schwierigkeiten und Grenzen pädagogischen Handelns aus, in dem Sinne, dass für alle erzieherischen Arbeitskontexte in einem sich zunehmend als inklusiv verstehenden Schulsystem auch Aspekte wie Grenzen, Scheitern, Begrenzungen bis hin zu Kontexten der Geschlossenheit offen und kritisch in den Blick genommen werden müssen. In einen so gearteten Blick muss aber auch der schulische wie persönliche Erziehungsauftrag, gesellschaftlich vermittelt, mit aufgenommen und in verantwortungsvolles, ethisch verantwortbares pädagogisches Handeln überführt werden.

Den Autorinnen und Autoren dieses Herausgeberbuches wurde es frei überlassen, eine Variante des ›Genderns‹ zu wählen. Soweit hier das generische Maskulinum gewählt wird, gilt auch dies für alle Geschlechter gleich.

# Verhaltensstörungen und emotional-sozialer Entwicklungsbedarf: zum Gegenstand

Roland Stein/Thomas Müller

> Das Bemühen um eine inklusive Beschulung von Kindern und Jugendlichen mit emotional-sozialem Förderbedarf zieht unweigerlich die Frage nach sich, um wen und was es sich dabei genau handelt und ob mit der Bezeichnung ›emotional-sozialer Förderbedarf‹ auch alle Kinder und Jugendlichen gemeint sind, die zum Gegenstandsbereich der Pädagogik bei Verhaltensstörungen gezählt werden können. In diesem Rahmen soll ein begriffliches Konzept entworfen werden, das im Sinne von Inklusion nicht nur interventive, sondern auch präventive Perspektiven eröffnet. Daher ist es notwendig, mit Blick auf die Ausgangslage und Entstehung der Disziplin ›Pädagogik bei Verhaltensstörungen‹ Begrifflichkeiten und Erscheinungsweisen in den Blick zu nehmen und ausgehend von diesen nach den zugrundeliegenden Kriterien und Normen zu fragen. Im Anschluss an Möglichkeiten der Einteilung, Klassifikation und Epidemiologie wird die Frage nach einer inklusiven Beschulung von Kindern und Jugendlichen mit emotional-sozialem Förderbedarf schließlich unter anthropologischer Perspektive in ihrer Komplexität diskutiert.

## 1    Ausgangslage und Entstehung einer Disziplin

Es lässt sich nur vage ausmachen, wo, durch wen, unter welchen Bedingungen und Intentionen die pädagogische Arbeit mit solchen Kindern und Jugendlichen ihren Ausgangspunkt nahm, die man heute als verhaltensauffällig, als erziehungsschwierig oder als förderbedürftig hinsichtlich ihrer sozial-emotionalen Entwicklung bezeichnet. Sicher ist, dass beispielsweise Personen wie Pestalozzi (1799; 1801), Wichern (1853; 1863) und Trüper (1909; 1920), aber auch Aichhorn (1957) und Fuchs (1930), Redl (1978) und Bettelheim (1950) durch ihr eigenes Tun entscheidende Impulse setzten, die auch heute noch die Pädagogik bei Verhaltensstörungen und die pädagogische Arbeit mit Kindern und Jugendlichen mit Auffälligkeiten des Erlebens und Verhaltens beeinflussen. Auch wenn sich bei den erstgenannten Persönlichkeiten gesinnungs- und verantwortungsethische Anteile in der Intention ihrer Auseinandersetzung mit so genannten sittlich verwilderten, verwahrlosten oder kranken Kindern und Jugendlichen teils noch vermischen, so ließe sich ihr Wirken im Hinblick auf das Anliegen ›Inklusion‹ durchaus als inklusiv charakterisieren und verstehen: Sie nahmen sich Kindern an, mit denen sich sonst niemand auseinandersetzen wollte, die, im Falle Pestalozzis, hungernd und bettelnd über das Schweizer Land zogen, die, im Falle Wicherns, auf sich selbst angewiesen durch die Hamburger Hinterhöfe trieben oder an vielen anderen Orten als lästig, überflüssig und störend empfunden wurden. Nach dem Ersten Weltkrieg war es vor allem Fuchs (1930), dem es zu verdanken ist, dass Kinder und Jugendliche, welche durch die Kriegserfahrungen seelisch geschädigt – heute würde man sagen: traumatisiert – waren, beschult wurden. Gleichzeitig fand die Psychoanalyse durch die Arbeit von Aichhorn (1925; 1957) eine frühe ›Anwendung‹ bei ›verwahrlosten‹ Kindern, in der Form, dass erstmals zwischen den Erscheinungsweisen des Verhaltens und den Ursachen unterschieden wurde. Die Annahme, dass jedes Verhalten aus dem Kontext seiner Verursachung heraus verstehbar und damit subjektiv sinnvoll ist, trug wesentlich zu einer veränderten Haltung in der pädagogischen Arbeit mit Kindern und Jugendlichen mit Verhaltensauffälligkeiten bei. In den USA waren es Redl (1979) und Bettelheim (1950), die durch psychoanalytische Einsichten und die konkrete Arbeit mit auffälligen und traumatisierten Kindern, welche sonst nirgendwo (mehr) Platz fanden, Erfahrungen sammelten, die bis in die heutige Pädagogik bei Verhaltensstörungen hineinwirken.

Während des Nationalsozialismus kam der Ausbau der von Fuchs begründeten Erziehungsklassen zum Erliegen (Liebrich, 1986). Erhalt und Vermittlung von Zucht und rigider Ordnung waren von Bedeutung. Verhaltensauffälligkeiten stellten diesbezüglich eine Gefährdung dar, galten als ›genetisch fixierte Minderwertigkeit‹ und wurden daher als pädagogisch nicht beeinflussbar angesehen. Nur dem Arbeitsdienst schrieb man eine positive Wirkung zu und teilweise wurde die Hitlerjugend als Besserungsanreiz in Aussicht gestellt. Jugendliche, die als sozial auffällig und sittlich verwahrlost galten, wurden ab 1940 bzw. 1942 den ›Jugendschutzlagern‹ Moringen und Uckermark zugeführt und zur Zwangsarbeit verpflichtet.

Nach 1945 setzte man die vor dem Zweiten Weltkrieg begonnene Arbeit mit Kindern und Jugendlichen mit Verhaltensauffälligkeiten im Westen fort, obgleich die psychoanalytische Pädagogik nach und nach an Einfluss verlor. Es war nun nicht mehr von sittlich verwahrlosten oder kranken Kindern, sondern vom ›verhaltensgestörten Kind‹ die Rede, obgleich bei relativ einheitlichem Sprachgebrauch die Sichtweisen auf diese Kinder und Jugendlichen auseinanderliefen. Sonderschulbedürftigkeit, seelische Belastungen und »Haltschwäche« (Moor, 1960) wurden ebenso diskutiert wie frühkindliche Hirnschädigungen als Auslöser auffälligen Verhaltens und Anpassungsprobleme an bestehende Strukturen. Seit den 1970er Jahren wurde als Folge davon problematisiert, inwieweit ›verhaltensgestörte‹ Kinder und Jugendliche tatsächlich ›gestört‹ und inwieweit sie ›nur‹ Opfer von gesellschaftlichen wie individuellen Etikettierungs- und Stigmatisierungsprozessen seien.

In der DDR dagegen entstand ab 1965 eine ›Verhaltensgestörtenpädagogik‹ mit eigenem, staatskonformem Verständnis. Gesellschaftliche Erklärungen für Verhaltensstörungen waren darin nicht anerkannt. Auffälliges Verhalten wurde auf intra- und interpersonelle Gründe zurückgeführt. Erst im März 1981 gab das Ministerium für Volksbildung eine »Anweisung über Grundsätze bei der Förderung von Kindern mit wesentlichen physisch-psychischen Störungen im Bereich des Sozial- und Leistungsverhaltens (Verhaltensstörungen)« (1981) heraus. Es entstanden Spezialkinderheime für schwererziehbare Kinder (Zimmermann, 2004). Vormundschaftsgerichte und die Fürsorge waren bis in die Berufliche Bildung hinein für Kinder aus ›erziehungsuntüchtigen Milieus und daraus resultierenden sozialen Fehlentwicklungen‹ verantwortlich. Zudem gab es Jugendwerkhöfe, in die Jugendliche, welche als sehr erziehungsschwierig galten, eingewiesen wurden. Wer mit den dortigen Vorstellungen von Disziplin und Ordnung nicht zurechtkam und/oder mehrfach entwich, wurde in den geschlossenen Jugendwerkhof Torgau eingewiesen, der einer Strafanstalt glich. Jugendliche waren in diesen Formen der Unterbringung in erheblichem Maße Willkür, Misshandlungen und Machtmissbrauch durch Erwachsene ausgesetzt (Beyer/Strobl/Müller, 2016).

In den 1980er Jahren wurden die bestehenden Positionen durch Ansichten der Humanistischen Psychologie, vor allem unter Rückgriff auf Rogers, ergänzt (Stein 2019). In den folgenden Jahren kamen stark systemische und konstruktivistische, aber auch lösungsorientierte Positionen zur Fachdiskussion hinzu. Darüber hinaus erkannte man auch verstärkt die Bedeutung soziologischer Beiträge, insbesondere über Einflüsse von Subkultur- und Anomietheorie (Lamnek, 1979; Böhnisch, 1999). Mit der UN-Konvention von 2006 nahm die kritische Auseinandersetzung hinsichtlich der Notwendigkeit einer gesonderten Beschulung für Kinder und Jugendliche mit Verhaltensauffälligkeiten zu. Dennoch hat sich die Zahl der in diesen Schulen geförderten Schüler zwischen 2005 und 2020 mehr als verdoppelt (KMK, 2016; KMK, 2022). Versuche integrativer Beschulung (z. B. regelschulintegrierte Klassen, Kooperationsklassen, temporäre Lerngruppen, ambulante und mobile Dienste und Hilfen etc.) nahmen zugleich zu, fielen aber, soweit sie empirisch untersucht wurden, im Ergebnis sehr unterschiedlich aus (Goetze, 2008). Darüber hinaus und in diesem Zusammenhang muss sich die Pädagogik bei Verhaltensstörungen mit einer zunehmenden Dominanz des kinder- und jugendpsychiatrischen Zugriffs auf ihren Gegenstandsbereich auseinandersetzen (Schmid, 2012; Willmann, 2012), zugleich einer Nachbardisziplin mit deutlich mehr öffentlicher Wahrnehmung.

Hervorgehoben werden soll hier ergänzend, was Göppel (1989) in Abgrenzung zu anderen sonderpädagogischen Fachrichtungen festhielt. Die Pädagogik bei Verhaltensstörungen befasst sich erst in jüngerer Zeit näher mit der Frage geeigneter Beschulung verhaltensauffälliger Kinder und Jugendlicher. »In der Geschichte der Bemühungen um Kinder, die, ohne offensichtlich behindert zu sein, mit ihrem Verhalten aus dem Rahmen fallen, die vorgegebene Ordnungen verletzen und sich gegen die üblichen erzieherischen Maßnahmen sperren, spielt dagegen die Schule nur eine sehr untergeordnete Rolle« (ebd., S. 327). Es waren vor allem verschiedene Formen von Heimen, Verwahranstalten und Spezialeinrichtungen, die sich dieser Kinder annahmen und in denen Schule auch eine, aber nicht die primäre Rolle spielte (Myschker 2009). Umgekehrt lässt sich aus einer erzieherischen Perspektive auf Verhaltensstörungen auch festhalten, dass es diese schon so lange geben muss, wie es Formen und Ideen der Erziehung gibt. »Dass es freilich Kummer, Konflikte und Katastrophen zwischen Eltern und Kindern schon immer gegeben hat, dass Erziehung durch alle Epochen hindurch nicht selten auch mit heftigen Emotionen verbunden war, mit Gefühlen von Ärger, Wut, Empörung, Enttäuschung, mit Schuld-, Scham- und Versagensgefühlen, mit Sorgen, Zukunftsängsten, mit Gefühlen der Hilf- und Ratlosigkeit [...] davon ist auszugehen« (Göppel, 2010, S. 11).

Auch wenn dies eine sehr verkürzte und sicherlich nicht vollständige Darstellung bedeutsamer Entwicklungen, Strömungen und Tendenzen sein mag, wird deutlich, dass der Umgang und die Auseinandersetzung mit Kindern und Jugendlichen mit Verhaltensauffälligkeiten, historisch betrachtet, von verschiedensten Überlegungen geprägt war, sich auf diejenigen einzulassen, die unerwünscht und unverstanden blieben und die man als störend, lästig oder auffällig bezeichnete: letztlich Kinder und Jugendliche mit mannigfachen Exklusionserfahrungen. Erst mit den 1970er und 1980er Jahren nahm das Bewusstsein dafür zu, dass die Beschulung und Begleitung dieser Kinder und Jugendlichen in speziellen Institutionen nicht (nur) zum Abbau solcher Erfahrungen beitragen könnte, sondern umgekehrt zu deren Erhalt – oder sogar Teil des Exklusionsprozesses selbst sein könnte. Umgekehrt muss auch Göppel (1989) Recht gegeben werden, wenn er heraushebt: »Es galt nicht nur, das einzelne Kind zu ›bessern‹, sondern es ging auch meist darum, die anderen vor den verderblichen Einflüssen ›verwahrloster‹, ›verkommener‹ oder aber ›psychopathischer‹, ›moralisch-schwachsinniger‹ bzw. ›devianter‹, ›delinquenter‹ oder ›verhaltensgestörter‹ Kinder zu schützen« (ebd., S. 328). Dies ist ein nicht zu übersehender Aspekt, der vor allem im Hinblick auf die Debatte darüber, wie Inklusion im Kontext dieser Kinder und Jugendlichen zu verstehen sei, mitdiskutiert werden und unbedingte Beachtung finden muss. Gerade unter den Fragestellungen von Inklusion wird das in dieser Zeit entstandene Gutachten von Bittner, Ertle und Schmid wieder neu bedeutsam (1974). Sie empfehlen dem Deutschen Bildungsrat nämlich keinesfalls den flächendeckenden Auf- und Ausbau eigener Schulen für verhaltensauffällige Kinder, sondern sprachen sich hinsichtlich des Gros dieser Kinder für den Besuch der Regelschule aus: »Daher sind *Hilfen für Verhaltensgestörte vorrangig Aufgabe der allgemeinen Schulen und Gegenstand der allgemeinen* Pädagogik« (Bittner/Ertle/Schmid, 1974, S. 91; kursiv im Original). Für Kinder und Jugendliche mit schweren psychischen Störungen schlugen sie »klinisch therapeutische Ganztagsschulen« (ebd.) vor. Zudem empfahlen sie Schulen an und in Heimen für jene Kinder, die aufgrund eines Sorgerechtsentzugs nicht mehr in ihren Familien leben können. Lindmeier (2010) stellt heraus, dass die fachlichen Empfehlungen der noch jungen Disziplin nicht zum Tragen kamen: »Die Befunde dieses Gutachtens, die bis in die Gegenwart nicht an Aktualität verloren haben, konnten aber nur geringe Wirkung entfalten, weil sie einen scharfen Gegensatz bildeten zu den Empfehlungen der Kultusministerkonferenz von 1972, in denen [...] an der Möglichkeit einer klaren Abgrenzung der Schülerschaft und einem entsprechenden Ausbau der Schulen festgehalten wurde« (ebd., S. 23).

Kehrt man noch einmal zu den historischen Wurzeln zurück, so wäre aus heutiger Sicht auch die Frage berechtigt, was die Kinder und Jugendlichen, mit denen sich Pestalozzi, Wichern und andere in der Vergangenheit auseinandersetzten, mit verhaltensauffälligen Kindern und Jugendlichen gemein haben, die unter den Bedingungen des 21. Jahrhunderts aufwachsen. Bei allen auszumachenden Unterschieden lässt sich dennoch als roter Faden erkennen, »daß Kinder und Jugendliche gegen allgemeine Vorstellungen und Erwartungen vom ›angemessenen‹, ›durchschnittlichen‹, ›normalen‹ Verhalten verstoßen, daß eine Diskrepanz besteht zwischen der im pädagogischen Sinn wünschenswerten und der tatsächlichen Entwicklung, daß Eltern, Lehrer und Erzieher dies als Problem wahrnehmen und nach Gründen für solche Abweichungen sowie nach den erzieherischen Einwirkungsmöglichkeiten suchen« (Göppel, 1989, S. 9). Dies macht den Gegenstandsbereich der Pädagogik bei Verhaltensstörungen aus.

## 2 Begrifflichkeit und Erscheinungsweisen

Die deutsche Bildungslandschaft ist im beginnenden 21. Jahrhundert im Zusammenhang mit der Beschulung von Kindern und Jugendlichen mit Verhaltensauffälligkeiten, ebenso wie die wissenschaftliche Disziplin ›Pädagogik bei Verhaltensstörungen‹, geprägt von unterschiedlichen Schwerpunktsetzungen, Perspektiven und Entwicklungen, die in verschiedenen Modellen, Konzepten und Bezeichnungen ihren Ausdruck finden. So waren die ersten Lehrstühle in Deutschland psychoanalytisch besetzt. Hillenbrand zeigt in seiner historischen Analyse der Begriffsvielfalt vor allem in Abgrenzung zu Havers' Begriff der »Erziehungsschwierigkeit« (Havers, 1978), »dass Verhaltensstörung ursprünglich kein pädagogischer Begriff ist, in der zweiten Hälfte des 20. Jahrhunderts jedoch in der Pädagogik adaptiert und zur Grundlegung einer spezialisierten Teildisziplin verwendet wird« (Hillenbrand, 2008, S. 9). Letztgenannter stellt den Begriff der Verhaltensstörung, in der Tradition des Verständnisses von Myschker (2009), als besonders geeignet dar, da er für die Pädagogik bei Verhaltensstörungen als interdisziplinärer Wissenschaft die Möglichkeit zum Austausch mit anderen Disziplinen wie der Medizin, der Psychologie oder der Soziologie für gegeben sieht. Daher kritisiert er auch den Begriff der Verhaltensauffälligkeit, der streng genommen auch positive Auffälligkeiten mit meint, ohne dass diese aber disziplinär berücksichtigt würden. Er wie viele andere orientieren sich an Myschkers Verständnis von Verhaltensstörungen als ›maladaptivem Verhalten‹ mit erheblichem Schweregrad der Fehlanpassung und multiplen problematischen Folgen für die betroffene Person und/oder ihr Umfeld (ebd.).

Allerdings ist erstens zu bedenken, dass der Begriff der Störung in den unterschiedlichen, für die Pädagogik bei Verhaltensstörungen relevanten Disziplinen höchst different aufgefasst und angewandt wird. Zweitens richtet ein solches Störungsverständnis, auch wenn es die Milieubedingungen berücksichtigt, den Fokus sehr stark nur auf die Kinder und Jugendlichen. Drittens ist es eher interventiv als präventiv ausgerichtet.

Die Auseinandersetzung der Pädagogik bei Verhaltensstörungen mit Begriffen wie Störung, Auffälligkeit, Schwierigkeit oder auch Originalität kann nicht als disziplinäre oder semantische Spielerei abgetan werden, sondern erfährt besonders im Hinblick auf die Herausforderung der inklusiven Beschulung von Kindern und Jugendlichen mit sozial-emotionalem Förderbedarf erhöhte Bedeutung: Es macht pädagogisch und erzieherisch einen Unterschied, ob man mit ›gestörten‹ Kindern und Jugendlichen arbeitet, ob man versucht, mit auffälligem Verhalten in der Schule umzugehen oder ob man sich mit Störungen auseinandersetzt, die im schulischen Kontext auftreten, nicht unbedingt aber an Kindern und Jugendlichen ursächlich festzumachen sind. Aber auch der durch die Kultusministerkonferenz (2000) geprägte Begriff des sozialen und emotionalen Förderbedarfs muss in diese Diskussion mit einbezogen werden: er steht ähnlich oder möglicherweise sogar noch stärker als der Störungsbegriff in der Gefahr, Verhaltensweisen ursächlich zu personalisieren und verhindert so beispielsweise eine interaktionistische Sichtweise von Verhaltensstörungen (Stein, 2015; 2019).

Gerade in den letzten Jahren haben Begriffe wie »verhaltensoriginelle Kinder«, »Kinder mit überraschendem Verhalten« oder auch »Kinder mit herausforderndem Verhalten« erhebliche Verbreitung gefunden. Kobi führte 1996 den Begriff der »Verhaltensoriginalität« (Kobi, 1996) ein und wollte damit in bester Absicht Kinder und Jugendliche aus Stigmatisierungstendenzen lösen. Damit ging er allerdings das ernst zu nehmende Risiko ein, dass sein Begriff zu einer Nivellierung biografischer Erfahrungen führt. In einer spezifischen Situation ein Verhalten an den Tag zu legen, das nicht üblich ist, nicht erwartet wird und daher überrascht oder originell, vielleicht sogar kreativ erscheinen mag, ist das eine. Das andere sind eben auch stark belastende und traumatisierende Erfahrungen von Kindern und Jugendlichen, die zu auffälligen Verhaltensweisen führen, welche ontogenetisch, aus der eigenen Entwicklungsgeschichte heraus, aber auch aktualgenetisch, in konkreten Situationen, oftmals mit viel Leid, Schmerz und Verzweiflung verbunden sind. In diesem Zusammenhang von Verhaltensoriginalität zu sprechen, führt zu fragwürdigen Verkürzungen im Blick auf diese Kinder und Jugendlichen und im Umgang mit ihnen. Es droht zudem eine problematische Verharmlosung von gravierenden Problemen der Betroffenen selbst sowie ihres Umfeldes – der Mitschüler und anderen Gleichaltrigen sowie auch der Pädagogen. Es droht auch, dass ohne klare Formulierung einer Problemstellung keine Hilfe finanziert und zur Verfügung gestellt wird. Und schließlich trifft der Begriff, ebenso wie derjenige des »überraschenden Verhaltens«, nicht den vollständigen Gegenstand, denn keineswegs immer sind die Verhaltensgewohnheiten der gemeinten Kinder und Jugendlichen wirklich originell oder überraschend, teilweise ganz im Gegenteil oft stereotyp und voraussehbar. – Aber auch der Begriff der Herausforderung zieht die Gefahr einer eingeschränkten Sicht nach sich, denn als herausfordernd wirken oft Aggressivität und Dissozialität, allenfalls versteckt jedoch internalisierende Problematiken wie Ängstlichkeit oder Depressivität, die damit aus der Aufmerksamkeit zu geraten drohen.

Mit den Empfehlungen zur sonderpädagogischen Förderung von 1994 durch die Kultusministerkonferenz (KMK, 1994; 2000) wurde der Themenkomplex Verhaltensstörungen als »Förderschwerpunkt emotionale und soziale Entwicklung« bezeichnet. Das Ziel war dabei insbesondere, Abstand von einer Zentrierung auf Defizite zu nehmen und das zu Fördernde im Sinne eines pädagogischen Auftrages zu bezeichnen. Der Förderbereich der kognitiven Entwicklung wurde dabei eher den Förderschwerpunkten Lernen sowie Geistige Entwicklung (Geistige Behinderungen) zugeschlagen. Im Rahmen sonderpädagogischer Diagnostik kann ein besonderer Förderbedarf im Bereich der emotionalen und sozialen Entwicklung attestiert werden. Dieser kann, auf die Person eines Kindes oder Jugendlichen zugeschnitten, einen ›Förderschwerpunkt‹ für dieses Kind ausmachen – er kann allerdings auch parallel zu anderen Förderbedarfen – etwa im Lernen – stehen, welche für dieses Kind festgestellt werden. Im Zuge der Auseinandersetzung mit den Herausforderungen von Inklusion im Förderschwerpunkt emotional-soziale Entwicklung muss unter dem Fokus des Gegenstandsbereichs auch der Terminus »Förderschwerpunkt emotionale und soziale Entwicklung« selbst kritisch geprüft werden. Denn diese begriffliche Orientierung könnte sich aus einer komplexeren und interaktionistischen Sicht aus drei Gründen durchaus als problematisch erweisen: Erstens drohen kognitive Kompetenzen in den Hintergrund zu geraten, die auch für den Kontext Verhaltensstörungen von großer Bedeutung sind: differenzierte Wahrnehmung sozialer Situationen, die Fähigkeit zum sozialen Problemlösen oder auch zur Reflexion von Handlungsfolgen. Zweitens werden Verhaltensstörungen auf den Radius von Entwicklungsproblematiken und etwas ›Nachzuholendem‹ reduziert; psychische Krisen oder emotionale Blockaden passen in dieses Verständnis nicht recht hinein (siehe hierzu auch die nachfolgende Unterscheidung von Kompetenz- und Performanzproblemen). Drittens wird durch eine solche Bestimmung von ›Förderbedarf‹ rein auf die Entwicklungsproblematiken der Person von Kindern und Jugendlichen fokussiert; der Beitrag der aktuellen Lebensumstände bzw. des Umfeldes zum Entstehen von Störungen sowie ein Verständnis von Person-Sein, das über den Gedanken der ›bloßen‹ Entwicklung hinausreicht, geraten völlig aus dem Blick. Aus diesen Gründen wird hier konzeptionell dem Begriff Verhaltensstörungen der Vorzug gegeben, allerdings in einem bestimmten, noch zu erläuternden Verständnis. Nichtsdestotrotz orientieren sich die nachfolgenden Darstellungen und Überlegungen auch an dem durch die KMK bestimmten schulischen Förderschwerpunkt emotionale und soziale Entwicklung, denn es geht um den Themenkomplex Verhaltensstörungen im schulischen Kontext des Förderschwerpunkts emotionale und soziale Entwicklung.

Der Begriff der Förderung selbst ist ursprünglich kein pädagogischer, wie Speck (1995) aufzeigt. Einerseits wirkt er allgemein und damit unspezifisch, andererseits zielt er auf einzelne, begrenzte Aspekte und seltener auf den

Menschen als Ganzheit. Damit droht entweder eine diffuse Verallgemeinerung oder aber eine Verkürzung des Erziehungsverständnisses, indem ›von außen‹ etwas herangetragen wird, was durchaus als Etikettierung bezeichnet werden könnte und wodurch zudem Kinder nicht (länger) als Akteure ihrer Entwicklungs- und Lernprozesse wahrgenommen werden. Darüber hinaus zielt Förderung auf Individuen und kaum auf Systeme, die für die Entstehung, Aufrechterhaltung und Reduzierung von Problematiken durchaus mitverantwortlich sein können. ›Förderung‹ repräsentiert im Unterschied zu ›Erziehung‹ eine eingeschränkte anthropologische Perspektive und müsste nicht nur, aber im Besonderen für die Frage von Inklusion im Hinblick auf Kinder und Jugendliche mit so bezeichnetem sozial-emotionalem Förderbedarf kritisch reflektiert werden (Speck, 1995).

Ausgehend von der KMK-Begrifflichkeit können jenseits der angesprochenen Kritikpunkte verschiedene ›emotionale‹ und ›soziale‹ Kompetenzen bestimmt werden. Emotionale Kompetenzen konstituieren sich insbesondere aus Emotionswissen, emotionaler Bewusstheit, Regulationsfähigkeit bzw. Emotionsmanagement, angemessenem Emotionsausdruck, der Fähigkeit zum Emotionseindruck (in dem Sinne, Emotionen anderer erkennen zu können) – sowie Empathie. Soziale Kompetenzen konstituieren sich aus sozialer Sensibilität und Perspektivübernahme, dem Verständnis sozialer Hinweisreize, der Fähigkeit zur Konfliktlösung und Moderation von Konflikten, Toleranz, Fairness, Beziehungsfähigkeit, adäquater Selbstdarstellung sowie einer verantwortungsbewussten, soziale Kontexte berücksichtigenden und abwägenden Entscheidungsfindung für eigenes Verhalten (Klinkhammer/Voltmer/von Salisch, 2022, 16 ff.; auch Stein, 2006 sowie Casale in diesem Band). Zu bedenken ist die etwas künstliche Trennung, denn emotionale und soziale Kompetenzen weisen oft recht enge Verschränkungen auf.

Aus dieser Sicht können Auffälligkeiten des Erlebens und Verhaltens als Entwicklungsprobleme beschrieben werden. Dies schränkt jedoch den Blick ein, denn im Hinblick auf die meisten der hier zusammengetragenen Kompetenzen ist noch einmal eine Bereitschaftskomponente zu unterscheiden: nicht nur fähig, sondern auch grundsätzlich bereit und in der Lage zur Realisierung dieser Fähigkeit zu sein. Von erheblicher Bedeutung ist insofern eine Unterscheidung von Kompetenz- und Performanzproblemen. Möglicherweise hat ein Kind oder Jugendlicher etwa erforderliche soziale Kompetenzen erworben, setzt sie jedoch nicht um. Gründe könnten emotionale Blockaden sein, Hilflosigkeitserfahrungen – oder auch eine mangelnde moralische Entwicklung, die zu unsozialem Verhalten führt, weil die Einsicht und Bereitschaft fehlt, sich sozial konstruktiv zu verhalten. Diese Unterscheidungen sind insofern von großer Bedeutung, als sich erhebliche Konsequenzen für die Frage des pädagogischen Ansetzens, für die erzieherische Arbeit ergeben.

Als Alternative zu den bisher angesprochenen, stark auf die Person der Kinder und Jugendlichen fokussierten Sichtweisen des Problemfeldes bietet sich eine interaktionistische Perspektive an: Verhaltensstörungen werden aus dieser Sicht als ›Störungen im Person-Umfeld-Bezug‹ betrachtet (Stein, 2019): Irgendetwas in der Interaktion zwischen einem Kind oder Jugendlichen und den situativen Bedingungen, in denen sich diese Person befindet, läuft nicht regelgerecht. Dabei können Beiträge der Person (im Sinne einer ›schwierigen‹ Persönlichkeit) sowie der Situation (im Sinne von Belastungen oder auch Provokationen) eine Rolle spielen, oft wiederum in einem komplexen, wechselseitigen Verhältnis. Solche Störungen manifestieren sich ›an‹ den Kindern und Jugendlichen als Auffälligkeiten des Verhaltens und Erlebens, also als Verhaltensauffälligkeiten, welche jedoch wiederum nur als ein Signal für die dahinter liegende Störung aufzufassen sind. In besonders konsequenter Form tritt eine solche Sichtweise in systemischen Störungsmodellen zutage. Insofern in diesen Modellen jedoch ein Kind oder Jugendlicher mit Auffälligkeiten nur noch als ›Symptomträger‹ für eine Störung im System betrachtet wird, droht der mögliche Beitrag der Person selbst zu den Problemen völlig aus dem Fokus zu geraten.

Ein solches interaktionistisches Verständnis von Verhaltensstörungen ist auch anschlussfähig an die aufkommenden Anforderungen an ein stärker inklusives Schulsystem, weil über dieses Verständnis Probleme nicht erst identifiziert werden, wenn sie verfestigt sind, sondern auch dann, wenn sie sich – als Verhaltensauffälligkeiten von Kindern und Jugendlichen, von Schülern – anbahnen. Der Blick auf die möglichen Ursachen fokussiert nicht allein die Person, sondern auch ihr Umfeld, ihre aktuelle Lebenssituation und die Anforderungen, die an sie gestellt werden. Dies eröffnet Möglichkeiten der Prävention und Frühintervention mit zugleich breitem Blick auf die verfügbaren Ansatzpunkte (vgl. etwa Hennemann/Hövel/Casale/Hagen/Fitting-Dahlmann, 2015).

## 3    Kriterien und Normen

Verhaltensauffälligkeiten bei Kindern und Jugendlichen sind zugleich ein ›hartes‹ Problemfeld im Sinne gravierender Schwierigkeiten für die Betroffenen selbst (etwa im Falle von Depressivität oder Ängstlichkeit) oder auch für ihr Umfeld (etwa im Falle massiver Aggressivität oder ADHS) – sie sind aber zugleich auch ein ›weiches‹ Problemfeld in dem Sinne, dass ein objektivierbares ›Substrat‹ im Sinne einer Schädigung wie etwa bei Sinnesbehinderungen nicht vorliegt – sondern die Bestimmung vielmehr abhängig ist von durchaus nicht unumstrittenen Kriterien und Normen, die angelegt werden (Stein, 2019, S. 24 ff.). Zunächst stellt sich die Frage des Bezugsmaßstabes, der meist im interindividuellen Vergleich oder dem Vergleich mit einer Art Durchschnitt gesucht wird: Als auffällig werden dann diejenigen bestimmt, die stärker von dem Verhalten und Erleben abweichen, welches die meisten anderen Menschen zeigen. Eine andere Möglichkeit liegt im Kriterium des ›Leidensdrucks‹ der betroffenen Person selbst oder ihres Umfeldes: Auffällig wäre dann das Verhalten und Erleben, welches auf der einen oder anderen Seite (häufig beiden) ein erhebliches Leiden nach sich zieht. Unter Bezugnahme intraindividueller Bezugsnormen würde man dann von Auffälligkeiten sprechen, wenn eine Person ›im Vergleich zu sich selbst‹ auffällt, also sich erheblich anders verhält, als sie es ansonsten tut.

Auch aus einer anderen Perspektive sind Verhaltensauffälligkeiten ein ›relatives‹ Phänomen (Bach, 1989): Sie ergeben sich im Hinblick auf die Normen der jeweiligen Zeit und Epoche, soziokulturelle Erwartungen des Beurteilers, die soziale und kulturelle Verortung der beurteilten Person selbst (etwa ihren subkulturellen oder kulturellen Hintergrund, auch im Unterschied zur ›Mehrheitskultur‹), Erwartungen an die Person in ihrer Geschlechtsrolle oder auch altersbezogene Normen (von einer fünfjährigen Person wird man im Hinblick auf die gleiche Situation anderes erwarten als von einer fünfzigjährigen). Neben den ›impliziten‹ soziokulturellen Normen, die in einer Gesellschaft gelten und als Maßstab für eine Einschätzung des Verhaltens und Erlebens herangezogen werden, sind auch ›explizite‹, fixierte Normen von besonderer Bedeutung – solche Normen, die eine Gesellschaft dezidiert festlegt, etwa in Formen von Gesetzen (und den Abweichungen davon als Gesetzesverletzung bzw. -bruch, auch jugendstrafrechtlich) oder auch institutionellen Regeln, wie sie sich etwa in Schulordnungen finden.

Dass zur Beurteilung von Auffälligkeiten des Verhaltens und Erlebens ein solches Spektrum der Kriterien und Maßstäbe herangezogen werden kann, muss keine Beliebigkeit der Beurteilung nach sich ziehen. Es handelt sich um ernstzunehmende Problematiken, mit denen auch entsprechend umgegangen werden sollte. Allerdings ist es von großer Bedeutung, sich bewusst zu machen, welche Kriterien – wohl begründet – zur Beurteilung herangezogen werden. Dies gilt nicht allein für pädagogische Handlungsfelder. Auch im medizinisch-psychiatrischen Bereich werden zur Beurteilung psychischer Störungen wohl ausgewählte Kriterien genutzt, wie sie etwa in internationalen Klassifikationssystemen wie der ICD oder dem DSM festgelegt wurden. Deren kritische Analyse ist ebenso bedeutsam wie ihre Formulierung. So wird in jüngerer Zeit über eine möglicherweise problematische Ausweitung psychiatrischer Diagnosen als Folge des Wechsels vom DSM-IV zum neuen Klassifikationssystem DSM-5 diskutiert (etwa Frances, 2013; Mary, 2013).

# 4 Einteilung, Klassifikation und Epidemiologie

Verhaltensstörungen, wie hier verstanden, sind ein pädagogischer Terminus bzw. eine pädagogische Kategorie. Auffälligkeiten des Verhaltens und Erlebens umfassen allerdings ein sehr breites Spektrum von Ausprägungsformen. Diese können zum einen individuell betrachtet werden, als ganz persönliche Erscheinungsweisen (siehe Kap. 6). Zum anderen könnten sie in Untergruppen geordnet werden. Dabei fehlt es bislang an Kriterien für eine ›Klassifikation‹ im engeren Sinne, denn hierfür müssten Gruppen gebildet werden, für die klare Zuordnungskriterien vorliegen und die trennscharf gegeneinander sind. Ein Kind mit einer bestimmten Problematik müsste sich dann einer dieser Gruppen genau zuordnen lassen. Internationale medizinische und psychiatrische Klassifikationssysteme wie ICD oder DSM versuchen dies, kommen aber auch an Grenzen; eine Lösung besteht dann darin, Doppel- oder Mehrfachdiagnosen zu vergeben.

Für die Pädagogik liegen solche strengen Klassifikationssysteme nicht vor. Es ist auch fraglich, ob sie notwendig und wünschenswert sind, bedenkt man das pädagogische Anliegen, Kinder und Jugendliche als einzigartige Individuen anzusehen und sie entsprechend zu begleiten. Für eine grundsätzliche Ordnung genügen möglicherweise vorliegende Versuche, die mit dem gegenüber ›Klassifikation‹ offeneren Begriff der ›Einteilung‹ beschrieben werden können. Grundsätzlich könnte eine solche Einteilung gemäß dem Erscheinungsbild der Problematiken erfolgen, also rein beschreibend. Aber auch eine Einteilung nach Erklärungen wäre möglich: etwa solche Auffälligkeiten, die durch Erziehungseinflüsse entstehen, und solche, die organisch bedingt sind. Schließlich wäre auch eine Einteilung nach indizierten Fördermaßnahmen denkbar und für die Praxis sehr hilfreich (Stein, 2019, S. 38 ff.).

Die existierenden Einteilungssysteme sind stark beschreibend orientiert. Als beispielhaft können Befunde aus der epidemiologischen Forschung herangezogen werden, weil damit zugleich auch Aussagen über die Häufigkeit bestimmter Formen von Verhaltensauffälligkeiten möglich werden. Dabei muss allerdings ein Rückgriff auf die Forschung zu ›psychischen Störungen‹ erfolgen, welche begrifflich-konzeptionell nicht hundertprozentig identisch mit ›Verhaltensauffälligkeiten‹ sind. – Grundsätzlich kann mittlerweile recht gesichert davon ausgegangen werden, dass zwischen 12 und 18 % aller Kinder und Jugendlichen in einem recht eng umschriebenen Zeitintervall ausgeprägte psychische Problematiken aufweisen (Ihle/Esser, 2002, 2008; Barkmann, 2004; Hölling u. a., 2007, 2014; Ravens-Sieberer u. a., 2003; Schlack u. a., 2023; auch UNICEF, 2021); die Rate längerfristig überdauernder Problematiken schätzen Ihle/Esser (2002, 2008) auf etwa 10 %. Im Vergleich mit den Förderquoten für emotional-soziale Entwicklung, die sich zwar seit 1999 in etwa verdreifacht haben, aber immer noch bei lediglich 1,4 % liegen (KMK, 2022; Stein, 2019, S. 166), lässt sich eine gewaltige Schere feststellen. Damit sind Verhaltensauffälligkeiten in erheblichem Maße schon jetzt und seit langem ein (zumeist verstecktes) Thema der allgemeinen Schulen; sie sind weit verbreitet und breit gestreut. Zudem repräsentieren sie, gerade bei längerem Andauern, oft sehr ernstzunehmende Probleme, die auch spezifischer und professioneller pädagogischer Antworten bedürfen.

Ein genauerer Blick zeigt, dass Angstproblematiken wohl den größten Anteil der Probleme ausmachen; nach Ihle/Esser (2002, 2008) betreffen sie 10,4 % der Kinder und Jugendlichen. Es folgen dissoziale Störungen (mit den Kernsymptomen Aggressivität, unsozialem Verhalten und Delinquenz) mit 7 % Verbreitung – und dann, gleich auf, Depressionen sowie Aufmerksamkeits- und Hyperaktivitätsproblematiken mit jeweils 4,4 %. Aber auch weitere gravierende Problematiken betreffen große Gruppen der Kinder und Jugendlichen: Essstörungen (3 % der Mädchen), Drogen-, Alkohol- und Medikamentenmissbrauch, selbstverletzendes Verhalten sowie Schulabsentismus (Ricking u. a., 2009) mit unklaren, aber wohl hohen Verbreitungsraten (Myschker/Stein, 2018, 149 f.). Erwähnenswert und in jüngerer Zeit stark diskutiert ist auch der Komplex der Autismus-Spektrum-Störungen und dabei insbesondere des Asperger- und ›high-functioning‹-Autismus (Kamp-Becker/Bölte, 2011, Sautter/Schwarz/Trost, 2012 sowie Remschmidt, 2002, der eine Häufigkeit unter 1 % schätzt) – dem zunehmend auch für die Arbeit weiterführender Schulen Bedeutung zukommt.

## 5 Erkennen von emotionalen und sozialen Problematiken

Das Erkennen gravierender Verhaltensauffälligkeiten bedarf einer differenzierten fachlichen Diagnostik, die von Experten (Sonderpädagogen, Psychologen, Medizinern) vorgenommen wird. Für den schulischen Bereich wird ein Förderbedarf im Bereich der emotionalen und sozialen Entwicklung durch Sonderpädagogen, Psychologen oder Schulpsychologen diagnostiziert. Hierzu steht eine Fülle von Instrumenten und Verfahren zur Verfügung (etwa Myschker/Stein, 2018, S. 163 ff.; Ahrbeck/Willmann, 2010, S. 157 ff.), insbesondere (strukturierte) Verhaltensbeobachtung, diagnostische Gespräche sowie standardisierte Fragebögen zu Persönlichkeit. Unter Umständen können, je nach Qualifizierung der diagnostizierenden Person, auch projektive Tests herangezogen werden. Aus der unter 2. dargestellten interaktionistischen Perspektive heraus sollte sich das Erkennen, Erklären und Verstehen von Problematiken neben dem Fokus der Person und Persönlichkeit junger Menschen auch auf mögliche Beiträge von deren aktueller (Lebens-)Situation zum Problem richten (Stein 2019, 128 ff.). Zugleich wird es wichtig sein, problematische Aspekte emotionaler und sozialer Kompetenz und Performanz differenziert zu betrachten (siehe 2.). Diagnostisches Erkennen reicht dabei von einer offenen Einschätzung der Lage im pädagogischen Alltag bis hin zur Erstellung von förderbezogenen Gutachten.

Dabei wird, gerade im Rahmen der aktuellen Diskussion um Inklusion, kritisch erörtert, dass auf diesem Wege auch eine Etikettierung als ›auffällig‹, ›gestört‹ oder ›förderbedürftig‹ erfolgt. Auf der anderen Seite ist die Gewährung von Hilfe in unserer Gesellschaft auf eine genaue, individuelle Bestimmung des Hilfebedarfs angewiesen, und diese kann nur über *Begriffe* geschehen. Es gibt verschiedene Lösungsversuche für dieses ›Etikettierungs-Ressourcen-Dilemma‹, etwa denjenigen, unterstützende Ressourcen wie etwa sonderpädagogische Fachkräfte dem Schulsystem pauschal zuzuweisen. Allerdings reduzieren solche Vorschläge die Erfordernisse von Diagnostik nur formal; unabhängig davon wird eine genaue Diagnostik weiter notwendig und unverzichtbar sein, um einem Kind oder Jugendlichen schlichtweg gezielte Hilfe zukommen zu lassen, wenn gravierende Probleme vorliegen – im Sinne des Kindeswohls (etwa Ahrbeck, 2011, S. 68 ff.).

Aus sonderpädagogischer Perspektive ergibt sich in diesem Kontext allerdings ein weiteres Problem: Diagnostik erfolgt in aller Regel dann, wenn eine erhebliche Problematik erkannt wurde. Es wäre allerdings wünschenswert, dass es möglichst oft gar nicht erst zur Verfestigung von Problemen kommt. Dies erforderte zum einen eine stark präventive pädagogische Arbeit im emotional-sozialen Bereich, zum anderen aber eine Früherkennung sich anbahnender Probleme, um auf diese reagieren zu können. Dazu bedarf es einer erheblichen Sensibilität aller Pädagogen für ihre Schüler. Diese müsste durch Aus- und Weiterbildung gestärkt werden. Soweit über die schulischen Inklusionsbestrebungen verstärkt Sonderpädagogen auch in allgemeinen Schulen tätig werden, könnte eine solche Funktion der verstärkten Aufmerksamkeit auf sich anbahnende Problementwicklungen auch diesen Professionellen zukommen, neben der Reaktion auf schon verfestigte Störungen. – Ein anderer Vorschlag in der aktuellen Diskussion bezieht sich auf das ›response-to-intervention‹-Modell und sieht flächendeckende, niederschwellige Screenings vor, auch im emotional-sozialen Bereich (Huber/Grosche, 2012; Voß u.a. 2016). Erst dann, wenn sich Probleme verfestigen, käme eine differenziertere, fachliche Diagnostik zum Tragen. Wollte man dies verwirklichen, dann besteht ein dringender Bedarf an einfach handhabbaren und wenig aufwändigen Screening-Instrumenten, deren Entwicklung bzw. Ausarbeitung in Arbeit ist, aber im Wesentlichen noch aussteht (etwa Koch, 2013; Hillenbrand, 2013; Voß u.a. 2016). Unabhängig von ihrer Verfügbarkeit stellt sich allerdings die Frage, inwiefern solche flächendeckenden Screenings für die schulische Praxis tragbar (sie werden alle Schüler betreffen), aber auch konsensfähig sind (sie müssten von Schülern, aber auch Eltern und Lehrern als sinnvoll und notwendig akzeptiert werden). Schließlich wäre es auch notwendig, den Effekt und Gewinn durch solche flächendeckenden Maßnahmen wissenschaftlich zu begleiten und zu evaluieren (vgl. ebd.).

# 6 Anthropologische Aspekte

## 6.1 Die Gefahr der Depersonalisierung verhaltensauffälliger Kinder und Jugendlicher

Aus anthropologischer Sicht reicht eine Fassung des Gegenstandsbereichs der Pädagogik bei Verhaltensstörungen über verschiedene Definitionen und Klassifikationssysteme nicht aus. »Durch eine solche Verabsolutierung des naturwissenschaftlichen Denkens wird ein prinzipiell gleichgestelltes Subjekt auf die Stufe eines Objektes herabgesetzt, dessen Verhalten nur Ausdruck voraussehbarer biologischer oder psychologischer Gesetzmässigkeiten sei«

(Schmid, 1996, S. 39). Ein Verständnis von Pädagogik bei Verhaltensstörungen, das sich einzig und allein darin erschöpfte, auszumachende Störungen zu klassifizieren, liefe Gefahr, diejenigen zu verlieren, welche sich ›hinter‹ alledem verbergen: Kinder und Jugendliche mit spezifischen biografischen Erfahrungen und Lebensbewegungen, die mit sich und anderen in Konflikte geraten sind, welche sie alleine nicht mehr lösen können und aus denen nicht nur eine situative, sondern eine geradezu existentielle Bedürftigkeit im Sinne einer ontologischen Sicherheit erwächst. »Auf der personalen Ebene ist das Verstehen nicht ein einseitiges Fest-Stellen, sondern wachsende Verständigung im wechselseitigen Bezug« (Schmid, 1996, S. 39), wie sie Kobi (1993, S. 76 f.) auch in seinem Erziehungsverständnis über die Aspekte des »bilateralen Beziehungswandels« und der »gemeinsamen Daseinsgestaltung« zum Ausdruck bringt.

Eine Disziplin, die sich der Gefahr einer solchen reinen Objektivierung aussetzte, käme zudem in Bedrängnis, genau dadurch der Idee von Inklusion zuwiderzulaufen. Gerade im Kontext von Inklusion und im Hinblick auf Kinder und Jugendliche mit emotional-sozialem Förderbedarf sei darauf hingewiesen, dass die sprachlich ›gleichzeitige‹ Rede von Bedarfen im sozialen und emotionalen Bereich aus anthropologischer Sicht eher nicht Ausdruck eines inklusiven Verständnisses des Gegenstandsbereichs ist. »Wenn wir nicht von dem Konzept des Menschen als in Beziehung zu anderen Menschen [...] ausgehen, wenn wir nicht erkennen, daß der Mensch nicht ohne ›seine‹ Welt existiert, noch ›seine‹ Welt ohne ihn existieren kann, dann sind wir dazu verurteilt [...] mit verbalen und begrifflichen Spaltungen zu beginnen« (Laing, 1979, S. 15), wie es der Terminus ›emotional-sozial‹ beispielhaft zum Ausdruck bringt. In diesem Sinne liefe eine Verkürzung der Disziplin ›Pädagogik bei Verhaltensstörungen‹ auf die Dimension der emotional-sozialen Entwicklung aus anthropologischer Sicht Gefahr, mit etwas Geteiltem und Auseinandergenommenem zu beginnen, das auch nicht durch Bindestriche wieder zu einem Ganzen im Sinne der Ganzheit des Individuums verbunden werden könnte.

Wie lässt sich also vom Gegenstandsbereich der Pädagogik bei Verhaltensstörungen im Hinblick auf emotionale und soziale Entwicklung aus wissenschaftlicher Sicht sprechen und gleichzeitig eine anthropologische Perspektive berücksichtigen? »Es scheint merkwürdig, daß eine authentische Wissenschaft von den Personen wegen der eingewurzelten Tendenz, Personen zu depersonalisieren oder zu vergegenständlichen, noch kaum in Gang gebracht wurde ...« (Laing, 1979, S. 18). Und dennoch erscheint sie mehr als notwendig. Diese Kritik gilt allerdings nicht allein der Pädagogik, sondern allen Humanwissenschaften, so etwa auch der Psychologie oder der Psychiatrie. Pädagogik bei Verhaltensstörungen, die sich als Disziplin dem Gedanken der Inklusion nicht verschließt, zieht konsequenterweise nach sich, »daß wir fähig sein sollten, den individuellen Menschen sowohl zu denken als auch zu erfahren, nicht als ein Ding oder ein Objekt, sondern als Person, und daß wir über Mittel verfügen sollten, diese Form der Einheit, die wesentlich personal ist, auszudrücken« (Laing, 1979, S. 19; kursiv im Original). Daher könnte der Gegenstandsbereich in einem interaktionistischen Verständnis als ein System begriffen werden, das die betroffenen Kinder und Jugendlichen impliziert, sie jedoch nicht als Gegenstand betrachtet. »Indem wir auch im schwierigen Menschen nicht ein mehr oder weniger willfähriges Objekt sehen, sondern ein letztlich in eigener Freiheit stellungnehmendes Wesen, nehmen wir auch in Kauf, dass jeder Mensch vom Wünschbaren abweichen kann« (Schmid, 1996, S. 39). All dies schließt Kategorisierungen und begriffliche Bestimmungen von Problemen nicht aus, um einen Unterstützungs- und Hilfebedarf zu deklarieren und (auch rechtlich) einzufordern; es sollte jedoch nie die Person als solche und ganze mit dem Problem gleichgesetzt werden, sondern der Blick auf sie in ihrer differenzierten Einheit gewahrt bleiben, im Sinne eines Verstehens des Menschen.

## 6.2 Das Verstehen verhaltensauffälliger Kinder und Jugendlicher als Ausdruck von Inklusion

Führt man die anthropologische Perspektive noch etwas weiter, so ist darüber hinaus zu überlegen, wie die vielfältigen pädagogischen Beziehungen zu Kindern und Jugendlichen mit sozial-emotionalem Förderbedarf zu verstehen sind, »ohne dass diese bei dieser Verstehens- und Erkennensprozedur aus dem Schutzbereich des Ethischen herausfallen« (Stinkes, 2013, S. 46). Diese Gefahr scheint besonders dann gegeben, wenn einerseits auffälliges Verhalten von außen kaum nachvollziehbar ist und unverstehbar bleibt oder aber dieses Verhalten die Sicherheit und Unversehrtheit anderer zu beeinträchtigen droht bzw. unmittelbar gefährdet. Gerade im Zusammenhang mit sozial-emotionalem Förderbedarf hat es die Pädagogik bei Verhaltensstörungen mit Kindern und Jugendlichen zu tun, die als Subjekte auf die Verhältnisse antworten, in denen sie oft schon in frühester Kindheit einschneidende, intensive, teilweise kaum zu ertragende, bisweilen traumatisierende biografische Erfahrungen machen. »Mit ›Antwort‹ ist hier nicht nur sprachliches Antworten gemeint, sondern auch körperliches Antworten, Verhalten, Handeln« (Stinkes, 2013, S. 48), das sich in Aggressionen und Übergriffen ebenso auszudrücken vermag wie in Angst, Rückzug und Verstummen. Dies betrifft vor allem »Kinder mit massiven Verhaltensstörungen, die wiederholt und in unterschiedlichen Erfahrungsräumen erleben müssen, dass sie sich als Person nicht verdeutlichen können. Das, was sie anderen mitteilen möchten, kommt nicht an. Ihre Botschaften laufen ins Leere: Aus unterschiedlichen Gründen, unter anderem deshalb, weil ihre inneren Notwendigkeiten keine andere Lösung zulassen. Sie bleiben unverstanden, weil sie sich selbst nicht verstehen, sind in sich selbst verfangen und verstricken andere gleichermaßen« (Ahrbeck, 2011, S. 61).

Zu Recht weist Stinkes daher darauf hin, dass es als Ergebnis des Nicht-Verstehens von Verhalten eine »existentielle Verletzlichkeit [gibt], die allen Menschen eigen ist, jedoch im Falle der Menschen, die als behindert [...] gelten, zu einer Beraubung [oder Verschiebung; R.S./T.M.] ihrer Artikulationsmöglichkeiten, Beschädigung ihrer Achtung und Würde, Exklusion aus der Gesellschaft und einer Infragestellung ihres Lebens führen können« (Stinkes, 2013, S. 49). Inklusion hieße in diesem Zusammenhang daher, Person und Verhalten zunächst zu fragmentieren und nicht als unauflösbare, falsch verstandene Ganzheit anzusehen. Nicht die Person als solche ist zwingend auffällig oder schwierig oder störend, sondern das gezeigte Verhalten stellt sich als solches dar und benötigt einen professionellen Deutungsrahmen ebenso wie die Akzeptanz individueller Sinnhorizonte. Zugleich können Personen aufgrund ihrer inneren Konflikte durchaus unter sich selbst und ihrer inneren ›Gestörtheit‹ leiden. »Wenn das Individuum das Realsein, Lebendigsein, die Autonomie und Identität von sich selbst und anderen nicht als selbstverständlich annehmen kann, dann muß es ständig Wege finden, um zu versuchen, real zu sein, sich oder andere lebend zu halten, seine Identität zu erhalten, alles in dem Bemühen zu verhindern [...], sein Selbst zu verlieren« (Laing, 1979, S. 36). Dass dieses Bemühen als störendes, verletzendes oder übergriffiges Verhalten erlebt und ›verstanden‹ werden kann, stellt einen Teil der Beziehungsrealität dar. Verhalten im Wissen um dieses Bemühen und seine existentielle Notwendigkeit jedoch zur bloßen Auffälligkeit oder zum Störfaktor zu degradieren wird dem Bemühen des Individuums um Selbsterhalt, Autonomie und ontologische Sicherheit nicht gerecht. Das in diesem Zuge oft recht bemüht wirkende Suchen nach Stärken und Ressourcen als sonderpädagogisch ›korrekte‹ Antwort auf die Möglichkeit oder Realität einer defizitären Zuschreibung greift jedoch ebenfalls zu kurz (vgl. Abelein/Stein, 2017, 37 ff.) und eröffnet lediglich Polarisierungen. Zugleich ersetzt dies aber nicht diagnostische Prozesse und die Auseinandersetzung mit fachlich fundierten Kategorisierungen, auch eine professionelle sonderpädagogische Kategorisierung im Rahmen von Diagnostik selbst. Einige Beispiele mögen dies verdeutlichen: Kind A beginnt in seiner Wohngruppe mit dem Essen, sobald dieses auf dem Tisch steht, Kind B schlägt andere Kinder auf dem Schulweg und Kind C geht nicht zur Schule. In einem Verstehensprozess, der defizitär ausgerichtet ist, ließe sich deuten: Kind A hat keinen Bedürfnisaufschub erlernt, Kind B verfügt über keine Impulskontrolle und Kind C kann sich sozial nicht anpassen. Ressourcenorientiert beleuchtet ließe sich dagegen ›verstehen‹: Kind A hat gelernt, für sich zu sorgen, Kind B kann sich abgrenzen und seine Gefühle zum Ausdruck bringen und Kind C hat eine Möglichkeit gefunden, schulischen Frustrationen auszuweichen. Erst die anthropologische Verstehensweise als integraler Bestandteil der Pädagogik bei Verhaltensstörungen eröffnet eine Handlungsperspektive, die an der Existentialität der Person ansetzen könnte: Kind A ängstigt sich, dass niemand für es sorgen könnte, Kind B sehnt sich danach, von anderen anerkannt zu werden und mit ihnen in Kontakt zu kommen, und Kind C hofft, außerhalb der Schule mit Frustrationen besser zurechtzukommen. Jede Verhaltensweise ist demnach Ausdruck und Sehnsucht zugleich, als Person verstanden und nicht ausschließlich als Merkmalsträger (psychiatrisch) klassifizierter Phänomene mit mehr oder weniger auszumachenden Ressourcen und Defiziten wahr- und angenommen zu werden. Eine derartige Wahrnehmung ersetzt jedoch umgekehrt keinesfalls präzise (psychiatrische, aber auch sonderpädagogische) Diagnosen, um notwendige Hilfen zuteilwerden zu lassen.

### 6.3 Verhaltensauffällige Kinder und Jugendliche zwischen Exklusion und Inklusion

Auch wenn verhaltensauffällige Kinder und Jugendliche, die erheblichen sozial-emotionalen Förderbedarf aufweisen und daher eine Schule für Erziehungshilfe oder eine ähnliche Institution besuchen, in den Debatten über die Umsetzung der UN-Behindertenrechtskonvention nur sporadisch thematisiert werden (Müller, 2013, S. 35 f.), sind sie dennoch nicht ausgenommen vom Grundgedanken einer inklusiven Gesellschaft. Aber: »Wenn die Umsetzung einer Idee wichtiger wird als die Konsequenzen, die die Umsetzung für die Menschen hat, dann wird eine bedenkliche Schieflage erzeugt, weil der einzelne Mensch in seiner Singularität, Einzigartigkeit und Unvergleichbarkeit nicht mehr von Bedeutung ist, sondern auf einen besonderen Fall eines Allgemeinen oder zu einer bloßen Störgröße reduziert wird« (Dederich, 2013, S. 34). Dederich erklärt mit dieser Zuspitzung, weshalb er im Hinblick auf Inklusion nach dem Verschwinden des behinderten Menschen fragt. Weiter geführt ließe sich im Kontext von Kindern und Jugendlichen mit Verhaltensauffälligkeiten angesichts des erheblichen Anstiegs der Zahlen im schulischen Förderschwerpunkt emotional-soziale Entwicklung ebenso zugespitzt fragen, inwieweit diese Kinder und Jugendlichen zu Störfaktoren für die Idee der Inklusion werden, die es zu umgehen oder gar zu beseitigen gilt (vgl. Willmann/Seeliger, 2016).

Im Hinblick auf die Existenz von Schulen für Erziehungshilfe und ähnliche speziellen (nicht »exkludierenden«, sondern separierenden) Fördereinrichtungen für Kinder und Jugendliche mit emotional-sozialem Förderbedarf lässt sich mit Dederich (2013) zudem überlegen, ob die »Entstehung einer Restschule für den harten, nicht integrierbaren Kern ein Fortschritt oder ein Anzeichen für das Versagen des Systems und das Scheitern der Inklusion« (ebd., S. 35) wäre. Im Hinblick auf die mannigfachen Exklusionserfahrungen von Kindern und Jugendlichen in ihren Familien, allgemeinen Schulen und anderen Institutionen könnte man durchaus dem Gedanken anhängen, das Bestehen der Schulen für Erziehungshilfe als Fortschritt zu bewerten (Müller, 2013, S. 42 f.). Denn »nicht jedes schwierige Sozialverhalten stellt eine Bereicherung des schulischen Zusammenlebens dar. [...] Aggressivität und Destruktivität, die diesen gemeinsamen Rahmen sprengen, haben im Normalitätstheorem keinen Platz, Grenzen einer fruchtbringenden Vielfalt kommen nicht vor. Als manifestes Phänomen sind sie jedoch unübersehbar, insbesondere, wenn sie sich nach außen und gegen andere Personen richten. Jugendliche mit dissozialer und delinquenter Entwicklung zum Beispiel können Bedrohungen und Belastungen hervorrufen, die den tolerierbaren Rahmen überschreiten. Körperverletzungen, Gewaltandrohungen, Erpressungen und sexuelle Übergriffe gehören dazu« (Ahrbeck, 2011, S. 65; zur Frage von Normalität vgl. auch Müller/Müller/Stein 2021). Und nicht jede Klassengröße und nicht jede Art von Sozialverband stellt eine Bereicherung für Kinder und Jugendliche dar, die beispielsweise mit einer Angststörung leben, depressiv sind oder desorganisiert gebunden. Ein inklusives Denken, das diese Aspekte nicht mitberücksichtigt, verlöre sich lediglich im bloßen Zusammenführen von Kindern und Jugendlichen, die sich durch ihre Biografien und ihr Verhalten gegenseitig nicht bereicherten, sondern Schaden aneinander nehmen könnten. Auch drohen Schüler mit Verhaltensauffälligkeiten hier, offen oder auch sehr versteckt, zu Außenseitern zu werden (Huber 2006; 2009). Wie auch für andere sonderpädagogische Förderschwerpunkte scheint für die Pädagogik bei Verhaltensstörungen die Möglichkeit zu bestehen, dass es Kinder und Jugendliche geben mag, die sich mit professioneller sonderpädagogischer Unterstützung in den bestehenden Rahmenbedingungen der allgemeinen Schule unterrichten lassen. Gerade hier sind die entsprechenden Quoten ohnehin recht hoch. Wie aber verhält es sich mit Kindern und Jugendlichen, die entweder so übergriffig und gewalttätig sind, dass sie kaum jemand im

Klassenverband zu (er)tragen vermag, oder aber mit Kindern und Jugendlichen, die so stark traumatisiert sind, dass bereits drei oder vier weitere Schüler von ihnen selbst als eine überfordernde Bedrohung empfunden werden? »Wenn etwa massive Unterrichtsstörungen durch Schüler mit schwerwiegenden Verhaltensproblemen bzw. sozial-emotionalen Entwicklungsauffälligkeiten ein Kriterium des Ausschlusses von der Inklusion sind, dann stellt sich natürlich die Frage, wo genau im sehr weiten Spektrum der Ausprägung und Intensität dieser Probleme und Auffälligkeiten die Grenze zwischen Inklusionstauglichkeit und -untauglichkeit liegt...« (Dederich, 2013, S. 36). Wird diese Grenze hierin an personalen, an sozialen, an strukturellen, institutionellen oder juristischen Kriterien festgemacht?

Die Auseinandersetzung mit der Idee der Inklusion führt der Pädagogik bei Verhaltensstörungen nicht nur die Breite ihres so genannten Gegenstandsbereichs vor Augen, sondern auch die Tatsache, mit diesen Grenzen konfrontiert zu werden. »Die Möglichkeiten von Kindern mit Behinderung, sich gegenseitig zu bereichern, werden gegenwärtig vielfach unterschätzt, gepaart mit einer Überhöhung des kollektiven Gemeinwohls. Zumindest dann, wenn die ungeteilte Gemeinsamkeit immer und unter allen Umständen für jeden Menschen wohltuend sein soll« (Ahrbeck, 2011, S. 54).

# 7 Fazit und Ausblick: Verhaltensstörungen im Kontext schulischer Inklusion

Zusammenfassend lassen sich im Hinblick auf die Bemühungen um Inklusion insbesondere vier grundsätzliche Dimensionen für den Gegenstandsbereich der Pädagogik bei Verhaltensstörungen ausmachen:

Erstens geht es um Kinder und Jugendliche, die sich durch präventives und interventives pädagogisches Handeln in der Regelschule ›halten‹ oder aus besonderer Beschulung in diese zurückführen lassen. Dazu ist eine sonderpädagogische Professionalität notwendig, die sich durch spezifisches Wissen und Multiperspektivität einerseits, aber auch durch reflektierte Haltungen in Fragen der Lehrerpersönlichkeit sowie der Unterrichts- und Beziehungsgestaltung andererseits auszeichnet.

Zweitens lassen sich jene Kinder und Jugendlichen nennen, die psychisch erkrankt, beeinträchtigt oder belastet sind und deren größter Anteil von jeher die Regelschule besucht. Ihr bloßes Dabeisein in der Regelschule lässt sich jedoch wohl noch nicht als gelungene Inklusion bezeichnen, zumal sie nicht erst aufgrund bildungspolitischer Bemühungen im Rahmen der Umsetzung der UN-Konvention in die Regelschule gekommen sind. Inklusion hieße für diese Kinder und Jugendlichen vielmehr, sie überhaupt wahrzunehmen, mit sonderpädagogischer Professionalität zu begleiten, Regelschullehrkräfte hinsichtlich des Umgangs mit ihnen zu beraten und eine Ausgliederung aus dem Regelschulwesen zu verhindern.

Drittens kann für andere Kinder und Jugendliche, die sich im schulischen Kontext aufgrund von schwersten biografischen Belastungen oder Traumatisierungen als sehr gravierend verhaltensauffällig erweisen, dabei sich und andere durch übergriffiges Verhalten unmittelbar oder in Lernprozessen gefährden, der Rahmen der Regelschule eine Überforderung und Zumutung für alle Beteiligten darstellen. Hier knüpft die Pädagogik bei Verhaltensstörungen an ihre historischen Wurzeln an und kann sich schon heute als inklusiv handelnd begreifen, wenn sie für diese Kinder und Jugendlichen sonderpädagogische Rahmenbedingungen schafft und erhält, die eine ganz grundsätzliche Teilhabe an Gesellschaft überhaupt erst oder wieder neu ermöglichen und anbahnen.

Viertens schließlich ist aus einer situationistischen Perspektive zu bedenken, dass auch Belastungen im Rahmen der aktuellen Lebenssituation zu (vorübergehenden) Auffälligkeiten des Erlebens und Verhaltens bei Schülern führen können. Dies gilt neben der Situation zuhause oder auch in Freizeit und Peer-Group eben auch für institutionelle pädagogische Kontexte wie die Schule. Insofern muss Schule stets auch kritisch die eigenen »Beiträge« zum Entstehen oder auch zur Verstärkung und Verfestigung von Verhaltensauffälligkeiten prüfen und die eigenen Settings und Maßnahmen der Erziehung, Bildung und Beziehungsgestaltung so weiterentwickeln, dass solches möglichst nicht geschieht. Dieser Gedanke ist auch im Sinne guter Prävention zu verstehen – und repräsentiert einen wichtigen Anspruch an die Weiterentwicklung eines Schulsystems, das möglichst alle aufnimmt, aber auch allen hinsichtlich ihrer individuellen Bedarfe gerecht wird.

## Kommentierte Literaturempfehlungen

Gasteiger-Klicpera, Barbara/Julius, Henri/Klicpera, Christian (Hrsg.): Sonderpädagogik der sozialen und emotionalen Entwicklung. Göttingen: Hogrefe, 2008

*Dieses sehr umfangreiche Handbuch will einen Überblick geben zu zentralen Aspekten und Themen der Fachdiskussion einer Pädagogik bei Verhaltensstörungen. Auch wenn psychologisch orientierte Beiträge dominieren und durch die Diskussion einer besonderen Erziehung hätten ergänzt werden können, findet der Leser hier ein grundlegendes Handbuch mit vielen wichtigen Informationen, etwa zu Störungsbildern und Handlungskonzepten.*

Stein, Roland: Grundwissen Verhaltensstörungen. Baltmannsweiler: Schneider, [6]2019

*Grundlage dieses Buches ist ein interaktionistisches Verständnis von Verhaltensstörungen. Auf dieser Basis werden unter anderem verschiedene, besonders verbreitete Erscheinungsweisen, Erklärungsansätze sowie Normen und Kriterien zur Bestimmung von Auffälligkeiten betrachtet. Das spezifische Verständnis von Störungen ermöglicht es, ein breites Spektrum von Ansatzpunkten in den Blick zu nehmen und spezifische Förderansätze und konkrete Konzepte systematisch zu betrachten.*

Schmid, Peter: Verhaltensstörungen aus anthropologischer Sicht. Bern, Stuttgart und Wien: Haupt, [2]1996

*Der Autor führt eine ausführliche anthropologische Auseinandersetzung mit verhaltensauffälligen Kindern und Jugendlichen und geht dabei über Trainingsprogramme und arrangierte Lernsituationen deutlich hinaus. Er setzt sich grundsätzlich mit der Vielfalt von Lebensphänomenen und ihren komplexen Zusammenhängen auseinander. Störung wird dabei stets subjektübergreifend in der Beziehung des Menschen zur Welt, zu Mitmenschen, zu seinen Aufgaben und Verantwortlichkeiten gesehen.*

Winkler, Michael: Kritik der Inklusion: Am Ende eine(r) Illusion. Stuttgart: Kohlhammer, 2018

*Inklusion hat sich als Leitformel und Programm politischer, sozialer und pädagogischer Veränderung durchgesetzt. Verlangt wird Inklusion für alle, die Hoffnung gilt einer inklusiven Gesellschaft. Die Debatte – hier setzt die »Kritik« des Buches an – wird allerdings generalistisch geführt, tritt als Totalstrategie auf, die es sozialtechnisch umzusetzen gilt. Nicht in den Blick kommen die konkreten Individuen, nicht ihre Lebenslagen, Lebensformen und Lebenspraktiken, schon gar nicht ihre Subjektivität mit ihren Eigenheiten und Eigenwilligkeiten. Das Buch verweist mit allem Nachdruck auf die fatalen Widersprüche, in die sich Inklusion bei näherer Betrachtung verstrickt sieht und ist dabei weit entfernt vom Plädoyer für Exklusion.*

## Literatur

Abelein, Philipp/Stein, Roland: Förderung bei Aufmerksamkeits- und Hyperaktivitätsstörungen. Stuttgart: Kohlhammer, 2017

Ahrbeck, Bernd: Der Umgang mit Behinderung. Stuttgart: Kohlhammer, 2011

Ahrbeck, Bernd/Willmann, Marc (Hrsg.): Pädagogik bei Verhaltensstörungen. Ein Handbuch. Stuttgart: Kohlhammer, 2010

Aichhorn, August: Verwahrloste Jugend. Die Psychoanalyse in der Fürsorgeerziehung. Bern und Stuttgart: Huber 1957

Bach, Heinz: Verhaltensstörungen und ihr Umfeld. In: Goetze, Herbert/Neukäter, Heinz (Hrsg.): Handbuch der Sonderpädagogik. Bd 6: Pädagogik bei Verhaltensstörungen. Berlin: Marhold, 1989, S. 3–35

Barkmann, Claus: Psychische Auffälligkeit bei Kindern und Jugendlichen in Deutschland. Ein epidemiologisches Screening. Hamburg: Kovač, 2004

Bettelheim, Bruno: Love is not Enough. The Treatment of Emotionally Disturbed Children. New York: The Free Press, 1950

Beyer, Claudia/Strobl, Carina/Müller, Thomas: Hier kommste nicht raus: Geschlossener Jugendwerkhof Torgau: Endpunkt erzieherischer Willkür der SED gegenüber verhaltensabweichenden Jugendlichen. Baltmannsweiler: Schneider, 2016

Bittner, Günter/Ertle, Christoph/Schmid, Peter: Schule und Unterricht bei verhaltensgestörten Kindern. In: Deutscher Bildungsrat (Hrsg.): Gutachten und Studien der Bildungskommission 35, Sonderpädagogik, Bd. 4. Stuttgart: Klett, 1974, S. 13–102

Böhnisch, Lothar: Abweichendes Verhalten. Eine pädagogisch-soziologische Einführung. Weinheim und München: Beltz Juventa, 1999

Dederich, Markus: Verschwinden Menschen mit Behinderung? Über Grenzen der Gerechtigkeit. In: Behinderte Menschen 1, 2013, S. 32–43

Frances, Allen: Normal. Gegen die Inflation psychiatrischer Diagnosen. Köln: DuMont, 2013

Fuchs, Arno: Erziehungsklassen (E-Klassen) für schwererziehbare Kinder der Volksschule. Halle: Marhold, 1930

Göppel, Rolf: »Der Friederich, der Friederich ...«. Das Bild des »schwierigen Kindes« in der Pädagogik des 19. und 20. Jahrhunderts. Würzburg: Ed. Bentheim, 1989

Göppel, Rolf: Von der »sittlichen Verwilderung« zu »Verhaltensstörungen« – Zur Begriff- und Ideengeschichte der pädagogischen Reflexion über »schwierige Kinder«. In: Ahrbeck, Bernd/Willmann, Marc (Hrsg.): Pädagogik bei Verhaltensstörungen. Ein Handbuch. Stuttgart: Kohlhammer, 2010, S. 11–20

Goetze, Herbert: Verhaltensgestörte in Integrationsklassen – Fiktionen und Fakten. In: Heilpädagogik online 2, 2008, S. 32–52

Havers, Norbert: Erziehungsschwierigkeiten in der Schule. Weinheim: Beltz, 1978

Hennemann, Thomas/Hövel, Dennis/Casale, Gino/Hagen, Tobias/Fitting-Dahlmann, Klaus: Schulische Prävention im Bereich Verhalten. Stuttgart: Kohlhammer, 2015

Hillenbrand, Clemens: Begriffe und Theorien im Förderschwerpunkt soziale und emotionale Entwicklung – Versuch einer Standortbestimmung. In: Gasteiger-Klicpera, Barbara/Julius, Henri/Gasteiger, Christian (Hrsg.): Sonderpädagogik der sozialen und emotionalen Entwicklung. Handbuch Sonderpädagogik, Bd. 3, Göttingen: Hogrefe, 2008, S. 5–24

Hillenbrand, Clemens: Inklusive Bildung in der Schule: Probleme und Perspektiven für die Bildungsberichterstattung. In: Zeitschrift für Heilpädagogik 64 (9), 2013, S. 359–369

Hölling, Heike/Erhart, Michael/Ravens-Sieberer, Ulrike/Schlack, Robert: Verhaltensauffälligkeiten bei Kindern und Jugendlichen. Erste Ergebnisse aus dem Kinder- und Jugendgesundheitssurvey (KiGGS). Bundesgesundheitsblatt – Gesundheitsforschung – Gesundheitsschutz 5/6, 2007, S. 784–793

Hölling Heike/Schlack, Robert/Petermann, Franz/Ravens-Sieberer, Ulrike/Mauz, Elvira: Psychische Auffälligkeiten und psychosoziale Beeinträchtigungen bei Kindern und Jugendlichen im Alter von 3 bis 17 Jahren in Deutschland – Prävalenz und zeitliche Trends zu 2 Erhebungszeitpunkten (2003–2006 und 2009–2012) Ergebnisse der KiGGS-Studie – Erste Folgebefragung (KiGGS Welle 1), 2014. Im Internet unter: http://www.kiggs-studie.de/deutsch/ergebnisse/kiggs-welle-1/basispublikation.html [09.12.2016]

Huber, Christian: Soziale Integration in der Schule?! Eine empirische Untersuchung zur sozialen Integration von Schülern mit sonderpädagogischem Förderbedarf im gemeinsamen Unterricht. Marburg: Tectum, 2006

Huber, Christian: Gemeinsam einsam? Empirische Befunde und praxisrelevante Ableitungen zur sozialen Integration von Schülern mit Sonderpädagogischem Förderbedarf im Gemeinsamen Unterricht. In: Zeitschrift für Heilpädagogik 60, 2009, S. 242–248

Huber, Christian/Grosche, Michael: Das Response-to-Intervention-Modell als Grundlage für einen inklusiven Paradigmenwechsel in der Sonderpädagogik. In: Zeitschrift für Heilpädagogik 63, 2012, S. 311–322

Ihle, Wolfgang/Esser, Günter: Epidemiologie psychischer Störungen im Kindes- und Jugendalter: Prävalenz, Verlauf, Komorbidität und Geschlechtsunterschiede. In: Psychologische Rundschau 53 (4), 2002, S. 159–169

Ihle, Wolfgang/Esser, Günter: Epidemiologie psychischer Störungen des Kindes- und Jugendalters. In: Gasteiger-Klicpera, B./Julius, H./Klicpera, C. (Hrsg.): Sonderpädagogik der sozialen und emotionalen Entwicklung. Göttingen: Hogrefe, 2008, S. 49–62

Kamp-Becker, Inge/Bölte, Sven: Autismus. München: Reinhardt, 2011

Klinkhammer, Julie/Voltmer, Katharina/von Salisch, Maria: Emotionale Kompetenz bei Kindern und Jugendlichen. Entwicklung und Folgen. Stuttgart: Kohlhammer, ²2022

KMK (Kultusministerkonferenz): Empfehlungen zur sonderpädagogischen Förderung in den Schulen der Bundesrepublik Deutschland. Bonn: KMK, 1994

KMK (Kultusministerkonferenz): Empfehlungen zum Förderschwerpunkt emotionale und soziale Entwicklung. Bonn: KMK, 2000

KMK (Kultusministerkonferenz) (Hrsg.): Dokumentation Nr. 210 – Februar 2016. Sonderpädagogische Förderung in Schulen 2005 bis 2014. Berlin: KMK, 2016. Im Internet unter https://www.kmk.org/dokumentation-und-statistik/statistik/schulstatistik/sonderpaedagogische-foerderung-an-schulen.html [09.12.2016]

KMK (Kultusministerkonferenz) (Hrsg.): Dokumentation Nr. 231 – Januar 2022. Sonderpädagogische Förderung in Schulen 2011 bis 2020. Berlin: KMK, 2022. Im Internet unter https://www.kmk.org/fileadmin/Dateien/pdf/Statistik/Dokumentationen/Dok231_SoPaeFoe_2020.pdf [18.10.2023]

Kobi, Emil: Grundlagen der Heilpädagogik. Bern, Stuttgart und Wien: Haupt, 1993

Kobi, Emil: Heilpädagogik in der Wendezeit. Brüche, Kontinuitäten, Perspektiven. In: Opp, Günther (Hrsg.): Heilpädagogik in der Wendezeit. Luzern: Ed. SZH/SPZ, 1996

Koch, Katja: »Behinderung« – Gegenwärtige Entwicklungen sowie zentrale Herausforderungen im Bereich Schule. In: Zeitschrift für Heilpädagogik 64 (9), 2013, S. 343–350

Laing, Ronald: Das geteilte Selbst. Eine existentielle Studie über geistige Gesundheit und Wahnsinn. Reinbek bei Hamburg: Rowohlt, 1979

Lamnek, Siegfried: Theorien abweichenden Verhaltens. München: Fink, 1979

Liebrich, Karl: Hilfsschulpädagogik im nationalsozialistischen Staat. In: Sonderschulmagazin 8, 1986, S. 3–4

Lindmeier, Bettina: Zur Geschichte der Verhaltensgestörtenpädagogik als universitäre Disziplin. In: Ahrbeck, Bernd/Willmann, Marc (Hrsg.): Pädagogik bei Verhaltensstörungen. Ein Handbuch. Stuttgart: Kohlhammer, 2010, S. 21–26

Mary, Michael: Ab auf die Couch! Wie Psychotherapeuten immer neue Krankheiten erfinden und immer weniger Hilfe leisten. München: Blessing, 2013

Ministerium für Volksbildung: Anweisung über Grundsätze bei der Förderung von Kindern mit wesentlichen physisch-psychischen Störungen im Bereich des Sozial- und Leistungsverhaltens (Verhaltensstörungen). Berlin: Ministerium für Volksbildung, 1981

Moor, Paul: Heilpädagogische Psychologie. Band I. Bern und Stuttgart: Huber, 1960

Müller, Jörn/Müller, Thomas/Stein, Roland: Inklusion als normativer Anspruch. Perspektiven aus Sonderpädagogik und philosophischer Ethik. Vierteljahresschrift für Heilpädagogik und ihre Nachbargebiete 90 (4), 2021, S. 268–282

Müller, Thomas: Schule zur Erziehungshilfe – inklusive Schulen? In: Vierteljahresschrift für Heilpädagogik und ihre Nachbargebiete 82 (1), 2013, S. 35–45

Müller, Thomas/Stein, Roland: Erziehung an Schulen für Erziehungshilfe? Zum fehlenden Diskurs einer Schulart. In: Vierteljahresschrift für Heilpädagogik und ihre Nachbargebiete 82 (3), 2013, S. 213–226

Myschker, Norbert: Verhaltensstörungen bei Kindern und Jugendlichen. Stuttgart: Kohlhammer, $^{6}$2009

Myschker, Norbert/Stein, Roland: Verhaltensstörungen bei Kindern und Jugendlichen. Stuttgart: Kohlhammer, $^{8}$2018

Pestalozzi, Johann Heinrich: Pestalozzis Brief an einen Freund über seinen Aufenthalt in Stanz. SW Bd. 13, 1799. Im Internet unter: https://www.heinrich-pestalozzi.de/werke/pestalozzi-volltexte-auf-dieser-website/1799-stanser-brief [02.06.2024]

Pestalozzi, Johann Heinrich: Wie Gertrud ihre Kinder lehrt. SW Bd. 13, 1801. Im Internet unter: https://www.heinrich-pestalozzi.de/werke/pestalozzi-volltexte-auf-dieser-website/1801-wie-gertrud-ihre-kinder-lehrt [02.06.2024]

Ravens-Sieberer, Ulrike/Devine, Janike/Napp, Ann-Katrin/Kaman, Anne/Saftig. Lynn/Gilbert, Mathna/Reiß, Franziska/Löffler, Constanze/Simon, Anja/Hurrelmann, Klaus/Walper, Sabine/Schlack, Robert/Hölling, Heike/Wieler, Lothar H./Erhart, Michael: Three years into the pandemic: results of the longitudinal German COPSY study on youth mental health and health-related quality of life, 2023. Im Internet unter https://pubmed.ncbi.nlm.nih.gov/37397777/ [18.10.2023]

Redl, Fritz: Erziehung schwieriger Kinder. Beiträge zu einer psychotherapeutisch orientierten Pädagogik. München: Piper, 1979

Remschmidt, Helmut: Autismus. München: C. H. Beck, $^{2}$2002

Ricking, Heinrich/Schulze, Gisela/Wittrock, Manfred (Hrsg.): Schulabsentismus und Dropout. Paderborn: Schöningh, 2009

Sautter, Hartmut/Schwarz, Katja/Trost, Rainer (Hrsg.): Kinder und Jugendliche mit Autismus-Spektrum-Störung. Stuttgart: Kohlhammer, 2012

Schlack, Robert/Neuperd, Laura/Junker, Stephan/Eicher, Sophie/Hölling, Heike/Thom, Julia/Ravens-Sieberer, Ulrike/Beyer, Ann-Kristin: Changes in mental health in the German child and adolescent population during the COVID-19 pandemic – Results of a rapid review, 2023. Im Internet unter https://www.ncbi.nlm.nih.gov/pmc/articles/PMC9936565/ [18.10.2023]

Schmid, Michaela: Über die Tendenz einer Psychologisierung und Ökonomisierung des Erziehungsverständnisses in der pädagogischen Ratgeberliteratur. In: Pädagogische Rundschau 66, 2012, S. 179–190

Schmid, Peter: Verhaltensstörungen aus anthropologischer Sicht. Bern, Stuttgart und Wien: Haupt, 1996

Speck, Otto: Aktuelle Fragen sonderpädagogischer Förderung? In: Die Sonderschule 40, 1995, S. 166–181

Stein, Roland: Beeinträchtigungen der emotionalen und sozialen Entwicklung. In: Hansen, Gerd/Stein, Roland (Hrsg.): Kompendium Sonderpädagogik. Bad Heilbrunn: Klinkhardt, 2006, S. 25–39

Stein, Roland: Grundwissen Verhaltensstörungen. Baltmannsweiler: Schneider, $^4$2015; $^5$2017; $^6$2019

Stinkes, Ursula: »was wir sind, sind wir niemals ganz und gar ...« – Sichtweisen der Beziehung zum anderen Menschen. In: Behinderte Menschen 1, 2013, S. 44–54

Trüper, Johannes: Das Erziehungsheim und Jugendsanatorium auf der Sophienhöhe bei Jena. Langensalza: Beyer & Söhne, 1909

Trüper, Johannes: Die Anfänge der abnormen Erscheinungen im kindlichen Seelenleben. Altenburg: Bonde, 1920

UNICEF: »On my Mind: die psychische Gesundheit von Kindern fördern, schützen und unterstützen«. UNICEF-Bericht zur Situation der Kinder in der Welt 2021, 2021. Im Internet unter https://www.unicef.de/blob/249178/df8537c4c9c2106922f49da4884e82b4/zusammenfassung-sowcr-2021-data.pdf [17.12.2021]

Voß, Stefan/Blumenthal, Yvonne/Mahlau, Kathrin/Marten, Katharina/Diehl, Kirsten/Sikora, Simone/Hartke, Bodo: Der Response-to-Intervention-Ansatz in der Praxis. Münster: Waxmann, 2016

Willmann, Marc: Depsychologisierung und Professionalisierung der Sonderpädagogik. Kritik und Perspektiven einer Pädagogik für »schwierige« Kinder. München: Reinhardt, 2012

Willmann, Marc/Seeliger, Georg: SEBD inclusion research synthesis: a content analysis of research themes and methods in empirical studies published in the journal Emotional and Behavioural Difficulties from 1996–2014. In: Emotional and Behavioural Difficulties, 2016, S. 1–18

Zimmermann, Verena: Den neuen Menschen schaffen. Die Umerziehung von schwererziehbaren und straffälligen Jugendlichen in der DDR (1945–1990). Köln/Weimr/Wien: Böhlau, 2004

# Zur geschichtlichen Entwicklung der schulischen Erziehungshilfe

Marc Willmann

Der Beitrag zeichnet die Geschichte der schulischen Erziehungshilfe anhand von vier Entwicklungslinien nach. Betrachtet werden die Ideengeschichte des pädagogischen Umgangs mit ›schwierigen‹ Kindern, die Geschichte der schulischen Institutionen, die Historiographie der sonderpädagogischen Profession und Disziplin sowie Tendenzen in der Bildungspolitik und Behindertengesetzgebung. Der Ausflug in die Geschichte endet mit Schlussfolgerungen zu den Implikationen für die aktuelle Inklusionsdebatte.

## 1 Grundprobleme eines historiographischen Zugangs

Die Historiographie des pädagogischen Umgangs mit Verhaltensauffälligkeiten in der Schule hat mit einigen grundlegenden Problemen zu ringen, die letztlich auf die Eigenheiten des Phänomenbereichs selbst zurückzuführen sind. Die Pädagogik der Erziehungshilfe teilt mit der Sonderpädagogik die gemeinsame Schwierigkeit, dass sich der eigene Gegenstandsbereich einer exakten begrifflichen Operationalisierung weitestgehend entzieht. Das Problem zeigt sich bereits in der Vielfalt der Begriffe, mit denen ›schwierige‹ Kinder im Laufe der Zeit bezeichnet wurden:

> »emotional gestört, erziehungshilfebedürftig, erziehungsschwierig, gemeinschaftsgefährdend, gemeinschaftsschädigend, gemeinschaftsschwierig, moralisch schwachsinnig, neurotisch, persönlichkeitsgestört, psychopathisch, psychopathologisch, sozial fehlangepasst, verhaltensbehindert, verhaltensgestört, verhaltensauffällig, verwildert oder verwahrlost.« (Hillenbrand, 2008, S. 28)

Gemeinsames Merkmal vieler Versuche, dem ›schwierigen‹ Kind einen Namen zu geben, ist die eher negative Bedeutungsgestalt der meisten Begriffe – weniger stigmatisierende Beschreibungen finden sich nur sehr vereinzelt in der Literatur und konnten sich nicht allgemein durchsetzen (Überblick: Willmann, 2012a, S. 25 f.).

1 Grundprobleme eines historiographischen Zugangs

In der internationalen sonderpädagogischen Fachdiskussion zeichnen sich gegenwärtig zwei gegensätzliche Entwicklungen im Sprachgebrauch ab: Während in der special education in Nordamerika vorzugsweise an der psychiatrischen Terminologie (»behavioral disorders«) festgehalten wird (Winzer, 2007; Kauffman/Landrum, 2013), hat sich im übrigen englischen Sprachraum der Begriff der »social, emotional and behavioural difficulties« durchgesetzt (z. B. Clough/Garner/Pardeck/Yuen, 2005; Cole/Daniels/Visser, 2012). Die Fachdiskussion in Deutschland ist durch drei Begriffsvarianten geprägt, die aus verschiedenen gesellschaftlichen Funktionssystemen heraus gleiche oder zumindest ähnliche Problemlagen zu beschreiben versuchen: ›emotional-sozialer Förderbedarf‹ (schulischer Bereich), ›Verhaltensstörungen‹ (klinischer Bereich) und ›seelische Behinderung‹ (Jugendhilfe).

Da im sonderpädagogischen Kontext die schulische nicht von der klinisch-therapeutischen Perspektive getrennt werden kann, ist vorgeschlagen worden, in einem umfassenden Verständnis von »emotional-sozialen Schwierigkeiten und Verhaltensstörungen« zu sprechen (Willmann, 2010) und mit Referenz auf die Jugendhilfe hat sich die Fachbezeichnung der schulischen Erziehungshilfe etabliert. Die terminologische Vielfalt im Fach führt zu einiger Konfusion (Kauffman/Landrum, 2013, S. 23) und erschwert so die historiographische Betrachtung, nicht zuletzt auch deswegen, weil die betreffenden Kinder im Laufe der Geschichte unter wechselnden Bezeichnungen in Lerngruppen mit anderer Förderschwerpunktausrichtung unterrichtet wurden (Irvine/Wright/Applequist, 2007, S. 1045).

> »When charting the growth of this field, one must make an arbitrary decision concerning a starting point. No matter where one begins, examples of earlier programs or treatments probably can be identified. Tracing the history of the field presents a great difficulty because these children have been subsumed under so many different labels and because labeling itself frequently has been determined by the sociological and scientific conditions of the moment. Thus, the beginning of the field of education for the disturbed child is difficult to find; it is lost not only in the confusion of sociological history but also in the myriad of disciplines that crisscross its development.« (Lewis, 1974, S. 5; zit. nach Kauffman/Landrum, 2006, S. 9)

## 2 Ideengeschichte des pädagogischen Umgangs mit ›schwierigen‹ Kindern

Die Begriffe und Deutungsmuster, mit denen ›schwierige‹ Kinder beschrieben wurden und werden, können nicht losgelöst von den allgemeinen gesellschaftlichen Entwicklungen und den jeweiligen zeitgenössischen Vorstellungen über Erziehung und Kindheit betrachtet werden. Die sonderpädagogische Geschichtsschreibung gibt somit zugleich immer auch Auskunft über den Zeitgeist einer bestimmten Epoche und die vorherrschenden Vorstellungen von Erziehung (Moser, 1998).

Der Umgang mit Behinderung vor dem 18. Jahrhundert weist in eine dunkle Vergangenheit (Winzer, 1993) und bis in das 19. Jahrhundert hinein dominierten repressive Erziehungsmethoden (Kauffman/Landrum, 2006, S. 30). Flissikowski, Kluge und Schauerhammer (1980) verfolgen die »Sozialgeschichte des abweichenden Verhaltens in der Schule« bis in die Zeit der mittelalterlichen Klosterschulen zurück. Die historische Rekonstruktion zeichnet das Bild einer von gewaltsamen Disziplinierungsmaßnahmen gekennzeichneten Pädagogik:

> »[...] die Geschichte der institutionalisierten Erziehung und Bildung ist gleichzeitig die Geschichte der Disziplinierung von Kindern mit abweichendem Verhalten, eine Geschichte der relativ engstirnigen Einpassung von Kindern in epochal-kulturelle Normen.« (Vernooij, 1994, S. 41)

Mit dem Aufkommen der Heilpädagogik Mitte des 19. Jahrhunderts wandelt sich das Bild des ›schwierigen‹ Kindes, das nun nicht mehr in moralischen Kategorien als ›böse‹ und ›sittlich verwildert‹ betrachtet wird, sondern als ›krank‹ und ›schlecht erzogen‹ (Göppel, 1989).

Die im 19. Jahrhundert verbreitete Zuversicht, die Medizin könne jede Form von ›Idiotie‹ und ›Geisteskrankheit‹ heilen, wird im 20. Jahrhundert zunehmend abgelöst durch einen pädagogischen Optimismus, der sich auf der Idee gründete, kein Kind zurückzulassen, sondern alle Kinder ungeachtet ihrer persönlichen Befähigung optimal fördern zu können, sodass sie eine höhere Stufe der Entwicklung erreichen könnten. Dieser Optimismus ist letztlich das Fundament allen sonderpädagogischen Handelns (Kauffman/Landrum, 2006, S. 40 und 83) und ihm voran geht die ›Entdeckung der Bildbarkeit Behinderter‹ (Ellger-Rüttgardt/Tenorth, 1998).

Die Geschichte der schulischen Erziehungshilfe ist eingebettet in die ›Kulturgeschichte seelischer Störungen‹ (Nissen, 2005), und wie der historische Rückblick zeigt, unterliegen die Normalitätsvorstellungen der Gesellschaft einem steten Wandel (Stechow, 2004) – und dialektisch eng hiermit verwoben sind auch die Bewertungen und der Umgang mit Devianz: Die Geschichte der gesellschaftlichen Konstruktion des ›Anders-Seins‹ führt von der Dämonologisierung und Moralisierung in der Frühzeit und im Mittelalter bis zur Biologisierung und Pathologisierung in der Neuzeit (Rohrmann, 2007). Diese zeit- und kulturhistorische Relativität der gesellschaftlichen Konstruktion von Normalität/Abnormalität, Vernunft/Unvernunft zeigt sich in der Historiographie der Psychiatrie (z. B. Brückner, 2010) und nicht minder eindrucksvoll in der transkulturellen Psychiatrieforschung (Wulff, 1978; Pfeiffer, 1994).

Gleichwohl wird ›Andersartigkeit‹ – je nach Schweregrad der resultierenden Funktionseinschränkung – kulturübergreifend als negativ bewertet. Insbesondere bei schweren Störungen im psychosozialen Bereich, vor allem bei aggressiven Handlungen, weniger allerdings bei hysterischen Phänomenen und Halluzinationen, zeigt sich eine universelle Tendenz zur negativen Bewertung, wie eine komparative Analyse von Neubert und Cloerkes (1994, S. 88) verdeutlicht, in der 24 ethnographische Studien auf Gemeinsamkeiten und Unterschiede im intrakulturellen Umgang mit Behinderungen untersucht wurden.

Das klinische Konzept von Verhaltensstörungen bei Kindern und Jugendlichen ist also – wie auch die Konstruktion von ›Kindheit‹ – historisch relativ (Göppel, 2010). Myschker (2009, S. 42) bringt diese Relativität mit seiner weithin anerkannten Definition zum Ausdruck, nach der Verhaltensstörungen als Abweichungen ›von der zeit- und kulturspezifischen Erwartungsnorm‹ zu betrachten sind. Gleichwohl handelt es sich hierbei aber auch um Phänomene, die Universalcharakter haben, als sie ubiquitär zu beobachten sind – es gab und gibt wohl kein Schulsystem, in dem der Umgang mit ›schwierigen‹ Kindern nicht eines der brennendsten Themen ist. Fragen des schulischen Umgangs mit herausfordernden Verhaltensweisen von Kindern und Jugendlichen begleiten die institutionalisierte Erziehung und Bildung seit ihren Anfängen: ›Erziehungsschwierigkeiten, verstanden als störende Einwirkungen auf Erziehungsprozesse, sind so alt wie die Schule selbst‹ (Buchinger, 1998, S. 85).

# 3 Geschichte der schulischen Institutionen

Während sich die historischen Wurzeln des pädagogischen Umgangs mit schulischen Erziehungsschwierigkeiten bis in das Mittelalter zurückverfolgen lassen, kommt die Idee spezieller Beschulungsmaßnahmen erst gegen Ende des 19. Jahrhunderts auf (Flissikowski/Kluge/Schauerhammer, 1980; Myschker, 1989; Schmidt, 1996). Sie findet ihre Umsetzung in den Sonderklassen, die um die Wende zum 20. Jahrhundert gegründet wurden. Verknüpft mit dieser Form schulischer Verbesonderungsmaßnahmen waren allerdings von Anfang an grundlegende Legitimationsprobleme, denn der Herausnahme von Kindern aus dem Regelunterricht aufgrund von Verhaltensauffälligkeiten unterliegt eine doppelte Argumentationsfigur: Zum einen geht es – natürlich – um die Bereitstellung optimaler Förderbedingungen für die betreffenden Kinder, zum anderen aber auch um die Entlastung der Lerngemeinschaft – von eben diesen Kindern. Diese Ausgangslage der Sonderpädagogik erweist sich als eine besondere Spielart einer der grundlegenden pädagogischen Antinomien: dem Oszillieren zwischen Fördern und Fordern, zwischen freier Entfaltung und Lenkung, Integration und Selektion.

## 3.1 Sonderunterricht an separaten Lernorten

Mit der Umschreibung des separaten Lernortes sind Unterrichtsarrangements gemeint, für die bestimmte Schüler/innen aus dem regulären Klassenverband herausgenommen werden. Separater Förderunterricht wird in Sonderklassen an Regelschulen oder in Sonderschulen angeboten. Im Gegensatz zu anderen Ländern (etwa USA) werden in Deutschland Sonderklassen an Regelschulen häufig nicht als integrative Maßnahme betrachtet.

**Sonderklassen**

Sonderklassen an Regelschulen sind international in viel höherem Maß verbreitet als Sonderschulen (CERI, 2000; OECD, 2007). Dabei zeigt sich eine große Vielfalt an unterschiedlichen Modellen: Die Konzeptionalisierung der Sonderklasse kann unter anderem variieren mit Blick auf Zuweisungs- bzw. Selektionskriterien und Zusammensetzung der Lerngruppe, Dauer und Umfang der Maßnahme, Art und Zielsetzung der Fördermethoden, Einbindung verschiedener Berufsgruppen etc. Während sich die schulische Erziehungshilfe weltweit ganz wesentlich auf Modelle der Sonderklassen bei Verhaltensproblemen gründet, konnte sich dieses Format in Deutschland nicht flächendeckend durchsetzen.

Zu den ersten Maßnahmen einer äußeren Differenzierung in der Schule, die der Selektion ›schwieriger‹ Kinder diente, dürfte die Einrichtung einer »undergraded class« in New Haven, Connecticut (USA) im Jahr 1871 gehören (Irvine et al., 2007, S. 1045). In dieser Klasse wurden neben langsamen Lernern unter anderem auch Schulschwänzer und ungehorsame Schüler untergebracht (Kauffman/Landrum, 2006, S. 38). Ausgehend von diesem Prototypen finden die Sonderklassen im nordamerikanischen Raum um die Jahrhundertwende zunehmend Verbreitung, anfangs als kreuzkategoriale, also (noch) nicht nach verschiedenen Behinderungen und Beeinträchtigungen selektierende Klassen, später dann vermehrt als self-contained special classes, die eine Homogenisierung der Schülerschaft anstreben, indem nach der Form des handicaps selektiert wird. Über die Gründung einer eigenen Sonderklasse für fehlangepasste Kinder im Jahr 1884 wird aus San Francisco berichtet, wobei dieser Maßnahme noch keine remediale Idee zugrunde lag, sondern ein rein disziplinarisches Interesse (Lenke, 1990, S. 33).

Die Entstehung der Sonderklassen für erziehungsschwierige Kinder im deutschsprachigen Raum fällt in die Expansionsphase der Psychopathenfürsorge im ersten Drittel des 20. Jahrhunderts. 1926 wurden in Zürich die ersten Beobachtungsklassen gegründet. Diese Klassen gingen aus den Schweizer Spezialklassen hervor, die im Jahr 1891 eingerichtet worden waren und die zunächst die Aufnahme sittlich verwahrloster Kinder explizit ausschlossen (Lenke, 1990, S. 21 f.). Im Jahr 1982 wurden dann in Berlin in enger Anlehnung an die Beobachtungsklassen die ersten Erziehungsklassen eingerichtet, die wie ihr Schweizer Vorbild als provisorische Maßnahme konzipiert waren und eine Aussonderung aus der Regelschule verhindern sollten (Fuchs, 1930, S. 48 f.). Nach ihrer Auflösung während der nationalsozialistischen Diktatur wurden die Erziehungsklassen in der Nachkriegszeit im Westteil Berlins wieder eingeführt (Vernooij, 1984, S. 34). Rudolf Mücke (1952, S. 522) berichtet über die Gründung der so genannten »B-Klassen« im Berliner Bezirk Tiergarten als »Einrichtungen, in denen für Gemeinschaftsschwierige der Normalschule durch geeignete Sondererziehung eine Erziehungshilfe geleistet wird.«

Die Arbeit der Berliner Beobachtungsklassen ist vergleichsweise gut dokumentiert worden (etwa: Müller, 1980), allerdings mit durchaus kritischem Ergebnis: So kommt Myschker (1982, S. 100) zu dem Fazit, dass diese in der etablierten Form »als Kleinklassen an Regelschulen nicht mehr dem sonderpädagogischen Erkenntnisstand [entsprechen]: Sie waren 1928 modern, heute sind sie veraltet. Sie sind heute nicht mehr als integrative Einrichtungen zu verstehen, da sie einer Ghettobildung ausgesetzt sind, die Schüler separieren und stigmatisieren sowie dem gesetzlich fixierten Ziel der sozialen Eingliederung [...] nicht oder nur unzulänglich genügen können.«

Auch in der Gegenwart existieren die Berliner Erziehungs-/Beobachtungsklassen noch, mittlerweile aber unter einer anderen Bezeichnung und in zwei verschiedenen Varianten: Mit der Novellierung des Schulgesetzes im Jahr 2004 und der neuen Sonderpädagogikverordnung von 2005 können Grundschulen bei Bedarf so genannte »temporäre Lerngruppen mit sonderpädagogischer Orientierung« einrichten. Daneben besteht die Möglichkeit, für die Förderschwerpunkte Lernen und emotional-soziale Entwicklung in Kooperation mit Jugendhilfeträgern sonderpädagogische Kleinklassen in Verbindung mit einer Tagesgruppe einzurichten – eine Möglichkeit, von der zunehmend Gebrauch gemacht wird, da eigenständige Erziehungshilfeschulen nach dem Berliner Schulgesetz offiziell nicht vorgesehen sind. In der Praxis stützt sich die Förderarbeit in vielen dieser temporären Lerngruppen und Kleinklassen auf den entwicklungspädagogischen/entwicklungstherapeutischen Unterricht in Anlehnung an Mary Wood (Wood/Quirk/Swindle, 2007; Bergsson, 2011). Eine spezielle Form der Ausgestaltung findet sich in der Konzeptionalisierung der temporären Lerngruppe als »Übergangsklasse« (Becker, 2001).

Auch aus einigen anderen Bundesländern liegen Erfahrungsberichte über Sonderklassen im Förderbereich emotional-soziale Entwicklung vor, wobei allein schon die Bezeichnungen teilweise sehr unterschiedlich sind: In Hamburg gab es in den 1970er Jahren Erziehungsklassen (Myschker, 1975; Bärsch/Sarges/Wendt/Würtl, 1976) und in Hannover Klassen für gemeinschaftsschwierige Kinder (Vernooij, 1984, S. 35). Bayern führte Mitte der 1980er Jahre Diagnose- und Förderklassen ein (Laschkowski, 1999), in Hessen wurden Kleinklassen für Erziehungshilfe eingerichtet und in Baden-Württemberg gibt es Außenklassen mit dem Schwerpunkt Erziehungshilfe. In der damaligen DDR wurden 1984 so genannte »Ausgleichsklassen für Verhaltensgeschädigte« eingeführt (Großmann/Gerth, 1990, S. 25), denen allerdings bereits Anfang der 1970er Jahre im Ostteil Berlins einige »Sonderklassen für Verhaltensgeschädigte« vorangegangen waren (Burchert, 2000).[1]

Im Unterschied zur Situation in Deutschland hat die Praxis der Förderung in speziellen Erziehungshilfeklassen im internationalen Raum weite Verbreitung gefunden. So finden sich neben den Schweizer Förderklassen (Bless, 1999) und Beobachtungsklassen (Lenke, 1990) auch in Österreich Klein- und Förderklassen für Kinder mit Verhaltensstörungen (Katschnig/Palacz, 1997). Vor allem die Fördersysteme im nordamerikanischen Raum gründen sich zu großen Teilen auf Formen der äußeren Differenzierung innerhalb der Regelschulen (›ressource room‹-Konzepte und ›special classes‹), wobei gerade die

---

1 Die in Ostdeutschland etablierte disziplinäre Bezeichnung der rehabilitationspädagogischen Fachrichtung (»Verhaltensgeschädigtenpädagogik«) ist nach der Wiedervereinigung nicht beibehalten worden, aber noch bis in die Gegenwart werden die Sonderschulen mit dem Förderschwerpunkt emotional-soziale Entwicklung im Land Sachsen-Anhalt als »Förderschulen mit Ausgleichsklassen« geführt (vgl. SchulG LSA, 2018; vgl. auch Budnik/Opp/Puhr, 2000).

Schülergruppe der ›students with emotional disorders‹ eine überdurchschnittlich hohe Zuweisungsquote zu den so genannten ›pull-out‹-Programmen, also speziellen Fördermaßnahmen außerhalb der Regelklasse, aufweist (Willmann, 2008). Auch in der schulischen Erziehungshilfe in England zeigt sich ein Trend in Richtung einer Ausweitung temporär-separierender Unterrichtsmaßnahmen in so genannten ›pupil referral units‹ (Cole/Daniels/Visser, 2003). Hierneben wird von speziellen Klassen, den »opportunity classes« an Regelschulen berichtet, in denen nicht mehr als zehn Schüler/-innen je Lerngruppe von jeweils einer Lehrkraft und einem Fürsorgehelfer betreut werden. Die Maßnahme ist auf ein bis zwei Jahre begrenzt. Spezielle und individualisierte Fördermaßnahmen sowie soziales Lernen stehen im Vordergrund. Angestrebt wird eine unmittelbare Reintegration in die Regelklasse (Salmon/Dover, 2011, S. 19).

**Sonderschulen**

Der Geschichtsschreibung nach liegt fast ein Dreivierteljahrhundert zwischen der Eröffnung der ersten Hilfsschule 1879 in Elberfeld (vgl. Möckel, 2007, S. 149) und der Gründung einer eigenständigen »Verhaltensgestörtenschule« im Jahr 1954 in Bremen (vgl. Myschker, 1989, S. 175). Tatsächlich sind die Entwicklungslinien aber eher verworren und die historischen Wurzeln der Schulform reichen viel weiter zurück, als es das genannte Gründungsdatum vermuten lässt. Insbesondere die Heimschule und ihre Vorläufer können auf eine lange geschichtliche Tradition zurückblicken (Schmidt, 1996). Als interessante Randnotiz liest sich in diesem Zusammenhang auch der Hinweis von Schröder (1999), der bei Recherchen im historischen Archiv der Stadt Köln auf Hinweise zur Planung einer »Schule für verwahrloste Kinder« aus dem Jahr 1883 gestoßen ist.

Die tatsächliche Entstehung der Schule für Erziehungshilfe folgt dann aber zunächst nicht konzeptionellen Überlegungen, sondern ist aus der Not heraus geboren. Unmittelbar nach dem Kriegsende wurden an den Volksschulen in den stark zerbombten deutschen Großstädten provisorische Sonderklassen für so genannte ›kriegsgeschädigte‹ Kinder eingerichtet. Mit zunehmendem zeitlichen Abstand zu den Kriegswirren veränderte sich aber die Zusammensetzung in diesen Klassen, denn es wurden immer weniger Schüler überwiesen, deren emotionale Probleme oder Verhaltenssymptome unmittelbar auf den Krieg zurückzuführen waren. Doch nicht nur die Problemlagen der Kinder hatten sich im Laufe der Zeit verändert, sondern offensichtlich auch die Problemwahrnehmungen und Einstellungen der Volksschullehrer. Die Sonderklassen verloren ihren Behelfscharakter und die Aussonderung verhaltensschwieriger Schüler aus den Volksschulen wurde zusehends zum Regelfall. Nicht zuletzt aus schulorganisatorischen Erwägungen heraus wurden die Sonderklassen, die bis dahin an den Volksschulen angesiedelt und daher über die gesamte Stadt verteilt waren, schließlich in einem gemeinsamen Schulgebäude zusammengeführt. So geschehen erstmals im Jahr 1954: Bremen errichtete die erste eigenständige »Sonderschule für entwicklungsgestörte Kinder« (Myschker, 1989, S. 175). Noch im gleichen Jahr drängte der damalige Verband Deutscher Hilfsschulen (heute: Fachverband Sonderpädagogik/vds) in seiner an den Deutschen Städtetag gerichteten »Denkschrift zu dem Ausbau des heilpädagogischen Sonderschulwesens« unter anderem auf die Errichtung von »Schulen für gemeinschaftsschwierige Kinder« (vgl. die Anlage Nr. 16 in Möckel, 1998, insbesondere S. 334–339).

Der daraufhin einsetzende Aufbau dieses neuen Sonderschulzweiges war allerdings zunächst weniger durch eine tatsächliche Neugründung von Schulen gekennzeichnet. Viele der »Verhaltensgestörtenschulen« der ersten Stunde sind Ableger oder Umetikettierungen von »Lernbehindertenschulen« (Myschker, 1989, S. 175) und viele der Schulen gehen auch aus vormaligen Heimschulen hervor, die als Ersatzschulen staatlich anerkannt wurden (Schmidt, 1996, S. 227). Der Aufbau der Schulform verlief insgesamt aber eher schleppend. Anfang der 1970er Jahre waren in nur einigen wenigen bundesdeutschen Großstädten eigenständige Sonderschulen für Verhaltensauffällige existent, so das Ergebnis einer Erhebung von Kluge und Benzel (1974). In der Folgezeit wurden etliche Schulen dieses Typs neu gegründet – die Anzahl lag einer bundesweiten Erhebung zufolge im Schuljahr 2004/05 bei rund 520 Erziehungshilfeschulen in Deutschland (Willmann, 2005) – aber im historischen Rückblick zeigt sich, dass die Entwicklung trotz dieses letztlich massiven Anstiegs doch eher unstet und teilweise auch recht sprunghaft verlief. Gerade im Vergleich zum Verbreitungsgrad der anderen Sonderschultypen ist der Ausbau der Schule für Verhaltensgestörte/Erziehungshilfe »in den Anfängen« stecken geblieben (Myschker, 1989, S. 177). Ein Grund kann darin gesehen werden, dass die Expansionsphase in eine Zeit fällt, in der die Skepsis gegenüber der Sonderschule deutlich zunahm (Myschker, 1989, 177). Zudem wurde die Sonderschule für Verhaltensgestörte seit ihren Anfängen auch aus dem eigenen Fachdiskurs heraus sehr kritisch betrachtet und wie etwa im Bildungsgutachten von Bittner, Ertle und Schmid (1974) als rein subsidiäres Angebot verstanden. Schließlich wirft die Sonderbeschulung bei schulischen Verhaltensproblemen und Erziehungsschwierigkeiten ganz grundsätzliche Legitimationsfragen auf (Hußlein, 1983, S. 128).

Trotz allem hat sich die Schulform letztlich etablieren können und mit Blick auf ihre organisatorischen Ausgestaltungen findet sich eine charakteristische

Vielfalt, die zugleich Ausdruck ist für die Vernetzung von schulischer und außerschulischer Erziehungshilfe. Auf der rein formalen Ebene lässt sich eine Typologie von sechs Grundformen unterscheiden (ausführlich bei Willmann, 2007): In der mono-kategorialen Ausprägung bedient die Schule für Erziehungshilfe ausschließlich den sonderpädagogischen Förderschwerpunkt emotional-soziale Entwicklung. Ein Großteil dieser Schulen ist als Halbtagsschule organisiert. Schule und Unterricht im Jugendhilfeverbund (traditionell: Heimschulen, neuerdings auch Schulen mit Tagesgruppen und Lernwerkstätten) bieten dagegen in der Regel auch nachmittägliche Betreuungsangebote. In der Kombination mit sonderpädagogischen Beratungs- und Konsultationsangeboten sind die Förder- und Beratungszentren häufig als monokategoriale Einrichtungen aufgebaut. In einigen Bundesländern zeichnet sich eine Tendenz ab zum Ausbau von kreuz-kategorialen Förderzentren, also Sonderschulen im organisatorischen Verbund mehrerer Förderschwerpunkte. Sonderberufsschulen mit einer mono-kategorialen Ausrichtung auf den Förderschwerpunkt sind eher selten zu finden. Die Klinik- und die Gefängnisschulen nehmen hier jeweils eine Sonderrolle ein.

## 3.2 Integrative Förderung in der Regelschule

Unter dem Begriff der integrativen Förderung werden alle schulischen Hilfen zusammengefasst, die auf eine Nichtaussonderung aus dem Klassenverband bzw. der Regelschule zielen. Je nachdem wie der Integrationsbegriff inhaltlich gefüllt ist, gibt es allerdings unterschiedliche Auffassungen dazu, welche Maßnahmen als ›integrativ‹ zu betrachten sind: Ist es bereits Integration, wenn die Kinder in der Regelschule verbleiben, aber in Kleingruppen separat gefördert werden? Oder meint Integration immer den Verbleib in der regulären Lerngruppe? Die Frage ist letztlich nicht empirisch zu beantworten, sondern nur axiomatisch, und wie der historische Rückblick zeigt, unterliegen den einzelnen Integrationsprojekten durchaus unterschiedliche Vorstellungen vom Wesen der Integration.

### Ambulante und mobile schulische Erziehungshilfe

Mit dem Umbau von Sonderschulen zu Förder- und Beratungszentren werden zunehmend sonderpädagogische Ambulanzdienste bereitgestellt, die auf eine Unterstützung integrativer Maßnahmen an den Regelschulen zielen. Nach Wocken (1999) lässt sich die Idee des Förderzentrums mindestens bis zur Konzeptionalisierung des Kooperativen Schulzentrums (Deutscher Bildungsrat, 1974) zurückverfolgen. Von ersten Ambulanzmodellen im Bereich der schulischen Erziehungshilfe wird bereits Anfang der 1970er Jahre berichtet. So beschreibt Wendt (1976) die Erfahrungen aus der ambulanten Betreuung in einem Hamburger Schulkreis, wobei die Ambulanzlehrer in diesem Modell stundenweise Förderung in separaten Kleingruppen anboten. Siersleben, Solar und Stöckmann (1976) erläutern das Konzept des Pädagogisch-Therapeutischen Zentrums im Rahmen des Projekts Troika in Hannover, in dem Sozialpädiatrie, Vorschulambulanz und Sonderschule zusammenarbeiten.

Anfang der 1980er Jahre wurde dann im Bayerischen Regierungsbezirk Schwaben die Mobile Erziehungshilfe (Hippler, 1985) als ein Netzwerkverbund ambulanter schulischer Erziehungshilfen eingerichtet. Mittlerweile ist die ambulante Versorgung auf den gesamten Freistaat ausgeweitet worden und die Mobile Erziehungshilfe ist in den Mobilen Sonderpädagogischen Dienst/ MSD integriert worden (Schor, 2002).

Insbesondere seit den 1990er Jahren zeigt sich ein verstärkter Trend des Umbaus von Sonderschulen zu Förder- und Beratungszentren. In einer bundesweiten Befragung an Erziehungshilfeschulen aus dem Jahr 2004/05 gaben 35 % der Schulen an, mobile und ambulante Hilfen bereitzustellen (Willmann, 2005).

Vor dem Hintergrund differenter bildungspolitischer Rahmenbedingungen sind in den einzelnen Bundesländern unterschiedliche organisatorische Lösungen entwickelt worden – exemplarisch sei verwiesen auf das Ambulanzprojekt der Astrid-Lindgren-Schule in Aachen (Reuß, 1988), das Ambulanzlehrersystem im Land Berlin (Myschker/Muggelberg, 1990) und den Berliner Modellversuch (vgl. die Beiträge in Hasemann/Meschenmoser, 1996), den Aufbau regionaler sonderpädagogischer Förderzentren in Schleswig-Holstein (vgl. Hartke, 1998) sowie die beiden niedersächsischen Modelle einer Beratungsstelle im Förderzentrum Lotte-Lemke-Schule in Braunschweig und das Uelzener Beratungs- und Unterstützungs-System, UeBUS, die bei Urban (2007) beschrieben werden.

Mit dem Umbau von Förderschulen zu multiprofessionellen Zentren, bei denen die sonderpädagogischen Hilfen mit anderen Unterstützungsdiensten wie Schulpsychologie und Jugendhilfe zusammengeführt werden, entstehen Suprasysteme mit einer hohen Komplexität und Vernetzungsdichte (Willmann/Reiser, 2007). Beispiele hierfür sind das Zentrum für Erziehungshilfe, das 1991 in Frankfurt am Main gegründet wurde (Reiser/Loeken, 1993) sowie die 1998 in der Hansestadt Hamburg eingerichteten Regionalen Beratungs- und Unterstützungsstellen, REBUS (Killus/Bonsen, 2000), die mittlerweile mit den Angeboten der Förder- und Sprachheilschulen zusammengeführt wurden zu 13 stadtteilbezogenen Regionalen Bildungs- und Beratungszentren: ReBBZ.

In einer Vergleichsstudie zu den mobilen Diensten der schulischen Erziehungshilfe in vier Bundesländern konnten deutliche Unterschiede im strukturellen Aufbau und der Konzeptionalisierung der jeweiligen Ambulanzmodelle herausgearbeitet werden (Reiser/Willmann/Urban, 2007): Das Spektrum reicht von reinen Beratungsangeboten für Eltern, Schüler sowie Lehrkräfte und Regelschulen über Förderangebote für die Schüler bis hin zur Durchführung von Förderunterricht und Ersatzschulfunktionen. Es lassen sich drei organisatorische Grundformen beschreiben (Vernooij, 1994; Urban/Reiser/Willmann, 2008), die unter anderem nach der Lokalisation des Hilfeangebots (interne versus externe Position zur Regelschule) differenzieren: (1) In den meisten Fällen werden die Maßnahmen durch Erziehungshilfeschulen bereitgestellt, die einen Teil des Lehrdeputats in Form von Ambulanzlehrerstunden für den mobilen Dienst an Regelschulen des Einzugsgebiets abordnen; (2) einen Sonderfall stellen hier sonderpädagogische Beratungszentren ohne eigene Schülerschaft dar: Bei dieser Variante wird kein eigenes Unterrichtsangebot bereitgehalten und die Unterstützung erfolgt nahezu ausschließlich in Form von ambulanter Krisenintervention an Regelschulen; (3) in einigen mobilen Diensten ist eine Einbindung in die Regelschulen zu beobachten, sodass hier die Grenze zur integrierten schulischen Erziehungshilfe fließend wird. Die Ambulanztätigen erstrecken sich je nach Modell von der gezielten Förderarbeit mit Kindern in Kleingruppen oder Einzelförderung bis hin zur Kooperation und Beratung mit den Personen aus dem Umfeld des Kindes.

Die Transformation der Sonderschule zu mobilen und ambulanten Diensten bringt gerade mit Blick auf ambulante Beratungstätigkeiten neue sonderpädagogische Aufgabenprofile mit sich, die letztlich auch das Selbstverständnis der Profession verändern (Urban/Willmann, 2010).

**Integrierte schulische Erziehungshilfe**

Die Modelle der integrierten schulischen Erziehungshilfe wurzeln in der aufkommenden Integrationsdiskussion der 1970er Jahre und sind dem eigenen Selbstverständnis nach ein Alternativentwurf zu den separierenden Bildungsangeboten durch Sonderklassen und Sonderschulen. Der wesentliche Unterschied zu den ambulanten Formen der schulischen Erziehungshilfe liegt in der internen Einbindung der Spezialisten (Reiser/Willmann/Urban, 2008, S. 651). Allerdings ist eine klare Abgrenzung zwischen den ambulanten und integrierten Hilfen nicht immer so eindeutig möglich, denn in der Praxis finden sich viele Mischformen beider Modelle.

Aus der internen Lokalisation des Hilfsangebots ergeben sich veränderte sonderpädagogische Arbeitsprofile und auch Abhängigkeiten, denn die sonderpädagogischen Fachkräfte sind unmittelbar in den schulischen Alltag eingebunden und die Ausgestaltung der konkreten Hilfsmaßnahmen folgt daher der spezifischen Eigenlogik der jeweiligen Einzelschule (Reiser/Willmann, 2013).

Zu den ersten schulischen Integrationsprojekten in Deutschland zählen 1970 die integrative Montessori-Grundschule in München (Prell/Link, 1974) sowie 1976 die Berliner Fläming-Grundschule (Stoellger, 1982) – einen Überblick zu einer Auswahl an Erfahrungsberichten und Forschungsergebnissen aus den integrativen Beschulungsmaßnahmen der ersten Stunde geben Muth, Kniel und Topsch (1976) sowie Preuss-Lausitz (1981, S. 105–111).

Unter der Vielzahl an Projekten finden sich allerdings nur sehr vereinzelt solche, die sich vorrangig mit der Frage der Integration bei Verhaltensstörungen beschäftigten (Benkmann, 1997, S. 30). Eines dieser Projekte, das bereits im November 1969 an einer Grund- und Hauptschule in der Stadt Köln gestartet wurde, ist die »Integrierte Schulische Erziehungshilfe (I.S.E.)«. Während die in dem Modell tätigen Sonderpädagogen zunächst die Leitung von Kleinklassen übernahmen, erfolgte im Jahr 1974 eine Korrektur des Arbeitsmodells, bei der neben dem separaten Förderunterricht nun verstärkt Maßnahmen der inneren Differenzierung in der Regelklasse zum Beispiel durch Teamteaching eingesetzt wurden (Soetemann/Wormland, 1976).

Im Rahmen des Forschungsprojekts »Integration verhaltensgestörter Kinder in allgemeinen Schulen« leitete Speck die wissenschaftliche Begleitung des vierjährigen Modellversuchs »Differenzierte Grundschule am Heinrich-Braun-Weg 10, München« (1974–1977) (Speck/Gottwald/Havers/Innerhofer, 1978, S. 166). Das Forscherteam kommt in seinem Projektbericht zu einem positiven Fazit des an der Modellschule implementierten Kooperationskonzepts, bei dem Sonderpädagogen, Sozialpädagogen und Schulpsychologen gemeinsam pädagogisch-therapeutische Teams zur Förderung der Kinder in ihrer natürlichen Umwelt (Familie, Schule und Tagesheim) bilden.

Bach leitete den Modellversuch »Erprobung eines integrierten Fördersystems für verhaltensgestörte Schüler innerhalb der Schulen der Primarstufe und der Sekundarstufe I«, bei dem im Zeitraum von 1977 bis 1981 die konzeptgeleitete integrative Förderung durch Sonderpädagogen an unterschiedlichen Schulformen in verschiedenen Regionen des Landes Rheinland-Pfalz untersucht wurde. In der Auswertung des Projekts kommen die Forscher zu einer Fülle detaillierter Ergebnisse (vgl. Bach, 1984, S. 77 ff.). Unter anderem wird von den Schwierigkeiten der Applikation indirekter Unterstützungsformen berichtet, was auf Probleme in der Zusammenarbeit zwischen den Klassenlehrern und den Sonderpädagogen zurückgeführt wird. Zudem wurden auch die Grenzen der schulischen Einflussnahme erkennbar, da die Probleme der Kinder in vielen Fällen auf den außerschulischen Kontext verwiesen. Und schließlich führte die häufige Koinzidenz von Lern- und Verhaltensschwierigkeiten zu dem konzeptionellen Problem, dass der Einsatz bzw. die Weiterentwicklung rein verhaltenspädagogischer Interventionsmaßnahmen nicht unbedingt zielführend erschien.

In der Auswertung des Hessischen Schulversuchs (1978–1983) konnte das Team der wissenschaftlichen Begleitung unter Leitung von Reiser die Bedeutung der Zusammenarbeit aller Beteiligten (integrative Kooperation) herausarbeiten, wobei unterschiedliche Ebenen der wechselseitig abhängigen Komplexität und Effektivität integrationsfördernder Maßnahmen rekonstruiert und in der Theorie integrativer Prozesse abgebildet wurden (Reiser/Gutberlet/Klein/Kreie/Kron, 1984).

Von den genannten Integrationsprojekten konnte sich lediglich das Hessische Modell »Sonderschullehrer in Grundschulen«, in der Neukonzeptionalisierung als »Präventionslehrer« (Davidson, 2000), über das Schulversuchsstadium hinaus etablieren. Die meisten der frühen Integrationsmodelle im Bereich emotional-soziale Entwicklung indes »wurden eingeholt und überholt von der Integrationsdiskussion, die unter dem Vorzeichen der lernzieldifferenten Integration stand und zwischenzeitlich mit der Errichtung integrativer Klassen das Gewicht auf andere Formen von Beeinträchtigungen verschob« (Reiser/Willmann/Urban, 2008, S. 652).

Eine der wenigen aktuellen Studien zur integrierten schulischen Erziehungshilfe ist von der »Projektgruppe emsoz« vorgelegt worden. Unter Leitung von Preuss-Lausitz (2005) wurde im Auftrag der Berliner Schulaufsicht die integrative Förderung im Bereich der emotional-sozialen Entwicklung in den Klassen 1–6 der Grundschulen in zwei Stadtbezirken über einen Zeitraum von drei Jahren hinweg untersucht. Da es sich bei der vorliegenden Studie – im Gegensatz zu den zitierten Projektberichten – nicht um die wissenschaftliche Begleitung eines Modellversuchs handelt, sondern um freie Feldforschung, bietet die Studie einen guten Einblick in die schulische Integrationspraxis. Die detailreichen Ergebnisse verdeutlichen unter anderem den Bedarf an vorschulischen Präventionsmaßnahmen, die schwankende Qualität der förderdiagnostischen Arbeit, die Bedeutung der Unterrichtsgestaltung und der Unterrichtsführung, die positiven Effekte der Doppelsteckung im Unterricht, die Bedeutung der Förderung von Peer-Beziehungen als Teil der sonderpädagogischen Unterstützungsarbeit, eine mangelhafte Vernetzung der Schulen mit dem psychosozialen Helfersystem sowie den Bedarf an Fort- und Weiterbildungsmaßnahmen.

## 3.3 Vernetzung der Fördersysteme

Emotional-soziale Schwierigkeiten und Verhaltensstörungen bei Kindern und Jugendlichen verweisen auf individuelle Problemlagen von hoher Komplexität (Cole/Knowles, 2011), die oftmals weit über den schulischen Kontext hinausreichen. Die gesellschaftliche Antwort auf die erzieherischen Herausforderungen im pädagogischen Umgang mit ›schwierigen‹ Kindern liegt in der Herausbildung eines ausdifferenzierten Fördersystems pädagogischer und psychosozialer Hilfen. Der Vernetzung von schulischer und außerschulischer Erziehungshilfe, die sich auf eine Zusammenarbeit von Sonderpädagogik mit den Angeboten der Kinder- und Jugendhilfe sowie den psychiatrischen und psychotherapeutischen Diensten gründet, kommt dabei eine große Bedeutung zu. Dem Integrationsprimat folgend, zielen sonderpädagogische Hilfen auf eine Nichtaussonderung. Dabei bewegt sich die schulische Erziehungshilfe an den Grenzen der Pädagogik und ist angewiesen auf die Bereitstellung eines umfassenden und gestuften Fördersystems, in dem intensivpädagogisch-therapeutische Maßnahmen im Einzelfall auch mit einer temporären Förderung an separaten Lernorten verbunden sein können (Stein, 2011; Willmann, 2012b; Herz, 2013).

# 4 Sonderpädagogische Professionalisierungsgeschichte

Die Geburt der heilpädagogischen Profession und ihrer Zwillingsschwester, der akademischen Heilpädagogik, ist auf das engste verwoben mit der Herausbildung der heilpädagogischen Institutionen. Aus der Reflexion der bildungspraktischen Arbeit mit Behinderten in der Mitte des 19. Jahrhunderts emergiert die heilpädagogische Theoriebildung. Das zweibändige Werk von Georgens und Deinhardt (1861; 1863) gilt als »Gründungsurkunde und Programmschrift für eine theoretisch und praktisch fundierte neue pädagogische Disziplin, die sich fortan Heilpädagogik nannte« (Ellger-Rüttgardt, 2011, S. 444). In der Folgezeit suchten die Heilpädagogen »die Anbindung an die akademische Wissenschaft [und die] damit verbundene Anerkennung als Disziplin. Dazu nutzten die Akteure nicht nur Pädagogik und Psychologie, sondern insbesondere die Medizin als Bezugswissenschaft« (Hillenbrand, 2011, S. 450).

Diese enge Orientierung am medizinischen Modell, die einen ersten Höhepunkt in der als Psychopathiekonzept bekannt gewordenen Lehre von den Kinderfehlern findet (Strümpell, 1890, Koch, 1891/1892/1893; Trüper, 1893), kann als eine der Triebfedern für die kategoriale Ausdifferenzierung der Sonderpädagogik gesehen werden. Nach dem Vorbild der medizinischen Nosologie strebt die heilpädagogische Disziplin nach einer wissenschaftlichen Systematisierung und Klassifikation unterschiedlicher Formen von Behinderung. Der schmale Grat, auf dem sich die Sonderpädagogik zwischen klinischem und pädagogischem Modell bewegt, ist für den Bereich der Pädagogik bei Verhaltensstörungen diskursanalytisch beschrieben worden (vgl. Willmann, 2012a).

Die Ausbildung von Lehrkräften mit einem Schwerpunktprofil im Bereich der schulischen Erziehungshilfe findet ihren Ausgangspunkt mit der Akademisierung der sonderpädagogischen Lehramtsstudiengänge nach dem Zweiten Weltkrieg. Hier treffen verschiedene Entwicklungslinien zusammen: Die fachwissenschaftliche Zergliederung in verschiedene ›Sonderpädagogiken‹ fördert die Ausdifferenzierung des Sonderschulwesens – und profitiert zugleich von dieser Entwicklung. So entsteht in der Profession ein hoher Identifikationsgrad mit der Institution Sonderschule (»Lehramt für Sonderschulen«, in den Anfängen: »Hilfsschullehrer«), der das professionelle Selbstverständnis vieler Generationen von Sonderpädagoginnen und Sonderpädagogen geprägt hat. Vor diesem Hintergrund ist es verständlich, wenn die gegenwärtige Inklusionsdebatte von Lehrkräften an Sonderschulen häufig als existentielle Bedrohung wahrgenommen wird.

# 5 Historische Entwicklungslinien in Bildungspolitik und Behindertengesetzgebung

Der Möglichkeitsrahmen, innerhalb dessen sich die beschriebenen Entwicklungen entfalten konnten, wird aufgespannt und entscheidend präformiert durch die politisch und legislativ gesetzten Vorgaben, wobei die Wende vom Rehabilitations- zum Partizipationsparadigma in der Behindertenpolitik des Sozial- und Fürsorgewesens (Bösl, 2010; Mürner/Sierck, 2012) erheblich früher beginnt als im Bildungsbereich. So lehrt uns die Geschichte der schulischen Sonderpädagogik in Deutschland, dass sich politisches Handeln nicht unbedingt auf den aktuellen wissenschaftlichen Diskussionsstand bezieht. Die Reformdiskussion der 1970er Jahre liefert das beste Beispiel: Zu dieser Zeit, als die internationale Integrationsdebatte bereits aufflammt und eine massive Kritik an den negativen Folgen des separaten Förderunterrichts laut wird, stellt Deutschland die Weichen für einen rasanten Ausbau des Sonderschulwesens.

Während der Fachausschuss Sonderpädagogik der von der sozialdemokratischen Bundesregierung eingesetzten Bildungskommission unter Leitung von Jakob Muth den internationalen Forschungsstand aufgreift und somit fachlich-begründet für einen integrativen Umbau des sonderpädagogischen Fördersystems argumentiert (Deutscher Bildungsrat, 1974), empfiehlt die Kultusministerkonferenz zur selben Zeit einen massiven Ausbau des Sonderschulwesens (KMK, 1972). Wie Bleidick und Ellger-Rüttgardt (2008, S. 24 ff.) näher ausführen, trägt die KMK-Empfehlung ganz deutlich die Handschrift des Sonderschullehrerverbandes, der hier offenbar eine aktive Führungsrolle übernahm.

Am Beispiel der schulischen Erziehungshilfe lässt sich die kognitive Dissonanz verdeutlichen, mit der bildungspolitische Realitäten geschaffen wurden, die ganz offensichtlich bereits zu dieser Zeit nicht mehr dem State of the Art entsprachen: Im vierten Teilband veröffentlichte die Bildungskommission ein Gutachten zu Schule und Unterricht bei verhaltensgestörten Kindern (Bittner/Ertle/Schmid, 1974), das pikanterweise bereits 1971 unter dem Titel »Verhaltensgestörte Kinder – Kritik der Sonderschule und Sonderpädagogik« als Raubdruck in Umlauf geriet. In dieser Schrift setzten sich die Gutachter sehr kritisch mit Fragen der Sonderpädagogik und im Besonderen mit Themen der schulischen Erziehungshilfe auseinander. Dabei wird die Sonderschule für Verhaltensgestörte als rein subsidiäre Maßnahme verstanden, die ihre Legitimation einzig aus der Bereitstellung eines therapeutischen Milieus bezieht. – Die Kultusministerkonferenz hingegen empfiehlt genau anders herum die Einrichtung der Sonderschule für Verhaltensgestörte gerade nicht für die therapeutischen Fälle, sondern für »Kinder und Jugendliche [...], die sich der Erziehung in der allgemeinen Schule so nachhaltig verschließen oder widersetzen, daß ihre eigene Entwicklung und die ihrer Mitschüler erheblich gestört oder gefährdet wird« (KMK, 1972, Abschnitt 2.10).

Das Modell der KMK hat sich letzten Endes durchgesetzt: Die Schulform erscheint als ein Sammelbecken für laute, aggressive, nicht angepasste Kinder, die aus den regulären schulischen Angeboten ausgeschlossen werden, weil sie den Unterricht massiv stören. Von der schulischen Selektion betroffen sind hier vor allem Jungen, die rund 86 % der Schülerschaft an Sonderschulen dieses Förderschwerpunktes ausmachen (Autorengruppe Bildungsberichterstattung, 2010, S. 253). Damit übertrifft dieser Wert das Verhältnis zwischen den Geschlechtern mit Blick auf die geschätzte Gesamtprävalenz von psychischen und Verhaltensstörungen erheblich. Werden etwa die Ergebnisse des ersten Kinder- und Jugendgesundheitssurvey zugrunde gelegt, zeigen rund 18 % der Jungen gegenüber 11,5 % der Mädchen Verhaltensauffälligkeiten (Hölling/Erhart/Ravens-Sieberer/Schlack, 2007). Gleichzeitig sind intensivpädagogisch-therapeutische Angebote an den Schulen eher selten zu finden (Willmann, 2007) und so vermittelt die Schulform eher den Eindruck einer Restschule für Kinder, vornehmlich Jungen mit externalisierenden Auffälligkeiten, die in den Regelschulen nicht erwünscht sind und für die gleichzeitig kaum Förderperspektiven aufgezeigt werden.

Der kurze Ausflug in die Bildungsplanung der 1970er Jahre, deren Folgewirkungen man bis heute erleben kann, führt in die Bildungspolitik. Die diametral gegensätzlichen Positionen zwischen den beiden Gremien sind nicht zuletzt parteipolitisch begründet (Preuss-Lausitz, 1981, S. 89 ff.). Während allerdings die KMK-Beschlüsse tatsächlich den Ausbau des Sonderschulwesens forcierten, blieben die Empfehlungen des Deutschen Bildungsrates ohne direkte praktische Folgewirkungen (Preuss-Lausitz, 1981, S. 90), auch wenn von letzteren wichtige Signale ausgingen, die von psychologischer Bedeutung für die aufkommende Integrationsbewegung hierzulande waren (Eberwein, 1998, S. 62).

Die Frage der Erziehung und Bildung bei Behinderungen war in Deutschland zu einem Politikum geworden und die Sonderpädagogik zu einem Spielball der Bildungspolitik. Die Folgewirkungen waren und sind nicht nur im Schulwesen zu spüren, sondern auch in der Wissenschaft, wie sich etwa bei der Besetzung von Lehrstühlen im Fachgebiet gezeigt hat (Jantzen, 1998).

Erst 1994 löst sich die KMK in ihren Empfehlungen zur sonderpädagogischen Förderung allmählich von der einseitigen Festlegung auf die Sonderschule als vorrangigem Förderort. In den folgenden zehn Jahren werden dann Empfehlungen für die einzelnen Förderschwerpunkte verabschiedet (Überblick bei: Drave/Rumpler/Wachtel, 2000).

Insgesamt aber bleibt die KMK in der Frage der schulischen Integration auffallend defensiv. Bezeichnend ist etwa, dass die schulstatistischen Dokumentationen zur sonderpädagogischen Förderung bis einschließlich 1998 ausschließlich die Fallzahlen der Sonderschüler ausweisen und empirische Daten zu den Integrationsmaßnahmen erst seit 1999 systematisch dokumentiert werden. Und auch in den aktuellen Stellungnahmen zu Fragen der inklusiven Bildung (KMK, 2011) zeigt sich eine – vorsichtig gesprochen – strategische Zurückhaltung, die nach Wocken (2011) den Inklusionsauftrag der Behindertenrechtskonvention vollständig entkerne. Tatsächlich ist das Positionspapier ähnlich inhaltsleer wie die verbandspolitische Stellungnahme des sonderpädagogischen Fachverbandes (vds, 2009). Offenbar ist und bleibt die Bildungspolitik in Deutschland nicht nur eine Projektionsfläche für ideologische und parteipolitische Auseinandersetzungen, sondern sie ist auch Klientelpolitik und die Integrationsfrage erscheint geradezu als ein Paradebeispiel für die Politikverflechtung im Bildungsföderalismus (Immerfall, 2010).

## 6 Implikationen für die schulische Inklusion bei emotional-sozialen Schwierigkeiten und Verhaltensstörungen

Trotz ihrer Spezifik und höchst eigenen Dynamik weist die Geschichte der schulischen Erziehungshilfe in Deutschland einige Gemeinsamkeiten mit den Entwicklungen in anderen Ländern auf. Der pädagogische Umgang mit emotional-sozialen Schwierigkeiten stellt eine der größten Herausforderungen an die Schulen der Gegenwart – und an der Frage der Integration dieser Schülergruppe entscheidet sich womöglich letztlich auch, wieweit die Vision der inklusiven Schule trägt. Wie die Geschichte gerade auch im internationalen Vergleich zeigt (etwa: Kauffman/Landrum, 2006), sind schulische Erziehungsschwierigkeiten ein ubiquitäres Phänomen, und obwohl gar nicht jedes nationale Bildungssystem über eine eigene Kategorie verfügt, durch die eine Inanspruchnahme sonderpädagogischer Hilfen aufgrund schulischer Verhaltensprobleme begründet wäre (vgl. OECD, 2007), so werden doch in den meisten Ländern spezifische Unterstützungsformen bereitgestellt, die bis hin zu hochspezialisierten und separierten Formen der Erziehung und Bildung reichen (Cole et al., 2012).

Wie sich in den aufgezeigten historischen Entwicklungslinien andeutet, steht die schulische Erziehungshilfe vor einem Dilemma. Ein Teil dieses Dilemmas entspinnt sich als antinomisches Verhältnis zwischen der therapeutischen Indikation, die einerseits mit dem Phänomen von Verhaltensstörungen einhergeht und der pädagogisch formulierten Zielsetzung der ungehinderten Partizipation an regulären Erziehungs- und Bildungsangeboten andererseits. Die schulische Erziehungshilfe bewegt sich im Spannungsfeld »zwischen Inklusion und Intensivangeboten« (Stein, 2011), denn das Fach beschäftigt sich mit Problemlagen, die an die Grenzen der Erziehung führen, oder auch darüber hinaus (Göppel, 2008), und die nicht mehr allein mit den

Bordmitteln der Pädagogik und Didaktik zu lösen sind. Die notwendige Intensivierung pädagogischer und therapeutischer Bemühungen wird in der Fachdiskussion häufig als pädagogisch-therapeutisches Modell beschrieben (z. B. Myschker, 2009, S. 239 ff.; Stein, 2008, S. 165 ff.), das aber in der Frage der Umsetzung zu einer ganzen Reihe konzeptioneller wie auch handlungspraktischer Probleme führt (Goetze, 2010). Dabei droht die hohe Affinität der schulischen Erziehungshilfe zu therapeutischen Konzepten zudem latent das pädagogische Selbstverständnis des Fachs zu unterlaufen (Schad, 2008; Willmann, 2012a).

Die spezifischen Fragestellungen, die sich vor diesem Hintergrund mit Blick auf die schulische Integration bei emotional-sozialen Schwierigkeiten und Verhaltensstörungen ergeben, werden in der aktuellen Inklusionsdiskussion kaum thematisiert (Speck, 2010, S. 103; Herz, 2011). In den wenigen Diskussionsbeiträgen, die sich überhaupt explizit auf diese Schülergruppe beziehen, werden die spezifischen Charakteristika der schulischen Erziehungshilfe nur unzureichend berücksichtigt oder auch gänzlich nivelliert. So etwa bei Hinz (2008), der Erziehungshilfe nur noch als systembezogenes Unterstützungsangebot für die Schule versteht und damit kategorisch die Bezugnahme auf die Individualität des Einzelfalls ausblendet. Der Zugang zur persönlichen Biographie, den individuellen Problemlagen im Lebensweltkontext und zum subjektiven Selbsterleben stellen allerdings den Referenzpunkt für die Fallarbeit in der schulischen Erziehungshilfe. Allein im System wird die Lösung für individuelles Leid nicht immer zu finden sein, so wichtig auch systemische Ansätze in der schulischen Erziehungsberatung sein mögen. Ähnlich verkürzt erscheint auch die Argumentation in den Bildungsgutachten zur Inklusion, die von Preuss-Lausitz und Klemm (2011) für mehrere Bundesländer verfasst wurden. In ihrer Stellungnahme empfehlen die Gutachter unter anderem die kreuzkategoriale Zusammenlegung der drei Förderschwerpunkte Lernen, Verhalten und Sprache bei gleichzeitigem Verzicht auf eine individuelle Feststellungsdiagnostik (ebd., S. 28) sowie das ›Auslaufenlassen‹ der Sonderschuleinrichtungen in diesen drei Förderschwerpunkten, mit der Begründung, dass die armutsbedingte Bildungsbenachteiligung der betreffenden Kinder nur durch Abschaffung der Schulform aufgehoben werden könne (ebd., S. 40). Die Empfehlungen sind vor dem Hintergrund der historischen Erfahrungen im Bereich der schulischen Erziehungshilfe allerdings höchst fragwürdig, denn wie beispielsweise die Entwicklungen in Berlin zeigen, bleibt der Bedarf an intensivpädagogischen Betreuungsformen natürlich auch dann bestehen, wenn es offiziell keine schulischen Einrichtungen hierfür gibt. Die sich daraus ergebenen praktischen Konsequenzen sollten nachdenklich stimmen, denn der steigende Bedarf wird zunehmend anderweitig gedeckt durch klinische

Einrichtungen und Jugendhilfeträger, die schulische und schulersetzende Maßnahmen anbieten. Womöglich steigt mit der Abschaffung der Erziehungshilfeschulen das Exklusionsrisiko sogar eher noch an, denn die betreffenden Schüler werden nunmehr an Einrichtungen aus dem Gesundheits- und Fürsorgesystem überwiesen und damit zugleich aus dem Bildungssystem exkludiert. Es droht eine neue Form der Aussonderung, die sich gegenwärtig als eine Art »außerschulische ›Sonderbeschulung‹« (Herz, 2004, S. 309) zu verstetigen scheint.

Von ähnlichen Erfahrungen wurde zuletzt auch aus dem hochinklusiven Schulsystem in Kanada berichtet (Dworet/Maich, 2007): Die zunehmende Dekategorisierungspraxis hat zu erheblichen regionalen Disparitäten bei der Definitions- und Zuweisungspraxis der schulischen Hilfen bei ›emotional disorders‹ geführt mit der Folge einer wachsenden Unterversorgung der betreffenden Kinder und Jugendlichen. Und aus England, wo es keine formale sonderpädagogische Kategorisierung (mehr) gibt, wird von einer Zunahme der Exklusion bei emotional-sozialen Schwierigkeiten berichtet (Cole et al., 2003).

Es ist besorgniserregend, wie wenig sich die aktuelle Inklusionsdebatte auf den fachwissenschaftlichen Diskussionsstand bezieht. Die Fachlichkeit und Spezialisierung auf bestimmte Fragestellungen (etwa zum pädagogischen Umgang mit schulischen Verhaltensproblemen) droht hier in einer Zuständigkeit aller für alles zu diffundieren. Der Fachdiskurs der Pädagogik bei Verhaltensstörungen/Erziehungshilfe indes merkt nicht nur grundsätzliche und konzeptionelle Bedenken gegenüber der Vollinklusion an (Kauffman/Hallahan, 2005; Cole et al., 2012), sondern wartet auch mit empirischen Daten auf, die die Grenzen der Inklusion bei Verhaltensstörungen nachzeichnen (z.B. Goetze, 1990; MacMillan/Gresham/Forness, 1996; Willmann, 2008; Ellinger/Stein, 2012). Gerade im Bereich der pädagogischen und psychosozialen Hilfe bei emotional-sozialen Schwierigkeiten und Verhaltensstörungen wird der Individualität des Einzelfalls ein hoher Stellenwert beigemessen und insofern verbieten sich Lösungen nach dem »One size fit all«-Modell (Borthwick-Duffy/Palmer/Lane, 1996; Royer, 2001), wie anhand der vorliegenden Ausführungen zu den historischen Ausdifferenzierungsprozessen im Bereich der schulischen und außerschulischen Erziehungshilfe dokumentiert worden ist.

Die Forderung nach einer Dekategorisierung der Sonderpädagogik bzw. der bereits praktizierte kreuzkategoriale oder besser: ›a-kategoriale‹ Inklusionsdiskurs der Gegenwart führt zu dem zweiten angesprochenen Dilemma, denn hierin wiederholt sich das eigentliche Trauma des Fachs Pädagogik bei Verhaltensstörungen/Erziehungshilfe, das innerhalb der eigenen Mutterdisziplin immer eine randständige Position eingenommen hat, obwohl die Anfänge der

Heilpädagogik ja ganz im Zeichen der Erziehung und Bildung ›schwieriger‹ Kinder standen. Ein wenig geht es dem Fach selbst wie den Kindern, mit denen es sich beschäftigt: beide haben offensichtlich keine echte Lobby.

## Kommentierte Literaturempfehlungen

Göppel, Rolf: »Der Friederich, der Friederich ...« – Das Bild des »schwierigen Kindes« in der Pädagogik des 19. und 20. Jahrhunderts. Würzburg: Edition Bentheim, 1989

*Göppel geht in seiner Dissertation der Frage nach, wie sich das pädagogische Bild des »schwierigen« Kindes in den verschiedenen Epochen verändert hat von der »sittlichen Verwilderung« über das Psychopathiekonzept bis hin zum klinischen Konzept von »Verhaltensstörungen«. Im Mittelpunkt steht die Ideengeschichte des Fachs, die unter Bezugnahme auf bedeutende Pädagogen (Pestalozzi, Herbart, Wichern, Strümpell, Trüper, Aichhorn, Adler, Spranger, Nohl, Litt, Weniger, Flitner, Hanselmann, Moor) nachgezeichnet wird.*

Flissikowski, Renate/Kluge, Karl-Josef/Schauerhammer, Klaus: Vom Prügelstock zur Erziehungsklasse für »schwierige« Kinder. Zur Sozialgeschichte abweichenden Verhaltens in der Schule. München: Minerva, 1980

*Die Autoren betrachten die Sozialgeschichte des schulischen Umgangs mit Disziplin- und Verhaltensproblemen. Untersucht wird die historische Entwicklung beginnend bei der Frage der Schuldisziplin in den kirchlichen Bildungseinrichtungen im Mittelalter bis hin zur Einrichtung von Sonderklassen und Sonderschulen in der Gegenwart. Das Werk vermittelt einen Eindruck von den unterschiedlichen Zugangsweisen in den verschiedenen historischen Epochen.*

Schmidt, Wayne: Historische Wurzeln der Schule für Erziehungshilfe und deren Entwicklung zur Sonderschule. Frankfurt a. M., Berlin, Bern, New York, Paris, Wien: Lang, 1996.

*In seiner Dissertation analysiert der Autor die schulorganisatorischen und pädagogisch-konzeptionellen Maßnahmen von den Zucht- und Arbeitsanstalten im 16. Jahrhundert über die Rettungshausbewegung und die Psychopathenfürsorge bis hin zur Einrichtung von Erziehungsklassen und Sonderschulen im 20. Jahrhundert. Die Ausführungen sind gut dokumentiert und ermöglichen so einen detaillierten Einblick in die zeitgenössischen Sichtweisen auf schulische Erziehungsschwierigkeiten.*

Willmann, Marc: De-Psychologisierung und Professionalisierung der Sonderpädagogik. Kritik und Perspektiven einer Pädagogik für »schwierige« Kinder. München: Reinhardt, 2012

*Die Geschichte der schulischen Erziehungshilfe wird in drei eng miteinander verwobenen Entwicklungslinien nachgezeichnet: Geschichte der schulischen und außerschulischen Institutionen im Rahmen der gesellschaftlichen Ausdifferenzierung der Helfersysteme, Entwicklung der Profession im Kontext der Akademisierung der Lehrerbildung und Abgrenzung des Fachs Pädagogik bei Verhaltensstörungen als wissenschaftliche Disziplin vor dem Entstehungshintergrund einer fachkategorialen Sonderpädagogik. Im Mittelpunkt steht die Frage nach der Relationierung der Pädagogik zum medizinischen Modell von Verhaltensstörungen. Aus der diskursanalytischen Betrachtung der historischen Verflechtungen mit der Medizin wird die Aufgabenstellung einer »Repädagogisierung« des Fachs abgeleitet.*

Kauffman, James M./Landrum, Timothy J.: Children and Youth with Emotional and Behavioral Disorders. A History of Their Education. Austin: pro-ed, 2006

*Die Autoren rekonstruieren die Frage der Erziehung und Bildung bei Kindern mit Gefühls- und Verhaltensstörungen im internationalen, vor allem aber nordamerikanischen Raum. Das Werk ist in englischer Sprache verfasst, aber leicht verständlich geschrieben und ermöglicht die Geschichte der schulischen Erziehungshilfe im deutschsprachigen Raum im Kontext internationaler Entwicklungszusammenhänge einzuordnen.*

# Literatur

Autorengruppe Bildungsberichterstattung: Bildung in Deutschland 2010. Bielefeld: Bertelsmann, 2010
Bach, Heinz: Schulintegrierte Förderung bei Verhaltensauffälligkeiten: Konzept und Praxis. Mainz: v. Hase & Koehler, 1984
Bärsch, Walter/Sarges, E./Wendt, E./Würtl, Ingo: Die Förderung von Schulversagern in Hamburger Schulen – ein Erfahrungsbericht. In: Muth, Jakob/Kniel, Adrian/Topsch, Wilhelm (Hrsg.): Schulversuche zur Integration behinderter Kinder in den allgemeinen Unterricht. Braunschweig: Westermann, 1976, S. 126–159
Becker, Ulrike: Zur Integration und sonderpädagogischen Förderung von Schülern mit dem Förderschwerpunkt »emotionale und soziale Entwicklung«. In: Zeitschrift für Heilpädagogik 52, 2001, S. 13–21

Benkmann, Karl-Heinz: Neuere Konzepte schulischer Erziehungshilfe. Studienbrief der FernUniversität Gesamthochschule Hagen, Fachbereich Erziehungs-, Sozial- und Gesellschaftswissenschaften. Hagen: Fernuniversität, 1997

Bergsson, Marita: Entwicklungspädagogik im Klassenunterricht: eine Handreichung. Düsseldorf: Bergsson-Billing-Wiedenhöft, ²2011

Bittner, Günther/Ertle, Christoph/Schmid, Volker: Schule und Unterricht bei verhaltensgestörten Kindern. In: Deutscher Bildungsrat (Hrsg.): Gutachten und Studien der Bildungskommission. Sonderpädagogik 4. Stuttgart: Klett, 1974, S. 13–102

Bleidick, Ulrich/Ellger-Rüttgardt, Sieglind Luise: Behindertenpädagogik – eine Bilanz: Bildungspolitik und Theorieentwicklung von 1950 bis zur Gegenwart. Stuttgart: Kohlhammer, 2008

Bless, Gérard: Förderklassen – ein Weg zur integrationsfähigen Schule? In: Heimlich, Ulrich (Hrsg.): Sonderpädagogische Fördersysteme. Auf dem Weg zur Integration. Stuttgart: Kohlhammer, 1999, S. 97–109

Borthwick-Duffy, Sharon A./Palmer, David S./Lane, Kathleen L.: One size doesn't fit all. Full inclusion and individual differences. In: Journal of Behavioral Education 6, 1996, S. 311–329

Bösl, Elsbeth: Die Geschichte der Behindertenpolitik in der Bundesrepublik Deutschland aus Sicht der Disability History. In: Aus Politik und Zeitgeschichte 23, 2010, S. 6–12

Brückner, Burkhart: Geschichte der Psychiatrie. Bonn: Psychiatrie-Verlag, 2010

Buchinger, Hubert: Zur Historiographie von Erziehungsschwierigkeiten in der Schule. In: Seibert, Norbert (Hrsg.): Erziehungsschwierigkeiten in Schule und Unterricht. Bad Heilbrunn: Klinkhardt, 1998, S. 85–103

Budnik, Ines/Opp, Günther/Puhr, Kirsten: Transformationsprozesse in der schulischen Erziehungshilfe in Sachsen-Anhalt seit 1989. In: Ellger-Rüttgardt, Sieglind/Wachtel, Grit (Hrsg.): Zehn Jahre Sonderpädagogik und Rehabilitation im vereinten Deutschland. Neuwied: Luchterhand, 2000, S. 267–277

Burchert, Rudi: Umgang mit Verhaltensstörungen im schulischen Kontext am Beispiel Berlins. In: Ellger-Rüttgardt, Sieglind/Wachtel, Grit (Hrsg.): Zehn Jahre Sonderpädagogik und Rehabilitation im vereinten Deutschland. Neuwied: Luchterhand, 2000, S. 278–292

CERI, Centre for Educational Research and Innovation: Special Needs Education. Statistics and Indicators. Paris: OECD, 2000

Clough, Peter/Garner, Philip/Pardeck, John T./Yuen, Francis (eds.): Handbook of Emotional and Behavioural Difficulties. London; Thousand Oaks: Sage, 2005

Cole, Ted/Daniels, Harry/Visser, John: Patterns of provision for pupils with behavioural difficulties in England: a study of government statistics and behaviour support plan data. In: Oxford Review of Education 29, 2003, S. 187–205

Cole, Ted/Daniels, Harry/Visser, John (eds.): The Routledge International Handbook of Emotional and Behavioural Difficulties. London: Routledge, 2012

Cole, Ted/Knowles, Barbara: How to Help Children and Young People with Complex Behavioural Difficulties. A Guide for Practitioners Working in Educational Settings. London: Kingsley, 2011

Davidson, Frank: Neufassung des Konzepts der Präventionsarbeit auf der Grundlage der 20-jährigen Praxiserfahrung in Frankfurter Schulen und des Schulgesetzes. Arbeitsgemeinschaft der Frankfurter SonderschullehrerInnen an Allgemeinen Schulen (sog. Kleinklassen für Erziehungshilfe). In: Behindertenpädagogik 39, 2000, S. 285–289

Deutscher Bildungsrat (Hrsg.): Empfehlungen der Bildungskommission zur pädagogischen Förderung behinderter und von Behinderung bedrohter Kinder und Jugendlicher. Verabschiedet auf der 34. Sitzung der Bildungskommission am 12./13. Oktober 1973 in Bonn. Stuttgart: Klett, 1974

Drave, Wolfgang/Rumpler, Franz/Wachtel, Peter (Hrsg.): Empfehlungen zur sonderpädagogischen Förderung. Allgemeine Grundlagen und Förderschwerpunkte (KMK), mit Kommentaren. Würzburg: Edition Bentheim, 2000

Dworet, Don/Maich, Kimberly: Canadian school programs for students with Emotional/Behavioral Disorders: an updated look. In: Behavioral Disorders, 33, 2007, S. 33–42

Eberwein, Hans: Die Empfehlungen des Deutschen Bildungsrates »Zur pädagogischen Förderung behinderter und von Behinderung bedrohter Kinder und Jugendlicher« von 1973 – Ein Rückblick nach 25 Jahren Integrationsentwicklung. In: Gemeinsam leben – Zeitschrift für integrative Erziehung 6, 1998, S. 61–64

Ellger-Rüttgardt, Sieglind Luise/Tenorth, Heinz-Elmar: Die Erweiterung von Idee und Praxis der Bildsamkeit durch die Entdeckung der Bildbarkeit Behinderter. In: Zeitschrift für Heilpädagogik 49, 1998, S. 438–441

Ellger-Rüttgardt, Sieglind Luise: Levana und die Folgen: Die Entstehung der Heilpädagogik als Disziplin. In: Zeitschrift für Heilpädagogik 62, 2011, S. 444–448

Ellger-Rüttgardt, Sieglinde Luise: Geschichte der Sonderpädagogik. Eine Einführung. München: Reinhardt, 2008

Ellinger, Stephan/Stein, Roland: Effekte inklusiver Beschulung: Forschungsstand im Förderschwerpunkt emotionale und soziale Entwicklung. In: Empirische Sonderpädagogik 2, 2012, S. 85–109

Flissikowski, Renate/Kluge, Karl-Josef/Schauerhammer, Klaus: Vom Prügelstock zur Erziehungsklasse für »schwierige« Kinder. Zur Sozialgeschichte abweichenden Verhaltens in der Schule. München: Minerva, 1980

Fuchs, Arno: Erziehungsklassen (E-Klassen) für schwererziehbare Kinder der Volksschule. Halle: Marhold, 1930

Georgens, Jan Daniel/Deinhardt, Heinrich Marianus: Die Heilpädagogik mit besonderer Berücksichtigung der Idiotie und der Idiotenanstalten. 2 Bände. Leipzig: Fleischer, 1861/1863

Goetze, Herbert: Förderung und Therapie. In: Ahrbeck, Bernd/Willmann, Marc (Hrsg.): Pädagogik bei Verhaltensstörungen. Ein Handbuch. Stuttgart: Kohlhammer, 2010, S. 278–287

Goetze, Herbert: Verhaltensgestörte in Integrationsklassen – Fiktionen und Fakten. In: Zeitschrift für Heilpädagogik 41, 1990, S. 832–840

Göppel, Rolf: »Der Friederich, der Friederich ...« – Das Bild des »schwierigen Kindes« in der Pädagogik des 19. und 20. Jahrhunderts. Würzburg: Edition Bentheim, 1989

Göppel, Rolf: Grenzen der Erziehung – Erziehung an den Grenzen – Erziehung durch Grenzen. In: Reiser, Helmut/Dlugosch, Andrea/Willmann, Marc (Hrsg.): Professionelle Kooperation bei Gefühls- und Verhaltensstörungen. Pädagogische Hilfen an den Grenzen der Erziehung. Hamburg: Kovač, 2008, S. 45–66

Göppel, Rolf: Von der »sittlichen Verwilderung« zur »Verhaltensstörung« – Zur Begriffs- und Ideengeschichte der pädagogischen Reflexion über »schwierige Kinder«. In: Ahrbeck, Bernd/Willmann, Marc (Hrsg.): Pädagogik bei Verhaltensstörungen. Ein Handbuch. Stuttgart: Kohlhammer, 2010, S. 11–20

Großmann, Günther/Gerth, Anita: Rehabilitationspädagogik Verhaltensgeschädigter. Grundlagen der Bildung, Erziehung und Rehabilitation verhaltensgeschädigter Kinder. Berlin: Verlag Gesundheit, ²1990

Hartke, Bodo: Schulische Erziehungshilfe durch regionale sonderpädagogische Förderzentren in Schleswig-Holstein. Fachliche und geschichtliche Grundlagen – aktuelle Daten – Perspektiven. Hamburg: Kovač, 1998

Hasemann, Klaus/Meschenmoser, Helmut (Hrsg.): Pädagogik in Kooperation. Zur Prävention und Reduktion von Verhaltensproblemen. Baltmannsweiler: Schneider, 1996

Herz, Birgit: Alternative Beschulungsprojekte: Ein neuer Sonderschultyp? In: Schnoor, Heike/Rohrmann, Eckhard (Hrsg.): Sonderpädagogik: Rückblicke – Bestandsaufnahmen – Perspektiven. Bad Heilbrunn: Klinkhardt, 2004, S. 303–310

Herz, Birgit: »Inclusive Education« – Desiderata in der deutschen Fachdiskussion. In: Schwohl, Joachim/Sturm, Tanja (Hrsg.): Inklusion als Herausforderung schulischer Entwicklung. Hamburg: Transcript Verlag, 2010, S. 29–44

Herz, Birgit (Hrsg.): Schulische und außerschulische Erziehungshilfe. Ein Werkbuch zu Arbeitsfeldern und Lösungsansätzen. Bad Heilbrunn: Klinkhardt, 2013

Hillenbrand, Clemens: Einführung in die Pädagogik bei Verhaltensstörungen. München/Basel: Reinhardt, ⁴2008

Hillenbrand, Clemens: Avantgarde – Akademisierung – Anpassung: Heilpädagogik im pädagogischen Diskurs zu Beginn des 20. Jahrhunderts. In: Zeitschrift für Heilpädagogik 62, 2011, S. 449–452

Hinz, Andreas: Dekategorisierung in der Inklusion und schulischen Erziehungshilfe – wie passt das zusammen? Überlegungen zu inklusiven Perspektiven der schulischen Erziehungshilfe in sieben Thesen. Behindertenpädagogik 47, 2008, S. 98–109

Hippler, Bernd: Mobile Erziehungshilfe. Pädagogisch-therapeutische Maßnahmen von Sonderschullehrern bei verhaltensgestörten Kindern an Grund- und Hauptschulen. Birkach: Ladewig, 1985

Hölling, Heike/Erhart, Michael/Ravens-Sieberer, Ulrike/Schlack, Robert: Verhaltensauffälligkeiten bei Kindern und Jugendlichen. Erste Ergebnisse aus dem Kinder- und Jugendgesundheitssurvey (KiGGS). In: Bundesgesundheitsblatt – Gesundheitsforschung – Gesundheitsschutz 50, 2007, S. 784–793

Hußlein, Erich: Schule und Unterricht für Kinder und Jugendliche mit Verhaltensstörungen. Würzburg: Königshausen & Neumann, 1983

Immerfall, Stefan: Der deutsche Bildungsföderalismus zwischen Aufbruch und Verflechtungsfalle – macht sich die »Griechische Landschildkröte« auf den Weg? In: Blumenthal, Julia von/Bröchler, Stephan (Hrsg.): Föderalismusreform in Deutschland. Bilanz und Perspektiven im internationalen Vergleich. Wiesbaden: VS Verlag für Sozialwissenschaften, 2010, S. 197–215

Irvine, Paul/Wright, Eleanor. B./Applequist, Kimberly: The History of Special Education. In: Reynolds, Cecil R./Fletcher-Janzen, Elaine (eds.): Encyclopedia of Special Education. Vol. 2. New York: Wiley & Sons, ³2007, S. 1042–1049

Janzten, Wolfgang: Weiterentwicklung – Stillstand – Rückschritt: 25 Jahre Empfehlung der Bildungskommission des Deutschen Bildungsrates zur pädagogischen Förderung behinderter und von Behinderung bedrohter Kinder und Jugendlicher. In: Zeitschrift für Heilpädagogik 49, 1998, S. 18–25

Katschnig, Michael/Palacz, Inge: Die Förderklasse – Gratwanderung zwischen Gewährenlassen und Grenzen setzen. In: Erziehung & Unterricht 147, 1997, S. 981–989

Kauffman, James M./Hallahan, Daniel P. (eds.): The Illusion of Full Inclusion. A Comprehensive Critique of a Current Special Education Bandwagon. Austin: pro. ed. $^2$2005

Kauffman, James M./Landrum, Timothy J.: Children and Youth with Emotional and Behavioral Disorders. A History of Their Education. Austin: pro-ed, 2006

Kauffman, James M./Landrum, Timothy J.: Characteristics of Emotional and Behavioral Disorders of Children and Youth. Upper Saddle River: Merrill/Prentice Hall. $^{10}$2013

Killus, Dagmar/Bonsen, Martin: Hilfen für Schüler in schwierigen Problemlagen. Externe Evaluation der Einrichtung Regionaler Beratungs- und Unterstützungsstellen in Hamburg. Dortmund: IFS-Verlag, 2000

Klemm, Klaus/Preuss-Lausitz, Ulf: Auf dem Weg zur schulischen Inklusion in Nordrhein-Westfalen. Empfehlungen zur Umsetzung der UN-Behindertenrechtskonvention im Bereich der allgemeinen Schulen. Gutachten im Auftrag des Ministeriums für Schule und Weiterbildung des Landes Nordrhein-Westfalen. Essen, Berlin, 2011

Kluge, Karl-Josef/Benzel, Willi: Schulen für Verhaltensauffällige. Berlin: Marhold, 1974

KMK, Kultusministerkonferenz: Empfehlungen zur Ordnung des Sonderschulwesens. Beschluss vom 16.03.1972

KMK, Kultusministerkonferenz: Empfehlungen zur sonderpädagogischen Förderung in der Bundesrepublik Deutschland. Beschluss vom 05./06.05.1994

KMK, Kultusministerkonferenz: Inklusive Bildung von Kindern und Jugendlichen mit Behinderungen in Schulen. Beschluss vom 20.10.2011

Koch, Julius Ludwig August: Die psychopathischen Minderwertigkeiten. 3 Bände. Ravensburg: Maier, 1891/1892/1893

Laschkowski, Werner: Entwicklung auffälliger Schulanfänger in sonderpädagogischen Diagnose- und Förderklassen. Dissertation an der Universität Bamberg, 1999

Lenke, Marianne: Die Entstehung der Sonderklassen für Erziehungsschwierige. Gründung der Beobachtungsklasse 1926 in Zürich als erster Schritt schulischer Institutionalisierung separater Erziehung verhaltensauffälliger Kinder. Bern: Lang, 1990

Lewis, Clayton D.: Introduction: Landmarks. In: Kauffman, James M./Lewis, Clayton D. (eds.): Teaching Children With Behavior Disorders. Personal Perspectives. Columbus: Merrill, 1974, S. 2–23

MacMillan, Donald L./Gresham, Frank M./Forness, Steven R.: Full inclusion: an empirical perspective. In: Behavioral Disorders 21, 1996, S. 145–159

Möckel, Andreas (Hrsg.): Erfolg, Niedergang, Neuanfang. 100 Jahre Verband Deutscher Sonderschulen – Fachverband für Behindertenpädagogik. München: Reinhardt, 1998

Möckel, Andreas: Geschichte der Heilpädagogik oder Macht und Ohnmacht der Erziehung. Stuttgart: Klett-Cotta, $^2$2007

Moser, Vera: Die Ordnung des Schicksals. Zur ideengeschichtlichen Tradition der Sonderpädagogik. Butzbach-Griedel: Afra, 1998

Mücke, Rudolf: Die Berliner »B-Klassen«. Ein Beitrag der Schule zur Erziehungshilfe für gemeinschaftsschwierige Kinder. In: Zeitschrift für Heilpädagogik 3, 1952, S. 522–525

Müller, Martin: Bericht über die Mitarbeit des Schulpsychologischen Dienstes Spandau im Rahmen der psychologisch-therapeutischen Betreuung von verhaltensproblematischen (verhaltensgestörten) Schülern in Beobachtungs-Klassen im Schuljahr 1977/78. In: Praxis der Kinderpsychologie und Kinderpsychiatrie 29, 1980, S. 13–24

Mürner, Christian/Sierck, Udo: Behinderung. Chronik eines Jahrhunderts. Weinheim: Beltz/Juventa, 2012

Muth, Jakob/Kniel, Adrian/Topsch, Wilhelm: Schulversuche zur Integration behinderter Kinder in den allgemeinen Unterricht. Braunschweig: Westermann, 1976

Myschker, Norbert: Zur integrativen Beschulung verhaltensgestörter Kinder in Regelschulsystemen – Kleinklassen in Hamburg. In: Heilpädagogische Forschung V, 1975, S. 333–364

Myschker, Norbert: Organisation und Perspektiven der Pädagogik in den Berliner Beo-Klassen für Kinder mit Verhaltensstörungen. In: Klein, Gerhard/Möckel, Andreas/Thalhammer, Manfred (Hrsg.): Heilpädagogische Perspektiven in Erziehungsfeldern. Bericht der 18. Arbeitstagung der Dozenten für Sonderpädagogik in deutschsprachigen Ländern vom 12.–14. Oktober 1981 an der Universität Würzburg. Heidelberg: Schindele, 1982, S. 83–100

Myschker, Norbert: Zur Geschichte der Pädagogik bei Verhaltensstörungen. In: Goetze, Herbert/Neukäter, Heinz (Hrsg.): Handbuch der Sonderpädagogik. Band 6: Pädagogik bei Verhaltensstörungen. Berlin: Marhold, 1989, 1989, S. 155–190

Myschker, Norbert: Verhaltensstörungen bei Kindern und Jugendlichen. Erscheinungsformen – Ursachen – hilfreiche Maßnahmen. Stuttgart: Kohlhammer, $^6$2009

Myschker, Norbert/Muggelberg, Peter: Zur Förderung von Kindern mit psychosozialen Störungen durch ambulante sonderpädagogische Maßnahmen. Das Ambulanzlehrersystem in Berlin-Steglitz. In: Sander, Alfred/Raidt, Peter (Hrsg.): Integration und Sonderpädagogik. Referate der 27. Dozententagung für Sonderpädagogik in deutschsprachigen Ländern im Oktober 1990 in Saarbrücken. St. Ingbert: Röhrig, 1990, S. 170–179

Neubert, Dieter/Cloerkes, Günther: Behinderungen und Behinderte in verschiedenen Kulturen. Eine vergleichende Analyse ethnologischer Studien. Heidelberg: Winter, Ed. Schindele, $^2$1994

Nissen, Gerhardt: Kulturgeschichte seelischer Störungen bei Kindern und Jugendlichen. Stuttgart: Klett-Cotta, 2005

OECD, Organisation for Economic Co-Operation and Development: Students with Disabilities, Learning Difficulties and Disadvantages. Policies, Statistics and Indicators. Paris: OECD, 2007

Pfeiffer, Wolfgang M.: Transkulturelle Psychiatrie. Ergebnisse und Probleme. Stuttgart: Thieme, 1994

Prell, Siegfried/Link, Paul: Das Münchner Modell der schulischen Integration behinderter und nichtbehinderter Kinder. Schulversuch nach Maria Montessori. In: Zeitschrift für Heilpädagogik 25, 1974, S. 619–644

Preuss-Lausitz, Ulf: Fördern ohne Sonderschule. Konzepte und Erfahrungen zur integrativen Förderung in der Regelschule. Weinheim, Basel: Beltz, 1981

Preuss-Lausitz, Ulf (Hrsg.): Verhaltensauffällige Kinder integrieren. Zur Förderung der emotionalen und sozialen Entwicklung. Weinheim: Beltz, 2005

Reiser, Helmut/Gutberlet, Michael/Klein, Gabriele/Kreie, Gisela/Kron, Maria: Sonderschullehrer in Grundschulen: Ergebnisse eines Schulversuchs zur integrativen Betreuung bei Lern- und Verhaltensstörungen. Weinheim: Beltz, 1984

Reiser, Helmut/Loeken, Hiltrud: Das Zentrum für Erziehungshilfe der Stadt Frankfurt am Main. Solms-Oberbiel: Jarick Oberbiel, 1993

Reiser, Helmut/Willmann, Marc: Integrierte und ambulante Formen der Unterstützung bei Erziehungsschwierigkeiten in der Schule. Beispiel zweier Modelle in Frankfurt am Main. In: Preuss-Lausitz, Ulf (Hrsg.): Schwierige Kinder – schwierige Schule. Konzepte und Praxisprojekte zur integrativen Förderung verhaltensauffälliger Schüler. Weinheim: Beltz, ²2013, S. 154–186

Reiser, Helmut/Willmann, Marc/Urban, Michael: Sonderpädagogische Unterstützungssysteme bei Verhaltensproblemen in der Schule – Innovationen im Förderschwerpunkt Emotionale und Soziale Entwicklung. Bad Heilbrunn: Klinkhardt, 2007

Reiser, Helmut/Willmann, Marc/Urban, Michael: Schulintegrierte Förderung. In: Gasteiger-Klicpera, Barbara/Julius, Henri/Klicpera, Christian (Hrsg.): Sonderpädagogik der sozialen und emotionalen Entwicklung. Handbuch Sonderpädagogik – Band 3. Göttingen: Hogrefe, 2008, S. 651–668

Reuß, Walter: Flexibles Sonder- und Sozialpädagogisches Fördersystem für erziehungshilfebedürftige Schüler an der Astrid-Lindgren-Schule des Kreises Aachen. Zeitschrift für Heilpädagogik 39, 1988, S. 695–701

Rohrmann, Eckhard: Mythen und Realitäten des Anders-Seins. Gesellschaftliche Konstruktionen seit der frühen Neuzeit. Wiesbaden: VS Verlag für Sozialwissenschaften, 2007

Royer, Égide: The education of students with emotional and behavioural difficulties: One size does not fit all. In: Visser, John/Daniels, Harry/Cole, Ted (eds.): International Perspectives on Inclusive Education. Bingley: Emerald, 2001, S. 129–142

Salmon, Gillian/Dover, Jenny: Pädagogische Psychotherapie bei emotional-sozialen Lernstörungen. Gießen: Psychosozial-Verlag, 2011

Schad, Gerhard: Vom Verschwinden der Pädagogik im Wissenschaftsbetrieb der Verhaltensgestörtenpädagogik. In: Reiser, Helmut/Dlugosch, Andrea/Willmann, Marc (Hrsg.): Professionelle Kooperation bei Gefühls- und Verhaltensstörungen. Pädagogische Hilfen an den Grenzen der Erziehung. Hamburg: Kovač, 2008, S. 29–41

Schmidt, Wayne: Historische Wurzeln der Schule für Erziehungshilfe und deren Entwicklung zur Sonderschule. Frankfurt a. M.: Lang, 1996

Schor, Bruno J.: Mobile Sonderpädagogische Dienste. Ein Integrationsmodell mit Zukunft. Fakten, Analyse, Perspektive. Donauwörth: Auer, 2002

Schröder, Ulrich: »Schule für verwahrloste Kinder« 1883 – Ein Beitrag zur Vorgeschichte der Schule für Erziehungshilfe und zum Verhältnis von Verhaltensgestörten- und Lernbehindertenpädagogik. In: Rolus-Borgward, Sandra/Tänzer, Uwe (Hrsg.): Erziehungshilfe bei Verhaltensstörungen: pädagogisch-therapeutische Erklärungs- und Handlungsansätze. Oldenburg: Zentrum für Pädagogische Berufspraxis, 1999, S. 127–132

SchulG LSA: Schulgesetz des Landes Sachsen-Anhalt in der Fassung der Bekanntmachung vom 9. August 2018, zuletzt geändert durch Artikel 2 des Gesetzes vom 14. Dezember

2023 (GVBl. LSA S. 680). Im Internet unter https://www.landesrecht.sachsen-anhalt.de/perma?j=SchulG_ST [17.05.2024]

Siersleben, Wolfdietrich/Solar; Karel/Stöckmann, Fritz: TROIKA-Hannover unter besonderer Berücksichtigung des Pädagogisch-Therapeutischen Zentrums. In: Zeitschrift für Heilpädagogik 27, 1976, S. 767–773

Soetemann, E./Wormland, A.: Integrierte schulische Erziehungshilfe (I.S.E.) an einer Grundschule und Hauptschule in Köln. In: Muth, Jakob/Kniel, Adrian/Topsch, Wilhelm (Hrsg.): Schulversuche zur Integration behinderter Kinder in den allgemeinen Unterricht. Braunschweig: Westermann, 1996, S. 104–125

Speck, Otto: Schulische Inklusion aus heilpädagogischer Sicht. Rhetorik und Realität. München: Reinhardt, 2010

Speck, Otto/Gottwald, Peter/Havers, Norbert/Innerhofer, Paul (Hrsg.): Schulische Integration lern- und verhaltensgestörter Kinder: Bericht über ein Forschungsprogramm. München: Reinhardt, 1978

Stechow, Elisabeth von: Erziehung zur Normalität. Eine Geschichte der Ordnung und Normalisierung der Kindheit. Wiesbaden: VS Verlag für Sozialwissenschaften, 2004

Stein, Roland: Grundwissen Verhaltensstörungen. Baltmannsweiler: Schneider-Verlag Hohengehren, 2008

Stein, Roland: Pädagogik bei Verhaltensstörungen – zwischen Inklusion und Intensivangeboten. In: Zeitschrift für Heilpädagogik 62, 2011, S. 324–336

Stoellger, Norbert: Erfahrungsbericht zum gemeinsamen Unterricht für behinderte und nichtbehinderte Kinder an einer Berliner Grundschule. In: Klein, Gerhard/Möckel, Andreas/Thalhammer, Manfred (Hrsg.): Heilpädagogische Perspektiven in Erziehungsfeldern. Heidelberg: Schindele, 1982, S. 102–107

Strümpell, Ludwig von: Die Pädagogische Pathologie oder die Lehre von den Fehlern der Kinder. Leipzig: G. Böhme Nachfolger, 1890

Trüper, Johannes: Psychopathische Minderwertigkeiten im Kindesalter – Ein Mahnwort für Eltern, Lehrer und Erzieher. Gütersloh: Bertelsmann, 1893

Urban, Michael: Beratungs- und Unterstützungssysteme für den Förderschwerpunkt Emotionale und Soziale Entwicklung – Ergebnisse eines Schulversuchs in Niedersachsen. In: Reiser, Helmut/Willmann, Marc/Urban, Michael: Sonderpädagogische Unterstützungssysteme bei Verhaltensproblemen in der Schule – Innovationen im Förderschwerpunkt Emotionale und Soziale Entwicklung. Bad Heilbrunn: Klinkhardt, 2007, S. 287–339

Urban, Michael/Reiser, Helmut/Willmann, Marc: Ambulante/Mobile Hilfen. In: Gasteiger-Klicpera, Barbara/Julius, Henri/Klicpera, Christian (Hrsg.): Sonderpädagogik der sozialen und emotionalen Entwicklung. Handbuch Sonderpädagogik – Band 3. Göttingen: Hogrefe, 2008, S. 668–685

Urban, Michael/Willmann, Marc: »Förder- oder Beratungslehrer?« Ambulante/mobile schulische Hilfen bei Lern-/Verhaltensproblemen und Konsequenzen für das professionelle Selbstverständnis der Sonderpädagogik. In: Seebach, Barbara (Hrsg.): »Inklusion braucht Professionalität« – CD-ROM mit den Beiträgen zum sonderpädagogischen Kongress 2010 des vds in Weimar vom 22.04.2010. Würzburg: vds, 2010

VDS, Verband Sonderpädagogik: Positionspapier inklusives Bildungssystem vom 19.9.2009

Vernooij, Monika: Kleinklassen für Schüler mit Verhaltensstörungen an Grund- und Sonderschulen. In: Sonderschule in Niedersachsen 4, 1984, S. 32–46
Vernooij, Monika: Das Sonderpädagogische Förderzentrum – eine neue Möglichkeit der institutionalisierten Hilfe für Schüler mit Verhaltensauffälligkeiten? In: Goetze, Herbert (Hrsg.): Pädagogik bei Verhaltensstörungen: Innovationen. Bad Heilbrunn: Klinkhardt, 1994, S. 41–57
Wendt, E.: Ambulante Betreuung verhaltensgestörter Schüler in einem Hamburger Schulkreis. In: Muth, Jakob/Kniel, Adrian/Topsch, Wilhelm (Hrsg.): Schulversuche zur Integration behinderter Kinder in den allgemeinen Unterricht. Braunschweig: Westermann, 1976, S. 149–154
Willmann, Marc: Schulen für Erziehungshilfe – Survey 2004/05. Eine bundesweite Totalerhebung der Schule für Erziehungshilfe in Deutschland: Vergleich von Bundes- und Länderergebnissen. In: Zeitschrift für Heilpädagogik 56, 2005, S. 442–455
Willmann, Marc: Die Schule für Erziehungshilfe: Schule mit dem Förderschwerpunkt Emotionale und Soziale Entwicklung. Organisationsformen, Prinzipien, Konzeptionen. In: Reiser, Helmut/Willmann, Marc/Urban, Michael: Sonderpädagogische Unterstützungssysteme bei Verhaltensproblemen in der Schule. Innovationen im Förderschwerpunkt Emotionale und Soziale Entwicklung. Bad Heilbrunn: Klinkhardt, 2007, S. 13–69
Willmann, Marc: Grenzen der schulischen Integration von Schülern mit Gefühls- und Verhaltensstörungen in den USA. In: Zeitschrift für Heilpädagogik 59, 2008, S. 162–173
Willmann, Marc: Emotional-soziale Schwierigkeiten und Verhaltensstörungen. In: Moser, Vera (Hrsg.): Enzyklopädie Erziehungswissenschaften Online (EEO): Fachgebiet Behinderten- und Integrationspädagogik. Weinheim: Juventa, 2010
Willmann, Marc: De-Psychologisierung und Professionalisierung der Sonderpädagogik. Kritik und Perspektiven einer Pädagogik für »schwierige« Kinder. München: Reinhardt, 2012a
Willmann, Marc: The challenge of inclusion: educational provision for children with EBD in Germany. In: Cole, Ted/Daniels, Harry/Visser, John (Eds.): The Routledge International Companion to Emotional and Behavioural Difficulties. London: Routledge, 2012b, S. 76–84
Willmann, Marc/Reiser, Helmut: Schule als vernetztes System – Eine systemtheoretische Betrachtung möglicher Schnittstellen der schulischen Erziehungshilfe mit ihren Umgebungssystemen. In: Reiser, Helmut/Willmann, Marc/Urban, Michael: Sonderpädagogische Unterstützungssysteme bei Verhaltensproblemen in der Schule – Innovationen im Förderschwerpunkt Emotionale und Soziale Entwicklung. Bad Heilbrunn: Klinkhardt, 2007, S. 113–136
Winzer, Margret A.: The History of Special Education. From Isolation to Integration. Washington: Gallaudet University Press, 1993
Winzer, Magred: Children with Exceptionalities in Canadian Classrooms. Toronto: Pearson Education Canada. [8]2007
Wocken, Hans: Ambulanzlehrerzentren – Unterstützungssysteme für integrative Förderung. In: Heimlich, Ulrich (Hrsg.): Sonderpädagogische Fördersysteme. Auf dem Weg zur Integration. Stuttgart: Kohlhammer, 1999, S. 79–95

Wocken, Hans: Über die Entkernung der Behindertenrechtskonvention. Ein deutsches Trauerspiel in 14 Akten, mit einem Vorspiel und einem Abgesang. In: Zeitschrift für Inklusion, 4 (2011), o. S. Im Internet unter http://www.inklusion-online.net/index.php/inklusion/article/view/139/135 [30.09.2013]

Wood, Mary M./Quirk, Constance A./Swindle, Faye L.: Teaching responsible behavior. Developmental therapy-developmental teaching for troubled children and adolescents. Austin: pro-ed., $^4$2007

Wulff, Erich (Hrsg.): Ethnopsychiatrie. Seelische Krankheit, ein Spiegel der Kultur? Wiesbaden: Akademische Verlagsgesellschaft, 1978

# Zwischen Vulnerabilität und Potential: Empirischer Forschungsstand zur inklusiven Bildung von Schülerinnen und Schülern im Förderschwerpunkt emotionale und soziale Entwicklung

Gino Casale

Ziel dieses Beitrags ist es, den empirisch-quantitativen Forschungsstand zur Inklusion im Förderschwerpunkt emotionale und soziale Entwicklung (FS ESE) zusammenzufassen. Dafür werden zunächst die drei zentralen Gegenstandsbereiche des Kapitels – Inklusion, Schülerinnen und Schüler im Förderschwerpunkt emotionale und soziale Entwicklung (SuS im FS ESE), empirisch-quantitative Forschung – definiert und aufeinander bezogen. Ausgehend davon wird der empirisch-quantitative Erkenntnisstand zur akademischen, emotionalen, sozialen und verhaltensbezogenen Entwicklung von SuS im FS ESE in der Inklusion zusammengefasst und analysiert. Die Ergebnisse zeigen, a) dass SuS im FS ESE in der Inklusion nach wie vor eine vulnerable Gruppe darstellen, es allerdings b) eine Vielzahl an wirksamen Methoden gibt, die im inklusiven Kontext für die Förderung von SuS im FS ESE wissenschaftlich erprobt sind. Diese Methoden werden jedoch c) noch viel zu selten von Lehrkräften genutzt, was unter anderem an den Einstellungen der Lehrkräfte zum Förderschwerpunkt liegen könnte. Für eine Verbesserung dieser mittlerweile seit mehreren Jahrzehnten bekannten schwierigen Situation von SuS im FS ESE in der Inklusion sollten evidenzbasierte Fördermethoden unbedingt viel stärker in inklusive Klassen implementiert und Lehrkräfte für deren Einsatz professionalisiert werden. Solange die Qualität sonderpädagogischer Förderung auf diese Weise nicht sichergestellt werden kann, bleiben spezielle Schulen ein förderlicher Lern- und Entwicklungsraum für SuS im FS ESE.

# 1 Einleitung

Auf den ersten Blick erscheint es nahezu unmöglich, eine allumfassende systematische Übersichtsarbeit zum empirischen Forschungsstand der Inklusion im FS ESE vorzulegen, die den durch den Titel vermittelten Erwartungen gerecht wird. Dies hat mehrere Gründe. Erstens gibt es immer noch keine allgemein anerkannte wissenschaftliche Definition von Inklusion, so dass der Begriff von Forschenden unterschiedlich operationalisiert wird (Grosche, 2015). Zweitens handelt es sich beim »Förderschwerpunkt emotionale und soziale Entwicklung« um einen bildungspolitischen bzw. schulrechtlichen Begriff aus dem deutschen Bildungssystem (KMK, 2000), der sich international nur unbefriedigend übersetzen lässt und für die Bezeichnung einer Zielgruppe genutzt wird, deren Lern- und Entwicklungsprofile sehr heterogen sind (Hennemann et al., 2020). Zudem ist eine binäre Kategorisierung in Schülerinnen und Schüler (SuS) mit und ohne FS ESE schwer vereinbar mit elaborierten Inklusionstheorien, da sie die Kinder und Jugendlichen in zwei unterscheidbare Gruppen einteilt (Skrtic, 1991). Drittens umfasst die empirische Forschung ein breites Spektrum an qualitativen und quantitativen Methoden, die innerhalb der sonderpädagogischen bzw. der Inklusionsforschung für Grundlagen- und Interventionsforschung auf Basis unterschiedlichster theoretischer Zugänge genutzt werden (Grünke, 2022). Es ist also nahezu unmöglich, eine Überblicksarbeit zu erstellen, die zum einen gut lesbar bleibt und zum anderen national wie international jegliche Art empirischer Forschung zu allen existierenden Operationalisierungen von Inklusion für alle potentiellen Zielgruppen im FS ESE berücksichtigt.

Auf den zweiten Blick jedoch erscheint es lohnenswert, sich mit der Realisierbarkeit eines solchen Fachbeitrages auseinanderzusetzen, insbesondere da inklusive Praktiken im FS ESE nach wie vor nur selten evidenzbasiert ausgerichtet werden und sehr viele Nichtforschende den Überblick über wissenschaftliche Arbeiten zur Inklusion im FS ESE verlieren (Platte/Leidig/Peters/Hennemann/Leibnitz/Melzer, 2023; State/Simonsen/Hirn/Wills, 2019). Erstens existieren mittlerweile Vorschläge zur Operationalisierung bzw. Verortung von Inklusion im Kontext empirischer Forschung (siehe z. B. Göransson/Nilholm, 2014; Grosche/Lüke, 2020). Zweitens lassen sich neben der formalen Kategorie sonderpädagogischer Förderbedarf ESE wichtige akademische, emotionale, soziale und verhaltensbezogene Kompetenz- bzw. Entwicklungsmerkmale identifizieren, die für die Beschreibung der mit dem Förderschwerpunkt bezeichneten Zielgruppe geeignet sind (z. B. Stein/Müller, 2018). Drittens lassen sich sozialwissenschaftliche empirisch-analytische Zugänge identifizieren, die selbstverständlich auch bei der Bearbeitung inklusionsrelevanter Fragestellungen genutzt werden (Grünke, 2022; Hillenbrand, in diesem Band). Eine Überblicksarbeit zum empirischen Forschungsstand der Inklusion im FS ESE erscheint also vor allem dann realisierbar, wenn a) das zugrunde gelegte Inklusionsverständnis dargelegt wird, b) eine möglichst präzise Beschreibung der Zielpopulation und deren wichtigsten Entwicklungs- und Kontextmerkmale, die durch inklusiven Unterricht und Förderung adressiert werden sollten, erfolgt und c) die methodischen und analytischen Merkmale und Kriterien der einbezogenen Studien transparent sind.

Der vorliegende Beitrag strebt eine systematische Aufbereitung empirischer Studien zur Inklusion im FS ESE (und dieser Kategorie inhaltsnahen Konstrukten) mit einer begründeten Schwerpunktsetzung an. Dafür wird zunächst ein empirisch begründbares Inklusionsverständnis dargestellt. Anschließend wird der FS ESE über die bloße dichotome Kategorisierung in SuS mit und ohne FS ESE hinaus operationalisiert. Dabei werden zentrale Entwicklungsbereiche, die vor allem für SuS mit Problemen in der emotionalen und sozialen Entwicklung relevant sind, einbezogen. Schließlich werden methodische Merkmale einbezogener empirischer Studien begründet abgeleitet.

In diesem Beitrag erfolgt zudem eine Fokussierung auf den FS ESE bzw. auf die damit verbundenen Kinder und Jugendlichen in der Schule. Eine ausschließliche Betrachtung von SuS mit einem formal festgestellten FS ESE greift allerdings zu kurz, da es im Schulsystem weitaus mehr Kinder und Jugendliche mit emotionalen und sozialen Beeinträchtigungen als offizielle Förderbedarfe ESE gibt. Daher wird in diesem Beitrag das Verständnis auf die Zielgruppe erweitert: Die Bezeichnung »SuS *mit* FS ESE« wird verwendet, wenn explizit eine Feststellungsdiagnose vorliegt. Ist dies nicht der Fall, wird der Begriff »SuS *im* FS ESE« genutzt, der auf SuS rekurriert, die keine offizielle Feststellungsdiagnose haben, durch ihre akademischen, emotionalen, sozialen und verhaltensbezogenen Entwicklungsprofile allerdings einen Anspruch auf gezielte und möglicherweise zusätzliche schulische Förderung haben.

Wie der Titel möglicherweise suggeriert, knüpft dieses Kapitel an die Überblicksarbeit von Stein und Ellinger (2018) aus vorherigen Auflagen des vorliegenden Buches an. Die dort berichteten empirischen Befunde sollen allerdings aktualisiert und erweitert werden: Stein und Ellinger (2018) bezogen sich ausschließlich auf Forschung zur Untersuchung der Entwicklung von SuS im FS ESE in verschiedenen institutionellen Beschulungsformen in der Inklusion. Der vorliegende Beitrag bezieht sich zusätzlich zu dieser sehr wichtigen Platzierungsfrage schulischer Inklusion auch auf die Potentiale individueller Förderung von SuS im FS ESE in inklusiven Settings. Zudem werden die bei Stein und Ellinger (2018) fokussierten Entwicklungsdimensionen (i. S. der abhängigen Variablen) etwas anderes strukturiert, wenngleich es natürlich viele Überschneidungen und Gemeinsamkeiten gibt. Schließlich sind seit Erscheinen des Beitrags von Stein und Ellinger im Jahr 2018 national wie international sehr viele neue empirische Studien zur Inklusion im FS ESE erschienen, die in diesem Beitrag berücksichtigt werden.

## 2 Operationalisierung schulischer Inklusion im FS ESE

### 2.1 Inklusive Bildung: ein Definitionsversuch

Im allerkleinsten gemeinsamen definitorischen Nenner ließe sich Inklusion als die Beschulung von SuS mit Behinderungen in allgemeinen Schulkontexten beschreiben (Ryndak/Morrison/Sommerstein, 2000). Göransson und Nilholm (2014) entwickeln ausgehend von einer Analyse empirischer Forschungsarbeiten zur Inklusion ein Modell, das versucht, empirische Operationalisierungen schulischer Inklusion zu ordnen. Insgesamt leiten die Autoren vier Definitionen (A, B, C und D) von schulischer Inklusion ab, die hierarchisch nach ihrer Komplexität geordnet werden.

- Die *Platzierungsdefinition (A)* beschreibt Inklusion als die Unterbringung von SuS mit sonderpädagogischem Förderbedarf in Klassen allgemeiner Schulen. Hierbei geht es darum, wo SuS mit und ohne Förderbedarf lernen. Die Platzierungsdefinition betrachtet Inklusion als den *Ort der Förderung* (allgemeine Schule) bzw. als *Methode* (Unterricht in der allgemeinen Schule). Eine Schule oder Klasse wird als inklusiv bezeichnet, wenn dort SuS mit und ohne Förderbedarf gemeinsam unterrichtet werden.
- Im Gegensatz dazu bezieht sich die *spezifische Individualisierungsdefinition (B)* auf die Berücksichtigung der akademischen, emotionalen, sozialen und verhaltensbezogenen Bedürfnisse von SuS mit Förderbedarf in Klassen in allgemeinen Schulen. Sie betont die individuelle Unterstützung und die Möglichkeit, hohe akademische Kompetenzen sowie tiefergehende soziale Erfahrungen für SuS mit Behinderungen oder Förderbedarf zu ermöglichen. Die spezifische Individualisierungsdefinition geht über die Platzierungsdefinition hinaus und betrachtet Inklusion nicht nur als Ort, sondern

als *positive Ausprägung der akademischen, emotionalen und sozialen Bedürfnisse von SuS mit Förderbedarf.*

- Die *allgemeine Individualisierungsdefinition (C)* bezieht sich ebenfalls auf die Berücksichtigung der akademischen, emotionalen, sozialen und verhaltensbezogenen Bedürfnisse von SuS, jedoch *unabhängig von ihrer Zuordnung zu spezifischen Förderbedarfen.* Diese Definition erweitert den Fokus auf *alle* SuS und die Kategorisierung in SuS mit und ohne Bedarf an sonderpädagogischer Unterstützung wird aufgelöst. Hierbei werden alle Unterschiede berücksichtigt, die im Zusammenhang mit Entwicklungs- und Lernprozessen, Diskriminierungserfahrungen und Partizipation relevant sind. Dabei können beispielsweise Alter, Geschlecht, Religion, Herkunftssprache oder sexuelle Orientierung eine Rolle spielen. Die allgemeine Individualisierungsdefinition geht über die spezifische Individualisierungsdefinition hinaus und umfasst die *akademischen, emotionalen und sozialen Bedürfnisse aller SuS* unabhängig von spezifischen Förderbedarfen.

- Die *Gemeinschaftsdefinition (D)* beschreibt Inklusion als eine besondere Lerngemeinschaft und erweitert den Fokus auf die Eigenschaften der Gemeinschaft als Ganzes. Inklusion wird hier als eine *Eigenschaft der Gemeinschaft definiert, die bestimmte Merkmale aufweisen sollte, wie beispielsweise Partizipation, Demokratie, Gerechtigkeit, Selbstbestimmung, Freiheit und Anerkennung.* Die Gemeinschaftsdefinition ist die komplexeste aller Inklusionsdefinitionen, da sie zusätzlich eine Operationalisierung dieser Werte sowie der Schule als Lerngemeinschaft erfordert.

Im Modell von Göransson und Nilholm (2014) sind diese vier Definitionen hierarchisch angeordnet, wobei die jeweils höhere Definition alle niedrigeren Definitionen einschließt. Zudem nimmt die Komplexität der Definitionen von A bis D zu. Sie reichen von der Platzierung von SuS mit Förderbedarf in Klassen allgemeiner Schulen bis hin zur Berücksichtigung der individuellen Bedürfnisse aller SuS sowie der Schaffung einer inklusiven Lerngemeinschaft.

Im viel rezipierten Modell von Göransson und Nilholm sind spezielle Beschulungsformen wie z.B. die Förderschule nicht als inklusiv zu bezeichnen. Förderschulen können als eine »Besonderheit der deutschsprachigen Länder« (Lütje-Klose/Sturm, 2020, S. 2) betrachtet werden und sie werden bundesland- und förderschwerpunktübergreifend immer noch vom größeren Anteil der SuS mit sonderpädagogischem Förderbedarf (56,3 %; KMK, 2022) besucht. Im FS ESE ist die bundesweite Förderschulbesuchsquote zwar mit 42,8 % niedriger (KMK, 2022), die Förderschule stellt aber dennoch ein nach wie vor häufig gewähltes Setting schulischer Förderung im FS ESE dar. Dass dies nicht nur bildungsorganisatorische, sondern durchaus auch schulsystem- und inhaltsbezogene Gründe hat, wird in diesem Beitrag noch zu zeigen sein. Jedenfalls wird zusätzlich zu den genannten Definitionen ein weiteres Hauptaugenmerk auf die Förderschule als spezielle Institutionsform für SuS im FS ESE gelegt.

## 2.2 Inklusive Bildung im FS ESE – Anwendung der Inklusionsdefinitionen auf den Förderschwerpunkt

Alle vier Definitionen lassen sich auf den FS ESE anwenden (siehe Tab. 1). Die Platzierungsdefinition sowie die spezifische Individualisierungsdefinition beziehen sich explizit auf SuS mit festgestellten Förderbedarfen in allgemeinen Schulen, also auch auf SuS mit einem formal festgestellten FS ESE. Bundesweit werden ca. 57 % aller SuS im FS ESE inklusiv beschult und die Tendenz ist steigend (KMK, 2022). Zudem zeigen SuS mit Förderbedarf ESE häufig starke Probleme in der psychosozialen und akademischen Entwicklung, so dass die in den Individualisierungsdimensionen genannten Bedürfnisse wohl im besonderem Maße auf SuS mit FS ESE zutreffen dürften (z.B. Börnert-Ringleb/Casale/Balt/Herzog, 2023; Hanisch/Vögele/Leidig/Döpfner/Niemeier/Hennemann, 2023).

Die allgemeine Individualisierungsdefinition bezieht sich zwar auf alle SuS (also auch auf jene ohne festgestellte Förderbedarfe); allerdings weisen epidemiologische Zahlen über das Auftreten mindestens grenzwertiger psychosozialer bzw. sozial-emotionaler Probleme bei Kindern und Jugendlichen im Schulalter (z.B. Barican/Yung/Schwartz/Zheng/Georgiades/Waddel, 2022; Polanczyk/Salum/Sugaya/Cave/Rohde, 2015) eindeutig darauf hin, dass der Bedarf an schulischer Unterstützung im Bereich sozial-emotionaler Kompetenzförderung sehr viel höher ist als das tatsächliche sonderpädagogische bzw. therapeutische Angebot in den Schulen. Dieser sogenannte »service gap« (Forness/Freeman/Paparella/Kauffman/Walker, 2012, S. 5) indiziert, dass sehr viele SuS in allgemeinen Schulen ohne formal festgestellten Förderbedarf dennoch besondere Bedürfnisse in der akademischen, emotionalen, sozialen und verhaltensbezogenen Entwicklung und dementsprechend ein Recht auf eine individualisierte Förderung dieser Entwicklungsbereiche in der Inklusion haben.

Hinsichtlich der Gemeinschaftsdefinition D sind insbesondere SuS im FS ESE in Bezug auf Partizipation, Selbstbestimmung und Gerechtigkeit tendenziell eher benachteiligt, da sie insgesamt schlechtere Schulabschlüsse erwerben, häufiger von Arbeitslosigkeit betroffen sind und überproportional häufig aus schlechteren sozio-ökonomischen Kontexten stammen (z.B. Mitchell/Kern/Conroy/Maureen, 2019; Stein/Kranert, 2020).

**Tab. 1:** Anwendung der Inklusionsdefinitionen von Göransson und Nilholm (2014) auf den FS ESE

| Definition | Erklärung | Relevanz für den FS ESE | Explizite Zielgruppe |
|---|---|---|---|
| Platzierungsdefinition A | Inklusion ist die gemeinsame Beschulung bzw. der gemeinsame Unterricht von SuS mit und ohne Förderbedarf in Regelschulen bzw. Regelklassen. | SuS mit Förderbedarf ESE, die in Regelschulen unterrichtet werden (im Schuljahr 2021/2022 bundesweit knapp 57 %, Tendenz steigend; KMK, 2022) | SuS mit festgestelltem Förderbedarf |
| Spezifische Individualisierungsdefinition B | Inklusion ist die positive Ausprägung der akademischen und sozialen Bedürfnisse von SuS mit Förderbedarf in Regelschulen bzw. Regelklassen. | SuS mit Förderbedarf ESE zeigen grundsätzlich signifikant häufiger akademische und soziale Probleme in der Schule. | SuS mit festgestelltem Förderbedarf |
| Allgemeine Individualisierungsdefinition C | Inklusion ist die positive Ausprägung der akademischen und sozialen Bedürfnisse aller SuS in Regelschulen bzw. Regelklassen. | Es gibt sehr viele SuS ohne formal festgestellten Förderbedarf, aber mit faktischem Unterstützungsbedarf in der emotional-sozialen Entwicklung. Diese SuS zeigen grundsätzlich signifikant häufiger akademische und soziale Probleme in der Schule. | alle SuS |
| Gemeinschaftsdefinition D | Inklusion ist eine Gemeinschaft in Regelschulen bzw. Regelklassen, die Merkmale wie Partizipation, Demokratie, Gerechtigkeit, Selbstbestimmung, Freiheit und Anerkennung aufweist. | SuS im FS ESE erwerben schlechtere Schulabschlüsse, sind nach der Schule häufiger von Arbeitslosigkeit betroffen und stammen überproportional häufig aus schlechteren sozio-ökonomischen Kontexten. Erziehung und Bildung von SuS im Förderschwerpunkt ESE bzw. mit Problemen in der ESE zielt langfristig auf eine freie und selbstbestimmte Teilhabe in demokra- | alle SuS |

**Tab. 1:** Anwendung der Inklusionsdefinitionen von Göransson und Nilholm (2014) auf den FS ESE – Fortsetzung

| Definition | Erklärung | Relevanz für den FS ESE | Explizite Zielgruppe |
|---|---|---|---|
| | tischen Gesellschaften ab. | | |

Zusammenfassend lassen sich also alle von Göransson und Nilholm (2014) in der internationalen Inklusionsforschung identifizierten Definitionen auf den FS ESE anwenden. Der zentrale Unterschied zwischen den Definitionen liegt vor allem in der Beschreibung der Zielpopulation: Während die Definitionen A und B auf SuS mit festgestellten Förderbedarfen anzuwenden sind, lösen die Definitionen C und D diese Kategorisierung auf und beziehen sich auf alle SuS einer Lerngemeinschaft. Gemeinsamkeiten bestehen hingegen in der institutionellen Beschulungsform (in allen Definitionen ist die allgemeine Schule als Förderort gesetzt) sowie in den Zielvariablen inklusiver Bildung, die mindestens über akademische, emotionale, soziale und verhaltensbezogene Bedürfnisse der SuS operationalisiert werden.

Als ein erstes Zwischenfazit ist also zu resümieren, dass eine Analyse des empirischen Forschungsstandes zu Inklusion im FS ESE auf die akademischen, emotionalen, sozialen und verhaltensbezogenen Bedürfnisse von SuS in allgemeinen Schulen zu beziehen ist. Dabei kann entweder eine Schwerpunktsetzung auf SuS mit oder ohne FS ESE sowie ein Einbezug beider Gruppen erfolgen, wobei letzterer Zugang im Sinne einer Abkehr von der Zweigruppentheorie als inklusiver zu beurteilen wäre (Neumann/Lütje-Klose, 2020). Eine Analyse der akademischen, emotionalen, sozialen und verhaltensbezogenen Bedürfnisse grundsätzlich aller SuS in der Inklusion wäre allerdings nicht mehr übersichtlich und für den vorliegenden Beitrag nicht zielführend. Daher bezieht sich dieser Beitrag ausschließlich auf SuS mit bzw. SuS im FS ESE und auch diese Schwerpunktsetzung ist nur durch begründete Fokussierungen auf bestimmte Entwicklungsbereiche und Merkmale möglich.

## 3 Beschreibung der Zielpopulation – SuS mit und im FS ESE

### 3.1 Terminologische Zugänge im FS ESE

Die Suche nach einer angemessenen Terminologie zur Beschreibung von SuS mit sozial-emotionalen Entwicklungsproblemen hat eine lange Tradition (Stein/Müller, 2018). Es existieren zahlreiche Ansätze zur Beschreibung des Förderschwerpunktes aus unterschiedlichen wissenschaftlichen, schulpraktischen oder bildungspolitischen Perspektiven, die aus der jeweiligen Disziplin heraus nachvollziehbar und berechtigt sind (Stein/Müller, 2018). An dieser Stelle werden nur drei dieser Zugänge vorgestellt: der schulrechtliche Begriff des Unterstützungsbedarfs im FS ESE, die bildungspolitische Definition des FS ESE sowie der wissenschaftliche Begriff der Gefühls- und Verhaltensstörungen. Während die ersten beiden Zugänge vermutlich bundesweit relevant sind, da sie eine rechtliche bzw. politische Konvention darstellen, ist der wissenschaftliche Begriff der Gefühls- und Verhaltensstörung ein Definitionsvorschlag, der vergleichsweise differenziert ist und darüber hinaus auch international sowie interdisziplinär verwendet werden kann.

Ein *Unterstützungsbedarf im Förderschwerpunkt emotionale und soziale Entwicklung* ist eine schulrechtliche und bildungspolitische Kategorie, die in ihrer Beschreibung sowohl in den Schulgesetzen der Länder als auch in den veralteten, aber noch aktuellsten Empfehlungen der KMK zum Förderschwerpunkt sehr allgemein und unpräzise beschrieben wird. Dies führt zu uneinheitlichen und intransparenten Feststellungsverfahren und damit auch zu einer extrem hohen, methodisch kaum noch zu kontrollierenden Heterogenität innerhalb dieser Gruppe. In Nordrhein-Westfalen bspw. wird ein FS ESE schulrechtlich dann angenommen, »wenn sich eine Schülerin oder ein Schüler der Erziehung so nachhaltig verschließt oder widersetzt, dass sie oder er im Unterricht nicht oder nicht hinreichend gefördert werden kann und die eigene Entwicklung oder die der Mitschülerinnen und Mitschüler erheblich gestört oder gefährdet ist« (AO-SF, § 4, Abs. 4; MSB-NRW, 2005/2022).

Die bildungspolitischen Empfehlungen der Kultusministerkonferenz (2000) zum *Förderschwerpunkt emotionale und soziale Entwicklung* definieren einen sonderpädagogischen Förderbedarf ESE bei Beeinträchtigungen der emotionalen und sozialen Entwicklung, des Erlebens und der Selbststeuerung, welche die SuS in ihren Bildungs-, Lern- und Entwicklungsmöglichkeiten so einschränken, dass sie im Unterricht der allgemeinen Schule auch mit Hilfe anderer Dienste nicht hinreichend gefördert werden können (KMK, 2000). Diese Bezeichnung benennt explizit zentrale Entwicklungsbereiche und operationalisiert ansatzweise die mit ihnen assoziierten Unterstützungserfordernisse in der Schule. Damit ist sie etwas differenzierter als die meisten Beschreibungen in den Schulgesetzen.

Der Begriff der *Gefühls- und Verhaltensstörungen* (orig. *emotional and behavioral disorders*) umfasst Beeinträchtigungen, die in der Schule als emotionale Reaktion und Verhalten wahrgenommen werden und sich von altersangemessenen, kulturellen oder ethnischen Normen so weit unterscheiden, dass sie auf die Erziehungserfolge des Kindes oder Jugendlichen (z.B. schulische Leistungen; soziale, berufsqualifizierende und persönliche Fähigkeiten) einen negativen Einfluss haben (Opp 2003, 509 f., zit. Forness/Knitzer 1992). Die Beeinträchtigungen sind keine kurzfristigen Reaktionen aufgrund belastender Lebensereignisse und sie sollten in mindestens zwei unterschiedlichen Kontexten, wovon einer die Schule sein muss, auftreten (Opp, 2003). Zudem haben bisherige Interventionen in der allgemeinen Schulbildung bei der Schülerin/ beim Schüler nicht den gewünschten Erfolg erzielt (oder es ist anzunehmen, dass sie dies voraussichtlich nicht tun werden) (Opp, 2003).

Der Begriff ist damit sehr viel differenzierter als andere kursierende Begriffe (Mitchell et al., 2019). Er ist mehrdimensional auf emotionale und verhaltensbezogene Entwicklungsaspekte bezogen, berücksichtigt den Einfluss des sozialen Kontextes der Schule auf das Kind bzw. den Jugendlichen und lässt sich explizit von einer psychischen Störung i. S. einer Krankheit abgrenzen, da eine nach Klassifikationssystemen klinisch diagnostizierte psychische Störung (z.B. eine Depression) nicht notwendigerweise zu den beschriebenen Beeinträchtigungen in Schule und Unterricht führen muss (Mitchell et al., 2019). Allerdings kann natürlich auch der Begriff der Gefühls- und Verhaltensstörungen nicht alle möglichen Realitäten von SuS mit emotional-sozialen Entwicklungsbedarfen in der Schule umfassen und auch, wenn die Definition implizit den sozialen Kontext als bedeutsam für die Entstehung bestimmter Problemlagen berücksichtigt, suggeriert sie explizit noch eine Fokussierung auf individuelle Beeinträchtigungen (oder *Störungen*), die bei ihrer konkreten Verwendung kontextualisiert werden sollte.

Wenngleich der Begriff der Gefühls- und Verhaltensstörung eine Präzisierung der Beschreibung insbesondere im Vergleich zu schulrechtlichen und bildungspolitischen Kategorien darstellt, bietet er immer noch Raum für unterschiedliche Operationalisierungen der darin benannten Entwicklungsmerkmale. Im Folgenden sollen daher die akademischen, sozialen, emotionalen und verhaltensbezogenen Entwicklungsmerkmale (oder auch Bedürfnisse) von SuS im FS ESE operationalisiert werden (siehe auch Abb. 1).

| Entwicklungsbedürfnisse von SuS im FS ESE | | | |
|---|---|---|---|
| **Akademisch/kognitiv**<br>• Lern- und Schulleistungen (v. a. Lesen, Schreiben, Rechnen)<br>• exekutive Funktionen | **Emotional**<br>• Emotionswissen<br>• Emotionsausdruck<br>• Emotionsregulation<br>**Sozial**<br>• Verständnis sozialer Hinweisreize<br>• Soziale Problemlösung<br>• Kooperation<br>**Emotional-sozial**<br>• Selbstwahrnehmung<br>• Selbstmanagement<br>• Soziale Wahrnehmung<br>• Beziehungsfähigkeit<br>• Entscheidungsfindung | **Soziale Integration**<br>• Positive soziale Kontakte im Klassenraum<br>• Akzeptanz durch die Peers im Klassenraum<br>• Soziale Beziehungen/ Freundschaften im Klassenraum<br>• Soziales Selbstkonzept | **Verhaltensbezogen**<br>• Internalisierendes Verhalten<br>• Externalisierendes Verhalten |

**Abb. 1:** Akademische, emotionale, soziale und verhaltensbezogene Entwicklungsbedürfnisse von SuS im FS ESE

## 3.2 Akademische, emotionale, soziale und verhaltensbezogene Bedürfnisse von SuS im FS ESE

SuS im FS ESE zeigen häufig bedeutsame Beeinträchtigungen in akademischen bzw. kognitiven, emotionalen, sozialen und verhaltensbezogenen Dispositionen. Empirische Befunde weisen eindeutig auf schlechte Schulleistungen insbesondere im Lesen, Schreiben und Rechnen (Donolato/Cardillo/Mammarella/Melby-Lervag, 2022; Wakeman/Wadsworth/Olson/DeFries/Pennington/Willcutt, 2023) sowie beeinträchtigte exekutive Funktionen (Cumming/Oblath/Qiu/Frazier/Zelazo/Flores/Park, 2023) hin. Die *akademischen bzw. kognitiven Bedürfnisse* der SuS im FS ESE lassen sich daher insbesondere über schlechtere Lern- und Schulleistungen (insbesondere in Schreiben, Lesen und in Mathematik) sowie Beeinträchtigungen in den exekutiven Funktionen (Arbeitsgedächtnis, kognitive Flexibilität, inhibitorische Kontrolle) beschreiben.

Die *emotionale und soziale Kompetenz* stellt einen wesentlichen Entwicklungsbereich von SuS im FS ESE dar. Ganz grundsätzlich ist die sozial-emotionale Kompetenz eine intrapersonale Disposition, die eine Kombination aus emotionalen (Emotionswissen, Emotionsausdruck, Emotionsregulation und Empathie) und sozialen (Verständnis sozialer Hinweisreize, soziale Problemlösung, Kooperation) Fähigkeiten und deren adaptiver Anwendung in sozialen

Situationen darstellt (Domitrovich/Durlak/Staley/Weissberg, 2017). Beide Kompetenzen werden in einem differenzierten Entwicklungsmodell der Collaborative for Academic, Social, and Emotional Learning (CASEL; Elias/Moceri, 2012) aufeinander bezogen. Darin werden fünf wesentliche Elemente sozial-emotionaler Kompetenzen extrahiert:

1. die Selbstwahrnehmung (die Fähigkeit, die eigenen Gefühle, Wünsche, Stärken und Werte zu verstehen);
2. das Selbstmanagement (Regulation von Emotionen und angemessener Ausdruck eigener Gefühle);
3. die soziale Wahrnehmung (die Fähigkeit, Probleme aus der Perspektive anderer zu betrachten und sowohl Gruppen- als auch individuelle Ähnlichkeiten und Unterschiede zu akzeptieren und zu respektieren);
4. die Beziehungsfähigkeit (positiv und gesund mit anderen zu kommunizieren, mit anderen zusammenzuarbeiten und Konflikte friedlich zu lösen) und
5. die Entscheidungsfindung (Treffen verantwortungsbewusster Entscheidungen basierend auf den Werten und sozialen sowie ethischen Normen einer Gemeinschaft).

Eng mit der emotional-sozialen Kompetenz der SuS verbunden ist deren *soziale Partizipation*. Diese stellt ein weiteres wichtiges soziales Bedürfnis von Kindern und Jugendlichen im FS ESE dar (z.B. Huber, 2019) und wird über vier zentrale Entwicklungsbereiche operationalisiert (Koster/Nakken/Pijl/van Houten, 2009):

1. das Vorhandensein positiver sozialer Kontakte/Interaktionen zwischen SuS mit sonderpädagogischem Förderbedarf und Mitschülerinnen und Mitschülern;
2. die Akzeptanz von Kindern mit sonderpädagogischem Förderbedarf durch Mitschülerinnen und Mitschüler;
3. soziale Beziehungen/Freundschaften zwischen SuS mit sonderpädagogischem Förderbedarf und ihren Mitschülerinnen und Mitschülern sowie
4. das soziale Selbstkonzept von SuS mit sonderpädagogischem Förderbedarf.

Probleme der sozial-emotionalen Kompetenzen sind wiederum eng mit beobachtbaren *Verhaltensproblemen* von Kindern und Jugendlichen verbunden (z.B. Daniel/Abdel-Baki/Hall, 2020; Sun/Singletary/Jiang/Justice/Lin/Purtell, 2022). Diese lassen sich in internalisierende (z.B. ängstlich, depressiv, rückzüglich) und externalisierende (z.B. aggressiv, dissozial, oppositionell, unaufmerksam, hyperaktiv, impulsiv) Verhaltensprobleme einteilen (siehe Achenbach/Rescorla, 2016). Diese Unterscheidung weist eine große Nähe zu den klinischen Klassifikationssystemen ICD-10 (International Classification of Diseases) der Weltgesundheitsorganisation (WHO) und DSM-V (Diagnostic and Statistical Manual of Mental Disorders) der American Psychiatric Association (APA) auf, in denen Kriterien und Symptome definiert werden, die der Absicherung der Diagnose psychischer Störungen dienen. Die häufigsten Störungsbilder von Kindern und Jugendlichen lassen sich ebenfalls in die Kategorien externalisierend (Störungen des Sozialverhaltens und hyperkinetische Störungen wie die Aufmerksamkeitsdefizit-Hyperaktivitätsstörung ADHS) und internalisierend (Angststörungen, Depressionen) einteilen (Myschker/Stein, 2018).

Zusammenfassend ist festzuhalten, dass der FS ESE sehr heterogen und vielschichtig ist, was sich auch durch eine Vielzahl unterschiedlicher Terminologien ausdrückt. Im Kern geht es um SuS mit besonderen akademischen, emotionalen, sozialen und verhaltensbezogenen Bedürfnissen, die im Konflikt mit bestimmten Normen stehen und auf die sich der normative Kontext Schule einstellen muss, um den SuS effektive Bildung zu ermöglichen.

## 4 Methoden der empirischen Bildungsforschung zur Untersuchung von Inklusion

Empirische Bildungsforschung zeichnet sich dadurch aus, dass wissenschaftliche Erkenntnisse mittels empirischer Forschungsmethoden gewonnen werden (Gräsel, 2022). Sie kann grob in empirisch-quantitative und empirisch-qualitative Forschung unterteilt werden. Empirisch-quantitative Forschung dient in erster Linie der Testung wissenschaftlicher Hypothesen. Empirisch-qualitative Ansätze zielen in der Regel auf Theorieentwicklung, die Generierung von Hypothesen oder auf die Verbesserung der Praxis ab. Beide Ansätze können komplementär kombiniert und aufeinander bezogen werden (sog. Mixed-Methods-Ansätze). Alle Zugänge sind für die Suche nach wissenschaftlichen Erkenntnissen zu inklusionsrelevanten Problemlagen wertvoll (Grünke, 2022).

Die Umsetzung inklusiver Bildung kann als ein Set von konkreten Handlungsstrategien oder auch als Intervention bezeichnet werden (Dalgaard/Bondebjerg/Viinholt/Filges, 2022). Gemäß der Platzierungsdefinition ist diese

»Intervention« die Veränderung des Förderortes von SuS mit Behinderungen. Allerdings greift die ausschließliche Frage nach der Platzierung zu kurz und entspricht nicht dem Verständnis bestmöglicher individueller Förderung (Zigmond, 2003), zumal nahezu alle groß angelegten Vergleichsstudien in der Inklusion zeigen, dass SuS mit Förderbedarfen innerhalb der Inklusion bezüglich ihres Lern- und Entwicklungsstandes sehr heterogen sind (zusammenfassend bei Hillenbrand/Casale, 2021). Daher sind zusätzlich konkrete Untersuchungsschwerpunkte auf unterschiedlichen strukturellen Ebenen (siehe Lütje-Klose/Sturm, 2020) bei einer Analyse schulischer Inklusion im FS ESE einzubeziehen. Dies sind auf Mikroebene des Unterrichts insbesondere die konkreten Praktiken zur Förderung der akademischen, emotionalen, sozialen und verhaltensbezogenen Kompetenzen der SuS sowie auf individueller Ebene die Kompetenzen und Einstellungen der Akteurinnen und Akteure in der Inklusion (Lütje-Klose/Sturm, 2020). In einem umfassenden Meta-Review von empirischen Forschungsarbeiten zu inklusiver Bildung (van Mieghem/Verschueren/Petry/Struyf, 2020) werden diese Merkmale in einem Input-Prozess-Outcome-Modell zusammengefasst. Sie ordnen die bestehende Forschung in die folgenden Bereiche ein (van Mieghem et al. 2020; siehe auch Abb. 2):

- *Inklusionsinputs*, d.h. all jene Aspekte, die zur Umsetzung inklusiver Bildung in das Schulsystem hereingegeben werden (z.B. Einstellungen der Akteure, Methoden zur Professionalisierung von Lehrkräften);
- *Inklusionsprozesse*, also die konkrete Umsetzung von Inklusion durch verschiedene Organisations- und Beschulungsformen, aber auch konkrete pädagogische Aktivitäten – sowie
- *Inklusionsoutcomes* von SuS (v.a. akademische, soziale, emotionale und verhaltensbezogene Merkmale).

Der Vorteil dieser Strukturierung liegt erstens vor allem in ihrer Prozess- und Entwicklungsorientierung: Inklusion wird als eine dynamische und multifaktorielle Entwicklung beschrieben, die keinen finalen Zielzustand beschreibt. Zweitens ist das Modell auf Makro-, Meso- und Mikroebenen des Schulsystems anwendbar und wird damit der komplexen ökosystemischen Struktur bildungspolitischer Prozesse gerecht. Drittens kann das Modell auf alle Heterogenitätsdimensionen, also auch auf unterschiedliche Förderschwerpunkte angewendet werden. Viertens erlaubt es auch eine genauere Betrachtung der Förderschule, die nach wie vor eine wichtige Organisationsform innerhalb der Inklusionsprozesse darstellt.

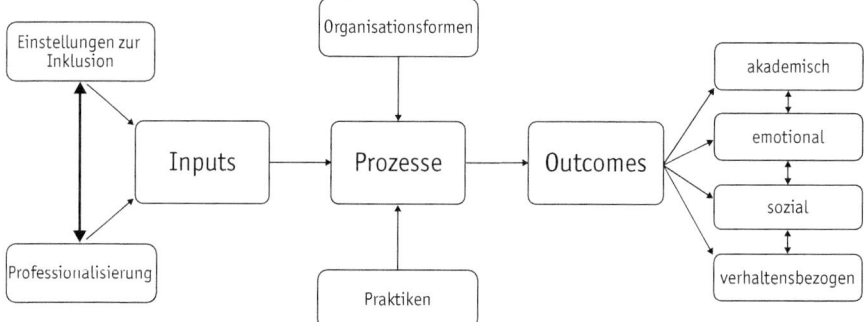

**Abb. 2:** Input-Prozess-Outcome-Modell zur Strukturierung empirischer Forschung zur Inklusion in Anlehnung an van Mieghem et al. (2020)

## 5 Analyse empirischer Forschung zur Inklusion im FS ESE

In den ersten drei Teilkapiteln wurden die Gegenstandsbereiche Inklusion, FS ESE und empirische Forschung definiert, operationalisiert und aufeinander bezogen. Als Ergebnis wird Inklusion definiert als ein Set an Handlungsstrategien, das die akademischen, emotionalen, sozialen und verhaltensbezogenen Bedürfnisse von Kindern und Jugendlichen im FS ESE in der allgemeinen Schule positiv beeinflusst. Daraus ergeben sich fünf Grundannahmen für die vorliegende Analyse:

- Schulische Inklusion ist die unabhängige Variable, die immer mindestens über die Platzierung von SuS im FS ESE in der Regelschule, aber auch über konkrete Inklusionspraktiken operationalisiert wird.
- Diese Inklusionspraktiken umfassen konkrete Handlungsstrategien in inklusiven Klassen, die das Ziel haben, die Entwicklung der SuS positiv zu verändern. Diese Handlungsstrategien selbst sind konzeptionell i. S. der genannten Definitionen nicht mit Inklusion gleichzusetzen, sondern sie werden im inklusiven Kontext genutzt.
- Bedeutsame Outcomes von Inklusion (i. S. der abhängigen Variablen) sind die oben operationalisierten akademischen, emotionalen, sozialen und verhaltensbezogenen Bedürfnisse von SuS im FS ESE in der Regelschule.

- Der Zusammenhang von konkreten Inklusionspraktiken auf die Outcomes wird durch Inklusionsinputs auf individueller Ebene (Einstellungen und Professionalisierung) beeinflusst.

Konkret werden diese Zusammenhänge in drei Fragestellungen überführt:

1. Wie entwickeln sich die akademischen, emotionalen, sozialen und verhaltensbezogenen Kompetenzen von SuS mit bzw. im FS ESE im gemeinsamen Lernen in der Regelschule insbesondere auch im direkten Vergleich zu speziellen Beschulungsformen (i. S. der *Inklusionsoutcomes*)?
2. Welche inklusiven Handlungspraktiken sind evidenzbasiert, d.h. wurden erfolgreich im gemeinsamen Lernen zur Verbesserung der genannten Kompetenzen bei SuS mit bzw. im FS ESE erprobt (i. S. der *Inklusionsprozesse*)?
3. Welchen Einfluss haben Professionalisierungsangebote bzw. Kompetenzen und Einstellungen von Lehrkräften, Eltern und Peers auf Inklusion von SuS mit bzw. im FS ESE (i. S. der *Inklusionsinputs*)?

## 5.1  Analysevorgehen

Zur Beantwortung der ersten beiden Fragestellungen werden Studien einbezogen, die überprüfen, wie sich die akademischen, emotionalen, sozialen und verhaltensbezogenen Kompetenzen von SuS mit FS ESE in Regelschulen (mit und ohne direkten Vergleich zur Förderschule) entwickeln – entweder ohne oder aber mit Einsatz gezielter Interventionen i. S. der Inklusionspraktiken. Dabei werden nur Arbeiten einbezogen, die sich auf SuS mit dem FS ESE beziehen, entweder als einzige Zielgruppe oder als Teilstichprobe eines größeren Samples. Studien, die sich auf die Gruppe an SuS mit sonderpädagogischen Förderbedarfen insgesamt beziehen – entweder ohne spezifische Operationalisierung der darunter firmierten Förderbedarfe oder wenn SuS mit FS ESE aufgrund zu geringer Stichprobengrößen ausgeschlossen wurden – werden in diesem Überblick bewusst nicht berücksichtigt, da die externe Validität der in diesen Studien generierten Ergebnisse zu gering ist (Cook/Cook, 2020). Insbesondere zur Beantwortung von Fragestellung 2 werden ausschließlich Interventionsstudien einbezogen, die in inklusiven Schulen umgesetzt wurden. Reviews und Meta-Analysen werden dann berücksichtigt, wenn sie entweder vollständig oder teilweise Studien im inklusiven Schulsetting einbeziehen.

Zur Beantwortung der dritten Fragestellung werden Studien einbezogen, welche die Wirksamkeit von Professionalisierungsangeboten im FS ESE, die Einstellungen von Lehrkräften, Eltern und/oder Peers zur Inklusion von SuS im FS ESE oder die Zusammenhänge zwischen Professionalisierung und Einstellungsmerkmalen im FS ESE untersuchen.

Zur Beantwortung aller Fragestellungen werden ausschließlich quantitative Studiendesigns [Querschnittsstudien, Längsschnittstudien, (quasi-)experimentelle Gruppen- oder Einzelfalldesigns] und systematische Übersichtsarbeiten wie Reviews oder Meta-Analysen in die Analyse mit einbezogen.

## 5.2 Ergebnisse

**Fragestellung 1: Wie entwickeln sich die akademischen, sozialen, emotionalen und verhaltensbezogenen Kompetenzen von SuS mit bzw. im FS ESE im gemeinsamen Lernen in der Regelschule?**

**Direkte Vergleiche zwischen Förder- und Regelschule**

Carlberg und Kavale (1980) überprüften in ihrer Meta-Analyse die Effekte der Platzierung in Regel- oder Förderklassen auf die *Schulleistungen* und die *psychosozialen Entwicklungen* unter anderem von SuS mit Gefühls- und Verhaltensstörungen. Einzig für diese Gruppe fanden sie Platzierungseffekte dahingehend, dass die Schulleistung und die psychosoziale Entwicklung in Förderschulen für SuS mit Gefühls- und Verhaltensstörungen besser war als in der Regelschule. In Zahlen ausgedrückt, erzielten die SuS mit Gefühls- und Verhaltensstörungen in Förderschulen bessere Ergebnisse in den Outcomes als 61 % ihrer Peers in Regelklassen. Die Autoren schlussfolgern, dass die Inklusion für SuS im FS ESE nicht per se zu empfehlen ist, sondern dass es einer gründlichen Analyse der differentiellen Entwicklungen bedarf.

In einer Längsschnittuntersuchung mit vier Messzeitpunkten über vier Jahre untersuchten Zweers et al. (2021) verschiedene Entwicklungsdimensionen von SuS mit FS ESE in der Regel- und der Förderschule. In Bezug auf die *Beziehung zur Lehrkraft* zeigten die Ergebnisse, dass SuS mit Gefühls- und Verhaltensstörungen in Förderschulen konfliktreichere Beziehungen zu ihren Lehrkräften führen, die Konflikte jedoch über die Zeit abnehmen. In Regelschulen zeigten SuS mit Gefühls- und Verhaltensstörungen keine konfliktreichere Beziehung als SuS ohne vergleichbare Probleme. In der gleichen Studie wurde festgestellt, dass SuS mit Gefühls- und Verhaltensstörungen in inklusiven Schulen mehr *soziale Ablehnung durch die Peers* erfuhren und dass dieser Effekt stabil über die Zeit persistierte. In Förderschulen wurden die SuS nicht durch ihre Peers abgelehnt. In einer weiteren methodisch sehr anspruchsvollen Studie aus der gleichen Arbeitsgruppe (Zweers/Tick/Bijstra/van de Schoot, 2020) wurde zudem gezeigt, dass die soziale Partizipation und die akademischen Leistungen von SuS im FS ESE in exklusiven Kontexten besser waren als in der Inklusion.

Im deutschsprachigen Raum zeigten Kohrt, Gresch und Mahler (2021) mit Daten aus dem IQB-Bildungstrend, dass die soziale Integration unter anderem von SuS mit FS ESE an Förderschulen höher ausgeprägt war als an Regelschulen. In Bezug auf die Wahrnehmung des Schulklimas konnten Casale und Hennemann (2019) zeigen, dass die Symptomatik einer Gefühls- und Verhaltensstörung bei SuS in der Sekundarstufe 1 negativ mit der Wahrnehmung des Schulklimas korreliert und diese Korrelationen in der Inklusion (bei SuS am Gymnasium) stärker sind als an der Förderschule. In einer Studie mit 119 SuS mit FS ESE in Nordrhein-Westfalen zeigten Zdoupas und Laubenstein (2023), dass die SuS ihr akademisches Selbstkonzept sowie das Verhalten der Lehrkraft in Förderschulen signifikant höher einschätzten.

Einen umfassenden deutschsprachigen Überblick zur Entwicklung von SuS im FS ESE im direkten Vergleich der Regel- und Förderschule legen Stein und Ellinger (2018) vor. In ihrer Analyse empirischer Studien zur Entwicklung akademischer, emotionaler, sozialer und verhaltensbezogener Merkmale der SuS in Regel- und Förderschulen kommen sie zu dem Schluss, dass keine Beschulungsform überlegen ist und es tendenziell positivere Entwicklungen in der Förderschule gibt – insbesondere in Bezug auf emotionale und soziale Entwicklungsbereiche. Die Autoren betonen vor allem auch die besondere Stellung der Profile der SuS im FS ESE und ihre Abgrenzung zu anderen Förderschwerpunkten, insbesondere zum FS Lernen: »Während Lernschwache durchaus vom Leistungsniveau einer Regelklasse profitieren und ihre Leistungsentwicklung parallel zur Entwicklung in der Gesamtgruppe zunehmen kann, scheinen verschiedene Faktoren diese Entwicklung bei verhaltensauffälligen Schülern eher zu behindern. Eine Leistungssteigerung dieser Schülergruppe in integrativen Settings ist jedenfalls angesichts des aktuellen Forschungstandes nicht nachweisbar« (Stein/Ellinger, 2018, S. 96).

**Analysen ausschließlich in der Regelschule**

In einer Längsschnittstudie mit zwei Messzeitpunkten über ein Schuljahr verglichen Blumenthal und Blumenthal (2021) die Entwicklung *sozial-emotionaler Schulerfahrungen* (Klassenklima, Gefühl des Angenommenseins durch die Lehrkraft, soziale Partizipation) von SuS mit und ohne formal gestellten FS ESE aus der dritten und vierten Klasse in inklusiven Grundschulen in Mecklenburg-Vorpommern. Die SuS mit FS ESE zeigen im Vergleich zu ihren Peers ohne FS ESE konsistent und in allen Domänen sozialer Partizipation eine deutlich schlechtere Entwicklung der sozial-emotionalen Schulerfahrungen.

In einer Studie im gemeinsamen Unterricht in insgesamt 85 Klassen der Jahrgangsstufen 7–10 an Schulen der Sekundarstufe I wurde überprüft, ob ein sonderpädagogischer Förderbedarf (Schwerpunkte Lernen, Geistige Entwicklung und ESE) das schulische Wohlbefinden, die soziale Zugehörigkeit und die empfundene Unterstützung durch die Lehrkraft beeinflusst (Kröske, 2020). Die SuS mit FS ESE (n = 64) berichteten ein geringeres schulisches Wohlbefinden, weniger soziale Zugehörigkeit und weniger Unterstützung in der Schule im Vergleich zu ihren Peers mit anderen oder ohne Förderbedarfe(n).

Henke, Bosse, Lambrecht, Jäntsch, Jaeuthe, Spörer (2017) untersuchten den Zusammenhang zwischen einem sonderpädagogischen Förderbedarf und der *sozialen Partizipation* (Klassenklima, Gefühl des Angenommenseins durch die Lehrkraft, Freundschaften und die soziale Integration) von SuS in inklusiven Grundschulen. Insgesamt wurden n = 24 SuS mit FS ESE mit sogenannten »statistischen Zwillingen« ohne FS ESE verglichen. Die SuS mit sonderpädagogischem Förderbedarf zeigen im Vergleich mit ihren Peers ohne SPF keine Unterschiede in den erfassten Dimensionen sozialer Partizipation.

Crede, Wirthwein, Steinmayr und Bergold (2019) untersuchten, ob sich SuS mit FS ESE im inklusiven Unterricht in Bezug auf *soziale Partizipation, Schuleinstellung* und *schulisches Selbstkonzept* von ihren Peers ohne SPF unterscheiden. In einer Stichprobe mit N = 872 SuS (davon n = 38 mit FS ESE) aus zweiten und dritten Klassen erfolgte ein Vergleich der SuS mit FS ESE mit einer durch Propensity Score Matching gebildeten Kontrollgruppe. Verglichen mit der Kontrollgruppe zeigten die SuS mit FS ESE signifikant negativere Werte in den Bereichen soziale Integration, Klassenklima und schulisches Selbstkonzept.

Mit einem Schwerpunkt auf SuS mit ADHS untersuchten Holtmann und Abelein (2021; 2022) in einer Querschnittsstudie die sozial-emotionalen Schulerfahrungen von N = 238 SuS mit (n = 120) und ohne (n = 118) AD(H)S der 3./4. Klasse. Es zeigte sich, dass Kinder mit ADHS und ADS das Sozialklima als signifikant schlechter empfanden (Holtmann/Abelein, 2022) und dass sowohl die Lehrkräfte als auch die SuS selbst einschätzten, dass Schulkinder mit ADHS der Lehrkraft signifikant weniger sympathisch sind als Kinder mit ADS bzw. der Kontrollgruppe (Holtmann/Abelein, 2021). Gleichzeitig fühlten sich die SuS mit ADHS signifikant weniger angenommen als SuS der Kontrollgruppe.

In einer Studie von Weber, Nicolay und Huber (2021) wurde der Zusammenhang zwischen der *sozialen Integration* und der *sozialen Unsicherheit* von insgesamt N = 617 SuS des dritten und vierten Schuljahrs untersucht. Ergebnisse aus Mehrebenenanalysen ergaben, dass es einen negativen Zusammenhang zwischen der sozialen Unsicherheit und den Beziehungen zu den Peers im Klassenraum, der Akzeptanz durch die Peers im Klassenraum sowie der selbstwahrgenommenen sozialen Integration gab.

In mehreren Studien von Krull et al. (2014; 2018) konnte gezeigt werden, dass SuS mit externalisierenden und internalisierenden Verhaltensproblemen in inklusiven Grundschulen sozial weniger akzeptiert und häufiger sozial abgelehnt werden (Krull et al., 2014), wenngleich sich im weiteren Verlauf der Grundschulzeit nur der Effekt in der geringeren sozialen Ablehnung nachweisen lässt und der Effekt der geringeren sozialen Akzeptanz verschwindet (Krull et al., 2018).

Hinsichtlich des Einflusses inklusiver Beschulung auf SuS *ohne* SPF deuten mehrere Arbeiten darauf hin, dass kein negativer Effekt von der gemeinsamen Beschulung von SuS mit FS ESE und ohne SPF auf die akademische, emotionale und soziale Entwicklung von SuS ohne SPF ausgeht. Sowohl in einer internationalen Meta-Analyse (Szumski/Smogorzewska/Karwowski, 2017) als auch in einer Analyse der deutschen IQB-Daten (Kuhl/Kocaj/Stanat, 2020) konnten keine statistischen Einflüsse und/oder Zusammenhänge der gemeinsamen Beschulung auf die Schulleistungen, die soziale Integration und die Lern- und Leistungsmotivation von SuS ohne SPF gezeigt werden. Es konnte also kein negativer Einfluss der gemeinsamen Beschulung mit SuS im FS ESE auf SuS ohne SPF nachgewiesen werden.

*Zwischenfazit:* Insgesamt gibt es einen umfassenden Forschungsstand mit Untersuchungen zur sozial-emotionalen Situation von SuS mit und im FS ESE in der Inklusion (zusammenfassend auch bei Schürer, 2020). Die Ergebnisse sind relativ eindeutig: SuS mit externalisierenden und internalisierenden Verhaltensproblemen werden in inklusiven Kontexten weniger sozial akzeptiert, häufiger von ihren Peers abgelehnt und haben insgesamt eine schlechtere soziale Position in der Klasse. Allerdings führen sie in Förderschulen scheinbar zumindest zu Beginn der Beschulung konfliktreichere Beziehungen mit ihren Lehrkräften; dieser Effekt nimmt jedoch über die Zeit ab. Auch für die schulischen Leistungen und die psychosoziale Belastung der SuS wurden in der vergleichsweisen alten Meta-Analyse von Carlberg und Kavale (1980) sowie auch im aktuelleren Review von Stein und Ellinger (2018) günstigere Entwicklungen in der Förderschule nachgewiesen. Umgekehrt lässt sich empirisch kein bedeutsamer negativer Einfluss der Inklusion von SuS im FS ESE auf SuS ohne SPF nachweisen. Insgesamt sind SuS im FS ESE in der Inklusion also insbesondere hinsichtlich ihrer sozialen Partizipation eine vulnerable Gruppe.

**Fragestellung 2: Welche inklusiven Handlungspraktiken sind evidenzbasiert, wurden also erfolgreich im gemeinsamen Lernen zur Verbesserung der genannten Outcomes bei SuS mit bzw. im FS ESE erprobt?**

Van Mieghem et al. (2020) identifizieren zwei übergeordnete Prozesspraktiken, deren Wirksamkeit auch im inklusiven Kontext für SuS im FS ESE belegt ist: die Zusammenarbeit von Lehrkräften (i. S. von Co-Teaching) sowie die spezifische Unterstützung durch Peers (z. B. kooperative und peerbasierte Unterrichtsformen). Co-Teaching kann durch die zusätzliche personale Ressource und die aufeinander bezogenen Expertisen die individuelle sonderpädagogische Förderung im Unterricht mit SuS mit FS ESE verbessern (z. B. Jurkowski/Müller, 2018). Die Unterstützung durch Peers umfasst kooperative Lernformen und insbesondere peerbasierte Ansätze, welche soziale Kompetenz sowie soziale Integration von SuS im FS ESE, aber auch ihre Schulleistungen bedeutsam verbessern können (z. B. Dunn/Shelnut/Ryan/Katsiyannis, 2017; Garrotte/Dessemontet/Moser-Opitz, 2017). Insgesamt zeigen verschiedene systematische Überblicksarbeiten, dass

(1) kooperative bzw. peerbasierte Lehrformen (Bowman-Perrot/Ragan/Boon/Burke, 2023),
(2) lehrkraftgesteuerte Methoden (z. B. auch Classroom-Management-basierte Ansätze; Riden/Kumm/Maggin, 2022) und
(3) Methoden des selbstregulierten Lernens (Losinski/Cuenca-Carlina/Zablocki/Teagarden, 2014)

die akademische, emotionale, soziale und verhaltensbezogene Entwicklung von SuS im FS ESE wirksam fördern können.

**Effekte auf die akademischen Bedarfe**

In Bezug auf die *Leseleistungen* von SuS im FS ESE zeigt eine aktuelle Meta-Analyse über 18 randomisierte Kontrollgruppenstudien, dass gezielte Strategien zur Leseförderung die Leseleistungen von SuS mit ADHS mit sehr starken Effekten verbessern können (Chan/Shero/Hand/Cole/Gaye/Spiegel/Kofler, 2023). Oakes, Wendy, Mathur und Lane (2010) fanden in einer kontrollierten Einzelfallstudie bei SuS mit Verhaltensproblemen besonders hohe Effekte einer systematischen Leseförderung auf die Leseflüssigkeit. Wills, Kamps, Abbott, Bannister und Kaufman (2010) ermittelten in einer randomisierten Kontrollgruppenstudie mit SuS mit Gefühls- und Verhaltensstörungen moderate Effekte einer Kleingruppenintervention auf die Leseleistung. In einer

Forschungssynthese von Beobachtungsstudien zur Umsetzung von Leseunterricht für SuS im FS ESE zeigen McKenna, Garwood und Solis (2022) allerdings, dass die Evidenzlage solcher Studien sehr dünn ist und eigentlich keine Schlussfolgerungen zur Nutzung evidenzbasierter Praktiken im Leseunterricht mit SuS im FS ESE zulässig sind.

In Bezug auf die Entwicklung der *Schreibkompetenz* von SuS im FS ESE in der Inklusion weisen drei kontrollierte Einzelfallstudien auf die Wirksamkeit von strategiebasierten Schreibprogrammen hin. In einer experimentellen Einzelfallstudie mit sechs SuS mit Gefühls- und Verhaltensstörung untersuchten Mason und Shriner (2008) die Effekte eines Schreibprograms auf Basis des Self-Regulated Strategy Development auf die Schreibkompetenz, operationalisiert durch die Aufsatzqualität geschriebener Essays. Insgesamt zeigten die Ergebnisse, dass alle SuS nach der Intervention eine verbesserte Schreibleistung aufwiesen. Nachhaltige Effekte ließen sich jedoch nur in Abhängigkeit der spezifischen Erscheinungsform der Verhaltensprobleme (externalisierend, internalisierend) nachweisen. Eine weitere Studie überprüfte die Effekte einer strategiebasierten Schreibförderung auf die Schreibleistung von drei SuS mit Gefühls- und Verhaltensstörungen anhand einer kontrollierten Einzelfallstudie (Criss/Konrad/Alber-Morgan/Telesman, 2021). Auch hier wurde die Schreibleistung über die Qualität bestimmter Schreibaufgaben operationalisiert. Die Ergebnisse wiesen auf eine funktionale Beziehung zwischen der Intervention und der verbesserten Schreibleistung hin, die auch im folgenden Schuljahr konstant hoch blieb. Ähnliche Befunde erzielten Little, Lane, Harris, Graham, Story und Sandmel (2010) in einer kontrollierten Einzelfallstudie mit 13 SuS der Sekundarstufe.

In Bezug auf die *Mathematikleistungen* von SuS im FS ESE überprüften Templeton, Neel und Blood (2008) in einer Meta-Analyse mit der Strategieinstruktion, peerbasierten Unterrichtsmethoden und der Gestaltung der Lernumgebung drei zentrale Merkmale von Mathematikinterventionen und ihre Effekte auf die Leistungszuwächse von SuS im FS ESE. Die Ergebnisse zeigten, dass insbesondere gezielte Strategieinstruktionen und kooperative Unterrichtsformen bedeutsame Effekte erzielten. Peltier, Morin, Vannes, Haas, Pulos und Peltier (2021) fanden in einem systematischen Review zur Wirksamkeit schülerzentrierter Mathematikinterventionen bei SuS mit FS ESE heraus, dass insbesondere Self-Monitoring-Interventionen, bei denen die SuS ihren Lernerfolg selbst überwachen, die Mathematikleistungen erhöhen.

*Zwischenfazit:* Insgesamt gibt es hinsichtlich der Förderung akademischer Merkmale von SuS im FS ESE in der Inklusion einige Studien, die sich überwiegend auf die Schreibkompetenz und weniger auf die Lese- und Mathematikkompetenz der SuS beziehen. Die Ergebnisse weisen darauf hin, dass sich akademische Kompetenzen von SuS im FS ESE in der Inklusion wirksam fördern lassen, wenn die richtigen, d.h. evidenzbasierten Methoden eingesetzt werden. Dies sind insbesondere peerbasierte Methoden, lehrkraftgesteuerte Interventionen sowie Ansätze des selbstregulierten Lernens.

**Effekte auf die emotionalen und sozialen Bedarfe**

Mehrere Meta-Analysen analysieren die Wirksamkeit schulischer Förderung emotionaler und sozialer Kompetenzen (z.B. Durlak/Weissberg/Dymnicki/Taylor/Schellinger, 2011; Hövel/Hennemann/Rietz, 2019; Sklad/Diekstra/de Ritter/Ben/Gravesteijn, 2012). Eine umfassende Darstellung findet sich zudem bei Hillenbrand (in diesem Band). Zusammenfassend lassen sich konsistent kleine bis mittlere Effekte für den Aufbau prosozialen Verhaltens und für die Verbesserung sozial-emotionaler Kompetenzen ermitteln. Gleiches gilt auch für schulische Programme zur Resilienzförderung (Liu/Ein/Gervasio/Battaion/Reed/Vickers, 2020). Bei stärkerer Problembelastung der Zielgruppe erhöhen sich auch die in den Meta-Analysen berichteten Effektstärken, wenngleich sie sich auch dann im moderaten Bereich bewegen. Dementsprechend konnte die Wirksamkeit auch in Förderschulen, also in Gruppen mit sehr hoher Problembelastung, nachgewiesen werden (Hövel/Hennemann/Casale/Hillenbrand, 2017). In einem systematischen Review von Pedrini, Meloni, Lanfredi und Rossi (2022) über schulbasierte Interventionen zur Förderung der Emotionsregulation bei Jugendlichen wurden moderate Effekte bei SuS mit hohen Risiken einer Gefühls- und Verhaltensstörung ermittelt. In einer Meta-Analyse über die Wirksamkeit von Sozialkompetenztrainings unter anderem in Schulen ermittelten de Mooji, Fekkes, Scholte und Overbeek (2020) kleine Effekte auf die sozial-emotionalen Kompetenzen, wobei insbesondere Ansätze der Psychoedukation und entwicklungsorientierte Ansätze effektiv waren. Hövel et al. (2019) weisen in ihrer Meta-Analyse außerdem darauf hin, dass die Programme besonders dann effektiv sind, wenn sie auf einem theoretischen Erklärungsmodell (z.B. der sozial-kognitiven Informationsverarbeitung) basieren und wenn sie über einen längeren Zeitraum eingesetzt werden.

*Zwischenfazit:* Emotionale und soziale Kompetenzen können mit kleinen bis mittleren Effekten durch schulbasierte Förderprogramme verbessert werden. Die Programme sind für stärker belastete SuS wirksamer.

**Effekte auf verhaltensbezogene Merkmale (internalisierend)**

Für die schulbasierte Prävention von und Intervention bei internalisierenden Verhaltensauffälligkeiten wie Angst oder Depression liegen zahlreiche systematische Reviews und Meta-Analysen vor, die eindeutig auf die Wirksamkeit der Methoden hinweisen. Zhang, Wang und Neitzel (2022) ermitteln in ihrer Metaanalyse über randomisierte Kontrollgruppenstudien von schulbasierten Interventionen bei Angst oder Depression kleine Effekte hinsichtlich der Reduktion von Symptomen in den Bereichen Depression und Angst. Moderatoranalysen zeigen bessere Ergebnisse bei Angstsymptomen, bei Methoden kognitiver Verhaltenstherapie und bei Implementation der Interventionen durch hoch spezialisierte, meist externe Fachkräfte (z. B. Schulpsychologinnen und Schulpsychologen). In einer Meta-Analyse über 118 randomisierte Kontrollgruppenstudien zur Effektivität schulbasierter Präventionsprogramme bei Angst und Depression (Werner-Seidler/Spanos/Calear/Perry/Torok/O'Dea/Christensen/Newby, 2021) wurden ebenfalls kleine Effektstärken der Programme zur Reduktion der Symptome bei SuS mit auffälligem Verhalten berichtet. Die Effekte fielen allerdings niedriger aus, wenn die methodische Güte der Studien sehr hoch war. Eine Meta-Analyse von Fulambarkar, Seo, Testerman, Rees, Bausback und Bunge (2023) über randomisierte Kontrollgruppenstudien zur Untersuchung der Effekte von achtsamkeitsbasierten Interventionen in Schulsettings für Jugendliche zeigte eine signifikante Reduktion von Stresssymptomen, jedoch nicht der Symptome von Depressionen und Ängsten. Auch Ahlen, Lenhard und Ghaderi (2015) ermitteln in ihrer Meta-Analyse über randomisierte Kontrollgruppenstudien zur Wirksamkeit schulbasierter universeller Prävention von internalisierenden Störungen kleine signifikante Effekte in der Reduktion des Symptomverhaltens.

*Zwischenfazit:* Die empirische Befundlage zur schulischen Förderung bei internalisierenden Verhaltensproblemen in allgemeinen Schulen weist auf Potentiale zur Symptomreduktion mit kleinen Effekten hin. Stärkere Effekte lassen sich über die Implementation durch hoch spezialisierte Anwenderinnen und Anwender (z.B. gezielt geschulte Lehrkräfte, Schulpsychologinnen und Schulpsychologen) erzielen.

**Effekte auf verhaltensbezogene Merkmale (externalisierend)**

Eine Meta-Analyse von Aldabbagh, Glazebrook, Sayal und Daley (2022) überprüfte die Wirksamkeit von lehrkraftzentrierten Interventionen im Umgang mit externalisierenden Verhaltensproblemen in allgemeinen Schulen und ermittelte moderate Effekte auf ADHS-Symptomverhalten sowie große Effekte auf aggressiv-dissoziale Verhaltensweisen. In Bezug auf schülerzentrierte Methoden ermittelten Kuhn, Gonzalez, Weil, Izguttinov und Walker (2022) in einem Review moderate Effekte von kognitiver Verhaltenstherapie und sozialen Kompetenztrainings auf die Reduktion externalisierender Probleme.

Weitere Überblicksarbeiten weisen auch auf den signifikanten Einfluss von Elterntrainings auf das externalisierende Problemverhalten der SuS in der Schule hin (Buchanan-Pascall/Gray/Gordon/Melvin, 2018; Weber/Kamp-Becker/Christiansen/Mingebach, 2019). In einer Meta-Analyse über die Effekte von Daily Behavior Report Cards – einer verhaltenstheoretischen Intervention – bei SuS mit ADHS ermittelten Iznardo, Rogers, Volpe, Labelle und Robaey (2017) kleine Effekte in Bezug auf die Häufigkeit und die Intensität des Symptomverhaltens der Kinder und Jugendlichen. In einer kontrollierten Einzelfallstudie mit AB-Design mit über 30 SuS mit sozial-emotionalen Risiken in einer inklusiven Grundschule untersuchten Leidig, Casale, Wilbert, Hennemann, Volpe, Briesch und Grosche (2022) den Einfluss des Good Behavior Game (GBG) auf das lernbezogene Verhalten und das störende Verhalten von SuS. Die Ergebnisse aus Regressionsanalysen zeigen bei 82,86 % der SuS signifikante Interventionseffekte. Dabei waren stärkere externalisierende Verhaltensprobleme der SuS mit größeren Effekten des Programms auf das störende Verhalten assoziiert. Zu ähnlichen Befunden kamen Hagen, Nitz, Brack, Hövel und Hennemann (2023), die darüber hinaus auch Transfereffekte des Good Behavior Game auf Verhaltensverbesserungen im gesamten Schultag nachwiesen. In einer kontrollierten Einzelfallstudie zum Einfluss eines gestuften Fördersystems auf das externalisierende Problemverhalten von 32 SuS mit erhöhten emotionalen und sozialen Risiken in der Grundschule zeigten Nitz, Hagen, Krull, Verbeck, Eiben, Hanisch und Hennemann (2023) ebenfalls eine signifikante Reduktion des störenden Verhaltens.

*Zwischenfazit:* Die empirische Befundlage zur schulischen Förderung bei externalisierenden Verhaltensproblemen in allgemeinen Schulen zeigt, dass insbesondere über lehrkraftgesteuerte Methoden (z. B. Daily Behavior Report Cards, Good Behavior Game) und elternbasierte Ansätze das Problemverhalten reduziert werden kann.

## Fragestellung 3: Welchen Einfluss haben Professionalisierungsangebote bzw. Einstellungen von Lehrkräften, Eltern und Peers auf Inklusion von SuS mit bzw. im FS ESE?

### Professionalisierung von Lehrkräften für die Inklusion im FS ESE

Die Wirksamkeit von Professionalisierungsmaßnahmen wie z.B. Lehrkraftfortbildungen wird überwiegend durch den Erwerb positiverer Professionalisierungsmerkmale – wie Einstellungen, Selbstwirksamkeit und Wissen –, aber auch durch positive Effekte auf Ebene der SuS operationalisiert (Donath/Lüke/Graf/Tran/Götz, 2023; van Mieghem et al., 2020). Ausgehend von einer Meta-Analyse von Donath et al. (2023) zur Wirksamkeit von Lehrkraftfortbildungen in der Inklusion lassen sich folgende Wirksamkeitskriterien identifizieren, die allerdings je nach Themenschwerpunkt der Fortbildung variieren könnten:

- Je aktiver die Lehrkraftfortbildung ausgerichtet ist, desto wirksamer ist sie. Fortbildungen, die einen Wechsel aus Theorie und Praxis über einen längeren Zeitraum vorsehen, sind wirksamer als einzelne Blockveranstaltungen.
- Gezielte Fortbildungen, für die die Lehrkräfte bestimmte Voraussetzungen erfüllen müssen (z.B. mindestens ein Kind mit FS ESE in der Klasse), sind erfolgreicher als vollständig offene Programme.
- Fortbildungen, an denen ein gesamtes Kollegium teilnimmt, sind weniger erfolgreich als Programme, an denen nur einzelne Lehrkräfte oder Klassenteams teilnehmen.
- Fortbildungen mit Zertifikation nach externer Kontrolle des Lernerfolgs (z.B. durch Prüfungen) haben einen größeren Einfluss auf den Wissenszuwachs.

Zu ähnlichen Befunden kommen auch Leidig, Hennemann, Casale, König, Melzer und Hillenbrand (2016) in einem systematischen Review zur Wirksamkeit von Lehrkraftfortbildungen für inklusive Bildung im FS ESE. Ihre Analysen zeigen vier wichtige Elemente wirksamer Professionalisierungsmethoden im FS ESE: (1) die Fokussierung auf Einstellungen, Wissen und Kompetenzen, (2) den Einbezug von und Transfer auf praktische Erfahrungen, (3) den direkten und systematischen Kontakt der Fortbildungsteilnehmerinnen und Fortbildungsteilnehmer mit SuS mit FS ESE sowie (4) die spezifische Ausrichtung der Fortbildungen auf die konkreten Bedürfnisse und Erfahrungen der Fortbildungsteilnehmerinnen und Fortbildungsteilnehmer. Brock und Carter (2016) zeigten in einer Meta-Analyse über Gruppenstudien, dass

Lehrkraftfortbildungen zu spezifischen Fördermethoden für SuS mit FS ESE große Effekte auf deren Implementation haben und die Effekte bei einer Kombination mehrerer didaktischer Strategien in der Fortbildung die Effekte positiv moderiert. In allen Reviews wird jedoch auch auf die stark unterschiedliche forschungsmethodische Qualität der einbezogenen Studien sowie auf Unterschiede hinsichtlich struktureller und inhaltlicher Merkmale der Fortbildungen als Limitation hingewiesen (Donath et al., 2023; Leidig et al., 2016).

*Zwischenfazit:* Lehrkraftfortbildungen zur Inklusion im FS ESE können die professionelle Kompetenz von Lehrkräften und die Implementation der vermittelten Inhalte verbessern, wenn sie möglichst aktiv an den Bedürfnissen der teilnehmenden Lehrkräfte ausgerichtet sind und die Lehrkräfte gleichzeitig die Gelegenheit haben, das neu gewonnene Wissen im direkten Kontakt mit den SuS anzuwenden. Die Überprüfung der Wirksamkeit von Lehrkraftfortbildungen auf verschiedenen Ebenen ist jedoch sehr komplex, so dass die forschungsmethodische Qualität der vorliegenden Studien stark variiert.

**Einstellungen zur Inklusion**

Ein viel beforschter Bereich zur inklusiven Bildung sind die Einstellungen von Lehrkräften, Eltern und Peers zur Inklusion (van Mieghem et al., 2020). Grundannahme der Einstellungsforschung in der Inklusion ist, dass die Wahrnehmungen, Ansichten, Überzeugungen, Gefühle und Prädispositionen von Personen die Intentionen dieser Personen zur Umsetzung von Inklusion in spezifischen Situationen vorhersagen können. Diese theoretische Grundannahme konnte zumindest für Lehrkräfte in einer Studie von Urton, Wilbert, Krull und Hennemann (2023) für verschiedene Einstellungskomponenten und Förderbedarfe empirisch bestätigt werden.

Insgesamt lässt sich der aktuelle Forschungsstand so zusammenfassen, dass Lehrkräfte – im Vergleich zu Eltern und SuS – eine negativere Einstellung zur Inklusion haben, es sei denn, sie haben viel Wissen über spezifische Behinderungsformen und verfügen über Berufserfahrung in der Inklusion (Boer/Pijl/Minnaert, 2011; Urton/Wilbert/Hennemann, 2014). Lehrkräfte für sonderpädagogische Förderung haben positivere Einstellungen zur Inklusion als Regelschullehrkräfte (Dignath/Rimm-Kaufman/van Ewijk/Kunter, 2022). Die Einstellung zur Inklusion von Lehrkräften wird von spezifischen Selbstwirksamkeitserfahrungen vorhergesagt (Savolainen/Malinen/Schwab, 2020; Urton et al., 2014). Einstellungen von Lehrkräften zur Inklusion sind allerdings auch abhängig von Merkmalen der SuS: So lassen sich negativere Einstellungen zur Inklusion von SuS mit Verhaltensproblemen bzw. sozial-emotionalen Entwicklungsproblemen im Vergleich zur Inklusion von SuS mit körperlichen Beeinträchtigungen oder Sinnesschädigungen feststellen (Armstrong 2014; Lindner/Schwab/Emara/Avramidis, 2023; Qi/Ha 2012). Lehrkräfte, die länger im Dienst sind, scheinen dabei negativere Einstellungen zur Inklusion von SuS im FS ESE zu haben (Hind/Larkin/Dunn, 2019). Die Einstellungen von Eltern und Peers scheinen im Vergleich dazu positiver zu sein, wenngleich sich auch hier ein Interaktionseffekt mit der Behinderungsform feststellen lässt (u. a. sind Verhaltensprobleme mit negativeren Einstellungen assoziiert) (de Boer/Pijl/Minnaert, 2010, 2012). Dies ist insofern problematisch, als die Einstellungen der Peers mit der sozialen Integration der SuS mit Behinderungen assoziiert sind und die soziale Integration ohnehin bei SuS im FS ESE in der Inklusion einen Risikobereich darstellt.

*Zwischenfazit:* In der Inklusion sind SuS im FS ESE mit negativeren Einstellungen ihrer Lehrkräfte, Peers und deren Eltern konfrontiert. Diese sind ein Risikofaktor für die ohnehin schon ungünstige soziale Integration in der Inklusion. Insbesondere Lehrkräfte sind tendenziell kritischer gegenüber der Inklusion von SuS im FS ESE eingestellt, insbesondere wenn sie bereits längere Zeit mit SuS im FS ESE arbeiten. Dies hemmt die Bereitschaft zur konkreten Umsetzung inklusiver Praktiken für diese Zielgruppe.

## 6 Fazit

Das vorliegende Kapitel fasst den empirisch-quantitativen Forschungsstand zur Inklusion im FS ESE zusammen. Dafür wurden zunächst die zentralen Gegenstandsbereiche des Kapitels (Inklusion, SuS im FS ESE, empirische Forschung) beschrieben und aufeinander bezogen. Ausgehend davon wurden drei Fragestellungen zum empirisch-quantitativen Erkenntnisstand zur akademischen, emotionalen, sozialen und verhaltensbezogenen Entwicklung von SuS im FS ESE in der Förder- und Regelschule, zu konkreten Fördermethoden in der Inklusion sog. Inklusionspraktiken) und zur Bedeutsamkeit von Professionalisierungsangeboten und Einstellungen zur Inklusion abgeleitet. Die Ergebnisse lassen sich wie folgt zusammenfassen:

Der überwiegende Teil empirisch-quantitativer Forschung zur Inklusion im FS ESE bezieht sich nach wie vor auf die Platzierung von SuS im FS ESE in Regelschulen, unter anderem auch im direkten Vergleich der Entwicklung der SuS in Regel- und Förderschulen. Mehrere Studien betrachten explizit die Entwicklung von SuS mit FS ESE in inklusiven Schulen, wobei die hier zusammengefassten Studien nur einen kleinen Teil der operationalisierten akademischen, emotionalen, sozialen und verhaltensbezogenen Merkmale adressieren. Die Mehrheit dieser Studien untersucht die soziale Integration der SuS in den Regelklassen. Die Ergebnisse zeigen dabei relativ deutlich, dass SuS im FS ESE in der Inklusion eine negativere soziale Integration aufweisen als ihre Peers mit FS ESE in der Förderschule, ihre Peers mit anderen Förderbedarfen oder ihre Peers ohne Förderbedarfe. Damit machen die aktuellen Studien ein Problem schulischer Inklusion im FS ESE sichtbar, das bereits vor über 30 Jahren in einem Forschungsüberblick von Goetze (1990) angemahnt und in den darauf folgenden Jahrzehnten immer wieder bestätigt wurde (siehe zunächst Zigmond, 2003, dann Stein/Ellinger, 2018 sowie Ahrbeck, 2020): SuS im FS ESE verfügen aufgrund ihrer Entwicklungsprofile über denkbar ungünstige Voraussetzungen für eine inklusive Beschulung. Da inklusive Bildung jedoch ein Menschenrecht ist, müssen sich Schulen konsequenterweise von bestehenden normativen Zwängen lösen, um sich auf Entwicklungsprofile der SuS im FS ESE einzustellen und ihnen durch Bildungs-, Erziehungs- und Förderangebote wirksam zu entsprechen.

Dies ist allerdings aktuell ganz offensichtlich noch nicht der Fall. Die empirischen Befunde der Situation von SuS im FS ESE in der Inklusion liefern eindeutige Gegenargumente zur »Inklusion für Alle« (siehe auch Zweers et al., 2020); sie zeigen deutlich, dass der inklusive Auftrag für SuS im FS ESE bei einer ausschließlichen Betrachtung des Beschulungsortes in der Regelschule nach wie vor nicht erfüllt wird. Dazu passend schlussfolgern Stein und Ellinger (2018, S. 107): »Die Antworten im Hinblick auf eine gelingende Förderung müssten differenzierter gegeben werden, nicht auf dieser organisatorischen Ebene [...].«

Dass es diese Antworten bereits z.T. auch seit längerem gibt, zeigen die in diesem Kapitel zusammengefassten Ergebnisse zu den Fragestellungen 2 und 3. Zahlreiche Meta-Analysen, Reviews und kontrollierte Studien belegen, dass es spezifische peerbasierte, lehrkraftgesteuerte und strategiebasierte Interventionen gibt, die im inklusiven Kontext die akademischen, emotionalen, sozialen und verhaltensbezogenen Kompetenzen von SuS im FS ESE wirksam fördern können; sie müssten dafür jedoch auch im inklusiven Kontext eingesetzt werden. Dies geschieht offenbar noch nicht in einem ausreichenden Maße, d.h. über wahrnehmbare positive Entwicklungen von SuS im FS ESE in inklusiven Kontexten. Eine solche Diskrepanz zwischen evidenzbasierten Fördermethoden und ihrem Einsatz in der Praxis kann insbesondere im FS ESE maßgeblich auf Merkmale der Lehrkräfte bzw. deren Professionalisierung zurückgeführt werden (State et al., 2019).

Insbesondere SuS im FS ESE sind in der Inklusion mit negativeren Einstellungen ihrer Lehrkräfte, ihrer Mitschülerinnen und Mitschüler sowie deren Eltern konfrontiert. Dieser Befund ist besonders riskant, da die Einstellungen der Akteurinnen und Akteure auf die soziale Partizipation der SuS wirken; und diese ist für SuS im FS ESE in der Inklusion ohnehin schon ungünstig. Fortbildungen könnten die Einstellungen der Lehrkräfte positiv verändern, allerdings nur dann, wenn sie aktiv auf die Zielgruppe ausgerichtet sind und die Teilnehmenden regelmäßigen Kontakt zu SuS im FS ESE haben. Positivere Einstellungen sind mit einer höheren Bereitschaft zur Implementation inklusiver Praktiken und einem höherem Selbstwirksamkeitserleben in der Arbeit mit SuS im FS ESE verbunden (Urton et al., 2023; Zee/de Jong/Koomen, 2016). Damit sich die Situation von SuS im FS ESE in der Inklusion verbessert, bedarf es also einer gezielten Nutzung wirksamer Inklusionspraktiken über die reine Platzierung in der Regelschule hinaus sowie einer gezielten Veränderung der professionellen Kompetenz der in der Inklusion arbeitenden Lehrkräfte.

Solange diese Voraussetzungen allerdings nicht gesichert sind, sind SuS im FS ESE in der Inklusion eine vulnerable Gruppe und es ist davon auszugehen, dass ihrem Recht auf individuelle und wirksame Förderung in vielen Regelklassen nicht oder nur unzureichend entsprochen wird bzw. entsprochen werden kann. Dementsprechend ist die Regelschule als Fördersetting für SuS im FS ESE keinesfalls zu glorifizieren und die Förderschule nicht per se zu verteufeln. Es bedarf vielmehr einer genauen Analyse der bestehenden Logiken und Strukturen beider nach wie vor koexistierenden Systeme – auch, inwiefern sie den komplexen Lern- und Entwicklungsbedürfnissen von SuS im FS ESE entsprechen können. Ahrbeck (2020) beschreibt den Anspruch der Kinder und Jugendlichen wie folgt:

> »Der pädagogische Auftrag für Kinder mit emotional-sozialem Förderbedarf besteht im Sinne des Kindeswohls darin, dass schwerwiegende innere Konflikte bewältigt und unzureichend entwickelte psychische Strukturen überwunden werden, sodass eine persönliche Reifung eintreten kann. Mit der Folge, dass sich auch das Verhaltensrepertoire erweitert und ein befriedigendes Leben möglich wird« (ebd., S. 193).

Dies erfordert eine hoch spezialisierte Expertise von Lehrkräften sowie spezifische schulorganisatorische und schulstrukturelle Merkmale – wie z.B. kleine Lerngruppen, sozialpädagogische Orientierung, ein therapeutisches Milieu und spezialisierte Netzwerkarbeit (Hillenbrand, 2023; Myschker/Stein, 2018; Stein/Stein, 2020). Diese Erfordernisse sind an Förderschulen bzw. spezialisierten Institutionen gegeben und der empirische Forschungsstand weist bereits seit über vierzig Jahren darauf hin, dass sie zu einer günstigeren sozial-emotionalen Entwicklung beitragen. Würde man diese Erkenntnisse zu Gunsten einer konsequent inklusiven Beschulung in der Regelklasse vernachlässigen, konterkarierte man das Recht der Kinder und Jugendlichen auf individuelle und wirksame Förderung in der Schule (Kauffman/Burke/Anastasiou, 2023). Vielmehr ist faktenbasiert zu diskutieren,

a) welche Funktion die Förderschule in der Inklusion von SuS im FS ESE temporär oder auch überdauernd erfüllen kann und
b) welche Strukturen von Förderschulen auf welchen Wegen in Regelklassen überführt werden können und sollten, um das volle Potential wirksamer Förderung für SuS im FS ESE zu ermöglichen.

Nur so ließe sich mittel- bis langfristig gleichzeitig der Anspruch auf inklusive Bildung *und* effektive Förderung für SuS im FS ESE realisieren.

Diese Schlussfolgerungen sollten allerdings vor dem Hintergrund der folgenden Limitationen der hier vorgelegten Arbeit betrachtet werden. Erstens handelt es sich nicht um eine systematische Überblicksarbeit oder Meta-Analyse im methodologischen Sinne. Daher unterliegen die hier gesetzten Schwerpunkte und einbezogenen empirischen Arbeiten ganz klar einem Bias und sie stellen eine theorie- und empiriegeleitete Selektion des Autors dar. Zweitens erfolgte aus pragmatischen Gründen eine Schwerpunktsetzung in der Operationalisierung der verschiedenen Gegenstände dieser Arbeit: Es wird weitaus mehr Verständnisse und Konzepte von Inklusion und dem FS ESE geben als die hier präsentierten. Zudem wurde die qualitative Forschung als wichtiger empirischer Zugang in der Inklusionsforschung in den vorliegenden Forschungsüberblick nicht einbezogen. Die Desiderata sollten in zukünftigen Überblicksarbeiten stärker berücksichtigt werden.

## Kommentierte Literaturempfehlungen

Dalgaard, Nina T./Bondebjerg, Anja/Viinholt, Bjørn C./Filges, Trine: The effects of inclusion on academic achievement, socioemotional development and wellbeing of children with special educational needs. In: Campbell Systematic Reviews 18, 2022, e1291

*Die umfassende Meta-Analyse unter Anwendung höchster methodischer Standards vergleicht die Effekte inklusiver Beschulung auf die akademischen Leistungen, die sozial-emotionale Entwicklung und das Wohlbefinden von SuS mit verschiedenen*

*Behinderungsformen im direkten Vergleich inklusiver (als Interventionsgruppe) und segregierender (als Kontrollgruppe) Beschulungsformen. Insgesamt werden keine statistisch bedeutsamen Unterschiede berichtet, allerdings mahnen die Autorinnen und Autoren die mangelnde methodische Qualität vieler Studien sowie die hohe Heterogenität der einbezogenen Variablen an, was zu einer eingeschränkten Vergleichbarkeit der Studien führt. Eine generelle Aussage über die Überlegenheit inklusiver oder segregierender Beschulung kann aufgrund der Ergebnisse nicht getätigt werden. Vielmehr bedarf es belastbarer wissenschaftlicher Erkenntnisse insbesondere zu den konkreten Förder- und Unterrichtsformen in der Inklusion sowie Unterschieden zwischen verschiedenen Behinderungsformen.*

Grosche, Michael/Lüke, Timo: Vier Vorschläge zur Verortung quantitativer Forschungsergebnisse über schulische Inklusion im internationalen Inklusionsdiskurs. In: Gresch, Cornelia/Kuhl, Poldi/Grosche, Michael/Sälzer, Christine/Stanat, Petra (Hrsg.): Schülerinnen und Schüler mit sonderpädagogischem Förderbedarf in Schulleistungserhebungen: Einblicke und Entwicklungen, Wiesbaden: Springer VS, 2020, S. 29–54

*Ausgehend von empirischen Operationalisierungen schulischer Inklusion entwickeln die Autoren im Beitrag vier differenzierte Vorschläge zur Einordnung empirischer Forschung zur Inklusion, die insbesondere von Forschenden zur Interpretation von Studien, aber auch zur Verortung der eigenen Forschung genutzt werden können. Die Autoren geben außerdem konkrete Beispiele für jeden Vorschlag zur Einordnung. Der Beitrag bietet ein sehr differenziertes Verständnis schulischer Inklusion an und kann eine faktenbasierte Diskussion zur schulischen Inklusion in Forschung und Praxis maßgeblich unterstützen.*

Mitchell, Barbara S./Kern, Lee/Conroy, Maureen A.: Supporting Students With Emotional or Behavioral Disorders: State of the Field. In: Behavioral Disorders 44, 2019, S. 70–84

*In dem Beitrag erfolgt eine Bestandaufnahme der aktuellen Situation zur sonderpädagogischen Förderung von Schülerinnen und Schülern mit Gefühls- und Verhaltensstörungen in den USA. Die Autorinnen stellen dahingehend mehrere relevante Probleme datenbasiert dar und entwickeln vier konkrete Optimierungsvorschläge für die Praxis: eine Präzisierung und Schärfung der Definitionen, die Nutzung regelmäßiger universeller Verhaltensscreenings, die Implementation mehrstufiger Förderkonzepte und die Integration schulischer und externe Unterstützungsdienste in der Schule. Der Beitrag ist vor allem daher von Interesse, weil sich viele der Probleme (und damit auch die Lösungsvorschläge) in ähnlicher Form auf das deutsche Schulsystem übertragen und anwenden lassen.*

van Mieghem, Aster/Verschueren, Karine/Petry, Katja/Struyf, Elke: An analysis of research on inclusive education: a systematic search and meta review. In: International Journal of Inclusive Education 24, 2020, S. 675–689

*In dem systematischen Review wird bestehende Forschung zur inklusiven Bildung analysiert. Die Autorinnen und Autoren strukturieren die ermittelten Forschungsbefunde nach Inklusionsinputs (Professionalisierung von Lehrkräften, Einstellungen der Akteure), Inklusionspraktiken (Platzierung in der Förderschule, Co-Teaching, peer-basiertes Lernen) sowie Inklusionsoutcomes (Entwicklung der Schülerinnen und Schüler). Die Ergebnisse werden sehr differenziert dargestellt und bieten einen soliden Überblick empirischer Fakten zur inklusiven Bildung.*

# Literatur

Achenbach, Thomas M./Rescorla, Leslie A.: Developmental Issues in Assessment, Taxonomy, and Diagnosis of Psychopathology: Life Span and Multicultural Perspectives. In: Cicchetti, Dante (Hrsg.): Developmental Psychopathology. New York: Wiley, 2016, S. 1–48

Ahlen, Johan/Lenhard, Fabian/Ghaderi, Ata: Universal Prevention for Anxiety and Depressive Symptoms in Children: A Meta-analysis of Randomized and Cluster-Randomized Trials. In: The journal of primary prevention 36, 2015, S. 387–403

Ahrbeck, Bernd: Bildung und Förderung – der sonderpädagogische Zugang. In: Tippelt, Rudolf/Heimlich, Ulrich: Inklusive Bildung. Zwischen Teilhabe, Teilgabe und Teilsein. Stuttgart: Kohlhammer, 2020, S. 179–196

Aldabbagh, R./Glazebrook, C./Sayal, K./Daley, D.: Systematic Review and Meta-Analysis of the Effectiveness of Teacher Delivered Interventions for Externalizing Behaviors. In: Journal of Behavioral Education, 2022, S. 1–42

Armstrong, David (2014): Educator perceptions of children who present with social, emotional and behavioural difficulties: a literature review with implications for recent educational policy in England and internationally. In: International Journal of Inclusive Education 18, 2014, S. 731–745

Barican, Jenny Lou/Yung, Donna/Schwartz, Christine/Zheng, Yufei/Georgiades, Katholiki/Waddell, Charlotte: Prevalence of childhood mental disorders in high-income countries: a systematic review and meta-analysis to inform policymaking. In: Evidence-based mental health 25, 2022, S. 36–44

Blumenthal, Yvonne/Blumenthal, Stefan: Zur Situation von Grundschülerinnen und Grundschülern mit sonderpädagogischem Förderbedarf im Bereich emotionale und soziale Entwicklung im inklusiven Unterricht. In: Zeitschrift für Pädagogische Psychologie, 2021, S. 1–16

Börnert-Ringleb, Moritz/Casale, Gino/Balt, Miriam/Herzog, Moritz (Hrsg.): Lern- und Verhaltensschwierigkeiten in der Schule. Erscheinungsformen – Entwicklungsmodelle – Implikationen für die Praxis. Stuttgart: Kohlhammer, 2023

Bowman-Perrott, Lisa/Ragan, Kelsey/Boon, Richard T./Burke, Mack D.: Peer Tutoring Interventions for Students With or At-Risk for Emotional and Behavioral Disorders: A Systematic Review of Reviews. In: Behavior modification 47, 2023, S. 777–815

Brock, Matthew E./Carter, Erik W.: Efficacy of Teachers Training Paraprofessionals to Implement Peer Support Arrangements. In: Exceptional Children 82, 2016, S. 354–371

Buchanan-Pascall, Sarah/Gray, Kylie M./Gordon, Michael/Melvin, Glenn A.: Systematic Review and Meta-analysis of Parent Group Interventions for Primary School Children Aged 4–12 Years with Externalizing and/or Internalizing Problems. In: Child psychiatry and human development 49, 2018, S. 244–267

Carlberg, Conrad/Kavale, Kenneth: The Efficacy of Special Versus Regular Class Placement for Exceptional Children: a Meta-Analysis. In: The Journal of Special Education 14, 1980, S. 295–309

Casale, Gino/Hennemann, Thomas: Schulklima und Pädagogik bei Gefühls- und Verhaltensstörungen. Aktueller Forschungsstand und erste Ergebnisse bei Schülerinnen und Schülern mit Symptomverhalten. Emotionale und soziale Entwicklung in der Pädagogik der Erziehungshilfe und bei Verhaltensstörungen. In: Emotionale und soziale Entwicklung in der Pädagogik der Erziehungshilfe und bei Verhaltensstörungen, 2019, S. 56–72

Chan, Elizabeth S. M./Shero, Jeffrey A./Hand, Eric D./Cole, Alissa M./Gaye, Fatou/Spiegel, Jamie A./Kofler, Michael J.: Are Reading Interventions Effective for At-Risk Readers with ADHD? A Meta-Analysis. In: Journal of attention disorders 27, 2023, S. 182–200

Crede, Julia/Wirthwein, Linda/Steinmayr, Ricarda/Bergold, Sebastian: Schülerinnen und Schüler mit sonderpädagogischem Förderbedarf im Bereich emotionale und soziale Entwicklung und ihre Peers im inklusiven Unterricht. In: Zeitschrift für Pädagogische Psychologie 33, 2019, S. 207–221

Criss, Caitlin J./Konrad, Moira/Alber-Morgan, Sheila R./Telesman, Alana Oif: Effects of GO 4 IT … NOW! on Writing Skills of Students With Emotional and Behavioral Disorders. In: Education and Treatment of Children 44, 2021, S. 71–85

Cumming, Michelle M./Oblath, Rachel/Qiu, Yuxi/Frazier, Stacy L./Zelazo, Philip David/Flores, Helen/Park, Jeehyun: Executive Function, Perceived Stress, and Academic Performance Among Middle Schoolers With and Without Behavior Problems. In: Remedial and Special Education 45, 2024, S. 85–100. Im Internet unter https://doi.org/10.1177/07419325231176762 [19.05.2024]

Dalgaard, Nina T./Bondebjerg, Anja/Viinholt, Bjørn C./Filges, Trine: The effects of inclusion on academic achievement, socioemotional development and wellbeing of children with special educational needs. In: Campbell Systematic Reviews, 18, 2022, e1291

Daniel, Samantha K./Abdel-Baki, Rita/Hall, Geoffrey B.: The protective effect of emotion regulation on child and adolescent wellbeing. In: Journal of Child and Family Studies 29, 2020, S. 2010–2027.

de Boer, Anke/Pijl, Sip Jan/Minnaert, Alexander: Attitudes of parents towards inclusive education: a review of the literature. In: European Journal of Special Needs Education 25, 2010, S. 165–181 de Boer, Anke/ Pijl, Sip Jan/Minnaert, Alexander: Regular primary schoolteachers' attitudes towards inclusive education: a review of the literature. In: International Journal of Inclusive Education 15, 2011, S. 331–353

Dignath, Charlotte/Rimm-Kaufman, Sara/van Ewijk, Reyn/Kunter, Mareike: Teachers' Beliefs About Inclusive Education and Insights on What Contributes to Those Beliefs. Meta-analytical Study. In: Educational Psychology Review 34, 2022, S. 2609–2660

Domitrovich, Celene E./Durlak, Joseph A./Staley, Katharine C./Weissberg, Roger P.: Social-Emotional Competence: An Essential Factor for Promoting Positive Adjustment and Reducing Risk in School Children. In: Child development 88, 2017, S. 408–416

Donath, Johanna L./Lüke, Timo/Graf, Elisabeth/Tran, Urlich S./Götz, Thomas: Does Professional Development Effectively Support the Implementation of Inclusive Education? A Meta-Analysis. In: Educational Psychology Review 35, 2023, Artikel 30

Donolato, Enrica/Cardillo, Ramona/Mammarella, Irene C./Melby-Lervåg, Monica: Research Review: Language and specific learning disorders in children and their co-occurrence with internalizing and externalizing problems: a systematic review and meta-analysis. In: Journal of child psychology and psychiatry, and allied disciplines 63, 2022, S. 507–518

Dunn, Michelle E./Ryan, Joseph B./Katsiyannis, Antonis: A Systematic Review of Peer-Mediated Interventions on the Academic Achievement of Students with Emotional/Behavioral Disorders. In: Education and Treatment of Children 40, 2017, S. 497–524

Durlak, Joseph A./Weissberg, Roger P./Dymnicki, Allison B./Taylor, Rebecca D./Schellinger, Kriston B.: The impact of enhancing students' social and emotional learning: a meta-analysis of school-based universal interventions. In: Child development 82, 2011, S. 405–432

Elias, Maurice J./Moceri, Dominic C.: Developing social and emotional aspects of learning: The American experience. In: Research Papers in Education 27, 2012, S. 423–434.

Forness, S. R./Knitzer, J.: A new proposed definition and terminology to replace »serious emotional disturbance« in Individuals with Disabilities Education Act. In: School Psychology Review 21, 1992, S. 12–20

Forness, Steven R./Freeman, Stephanny F. N./Paparella, Tanya/Kauffman, James M./Walker, Hill M.: Special Education Implications of Point and Cumulative Prevalence for Children With Emotional or Behavioral Disorders. In: Journal of Emotional and Behavioral Disorders 20, 2012, S. 4–18

Fulambarkar, Nilija/Seo, Brian/Testerman, Alanna/Rees, Mitchell/Bausback, Kim/Bunge, Eduardo: Review: Meta-analysis on mindfulness-based interventions for adolescents' stress, depression, and anxiety in school settings: a cautionary tale. In: Child and adolescent mental health 28, 2023, S. 307–317

Garrote, Ariana/Dessemontet, Rachel S./Moser-Opitz, Elisabeth: Facilitating the social participation of pupils with special educational needs in mainstream schools: A review of school-based interventions. In: Educational Research Review 20, 2017, S. 12–23

Gläser-Zikuda, Michaela/Stephan, Melanie/Hofmann, Florian: Qualitative Auswertungsverfahren. In: Reinders, Heinz/Bergs-Winkels, Dagmar/Prochnow, Annette/Post, Isabell (Hrsg.): Empirische Bildungsforschung. Wiesbaden: Springer, 2022, S. 237–251

Goetze, H.: Verhaltensgestörte in Integrationsklassen – Fiktion und Fakten. In: Zeitschrift für Heilpädagogik 41, 1990, S. 832–840

Göransson, Kerstin/Nilholm, Claes: Conceptual diversities and empirical shortcomings – a critical analysis of research on inclusive education. In: European Journal of Special Needs Education 29, 2014, S. 265–280

Gräsel, Cornelia: Was ist Empirische Bildungsforschung? In: Reinders, Heinz/Bergs-Winkels, Dagmar/Prochnow, Annette/Post, Isabell (Hrsg.): Empirische Bildungsforschung. Wiesbaden: Springer, 2022, S. 3–17

Grosche, Michael (2015): Was ist Inklusion? In: Kuhl, Poldi/Stanat, Petra/Lütje-Klose, Birgit/Gresch, Cornelia/Pant, Hans Anand/Prenzel, Manfred (Hrsg.): Inklusion von Schülerinnen und Schülern mit sonderpädagogischem Förderbedarf in Schulleistungserhebungen. Wiesbaden: Springer, 2015, S. 17–39

Grosche, Michael/Lüke, Timo: Vier Vorschläge zur Verortung quantitativer Forschungsergebnisse über schulische Inklusion im internationalen Inklusionsdiskurs. In: Gresch, Cornelia/Kuhl, Poldi/Grosche, Michael/Sälzer, Christine/Stanat, Petra (Hrsg.): Schüler*innen mit sonderpädagogischem Förderbedarf in Schulleistungserhebungen. Wiesbaden: Springer, 2020, S. 29–54

Grünke, Matthias: Zeit zu handeln. Effektive Präventions- und Förderkonzepte müssen endlich mehr Anwendung im inklusiven Schulalltag finden. In: Blumenthal, Stefan/Blumenthal, Yvonne/Mahlau, Kathrin (Hrsg.): Kinder mit Lern- und emotional-sozialen Entwicklungsauffälligkeiten in der Schule. Diagnostik – Prävention – Förderung. Stuttgart: Kohlhammer, 2022, S. 204–214.

Hagen, Tobias/Nitz, Jannik/Brack, Fabienne/Hövel, Dennis Christian/Hennemann, Thomas: Effekte des Good Behavior Game bei Grundschüler_innen mit externalisierenden Verhaltensproblemen. In: Lernen und Lernstörungen 12, 2023, S. 215–228

Henke, Thorsten/Bosse, Stefanie/Lambrecht, Jennifer/Jäntsch, Christian/Jaeuthe, Jessica/Spörer, Nadine: Mittendrin oder nur dabei. Zum Zusammenhang zwischen sonderpädagogischem Förderbedarf und sozialer Partizipation von Grundschülerinnen und Grundschülern. In: Zeitschrift für Pädagogische Psychologie 31, 2017, S. 111–123

Hennemann, Thomas/Casale, Gino/Leidig, Tatjana/Fleskes, Tom/Döpfner, Manfred/Hanisch, Charlotte: Psychische Gesundheit von Schülerinnen und Schülern an Förderschulen mit dem Förderschwerpunkt Emotionale und soziale Entwicklung (PEARL). Ein interdisziplinäres Kooperationsprojekt zur Entwicklung von Handlungsstrategien. In: Zeitschrift für Heilpädagogik 71, 2020, S. 44–57

Hillenbrand, Clemens: Didaktik bei Unterrichts- und Verhaltensstörungen. München u. a.: utb, ³2023

Hillenbrand, Clemens/Casale, Gino: Inklusion aus sonderpädagogischer Perspektive. In: Mähler, Claudia/Hasselhorn, Markus (Hrsg.): Test & Trends: Inklusion. Göttingen: Hogrefe, 2021, S. 11–28

Hind, Kristie/Larkin, Rebecca/Dunn, Andrew K. (2019): Assessing Teacher Opinion on the Inclusion of Children with Social, Emotional and Behavioural Difficulties into Mainstream School Classes. In: International Journal of Disability, Development and Education 66, 2019, S. 424–437

Holtmann, Sophie C./Abelein, Philipp: »Einer für Alle, Alle für Einen?«. Sozialklima bei Schulkindern mit ADS und ADHS im gemeinsamen Unterricht. In: Empirische Sonderpädagogik 14, 2022, S. 286–309

Hövel, Dennis C./Hennemann, Thomas/Rietz, Christian: Meta-Analyse programmatischer-präventiver Förderung der emotionalen und sozialen Entwicklung in der Primarstufe. In: Emotionale und soziale Entwicklung in der Pädagogik der Erziehungshilfe und bei Verhaltensstörungen ESE 1, 2019, S. 38–55

Hövel, Dennis C./Hennemann, Thomas/Casale, Gino/Hillenbrand, Clemens: Das erweiterte LUBO-Schultraining in der Förderschule: Evaluation einer indizierten Präventionsmaßnahme in der Primarstufe der Förderschule. In: Empirische Sonderpädagogik 2, 2015, S. 117–134

Huber, Christian: Ein integriertes Rahmenmodell zur Förderung sozialer Integration im inklusiven Unterricht. Sozialpsychologische Grundlagen, empirische Befunde und schulpraktische Ableitungen. In: Vierteljahresschrift für Heilpädagogik und ihre Nachbargebiete 88, 2019, S. 27–43

Iznardo, Michelle/Rogers, Maria A./Volpe, Robert J./Labelle, Patrick R./Robaey, Philippe: The Effectiveness of Daily Behavior Report Cards for Children With ADHD: A Meta-Analysis. In: Journal of attention disorders 24, 2022, S. 1623–1636

Jurkowski, Susanne/Müller, Bettina: Co-teaching in inclusive classes: The development of multi-professional cooperation in teaching dyads. In: Teaching and Teacher Education 75, 2018, S. 224–231

Kauffman, James M./Burke, Mack D./Anastasiou, Dimitris: Hard LRE Choices in the Era of Inclusion: Rights and Their Implications. In: Journal of Disability Policy Studies 34, 2023, S. 61–72.

Kohrt, Pauline/Gresch, Cornelia/Mahler, Nicole: Die soziale Integration von Schülerinnen und Schülern mit sonderpädagogischem Förderbedarf an allgemeinen Schulen und Förderschulen. Die Rolle individueller und klassenbezogener Kompetenzen. In: Zeitschrift für Erziehungswissenschaft 24, 2021, S. 1205–1229

Koster, Marloes/Nakken, Han/Pijl, Sip Jan/van Houten, Els: Being part of the peer group: a literature study focusing on the social dimension of inclusion in education. In: International Journal of Inclusive Education 13, 2009, S. 117–140

Kröske, Björn: Schulisches Wohlbefinden, Zugehörigkeit und Unterstützung bei Schülerinnen und Schülern im gemeinsamen Unterricht der Sekundarstufe I. In: Unterrichtswissenschaft 48, 2020, S. 243–272

Krull, Johanna/Wilbert, Jürgen/Hennemann, Thomas: Soziale Ausgrenzung von Erstklässlerinnen und Erstklässlern mit sonderpädagogischem Förderbedarf im Gemeinsamen Unterricht. Empirische Sonderpädagogik 6, 2014, S. 59–75

Krull, Johanna/Wilbert, Jürgen/Hennemann, Thomas: Does social exclusion by classmates lead to behaviour problems and learning difficulties or vice versa? A cross-lagged panel analysis. In: European Journal of Special Needs Education 33, 2018, S. 235–253

Kuhl, Poldi/Kocaj, Aleksander/Stanat, Petra: Zusammenhänge zwischen einem gemeinsamen Unterricht und kognitiven und non-kognitiven Outcomes von Kindern ohne sonderpädagogischen Förderbedarf. In: Zeitschrift für Pädagogische Psychologie 36, 2020, S. 181–206

Kuhn, M./Gonzalez, E./Weil, L./Izguttinov, A./Walker, S.: Effectiveness of Child-Focused Interventions for Externalizing Behavior: a Rapid Evidence Review. In: Research on child and adolescent psychopathology 50, 2022, S. 987–1009

KMK (Kultusministerkonferenz): Empfehlungen zum Förderschwerpunkt emotionale und soziale Entwicklung. Im Internet unter https://www.kmk.org/fileadmin/veroeffentlichungen_beschluesse/2000/2000_03_10-FS-Emotionale-soziale-Entw.pdf [27.10.2023]

KMK (Kultusministerkonferenz): Sonderpädagogische Förderung in allgemeinen Schulen (ohne Förderschulen) 2021/2022. Im Internet unter https://www.kmk.org/fileadmin/Dateien/pdf/Statistik/Dokumentationen/Aus_SoPae_Int_2021.pdf [27.10.2023]

Leidig, Tatjana/Casale, Gino/Wilbert, Jürgen/Hennemann, Thomas/Volpe, Robert J./Briesch, Amy Grosche, Michael: Individual, generalized, and moderated effects of the good behavior game on at-risk primary school students: A multilevel multiple baseline study using behavioral progress monitoring. In: Frontiers in Education 7, 2022, 917138

Leidig, Tatjana/Hennemann, Thomas/Casale, Gino/König, Johannes/Melzer, Conny/Hillenbrand, Clemens: Wirksamkeit von Lehrerfortbildungen zur inklusiven Beschulung im Förderschwerpunkt Emotionale und soziale Entwicklung. Ein systematisches Review empirischer Studien. In: Heilpädagogische Forschung 42, 2016, S. 61–77

Lindner, Katharina-Theresa/Schwab, Susanne/Emara, Mona/Avramidis, Elias: Do teachers favor the inclusion of all students? A systematic review of primary schoolteachers' attitudes towards inclusive education. In: European Journal of Special Needs Education 38, 2023, S. 766–787

Little, Annette/Lane, Kathleen Lynne/Harris, Karen R./Graham, Steve/Story, Mary/Sandmel, Karin: Self-Regulated Strategies Development for Persuasive Writing in Tandem With Schoolwide Positive Behavioral Support. Effects for Second-Grade Students with Behavioral and Writing Difficulties 35, 2010, S. 157–179

Liu, Jenny J. W./Ein, Natalie/Gervasio, Julia/Battaion, Mira/Reed, Maureen/Vickers, Kristin: Comprehensive meta-analysis of resilience interventions. In: Clinical psychology review 82, 2020, 101919

Losinski, Mickey/Cuenca-Carlino, Yojanna/Zablocki, Mark/Teagarden, James: Examining the Efficacy of Self-Regulated Strategy Development for Students with Emotional or Behavioral Disorders: A Meta-Analysis. In: Behavioral Disorders 40, 2014, S. 52–67

Lütje-Klose, Birgit/Sturm, Tanja: Förderschule und Inklusion. In Hascher, Tina/Idel, Till-Sebastian/Helsper, Werner (Hrsg.): Handbuch Schulforschung. Wiesbaden: Springer VS, 2020, S. 1–23.

Mason, Linda H./Shriner, James G.: Self-regulated strategy development instruction for writing an opinion essay: Effects for six students with emotional/behavior disorders. In: Reading and Writing 2, 2008, S. 71–93

McKenna, John William/Garwood, Justin/Solis, Michael: Reading Instruction for Students with and At Risk for Emotional and Behavioral Disorders: A Synthesis of Observation Research. In: Journal of Behavioral Education 31, 2022, S. 1–27

Mitchell, Barbara S./Kern, Lee/Conroy, Maureen A.: Supporting Students With Emotional or Behavioral Disorders: State of the Field. In: Behavioral Disorders 44, 2019, S. 70–84

Mooji, Brechtje de/Fekkes, Minne/Scholte, Ron H. J./Overbeek, Geertjan: Effective Components of Social Skills Training Programs for Children and Adolescents in Nonclinical Samples: A Multilevel Meta-analysis. In: Clinical child and family psychology review 23, 2020, S. 250–264

Myschker, Norbert/Stein, Roland: Verhaltensstörungen bei Kindern und Jugendlichen. Erscheinungsformen-Ursachen – Hilfreiche Maßnahmen. Stuttgart: Kohlhammer, 8. Aufl. 2018

Neumann, Phillip/Lütje-Klose, Birgit: Diagnostik in inklusiven Schulen – zwischen Stigmatisierung, Etikettierungs-Ressourcen-Dilemma und förderorientierter Handlungsplanung. In: Gresch, Cornelia/Kuhl, Poldi/Grosche, Michael/Sälzer, Christine/Stanat, Petra (Hrsg.): Schüler*innen mit sonderpädagogischem Förderbedarf in Schulleistungserhebungen. Wiesbaden: Springer, 2020, S. 3–28

Nitz, Jannik/Hagen, Tobias/Krull, Johanna/Verbeck, Leonie/Eiben, Katrin/Hanisch, Charlotte/Hennemann, Thomas: Tiers 1 and 2 of a German MTSS: impact of a multiple baseline study on elementary school students with disruptive behavior. In: Frontiers in Education 8, 2023

Oakes, Wendy Peia/Mathur, Sarup R./Lane, Kathleen Lynne: Reading Interventions for Students with Challenging Behavior: A Focus on Fluency. In: Behavioral Disorders 35, 2010, S. 120–139

Opp, Günter: Symptomatik, Ätiologie und Diagnostik bei Gefühls- und Verhaltensstörungen. In: Leonhardt, Annette & Wember, Franz (Hrsg.): Bildung, Erziehung, Behinderung. Grundlagen und Methoden der pädagogischen Rehabilitation. 2003, Weinheim: Beltz, S. 504–517

Pedrini, Laura/Meloni, Serena/Lanfredi, Mariangela/Rossi, Roberta: School-based interventions to improve emotional regulation skills in adolescent students: A systematic review. In: Journal of adolescence 94, 2022, S. 1051–1067

Peltier, Corey/Morin, Kristi L./Vannest, Kimberly J./Haas, April/Pulos, Joshua M./Peltier, Tiffany K.: A Systematic Review of Student-Mediated Math Interventions for Students with Emotional or Behavior Disorders. In: Journal of Behavioral Education 31, 2022, S. 216–242

Platte, Anett/Leidig, Tatjana/Peters, Robin/Hennemann, Thomas/Leibnitz, Tim/Melzer, Conny: Selbsteinschätzung Methodenwissen Prävention und Intervention bei Verhaltensproblemen (PIV-M-SE). Entwicklung eines Fragebogens zur Erfassung der Kenntnisse über Methoden, deren Wirksamkeit und deren Nutzung im pädagogischen Alltag. In: Emotionale und soziale Entwicklung in der Pädagogik der Erziehungshilfe und bei Verhaltensstörungen 5, 2023, S. 222–231

Polanczyk, Guilherme V./Salum, Giovanni A./Sugaya, Luisa S./Caye, Arthur/Rohde, Luis A.: Annual research review: A meta-analysis of the worldwide prevalence of mental disorders in children and adolescents. In: Journal of child psychology and psychiatry, and allied disciplines 56, 2015, S. 345–365

Qi, Jing/Ha, Amy S.: Inclusion in Physical Education: A review of literature. In: International Journal of Disability, Development and Education 59, 2012, S. 257–281

Riden, Benjamin S./Kumm, Skip/Maggin, Daniel M.: Evidence-Based Behavior Management Strategies for Students With or at Risk of EBD: A Mega Review of the Literature. In: Remedial and Special Education 43, 2022, S. 255–269

Ryndak, Diane Lea/Morrison, Andrea P./Sommerstein, Lynne: Literacy before and after Inclusion in General Education Settings: A Case Study. In: Journal of the Association for Persons with Severe Handicaps 24, 1999, S. 5–22

Savolainen, Hannu/Malinen, Olli-Pekka/Schwab, Susanne: Teacher efficacy predicts teachers' attitudes towards inclusion – a longitudinal cross-lagged analysis. In: International Journal of Inclusive Education 26, 2022, S. 958–972

Schürer, Sina: Soziale Partizipation von Kindern mit sonderpädagogischem Förderbedarf in den Bereichen Lernen und emotional-soziale Entwicklung in der allgemeinen Grundschule. Ein Literaturreview. In: Empirische Sonderpädagogik 12, 2020, S. 295–319

Sklad, Marcin/Diekstra, René/Ritter, Monique de/Ben, Jehonathan/Gravesteijn, Carolien: Effectiveness of school-based universal social, emotional, and behavioral programs: Do they enhance students' development in the area of skill, behavior, and adjustment? In: Psychology in the Schools 49, 2012, S. 892–909

Skrtic, Thomas: The Special Education Paradox: Equity as the Way to Excellence. In: Harvard Educational Review 61, 1991, S. 148–207

State, Talida M./Simonsen, Brandi/Hirn, Regina G./Wills, Howard: Bridging the Research-to-Practice Gap Through Effective Professional Development for Teachers Working With Students With Emotional and Behavioral Disorders. In: Behavioral Disorders 44, 2019, S. 107–116

Stein, Roland/Stein, Alexandra: Unterricht bei Verhaltensstörungen. Stuttgart: utb, ³2020

Stein, Roland/Ellinger, Stephan: Zwischen Separation und Inklusion. Zum Forschungsstand im Förderschwerpunkt emotionale und soziale Entwicklung. In: Stein, Roland Alfred/Müller, Thomas (Hrsg.): Inklusion im Förderschwerpunkt emotionale und soziale Entwicklung. Stuttgart: Kohlhammer, ²2018, S. 80–114

Stein, Roland/Kranert, Hans-Walter (Hrsg.): Inklusion in der Berufsbildung im kritischen Diskurs. Berlin: Frank & Timme, 2020

Stein, Roland/Müller, Thomas (Hrsg.): Inklusion im Förderschwerpunkt emotionale und soziale Entwicklung. Stuttgart: Kohlhammer, ²2018

Sun, Jing/Singletary, Britt/Justice, Laura M./Lin, Tzu-Jung/Purtell, Kelly M.: Child behavior problems during COVID-19: Associations with parent distress and child social-emotional skills. In: Journal of Applied Developmental Psychology 78, 2022, 101375

Szumski, Grzegorz/Smogorzewska, Joanna/Karwoski, Maciej: Academic achievement of students without special educational needs in inclusive classrooms: A meta-analysis. In: Educational Research Review 21, 2017, S. 33–54.

Templeton, Tran Nguyen/Neel, Richard S./Blood, Erika: Meta-Analysis of Math Interventions for Students With Emotional and Behavioral Disorders. In: Journal of Emotional and Behavioral Disorders 16, 2008, S. 226–239

Urton, Karolina/Wilbert, Jürgen/Hennemann, Thomas: Attitudes Towards Inclusion and Self-Efficacy of Principals and Teachers. In: Learning Disabilities: A Contemporary Journal 12, 2014, S. 151–168

Urton, Karolina/Wilbert, Jürgen/Krull, Johanna/Hennemann, Thomas: Factors explaining teachers' intention to implement inclusive practices in the classroom: Indications based on the theory of planned behaviour. In: Teaching and Teacher Education 132, 2023, 104225

van Mieghem, Aster/Verschueren, Karine/Petry, Katja/Struyf, Elke: An analysis of research on inclusive education: a systematic search and meta review. In: International Journal of Inclusive Education 24, 2020, S. 675–689

Wakeman, Holly N./Wadsworth, Sally J./Olson, Richard K./DeFries, John C./Pennington, Bruce F./Willcutt, Erik G.: Mathematics Difficulties and Psychopathology in School-Age Children. In: Journal of Learning Disabilites 56, 2022, S. 116–131

Weber, Linda/Kamp-Becker, Inge/Christiansen, Hanna/Mingebach, Tanja: Treatment of child externalizing behavior problems: a comprehensive review and meta-meta-analysis on effects of parent-based interventions on parental characteristics. In: European child & adolescent psychiatry 28, 2019, S. 1025–1036

Weber, Simone/Nicolay, Philipp/Huber, Christian: Die soziale Integration von Schülerinnen und Schülern mit sozialer Unsicherheit. In: Zeitschrift für Pädagogische Psychologie 37, 2023, S. 295–304

Werner-Seidler, Aliza/Spanos, Samantha/Calear, Alison L./Perry, Yael/Torok, Michelle/O'Dea, Bridianne/Christensen, Helen/Newby, Jill M.: School-based depression and anxiety prevention programs: An updated systematic review and meta-analysis. In: Clinical psychology review 89, 2021, 102079

Wills, Howard/Kamps, Debra/Abbott, Mary/Bannister, Harriett/Kaufman, Jorun: Classroom Observations and Effects of Reading Interventions for Students at Risk for Emotional and Behavioral Disorders. In: Behavioral Disorders 35, 2010, S. 103–119

Zdoupas, Philippos/Laubenstein, Désirée: ›I Feel Well, Accepted and Competent in School‹. Determinants of Self-Perceived Inclusion and Academic Self-Concept in Students with Diagnosed Behavioral, Emotional and Social Difficulties (BESD). In: Social Sciences 12, 2023, 154

Zee, Marjolein/Jong, Peter F. de/Koomen, Helma M. Y.: Teachers' self-efficacy in relation to individual students with a variety of social–emotional behaviors: A multilevel investigation. In: Journal of Educational Psychology 108, 2016, S. 1013–1027

Zhang, Qiyang/Wang, Jun/Neitzel, Amanda: School-based Mental Health Interventions Targeting Depression or Anxiety: A Meta-analysis of Rigorous Randomized Controlled Trials for School-aged Children and Adolescents. In: Journal of youth and adolescence 52, 2023, S. 195–217

Zigmond, Naomi: Where Should Students with Disabilities Receive Special Education Services? Is One Place Better Than Another? In: Journal of Special Education 37, 2003, S. 193–199

Zweers, Inge/van Schoot, Rens A. G. J. de/Tick, Nouchka T./Depaoli, Sarah/Clifton, James P./Castro, Bram Orobio de/Bijstra, Jan O.: Social-emotional development of students with social–emotional and behavioral difficulties in inclusive regular and exclusive special education. In: International Journal of Behavioral Development 45, 2021, S. 59–68

Zweers, Inge/Tick, Nchouka T./Bijstra, Jan O./van Schoot, Rens: How do included and excluded students with SEBD function socially and academically after 1,5 year of special education services? In: European Journal of Developmental Psychology 17, 2020, S. 317–335

# Organisationsformen inklusiver Förderung im Bereich emotional-sozialer Entwicklung

Thomas Hennemann/Heinrich Ricking/Christian Huber

> Der folgende Beitrag beschreibt zunächst die Ausgangslage im Förderschwerpunkt emotionale und soziale Entwicklung. Dabei werden die besonderen Herausforderungen im Rahmen der Beschulung von Kindern und Jugendlichen mit Verhaltensstörungen näher beleuchtet. So zeigt sich in diesem Förderschwerpunkt, trotz großer Anstrengungen integrativer Beschulung wie in kaum einem anderen Förderschwerpunkt, die drastische Zunahme der Förderquote in den bundesländerübergreifenden Statistiken der letzten Jahre. Auch die internationalen Erfahrungen zur inklusiven Beschulung belegen unisono die besonderen pädagogischen Herausforderungen im Rahmen einer angemessenen und förderlichen Unterrichtung von Kindern und Jugendlichen mit Förderbedarf in der emotionalen und sozialen Entwicklung. Nach einer näheren Fokussierung der Besonderheiten in diesem Förderschwerpunkt stellt der Beitrag wichtige bildungspolitisch-institutionelle Rahmenbedingungen für den Aufbau inklusiver Strukturen vor. Auf dieser Grundlage erfolgt zunächst eine Bestandsaufnahme der bestehenden Organisationsformen schulischer Erziehungshilfe. Im Anschluss werden exemplarisch nationale wie internationale institutionelle Organisationsformate vorgestellt.

## 1 Problemaufriss: Inklusion und sonderpädagogische Förderung

Der Artikel 24 der »UN-Konvention über die Rechte von Menschen mit Behinderungen«, die 2009 von Deutschland ratifiziert wurde, stellt die inklusive Beschulung von Schülern mit und ohne Beeinträchtigungen in den Mittelpunkt und bedingt einen eminenten Umbau bzw. eine Neugestaltung unseres Bildungssystems sowie der Organisationsformen der Förderung. Dies wird auch durch das Begriffsverständnis von Inklusion der Deutschen UNESCO-Kommission (2009, S. 9) sehr eindrücklich, die formuliert:

> »Inklusion wird also als ein *Prozess* verstanden, bei dem auf die verschiedenen *Bedürfnisse* von allen Kindern, Jugendlichen und Erwachsenen eingegangen wird. Erreicht wird dies durch *verstärkte Partizipation* an Lernprozessen, Kultur und Gemeinwesen, sowie durch Reduzierung und Abschaffung von Exklusion in der Bildung. Dazu gehören Veränderungen in den Inhalten, Ansätzen, Strukturen und Strategien. Diese Veränderungen müssen von einer *gemeinsamen Vision* getragen werden, die *alle Kinder* innerhalb einer angemessenen Altersspanne einbezieht, und von der Überzeugung, dass es in der Verantwortung des regulären Systems liegt, alle Kinder zu unterrichten« (Deutsche UNESCO-Kommission 2009, S. 9; Hervorhebung durch die Autoren).

Wie jedoch eine qualitative Erhöhung der Partizipation genau aussehen soll, ist nicht näher definiert. Der Weg ist nicht festgelegt! Insbesondere nicht konkret im Umgang mit Kindern und Jugendlichen mit emotionalen und Verhaltensproblemen.

»Der Anspruch der inklusiven Bildung [...] ist nicht etwa gleichbedeutend mit der pauschalen Abschaffung des Förderschulwesens, und es wäre nachgerade absurd, den Begriff der Inklusion zum Vorwand für den Abbau sonderpädagogischer Fachkompetenz zu nehmen. Eine Billiglösung inklusiver Bildung kann und darf es nicht geben« (Bielefeldt, 2010, S. 67). Auch fast 15 Jahren später hat diese Forderung von Bielefeldt nichts von ihrer Aktualität verloren.

Es geht aus sonderpädagogischer Sicht darum, in Umkehrung der bisherigen Situation grundsätzlich die allgemeine Schule als prioritären Förderort zu betrachten und statt administrativen Verfügungen den Elternwunsch bei der Schulwahl zu beachten (Riedel, 2010). Eine Schule, die diesem Leitprinzip Rechnung trägt, berücksichtigt die diversen (Lern-)Voraussetzungen und Bedürfnisse von Schülern, schafft eine Gemeinschaft, die alle Schüler willkommen heißt und desintegrative Strukturen und diskriminierende Einstellungen zu überwinden sucht. Das Ziel ist die Transformation des Schulsystems, u. a. um sonderpädagogische Fachkompetenz auf allen Ebenen und in allen Schulformen zu etablieren. Dabei geht es um die Weiterentwicklung der Schulen, vor allem in Bezug auf die Erhöhung der Kompetenzen von Lehrkräften und allen weiteren pädagogischen Fachkräften im Kontext Schule, heterogene Lerngruppen effektiv zu fördern und damit einhergehend die Wandlung der Einstellungen der Akteure, so dass Vielfalt und Heterogenität nicht nur als Belastung, sondern auch als Chance betrachtet werden.

Inklusion erweist sich als relative Größe (Speck, 2010), die wesentlich abhängig ist von der institutionellen und pädagogischen Fähigkeit, Passungen zu schaffen zwischen den Bedürfnissen jedes einzelnen Schülers und dem schulischen Angebot: »Inklusion bedeutet, dass die reguläre Schule ihr Gesicht verändert, damit sie der Verschiedenheit ihrer Schüler gerecht wird. Sind hiermit alle Schulen gemeint, so haben wir es mit der grundlegenden Veränderung des gesamten Schulsystems zu tun, aber auch jeder einzelnen Schule« (Biewer, 2005, S. 106).

Für die Gestaltung des Prozesses der Inklusion ist ein rationales und realistisches Gegenstandsverständnis erforderlich, das ohne »ideologische Verzerrungen« (Speck, 2011, S. 84) eine klare Ausrichtung aufweist (Inklusion als Leitlinie der Bildungspolitik, -verwaltung und -praxis), aber keine neuen Zwänge durch Verabsolutierungen schafft. Fundamentale Forderungen nach *einer Schule für alle, immer und ohne* Ausnahme, sind nicht durch die o. g. UN-Konvention gedeckt (Riedel, 2010; Speck, 2010) und finden sich auch aktuell nicht im deutschen Bildungssystem wieder. Auch Staaten mit jahrzehntelanger inklusiver Tradition stellen spezielle Schulen oder Klassen für Schüler mit besonderen Bedürfnissen nicht zur Disposition, sondern nutzen diese systematisch (Herz/Kuorelahti, 2005 am Beispiel Finnland). Totale Inklusion hat sich bisher auch in Ländern, in denen die schulische Inklusion hohe Relevanz beansprucht, als nicht umsetzbar erwiesen, wie Kauffman und Hallahan (2005) bezugnehmend auf die USA in ihrem Buchtitel vermerken: »The Illusion of Full Inclusion«. Die soziale Formierung von Schülern mit und ohne Förderbedarf in einer Lerngruppe erzeugt nicht per se wünschenswerte Entwicklungs- und Lerneffekte für alle. So scheint nach der Studie von Huber (2009, S. 247) »…die flächendeckende Einführung des gemeinsamen Unterrichts ohne zusätzliche Evaluation der alltäglichen Schulpraxis im gemeinsamen Unterricht keine verantwortbare Alternative zur schulischen Separation zu sein«. Entscheidend ist die pädagogische Qualität, die in der Klasse und Schule freigesetzt wird – die Wirksamkeit der Lehr-Lern-Situation (Hattie, 2013). Hegarty (2001) bringt es auf den Punkt: »Children have an inalienable right to high-quality, appropriate education. This should be provided in as inclusive a manner as possible, but there are times when inclusion is difficult or even impossible and must be set aside. The right to high-quality, appropriate education can never be set aside« (ebd., S. 248).

Während die Förderquote in Deutschland eher als Makel betrachtet wird und die Inklusionsquote die neue anzustrebende Währung darstellt, gestaltet sich etwa die Situation in skandinavischen Ländern wie Finnland völlig anders. Hier wird zeitnahe und strukturierte sonderpädagogische Förderung als Qualitätsmerkmal schulischer Unterstützung verstanden. In Finnland erhalten ca. 21 % aller Schüler im Laufe ihrer Schulzeit sonderpädagogische Förderung, in Deutschland dagegen sind es aktuell 6,4 %. Die Förderung findet in Finnland überwiegend in der Regelschule statt und konzentriert sich auf die ersten Schuljahre, in Deutschland verhält es sich genau umgekehrt. Betrachtet man als Orientierungshilfe erfolgreiche internationale inklusive Organisationsformen, so fällt auch hier auf, dass trotz einer deutlich höheren Inklusionsquote auch in diesen Ländern eine zeitweise Unterrichtung und Förderung in special classes und auch special schools stattfindet (Lindsay, 2007). Besonderes Kennzeichen ist jedoch in diesem Modell die hohe Durchlässigkeit in den Organisationseinheiten in einem gestuften Schul- und Fördersystem – im Gegensatz zur nur geringen Durchlässigkeit in Deutschland, wo man sich zu der Aussage hinreißen lassen kann: einmal Förderschule – immer Förderschule! Die Durchlässigkeit insbesondere an Förderschulen mit dem Förderschwerpunkt emotionale und soziale Entwicklung gemessen an der Rückführungsquote zurück in die Allgemeine Schule liegt in NRW und Niedersachsen bei ca. 10 %, wobei im Primarbereich deutlich höhere Erfolge als im Sekundarstufenbereich erzielt wurden (Ricking/Hennemann, 2008). Eine Untersuchung von Mays (2014) im Schuljahr 2009/2010 ergab eine durchschnittliche Rückschulungsquote von nur 5,9 % bzgl. der Förderschulen EsE in NRW.

Das Wissen und die Kompetenz der Sonderpädagogik als Fachwissenschaft sind wichtiger denn je. Der besondere Rahmen der Förderschule kann innerhalb einer inklusiven Gesamtstruktur ein sinnvoller Baustein sein. Konzeptionell ist die Förderschule mit dem Schwerpunkt emotionale und soziale Entwicklung wie auch ihre Vorläuferinstitutionen seit den Zeiten des Arno Fuchs eine Durchgangsschule, die Schüler nur temporär besuchen sollen und die sich als flexibel und höchst durchlässig erweisen sollte im Rahmen eines Cascaden-Modells der institutionellen Förderung.

## 2 Schulische Erziehungshilfe: Inklusion, Expansion und Diversifikation

In der schulischen Erziehungshilfe fällt seit Jahren der starke Anstieg der Quote der Schüler mit einem sonderpädagogischen Förderbedarf im Bereich der emotionalen und sozialen Entwicklung deutlich ins Auge (Willmann, 2005; Wachtel, 2010). Die Förderquote hat sich mit aktuell 1,4 % seit 2009 mehr als verdoppelt (Scheer/Melzer, 2020), ca. 40 % der Schüler besuchen nach wie vor die Förderschule (KMK, 2022; MSB, 2021).

Interessant erscheinen in diesem Zusammenhang auch die oben berichteten Förder- und Integrationsquoten im Bundesländervergleich (Klemm, 2015).

Zusammenfassend lässt sich danach eine positiv ansteigende Inklusionsquote konstatieren. Allerdings steigt auch die Förderquote – insbesondere im Förderschwerpunkt emotionale und soziale Entwicklung.

Dabei herrscht allerdings weitgehend national wie international Konsens darüber, dass Schüler mit ausgeprägten Verhaltensstörungen neben solchen mit sehr hohem Pflegebedarf oder progredienten Erkrankungen zu den Schülergruppen gehören, bei denen die Inklusion bislang noch vor großen Herausforderungen steht (Lindmeier, 2009; Ahrbeck, 2011). Zahlreiche internationale Berichte und Studien weisen auf die Schwierigkeiten einer erfolgreichen Inklusion von Kindern und Jugendlichen mit Verhaltensstörungen hin (Dyson, 2010; Farell/Dyson/Polat/Hutcheson/Gallanough, 2007; Ellinger/Stein, 2012).

Hinter den Zahlen verbergen sich Heranwachsende, die oft im Kontext dysfunktionaler Erziehungsprozesse in ihren Umweltbeziehungen wie auch in ihrer personalen Integration erhebliche Störungen zeigen und komplexer Förderarrangements unter Berücksichtigung der Jugendhilfe sowie pädagogisch-therapeutischer Hilfen und mitunter medizinischer Therapie bedürfen. Sie sind beträchtlichen psychosozialen Belastungen, daraus resultierenden Fehlentwicklungen unterworfen und stets von Marginalisierungsgefahren betroffen. Die deviante soziale und emotionale Entwicklung, häufig verbunden mit unterdurchschnittlichen Schulleistungen bis hin zu völligem Schulversagen (Underachiever), führt zu entsprechenden schulischen Selektionsprozessen. In der Schule bedingen ein hoher Pegel aggressiver Entladungen, eine geringe Gruppenfähigkeit und Führbarkeit in der Klasse Akzeptanz- und Belastungsprobleme bei Lehrern, weiteren pädagogischen Fachkräften, Eltern und Mitschülern, so dass hohe Fachkompetenz wie auch angemessene Personalressourcen einzufordern und erhebliche Widerstände zu überwinden sind, um ein erfolgreiches integratives Setting zu gewährleisten. Empirische Studien hierzu bieten keine klare Befundlage. Lindsay (2007, S. 1) fasst die Resultate seiner breit angelegten internationalen Metaanalyse so zusammen: »The evidence from this review does not provide a clear endorsement for the positive effects of inclusion. There is a lack of evidence from appropriate studies and, where evidence does exist, the balance was only marginally positiv«. Viele deutschsprachige Studien berichten bei Integrationsschülern von größeren Schwierigkeiten bei der sozialen Integration und emotionalen Stabilität, weniger von leistungsbezogenen Nachteilen gegenüber der Förderbeschulung (zusammenfassend Ellinger/Stein, 2012; Speck, 2010; Bless, 2007; Ahrbeck, 2011). Ergebnisse zur Integration der Zielgruppe Schüler mit Förderbedarf in der emotionalen und sozialen Entwicklung sind rar. Preuss-Lausitz und Textor (2006, S. 8) gehen davon aus, dass sie machbar ist »...und die Chance (bietet), das soziale und schulische Scheitern von Kindern erfolgreicher zu verhindern als in gesonderten Schulen und Klassen«. Insgesamt zeigen sich differenzierte und uneindeutige Ergebnisse, die je nach Haltung interpretiert werden. Diese skizzierte Uneindeutigkeit empirischer Befunde bestätigen Ellinger und Stein (2012) auch in ihrem Überblicksartikel. Sie kommen zu dem Fazit: »Im Gesamtbild ergeben sich unter bestimmten Umständen leicht günstigere Befunde für inklusive Settings im Hinblick auf Leistungsaspekte, Sozialverhalten und Selbstkonzept. Dagegen stehen deutlich problematische Erkenntnisse im Hinblick auf soziale Integration und die Wirkung auf die Mitschülerinnen und Mitschüler ohne Förderbedarf« (Ellinger/Stein, 2012, S. 104).

Auch in traditionell erfolgreichen inklusiven Ländern wie den USA, Kanada, den skandinavischen Ländern oder auch Großbritannien stellt gerade der tägliche Umgang mit Kindern und Jugendlichen mit sonderpädagogischem Förderbedarf im Bereich emotionale und soziale Entwicklung die Lehrkräfte vor große Herausforderungen (Dyson, 2010, S. 121). Zu warnen ist jedoch vor einem vorschnellen Rückschluss auf die generelle Machbarkeit bzw. auf eine generelle Unmöglichkeit einer erfolgreichen Inklusion von Schülern mit diesem Förderschwerpunkt, da die berichteten, divergierenden Forschungsbefunde nicht immer den notwendigen forschungsmethodischen Standards wie etwa einem randomisierten Kontrollgruppendesign mit hinreichender Stichprobengröße genügen. Andererseits weisen die empirischen Erkenntnisse erfolgreicher Präventionsarbeit bei Verhaltensstörungen insbesondere im Kontext einer universellen Präventionsstrategie in inklusiven Klassenkontexten auf kleine gemittelte Effektstärken im Bereich emotional-soziale Kompetenzentwicklung hin (Durlak/Weissberg/Dymnicki/Taylor/Schellinger, 2011). Die konsequente Förderung emotional-sozialer Kompetenzen trägt darüber hinaus auch ihre Früchte bzgl. des akademischen Lernerfolges. Durchschnittlich um 11 % stiegen die Lernerfolge der geförderten Schüler im Vergleich zu den nicht geförderten Kontrollgruppen (Durlak et al., 2011). Eine durchgängig separierende Beschulung dieser Kinder und Jugendlichen scheint daher – bezieht man die grundsätzlich überproportionale Bildungsungerechtigkeit, unter welcher der Großteil von ihnen aufwächst, mit ein – im hohen Maße kontraindiziert. Zunehmend stärker stellt sich in inklusiven Kontexten auch die Frage nach einer angemessenen Klassenkomposition (Müller, 2012). Diese zentrale Wirkvariable bezogen auf die Aufrechterhaltung ungünstiger dissozialer Verhaltensweisen bleibt dabei natürlich auch zu diskutieren auf die Klassenbedingungen in Förderschulen mit dem Förderschwerpunkt emotionale und soziale Entwicklung – nach dem Motto: Von wem – außer der Lehrkraft – sollten diese Kinder und Jugendlichen im Förderschulkontext prosoziales Verhalten lernen?

## 3 Bildungspolitisch-institutionelle Rahmenbedingungen für den Aufbau inklusiver Strukturen

Betrachtet man die groben Entwicklungslinien eines inklusiven Wandels im internationalen Vergleich, ist der Aufbau von inklusiven Strukturen durch die Lösung von mindestens zwei zentralen bildungspolitischen Problembereichen vorbereitet worden:

- *Lösung des Wait-to-Fail-Problems (WtFP):* Das WtFP beschreibt die Tendenz von Bildungssystemen, Unterstützungsleistungen für Schüler erst zu gewähren, wenn die Problementwicklung schon sehr stark fortgeschritten ist (Vaughn/Linan/Hickman, 2003). Interventionen werden dabei erst eingeleitet, wenn die Wahrnehmungsschwelle oder die Belastungsgrenze der verantwortlichen Lehrkraft überschritten ist. Zu diesem Zeitpunkt sind Probleme häufig chronifiziert und nur noch mit einem erheblichen pädagogischen, psychologischen, therapeutischen und vor allem finanziellen Mehraufwand zu lösen. Auf diese Weise belastet das WtFP das Schulsystem und bindet wertvolle personelle und finanzielle Ressourcen, die für die Inklusion dringend benötigt werden. Nahezu alle der im Inklusionsprozess fortgeschrittenen Nationen (z.B. Finnland, Kanada, Schweden, USA, Australien) haben daher zu Beginn des inklusiven Wandels mit der Lösung des WtFP durch den Aufbau von Präventionsstrukturen begonnen und diese mittlerweile fest etabliert (Jimerson/Oakland/Farrell, 2007).
- *Lösung des Etikettierungs-Ressourcen-Dilemmas:* Als Etikettierungs-Ressourcen-Dilemma wird ein Phänomen in Bildungssystemen bezeichnet, nach dem zusätzliche Ressourcen im Bildungssystem nur durch Etikettierungsprozesse (z.B. die Feststellung einer Behinderung) gewährt werden (Wocken, 1996). Dieses Phänomen wird aus inklusionspädagogischer Perspektive als Widerspruch zu einem inklusiven Wandel betrachtet, da Inklusion immer mit dem Versuch der De- oder Entkategorisierung und der Vermeidung von Etikettierungen einhergeht. Mit Blick auf das WtFP sind Etikettierungsprozesse (z.B. Diagnosen, Verfassen von Gutachten) zudem mit

einem erheblichen Zeitbedarf verbunden. Hierdurch wird eine frühzeitige Intervention oft erschwert.

Beide Problembereiche sind direkt miteinander verknüpft. Im Folgenden werden jeweils konkrete Maßnahmen vorgestellt, welche auch andere Nationen eingeleitet haben, die im Inklusionsprozess weiter vorangeschritten sind als die Bundesrepublik Deutschland. Diese Empfehlungen lassen sich in vier Teilbereiche untergliedern:

## 3.1 Prävention konsequent ausbauen

Das WtFP kann nur durch eine konsequente Präventionspolitik gelöst werden (Reschley/Bergstrom, 2009). Mit Prävention ist dabei (insbesondere mit Blick auf die Förderschwerpunkte geistige Entwicklung, körperliche und motorische Entwicklung, Hören und Kommunikation sowie Sehen) nicht gemeint, primäre Schädigungen zu verhindern, sondern die sekundären Folgen einer Behinderung oder einer sozialen Benachteiligung möglichst früh zu erkennen und abzufedern. So geht es beim Ausbau von präventiven Strukturen zum Beispiel nicht darum, die Entstehung des Down-Syndroms zu verhindern, sondern bei diesen Kindern möglichst frühzeitig Probleme (z.B. im Lese-Rechtschreib-Prozess) zu erkennen und ihnen trotz ihrer Behinderung einen möglichst barrierefreien Zugang zur Bildung zu ermöglichen. Ebenso intendiert eine konsequente Prävention bei Verhaltensstörungen, bereits vorhandene Risiken zu mildern oder sich bereits anbahnende negative Entwicklungstendenzen zu unterbrechen. Dies ist bei allen Kindern (unabhängig von ihrem sonderpädagogischen Förderbedarf) nur der Fall, wenn Problementwicklungen frühzeitig erkannt werden. Beim Ausbau von Präventionsstrukturen geht es somit nicht um eine Normalisierung von Kindern mit Behinderung, sondern um eine Reduzierung von zusätzlichen Lern- und Entwicklungsbarrieren. Finnland hat mit dieser Zielsetzung bereits in den 1970er Jahren begonnen, neben dem Förderschulsystem ein sogenanntes »Part-Time-Special-Education-System« aufzubauen (Kivirauma/Ruoho, 2007). Ziel dieses Systems in Finnland war und ist es, durch einen massiven präventiven Einsatz von Sonderpädagogen im Primarbereich in den Bereichen Lesen und Rechtschreibung allen Kindern einen guten Einstieg in das Bildungssystem zu ermöglichen (Kivirauma/Ruoho, 2007).

In diesem Zusammenhang haben sich international mehrstufige Förderansätze (engl. Multi-Tiered System of Supports, MTSS) etabliert, pädagogische Rahmenkonzepte, die darauf abzielen, die individuellen Lern- und Verhaltensbedürfnisse aller Schüler durch den gezielten Einsatz verschiedener aufeinander abgestimmter Interventionen zu unterstützen. Prominente Beispiele von MTSS sind Response to Intervention (RTI) oder School-Wide Positive Behavior Support (SWPBS) (Walker et al., 2016). Inzwischen ist gut belegt, dass diese frühzeitigen schulischen Präventionsmaßnahmen potenzielle Lernschwierigkeiten und Verhaltensauffälligkeiten verhindern oder abmildern können (z. B. Lee/Gage, 2020; Nitz et al., 2023).

## 3.2 Dezentralisierung sonderpädagogischer Unterstützung und Ressourcen

Neben dem Ausbau der Lern- und Entwicklungsverlaufsdiagnostik ist auch die Dezentralisierung von sonderpädagogischen Unterstützungsangeboten ein wichtiger Eckpfeiler zur Lösung des Etikettierungs-Ressourcen-Dilemmas. Dabei werden sonderpädagogische Angebote von zentral organisierten Förderschulen auf allgemeine Schulen verlagert und somit dezentralisiert. In Kanada (insbesondere in der Provinz Alberta) wurden auf diese Weise alle Förderschulen aufgelöst und im Gegenzug »Departments for Special Education« an allgemeinen Schulen aufgebaut. Finnland hat bereits in den 1970er Jahren die Anzahl der Förderschulen reduziert und im Gegenzug ein »Part-Time-Special-Education-System« aufgebaut.

## 3.3 Ausbau von Lern- und Entwicklungsverlaufsdiagnostik

In vielen Nationen, in denen der inklusive Wandel bereits erkennbar fortgeschritten ist, wurde die Klassifikationsdiagnostik zunehmend durch eine Lernverlaufsdiagnostik ergänzt (Fuchs, 2004; Fuchs/Fuchs/Stecker, 2010). Die Lernverlaufsdiagnostik dient dabei vor allem drei Zielen:

- Kinder mit Unterstützungsbedarf sollen frühzeitig erkannt werden.
- Die Qualität der Förderung (und damit der Lehrperson) soll durch eine regelmäßige Lern- und Entwicklungsverlaufsdiagnostik evaluiert werden.
- Unwirksame Förderungen sollen im Zuge einer kontinuierlichen Lern- und Entwicklungsverlaufsdiagnostik erkannt und optimiert werden.

Hierzu wurden insbesondere im englischen Sprachraum eine Vielzahl von Diagnoseinstrumenten (sog. »curriculum based measurements« oder »behavior assessments«) entwickelt und allen Lehrkräften zur Verfügung gestellt

(Johnson/Fuchs/McKnight, 2006; Deno Fal, 2003; Fairbanks/Sugai/Guardino/ Lathrop, 2007). Die Entwicklung solcher Instrumente gilt in der nationalen und internationalen Inklusions- und Unterrichtsforschung als zentrale Voraussetzung für eine effektive Individualisierung von Unterricht und Förderung. Mittlerweile liegen etwa tägliche verhaltensverlaufsdiagnostische Verfahren vor (Casale et al., 2019).

## 3.4 Gelingensbedingungen für eine qualitativ hochwertige Inklusion und deren prozessbezogene Evaluation

Nationale wie auch internationale Befunde zur Integration/Inklusion weisen auf einige übereinstimmende Gelingensbedingungen hin, die insbesondere bei einer erfolgreichen Inklusion von Schülern mit Lern- und Entwicklungsstörungen zu berücksichtigen sind. Die Gelingensbedingungen lassen sich auf vier Ebenen zusammenfassen:

**Ebene 1: Einstellungen zur Inklusion beeinflussen ihre Wirksamkeit**

Internationale und nationale Studien zeigen, dass die Einstellungen zur Inklusion direkt die Wirksamkeit von inklusivem Unterricht beeinflussen (Anderson/Klassen/Georgiou, 2007; Huber, 2011; Jordan/Glenn/McGhie-Richmond, 2010; Jordan/Schwartz/McGhie-Richmond, 2009; Jordan/Stanovich, 2001; Lindsay, 2007; Stanovich/Jordan 1998). Haltungsfragen scheinen dabei sowohl mit sozialen Faktoren (z.B. soziale Integration und Klassenklima) als auch kognitiven Faktoren (z.B. Lernentwicklung) verbunden zu sein. Dieser Zusammenhang zeigt sich auf Ebene der Schulleitung, der Lehrkräfte und der Eltern (Jordan et al., 2010; Urton et al., 2014). Erste Studien deuten darauf hin, dass die Einstellungen zur Inklusion unter anderem durch ein fundiertes Fachwissen zu inklusionspädagogisch relevanten Themenbereichen, professionelle Möglichkeiten zur Reflexion, die Einbindung in multiprofessionelle Teamstrukturen und ausreichende personelle Ressourcen günstig beeinflusst werden können (Jordan/Schwartz/McGhie-Richmond, 2009). Da Inklusion letztlich nur durch gesunde und motivierte Lehrkräfte umgesetzt werden kann, muss dringend darauf geachtet werden, die Belastungen der Lehrkräfte im Blick zu behalten.

### Ebene 2: Förderung von qualitativ hochwertigem Unterricht

Internationale und nationale Studien zeigen, dass die Leistungsentwicklung und die psychosoziale Entwicklung von Schülern mit sonderpädagogischem Förderbedarf immer dann besonders günstig waren, wenn der Unterricht bestimmte Kriterien erfüllt. Zentrale Kriterien sind in diesem Zusammenhang vor allem ein professionelles Classroom-Management, ein fundiertes Wissen der Lehrkräfte über Lern- und Entwicklungsbarrieren und ihre Veränderbarkeit, ein fundiertes diagnostisches Fachwissen sowie ein Wissen über kooperative Lernformen (Jordan et al., 2009; Jordan et al., 2010).

### Ebene 3: Die psychosoziale Entwicklung aller Schüler in inklusiven und integrativen Lerngruppen

Mit der längerfristigen Einführung einer flächendeckenden Inklusion würde auch ein Schutzraum für Kinder mit sonderpädagogischem Unterstützungsbedarf verlorengehen. Zahlreiche nationale und internationale Studien zeigen insbesondere für schulleistungsschwache Schüler Probleme bei der sozialen Akzeptanz und der Entwicklung eines gesunden akademischen Selbstkonzepts (Huber, 2008; Kavale, 1999; Kavale/Forness, 1996; Lindsay, 2007; Mikami/Griggs/Reuland/Gregory, 2012). Die Sicherstellung einer fairen sozialen Integration für alle Schüler ist mit zahlreichen pädagogischen und psychologischen Faktoren verbunden (insbesondere Haltungsfragen, Lehrkraftfeedback, soziale Vergleichsprozesse, Lernformen, didaktische Aspekte). Damit die Inklusion nicht zu einer inneren Exklusion führt, benötigen Lehrkräfte der allgemeinen Schule für diese Bereiche dringend zuverlässige und professionelle Beratungs- und Reflexionsangebote.

### Ebene 4: Klassenzusammensetzungen

Internationale Studien deuten darauf hin, dass eine ausgewogen heterogene Zusammensetzung einer Schulklasse günstigen Einfluss auf die Lern- und Verhaltensentwicklung aller Schüler nehmen könnte. Dies gilt insbesondere für den Förderschwerpunkt emotionale und soziale Entwicklung (Mikami et al., 2012; Müller, 2010; Müller/Begert/Hofmann/Studer, 2013). Einzelne engagierte Schulformen, Schulen oder Klassen können und dürfen daher nicht die alleinige Last des inklusiven Wandels tragen, während sich andere Schulen und Schulformen nur sehr zurückhaltend beteiligen.

## 4 Überblick über bestehende Organisationsformen

Die Organisationsformen der schulischen Förderung im Schwerpunkt emotionale und soziale Entwicklung zeigen zum einen die zunehmende Diversifikation und zum anderen eine weiter fortschreitende fachliche Spezialisierung (Stein, 2011). In diesem Kapitel wird daher zunächst ein exemplarischer Überblick über die bestehenden vielfältigen Organisations- und Unterstützungsformen schulischer Erziehungshilfe angeboten.

### 4.1 Förderschule mit dem Schwerpunkt emotionale und soziale Entwicklung

In seinem bundesweit erhobenen SfE-Survey 2004/05 leitet Willmann – neben den Klinikschulen, den Sonderberufsschulen sowie den Gefängnisschulen – folgende drei Haupttypen der Erziehungshilfeschulen in Deutschland ab (Willmann, 2007, S. 23):

- Schule für Erziehungshilfe/Sonderschule mit dem Förderschwerpunkt emotionale und soziale Entwicklung, die in der Regel ausschließlich von Schülern mit dem Förderschwerpunkt emotionale und soziale Entwicklung besucht wird
- Heimschule, die sowohl von Schülern mit dem Förderschwerpunkt emotionale und soziale Entwicklung als auch von Schülern aus schwierigen Familiensituationen besucht wird
- Sonderpädagogische Förderzentren (Verbundschulen), die neben Schülern mit dem Förderschwerpunkt emotionale und soziale Entwicklung auch von Schülern mit weiteren Förderschwerpunkten besucht werden

In den aktuelleren KMK-Empfehlungen der Jahre 1994 und 2000 wird – ausgehend von einer sich verändernden Perspektive auf Behinderung – explizit auf die Integration von Kindern und Jugendlichen mit sonderpädagogischem Förderbedarf eingegangen.

Die KMK-Empfehlung 2000 zur sonderpädagogischen Förderung verweist sehr eindringlich auf den subsidiären Charakter, wenn darin ausgeführt wird: »Sonderpädagogische Förderung soll das Recht der behinderten und von Behinderung bedrohten Kinder und Jugendlichen auf eine ihren persönlichen Möglichkeiten entsprechende schulische Bildung und Erziehung verwirklichen. Sie unterstützt und begleitet diese Kinder und Jugendlichen durch individuelle Hilfen, um für diese ein möglichst hohes Maß an schulischer und beruflicher Eingliederung, gesellschaftlicher Teilhabe und selbstständiger Lebensgestaltung zu erlangen« (KMK, 2000, S. 27).

Um eine hohe Durchlässigkeit zwischen den Systemen Förderschule und Allgemeine Schule für jedes einzelne Kind und jeden Jugendlichen mit dem Förderschwerpunkt emotionale und soziale Entwicklung zu erreichen, »ist in jedem Einzelfall das Spannungsverhältnis zwischen der bestmöglichen schulischen Förderung und der Herausnahme aus dem sozialen Umfeld zu berücksichtigen. Grundsätzlich ist derjenige Förderort zu wählen, der dem Förderbedarf des Kindes oder des Jugendlichen, seiner Selbstfindung und Persönlichkeitsentwicklung bestmöglich gerecht wird und hilft, auf die Lebensumstände des Kindes oder Jugendlichen und seiner Familie einzugehen. In Zusammenarbeit mit den Erziehungsberechtigten und gegebenenfalls der Jugendhilfe werden positive Veränderungen der Lebenswelt angestrebt. Die Entscheidung über den individuellen Förderbedarf und den Förderort erfordert eine Überprüfung in geeigneten Zeitabständen. Das gilt auch für die Frage des Wechsels in die allgemeine Schule« (KMK, 2000, S. 352).

Um die Schüler pädagogisch-didaktisch zu erreichen, findet Unterricht in der schulischen Erziehungshilfe zumeist nach dem Klassenlehrerprinzip in kleinen Gruppen (im Mittel acht Schüler/Klasse) mit räumlichen Differenzierungsmöglichkeiten, durch zumeist speziell ausgebildete Lehrkräfte und oftmals im Rahmen adaptierter didaktischer Konzepte statt (Stein/Stein, 2006). Unterschiedliche Berufsgruppen (Sonder- und Sozialpädagogen, Therapeuten, ...) sorgen für ein interdisziplinäres Fördersetting, in dem eine intensive Kooperation mit den Erziehungsberechtigten, pädagogisch-therapeutische Angebote, Erlebnispädagogik oder Werkstattkonzepte integriert sind (Ricking/Hennemann, 2008). Um der zunehmenden Nachfrage zu begegnen sowie die hohe Variabilität und unterschiedlichen Intensitäten der Beeinträchtigungen (Verhaltensstörung als Kontraktionsbegriff) anzurechnen, ist in den letzten Jahren begonnen worden, eine erhebliche Zahl neuer Förderschulen in diesem Schwerpunkt zu gründen, die bestehenden zu vergrößern und das pädagogische Angebot auszuweiten, zu differenzieren und zu spezialisieren – beispielsweise in Richtung pädagogisch-therapeutischer Angebote, Erlebnispädagogik oder Werkstattkonzepten (Hennemann/Ricking/Hillenbrand, 2009). Daneben wurden zahlreiche Außenstandorte, Intensivgruppen, Schulstationen etc. gebildet. Dort werden Schüler nach bestimmten Kriterien (Alter, Geschlecht, Störungsform, ...) in kleinen Einheiten zusammengefasst und häufig interdisziplinär gefördert. Diese Einrichtungen lassen sich als intensivpädagogische Kleinstschulen charakterisieren, in denen Unterricht sowie außerunterrichtliche Förderung innerhalb eines individualisierten Ansatzes von Sonder- und Sozialpädagogen wie auch weiteren Professionen zumeist in einem räumlich getrennten Setting umgesetzt werden.

Schon parallel zum separierenden Ausbau des Sonderschulwesens in diesem Bereich gab es, sozusagen als Gegenentwurf, mit Mitte der 1970er Jahre in den einzelnen Bundesländern auch Bestrebungen zum gemeinsamen Lernen bzw. Unterricht in Form integrativer Beschulungsmodelle, die sich insbesondere in den 1980er und 1990er Jahren durchaus zu Prestigemodellprojekten der einzelnen Bundesländer weiterentwickelten.

Die Förderschulform mit dem Schwerpunkt emotionale und soziale Entwicklung steht unter permanentem Legitimationsdruck, wobei die Integrations- bzw. Inklusionsdebatte, die hohe Gefahr der Stigmatisierung der Schüler sowie auch die eher geringen Rückschulungsquoten die Forderungen nach ihrer Abschaffung nähren (Preuss-Lausitz, 2004).

## 4.2  Mobiler Dienst

Der Mobile Dienst ist eine Organisationsform, in der Sonderpädagogen der verschiedenen Fachrichtungen kooperativ Schüler mit einem Förderbedarf schwerpunktmäßig in Regelschulen fördern, wobei individuums- und systembezogene Ansätze berücksichtigt werden (Ellinger, 2006; Hippler, 1985; Hillenbrand, 1999). Regionale mobile Systeme von Hilfen (die konkreten Bezeichnungen variieren: Mobile Dienste, Beratungs- und Unterstützungssysteme (BUS), Ambulanzlehrersystem, Mobile schulische Erziehungshilfen, Ambulante/Mobile Hilfen, ...) arbeiten so im Kooperationsfeld der Grund- und Förderschulen (Wachtel, 2010). »[...] Förderschullehrkräfte im Mobilen Dienst können zur vorbeugenden und unterstützenden Förderung in allen allgemein bildenden Schulen tätig werden« (Niedersächsisches Kultusministerium, 2005, S. 52). Diese Systeme sind bereits seit den 1970er Jahren in der schulischen Erziehungshilfe ein bedeutsames Thema im fachlichen Diskurs. Zwar wurden erste Erfahrungen in Modellprojekten gesammelt (z.B. MEH in Bayern), durchsetzen konnte sich die integrative Förderung als Leitstrategie jedoch nur langsam, so dass lange dem Ausbau des Sonder- bzw. Förderschulsystems der Vorzug gegeben wurde.

Fachlich versierte Mobile Dienste/BUS folgen einer Doppelstrategie. Einerseits bieten sie konkrete Hilfe für Schüler mit Förderbedarf sowie die Lerngruppe. Das Ziel ist somit, den Schüler in seiner emotional-sozialen Entwicklung zu stärken, die Formen der Interaktion in der Klasse zu verbessern und so eine separierende Beschulung zu verhindern. Andererseits leistet der Dienst einen Beitrag zum sukzessiven Kompetenzaufbau bei den Lehrkräften und im System allgemeiner Schulen (Kompetenztransfer). Er arbeitet somit mit dem mittel- und langfristigen Ziel, die allgemeinen Schulen in ihrer Förderkompetenz und sozialen Integrationskraft zu stärken. Letztgenanntes ist jedoch nur dann zu erreichen, wenn sich der Förderansatz nicht nur auf die direkte Arbeit mit dem Schüler bezieht, sondern das Umfeld des Kindes (Lernsetting, Lehrkraft, Eltern, ...) maßgeblich mit einbezieht. Diese Tendenz, das Kind in seinem Umfeld zu betrachten und durch Kooperation wie auch Beratung die Förderbedingungen zu verbessern und auf diesem multimodalen Weg effektiver zu agieren, setzt sich in der Praxis Mobiler Dienste zunehmend durch (Ricking/Ockenga, 2011).

## 4.3 Gestuftes Fördersystem

Der Weg zur Inklusion im Bereich der schulischen Erziehungshilfe wird dahin führen, bestehende Systeme weiterzuentwickeln, die sich fortsetzende Ausdehnung der separierenden Beschulung zu stoppen, zu reduzieren und inkludierende Förderformate auszuweiten (Wachtel, 2010; Zeitler, 2011). Ziel ist es, gestufte Fördersysteme mit differenzierten Ansätzen und intensiver Vernetzung, vor allem mit der Jugendhilfe, flächendeckend zu etablieren (Vernooij, 2010). Sie bieten Optionen, Schüler mit Förderbedarf so zu unterstützen, dass der früher obligatorische Schritt einer Umschulung in die Förderschule sehr häufig umgangen werden kann (Spies/Chamakalayil/Wittrock/Ricking, 2010; Ricking, 2011).

Stufenmodelle werden bereits in vielen Regionen genutzt und haben sich bewährt (Myschker/Stein, 2018). Diese Konzepte garantieren ein differenziertes Hilfsangebot und schaffen für Eltern, Schüler und Lehrer wählbare Optionen weiterer Förderung. Vorrang haben dabei die Maßnahmen der unteren inklusiven Stufen, um dem Schüler möglichst sein gewohntes Lernumfeld in der bekannten Klasse zu erhalten. Diese Leitlinie entspricht dem gültigen Prinzip des »least restrictive environment« (prioritäre Förderung in dem am wenigsten einschränkenden, d.h. dem gewohnten Umfeld) in den USA. Höherstufungen sind erst dann angezeigt, wenn offenkundig ist, dass die Möglichkeiten der jeweils niedrigeren Stufe maximal genutzt wurden, jedoch nicht ausreichen. Dieses handlungsleitende Modell macht deutlich, dass entgegen den traditionellen Verfahren die allgemeinen Schulen in großem Maße Verantwortung für die Förderung aller Schüler übernehmen. Insbesondere Grundschulen haben sich auf veränderte Förderstrukturen und Handlungsmuster einzustellen und in Kooperation sonderpädagogische Hilfen bereitzustellen.

Stufenmodelle ermöglichen einen präventiven und früh-interventiven Einsatz. In einer frühen, präventiven Förderung wird das Ziel angestrebt, den Entwicklungsgradienten, also die Ausrichtung des weiteren Entwicklungsverlaufs, positiv zu beeinflussen (Hartke/Koch, 2008). Je früher dies geschieht – die Formbarkeit und Plastizität von Geist und Körper sind trotz der Möglichkeit lebenslangen Lernens in den ersten Lebensjahren weitaus höher –, desto positiver sind zumeist die mittel- und langfristigen Verläufe. Diese Aussage trifft insbesondere für umfeldbezogene psychosozial und sozioökonomisch bedingte Entwicklungsrückstände im Kontext von Bildungsbenachteiligung und Deprivationserfahrungen zu. »Aufgrund der Prävalenz und Persistenz von Verhaltensstörungen und der fehlenden emotional-sozialen Kompetenzen empfiehlt sich die verbreitete Umsetzung eines praxisnahen, universellpräventiven Förderungsansatzes, mit dem die gezielte Vermittlung emotional-sozialer Kompetenzen einer großen Adressatengruppe erreicht werden kann. Insbesondere sind Kinder aus Risikofamilien aufgrund des natürlichen Settings (Kindergarten, Heilpädagogische Tagestätte, Grundschule) leichter zu erreichen« (Hillenbrand/Hennemann, 2006).

### 4.4 Beispiel: Cascade Model in der Provinz Quebec (Kanada)

In inklusionserfahrenen Ländern wie Kanada am Beispiel der Provinz Quebec finden sich sehr weit ausdifferenzierte Organisationsformen einer bestmöglichen Unterstützung von Kindern und Jugendlichen mit sonderpädagogischem Förderbedarf. Über allem stehen jedoch – trotz der vorhandenen organisatorischen Differenzierungsmöglichkeiten – die verstärkten Bemühungen einer weitreichenden schulischen Inklusion (Gouvernement du Quebec, 2011).

Obwohl zwar jedem Kind und Jugendlichen grundsätzlich ein inklusives Angebot in einer regulären Klasse gemacht werden sollte, gibt es auch hier deutlich formulierte Einschränkungen, etwa wenn es die individuellen Fähigkeiten und Bedürfnisse des Kindes nicht zulassen oder wenn die Rechte der Mitschüler beeinträchtigt werden. Trotz der formulierten Einschränkungen besuchen bis zu 85 % aller Schüler mit sonderpädagogischem Förderbedarf die Regelschulen (Hobbs, 2011).

Das Cascade Model von Winzer (1999) verdeutlicht zum einen das hochdifferenzierte Förderortangebot im kanadischen Schulsystem. In dem Modell beschreibt Winzer (1999) insgesamt acht unterschiedliche Förderangebote, die von dem »Regular Classroom« über die »Regular Class & Support Personnel«, der »Regular Class & Ressource Room«, der »Part Time Special Class«, der »Full Time Special Class«, der »Special Day School«, der »Residential Day School«, der »Residential Day School« und schließlich der »Homebound/ Hospital«. Dabei zeigt sich zum anderen die Verbindlichkeit einer hohen Durchlässigkeit der verschiedenen Förderorte immer mit dem überragenden Ziel nach Möglichkeit einer zeitnahen Rückführung in die allgemeine Schule (Regular Classroom).

# 5 Zukunftsweisende institutionelle Formate

Im Folgenden werden je zwei internationale und zwei nationale exemplarische zukunftsweisende Formen einer inklusiven Schulorganisation näher vorgestellt.

## 5.1 Beispiel 1: Das kanadische System

Betrachtet man die internationalen inklusiven Organisationsformen, so stellt insbesondere die Dezentralisierung von sonderpädagogischen Unterstützungsangeboten einen wichtigen Eckpfeiler zur Lösung der beiden zentralen Herausforderungen für die schulische Inklusion dar, wie er beispielhaft in dem kanadischen Cascade Model in der Provinz Quebec beschrieben wurde. In Kanada (insbesondere in der Provinz Alberta) wurden auf diese Weise alle Förderschulen aufgelöst und im Gegenzug »departments for special education« an Allgemeinen Schulen aufgebaut (http://www.cea-ace.ca/). Diese Departments haben das Ziel der sonderpädagogischen Förderung aller Schüler mit sonderpädagogischem Unterstützungsbedarf (mit und ohne Behinderung). Zudem wird so sichergestellt, dass sonderpädagogische Lehrkräfte auch bei einer Auflösung von Förderschulen professionelle und fachkompetente Teamstrukturen vorfinden, in denen sie sich gegenseitig unterstützen und austauschen können. Zentraler Auftrag dieser Departments ist es, ein Angebot verlässlicher – auch präventiver bzw. kompensatorischer – Hilfen für alle Schüler, Diagnostik und Förderung von Schülern mit sonderpädagogischem Unterstützungsbedarf sowie die Beratung von Lehrkräften und Eltern vorzuhalten. In diesen sonderpädagogischen Departments an der Allgemeinen Schule werden auch gezielte Angebote außerschulischer Partner (wie etwa der Jugendhilfe) oder gezielte schulpsychologische Angebote integriert. So wurden etwa in der Provinz New Brunswick zur kollaborativen Zusammenarbeit der unterschiedlichen Professionen die sogenannten »District Student Services Teams« eingerichtet, deren vornehmliche Aufgabe es ist, die individuellen Förder- und Unterstützungsmaßnahmen zu planen, zu koordinieren sowie abschließend auch zu evaluieren. Das Team besteht in der Regel aus »Student Services supervisor, district consultants, district resource teachers, school psychologists, behavior mentors, speech-language pathologists, other supervisors (...)« (Department of Education New Brunswick, 2002, S. 7). Als einer der Erfolgsgaranten wird hierbei die enge Kooperation in Form von regelmäßigen Treffen gesehen. Auch auf der Ebene der einzelnen Schulen bildet sich ein »School-based Student Services Team« ab. Alle zentralen, an der Förderung und Unterrichtung beteiligten Akteure sind Mitglieder dieses Teams, treffen sich in der Regel wöchentlich, stehen in sehr engem Austausch mit dem District Student Service Team. Beide Teams bemühen sich darüber hinaus um eine sehr enge Kooperation der Eltern.

Neben den beschriebenen koordinierenden Student Services Teams wurde zusätzlich ein »Methods and Resource Teacher (M&R teacher)« äußerst gewinnbringend installiert und mit spezifischen Rollenfunktionen ausgestattet (Porter/Stone, 1998, S. 237):

- »*The M&R teacher as a member of the Student Services Team*«: Zentrale Aufgabe ist es, die wöchentlich stattfindenden »School based Student Services Team Meetings« zu koordinieren. Neben den bedarfsorientierten Vorbereitungen, die sich an den Themenwünschen der Klassenlehrer orientieren, sind die M&R Teacher auch die Experten, die über das notwendige Fachwissen bezüglich einer angemessenen Unterrichtsplanung verfügen, über die genauen schulorganisatorischen Abläufe sowie über die individuelle Förderplanung des einzelnen Schülers bestens informiert sind.
- »*The M&R teacher as an Advocate*«: Grundlegend ist die »supportive« und damit konsequent inklusive Haltung des M&R Teachers, die sich besonders in seiner unterstützenden, an den individuellen Bedürfnissen orientierten Funktion gegenüber dem Kind, aber auch seinen Eltern und den weiteren Netzwerkpartnern der Hilfe ausdrückt.
- »*The M&R teacher as Facilitator*«: Neben den beschriebenen Aufgabenbereichen nehmen die M&R Teacher auch die Funktion als Berater und Moderator im Rahmen von Problemlöseprozessen ein, wie etwa in der institutionalisierten Form »Thirty-minutes problem-solving meeting Teachers Helping Teachers« in New Brunswick (Porter, 1991).
- »*The M&R teacher as Case Manager*«: Gleichzeitig leiten sie fallbezogene Interventionen in enger Kooperation mit Klassenlehrern und Eltern ein.

- »*The M&R teacher as Professional*«: Zusätzlich zur originären Lehramtsausbildung werden die M&R Teacher durch monatliche Weiterbildungen zu Experten u. a. in den Bereichen Didaktik und Methodik, Diagnostik, effektive Lern- und Verhaltensförderung, Classroom Management.
- Diese Funktionsbeschreibung macht sehr deutlich, dass sich die M&R Teacher deutlich von dem Aufgabenprofil eines reinen Sonderschullehrers abheben. Neben dem M&R Teacher sowie den »Special Education Teachers« unterstützen auch »Teacher Assistants« die inklusive Schule in Kanada, deren typischen Funktionsbereiche von MacKay (2006, S. 242) wie folgt beschrieben werden:
    - »Leading activities with small groups of students under the direction of a teacher
    - Activities that support a teacher
    - Good student role modeling (...)
    - Monitoring and supervision during testing, recreation, lunch, etc.
    - Other tasks that support the general functioning of the school or classroom as directed by a teacher or principal
    - Participating as a member of school strategic teams.«

## 5.2 Beispiel 2: Das finnische System

Betrachtet man das finnische Schulsystem zunächst von einer übergeordneten Ebene, scheint die Grundhaltung der Lehrkräfte ein wichtiger Motor für seinen Erfolg zu sein. Das normative Fundament für diese Haltung liegt im finnischen Basic Education Act (628/1998), das für alle Kinder eine gleichberechtigte und individuelle Förderung sicherstellen soll. Den finnischen Lehrkräften ist schon zu Beginn ihrer Ausbildung klar, dass sich ein erfolgreicher Lehr- und Lernprozess nur einstellen kann, wenn sich die Schule dem Kind und nicht das Kind der Schule anpassen muss. Das Wohlbefinden der Schüler wird dabei als Grundvoraussetzung für die Lernmotivation und die Lernerfolge betrachtet (Finnish National Board of Education, 2013).

Dieser Anspruch wird im finnischen System durch verschiedene Faktoren sichergestellt, in denen die Sonderpädagogik keine zentrale Rolle spielt.

So stellte die sonderpädagogische Expertise in der Vergangenheit eine Schlüsselfunktion für den Erfolg des finnischen Schulsystems dar. Bereits in den 1970er Jahren hat man in Finnland daher mit einem konsequenten Ausbau sonderpädagogischer Strukturen auf den inklusiven Wandel reagiert. In diesem Prozess wurden zwar Förderschulen einerseits abgebaut, zeitgleich wurde jedoch ein »part-time-special-education-system« an den allgemeinbildenden

Schulen aufgebaut (Kivirauma/Ruoho, 2007). Dieser Logik folgend wurde die Anzahl der Kinder, die in ›Teilzeit‹ durch eine sonderpädagogische Fachkraft unterstützt wurden, nicht gesenkt, sondern erhöht.

Ein wesentliches Ziel dieses Umbaus war zudem die Auflösung des Etikettierungs-Ressourcen-Dilemmas. Sonderpädagogische Ressourcen müssen in Finnland nicht durch einen Etikettierungsprozess und sonderpädagogische Statusdiagnosen beantragt werden, sondern stehen an den allgemeinen Schulen allen Schülern, Eltern und Lehrkräften zur Verfügung. Demzufolge hat sich die Zielgruppe sonderpädagogischer Unterstützung von einer Teilgruppe der Kinder mit sonderpädagogischem Förderbedarf auf die Gruppe aller Kinder erweitert (ebd.).

Ein weiteres Kernelement des finnischen Schulsystems besteht in seiner präventiven Grundausrichtung und damit in einer Auflösung des Wait-to-fail-Systems. So wird der Großteil der sonderpädagogischen Ressourcen in den ersten vier Schuljahren eingesetzt. Rund 18 % der finnischen Erstklässler bekommen auf diese Weise eine (Teilzeit-)Unterstützung durch eine sonderpädagogische Lehrkraft, ohne dass die auf diese Weise unterstützten Kinder durch eine Statusdiagnostik etikettiert wurden (ebd.).

Ein weiteres wichtiges Grundelement des finnischen Schulsystems besteht in seiner konsequenten multiprofessionellen Grundausrichtung. Kernstück der Multiprofessionalität sind dabei die an allen allgemeinen Schulen eingerichteten student-welfare-teams (Laaksonen/Laitinen/Salmi, 2007). In diesen Teams beraten Sonderpädagogen gemeinsam mit den Klassenlehrkräften, Schulpsychologen, Therapeuten, Sozialpädagogen sowie Krankenschwestern bzw. -pflegern und Schullaufbahnberatern, wie die Unterstützung eines Kindes optimiert werden kann. Auf diese Weise wird für das Kind im Hintergrund ein individuelles Unterstützungssystem aufgebaut, dass fortwährend einer formativen Evaluation unterzogen und somit regelmäßig optimiert wird. Ein student-welfare-team wird erst aufgelöst, wenn die Unterstützung in der Schule optimal auf das Kind eingerichtet wurde. Ziel ist dabei nicht in erster Linie die Auflösung des Förderbedarfs, sondern die Sicherstellung einer optimalen Unterstützung.

Betrachtet man das finnische Schulsystem aus dem Blickwinkel der Lehrerbildung, wird in der Auswahl und Ausbildung des pädagogischen Personals ein weiterer Unterschied zum deutschen Schulsystem erkennbar. Im Studium werden Theorie, Praxis und Wissenschaft eng miteinander verknüpft. Lehramtsstudierende haben während ihrer Ausbildung fortwährende Praxisphasen, die professionell supervidiert werden. Schulen arbeiten darüber hinaus meist eng mit Universitäten zusammen, so dass ein fortwährender Austausch zwischen Theorie und Praxis gewährleistet werden kann. Andererseits haben

Universitäten, an denen ein Lehramt studiert werden kann, in der Regel eine eigene »Universitätsschule«, an der Ausbildung und Forschung aufeinander abgestimmt werden. Den Studierenden wird im Rahmen ihrer Ausbildung die Haltung und Wertschätzung entgegengebracht, die sie laut Schulgesetz später auch ihren Schülern entgegenbringen sollen.

## 5.3 Entwicklung in Deutschland

Auch hierzulande sind seit den 1990er Jahren gestufte Systeme der Unterstützung entwickelt worden und teilweise regional etabliert. Von einer flächendeckenden Einführung und Wirkung systematisch verknüpfter Organisationsformen in diesem Feld kann jedoch derzeit nicht gesprochen werden. Bolz und Rieß (2021) präsentieren in ihrer Übersicht diverse Modelle gestufter Systeme, die im deutschsprachigen Bereich beschrieben wurden (Bach, 1995; Willmann, 2005; Reiser, 2007; Hillenbrand, 2008; Heimlich, 2014; Myschker/ Stein, 2018). Ricking et al. haben hierzu 2021 ein Herausgeberwerk publiziert. In allen Konzepten werden sowohl separierende, integrative als auch inklusive Handlungsansätze bzw. Institutionen genannt, die sich als Teile eines gemeinsamen Systems verstehen. Sie verbinden überdies strukturelle und fachliche Prinzipien der Förderung wie Inklusion, Individualisierung, Durchlässigkeit, Prävention, fallunabhängige Unterstützung sowie multiprofessionelle Kooperation:

- Aus inklusionspädagogischer Perspektive wird angestrebt, dass die benötigte Unterstützung bedarfsgerecht in einem möglichst wenig separierenden Setting geboten wird.
- Das Präventionsverständnis gestufter Systeme ist darin zu erkennen, dass emotional-soziale Problemlagen von Kindern und Jugendlichen schon in einem relativ frühen Stadium erkannt werden und so durch eine angemessene Förderung in vielen Fällen verhindert werden kann, dass sich das Vollbild einer Störung entwickelt.
- Mit einer Höherstufung werden eine Intensivierung und Individualisierung der Unterstützungsangebote von der universellen bis zur indizierten Prävention geboten, die mit dem Ziel verknüpft sind, präventiv der Notwendigkeit der nächsten Stufe vorzubeugen.
- Grundsätzlich wird davon ausgegangen, dass ein bedarfsorientierter Wechsel zwischen den unterschiedlichen Ebenen des jeweiligen Systems barrierearm möglich ist und die Aktivierung einer Stufe sich an dem Bedarf und der Problemsituation orientiert (Subsidiaritätsprinzip).

# Organisationsformen inklusiver Förderung im Bereich emotional-sozialer Entwicklung

- Um Etikettierungsprozessen vorzubeugen, sollen möglichst fallunabhängige Förderangebote berücksichtigt werden, die sich an alle Teilnehmenden eines Systems richten (Ressourcen-Etikettierungs-Dilemma).
- Die pädagogisch-therapeutische Unterstützung wird von Fachpersonal durchgeführt, das unterschiedlichen Professionen zugeordnet ist (z.B. Schul-, Sonder-, Sozialpädagogik, Psychologie, Medizin), was die Anforderung bedingt, eine gelingende multiprofessionelle Kooperation zu etablieren (Bolz/Rieß, 2021).

Im Folgenden wird ein gestuftes System skizziert, das in diesem Kontext am Institut für Sonder- und Rehabilitationspädagogik an der Universität Oldenburg erarbeitet wurde und Bildungs-, Beratungs- und Unterstützungsangebote für Kinder und Jugendliche mit Beeinträchtigungen in der emotionalen und sozialen Entwicklung sowie deren Umfeld zur Verfügung stellt (ebd.).

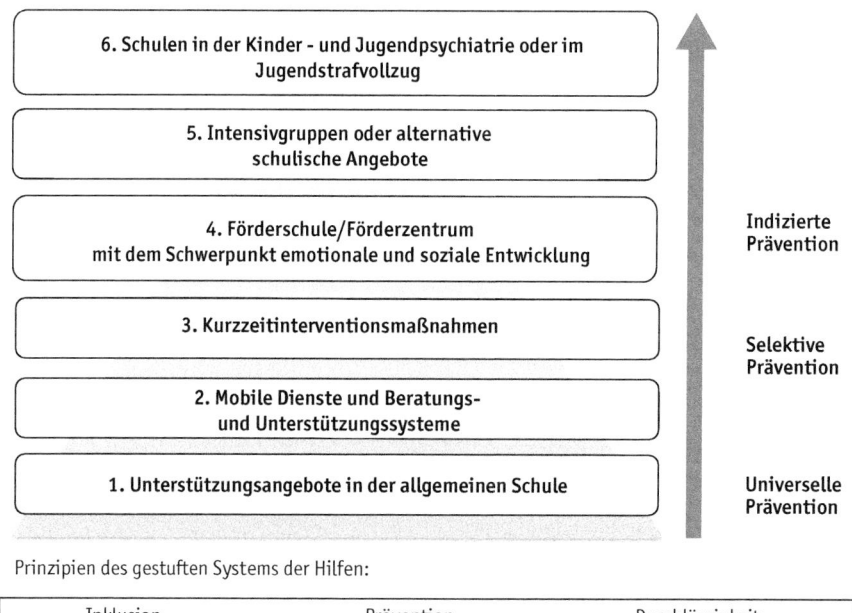

**Abb. 1:** Gestuftes System sonderpädagogischer Förderung im Schwerpunkt emotionale und soziale Entwicklung (Bolz/Rieß, 2021, S. 43)

Die erste Stufe integriert Maßnahmen, die der Prävention von Verhaltensauffälligkeiten sowie Unterrichtsstörungen an der allgemeinen Schule dienen sollen, zum Beispiel inklusive Schulkultur, Classroom Management oder Trainingsprogramme zur Förderung emotional-sozialer Kompetenzen.

(1) Sollten die Ressourcen der ersten Stufe nicht ausreichen, kann ein regional tätiger Mobiler Dienst im Schwerpunkt ESE auf Anfrage hinzugezogen werden und vor allem in beratender Funktion den Lehrkräften in inklusiven Bildungseinrichtungen Unterstützung bieten.
(2) Bei Kurzzeitinterventionen verlassen die unterstützungsbedürftigen Schüler für einen begrenzten Zeitraum (z. B. sechs Wochen) ihre ursprüngliche Klasse und werden in einer spezifischen Lerngruppe gefördert und unterrichtet, die sich durch spezielle Rahmenbedingungen (z. B. Gruppengröße, personelle Ausstattung, pädagogisch-therapeutische Ausrichtung) auszeichnet (Bolz/Ricking, 2021).
(3) Die Schulform Förderschule mit dem Schwerpunkt emotionale und soziale Entwicklung ist ebenso Teil des gestuften Systems, zeichnet sich durch besondere Organisationsformen (z. B. personelle Ausstattung, pädagogische und didaktische Konzepte) aus und arbeitet grundsätzlich nach dem Prinzip der Durchgangsschule (Ricking, 2021).
(4) Intensivpädagogische oder alternative schulische Angebote sprechen gezielt Teilgruppen an, deren Bedarfen im Rahmen einer Förderschule nicht mehr umfänglich entsprochen werden kann, so dass Schüler mit ausgeprägten Verhaltensstörungen (z. B. bei selbst- und fremdverletzenden oder massiv schulaversiven Verhaltensweisen) eine angemessene Unterstützung vorfinden.
(5) In Bildungsabteilungen der Kinder- und Jugendpsychiatrie oder des Jugendstrafvollzugs werden Förderung und Unterricht in der Regel den übergeordneten Zielen der Einrichtungen zugeordnet und sind oft nur in Ansätzen regional vernetzt (Albers/Wittrock, 2021).

Die Fröbelschule in Delmenhorst und das Institut für Sonder- und Rehabilitationspädagogik an der Universität Oldenburg entwickelten vor diesem Hintergrund ein Fördersystem für Schüler mit Förderbedarf in der emotionalen und sozialen Entwicklung, dessen Konzept und Praxis erfolgreich evaluiert wurde (Spies et al., 2010). Im Bereich der Unterstützungsangebote der Grundschulen Delmenhorsts finden die Schüler ein relativ enges Netz der Förderung vor, das u. a. auf den bestehenden Kompetenzen der Lehrkräfte mit z. T. vorhandenen Spezialkenntnissen (Beratungslehrer, Mediatoren, Umsetzer von Förderprogrammen, ...) beruht. Alle Schulen sind darauf aufbauend mit einem sozialpädagogischen Angebot versorgt, das universelle präventive Kräfte freisetzt oder gezielte Unterstützung für Risikogruppen bereithält. Auf der nächsten Stufe findet der Mobile Dienst im Schwerpunkt emotionale und soziale Entwicklung (MoDiEDel) fallbezogen Einsatz. Im Mittelpunkt steht die bedarfsgerechte Förderung der Schüler, um so ihren Verbleib in der Regelschule zu begünstigen und die aktive Teilhabe am Unterricht und Schulleben zu erreichen. Die Arbeitsgruppe des Mobilen Dienstes Delmenhorst, die aus Förderschullehrern und Sozialpädagogen zusammengesetzt ist, wird personell von der beteiligten Förderschule betreut und schafft ein subsidiäres pädagogisches Angebot für die Grundschulen im Einzugsbereich. Insofern sind die (präventive) Förderung, integrative Beschulung und systemische Fallarbeit, also die Berücksichtigung der sozialen und institutionellen Kontexte der Schüler, als die drei übergeordneten Ziele der (sowohl sonder- als auch sozial-) pädagogischen Arbeit des MoDiEDel erkennbar. Das Konzept wird ergänzt durch eine pädagogisch-therapeutische Kleingruppe, in die Schüler für eine Zeit von bis zu einem halben Jahr aufgenommen werden, um frühzeitig einer drohenden Ausgliederung entgegenzuwirken. Sie wird dann genutzt, wenn die Förderoptionen des Mobilen Dienstes nicht ausreichen (Team Modiedel/Rikking, 2011). Schließlich stehen als separierende Alternativen der oberen Stufen eine Förderschule sowie eine Fachklinik für Kinder- und Jugendpsychiatrie regional zur Verfügung.

## 6 Ausblick

Inklusion beschreibt zum einen eine Idealnorm, ein Ziel, dem man stets versucht näher zu kommen. Zum anderen bezeichnet sie den Prozess der Approximation, der nun im Zentrum der Aufmerksamkeit liegen sollte. Dabei ist es als dringendes Erfordernis zu verstehen, im allgemeinen Schulsystem so viel Förderkompetenz zu etablieren, dass auch glaubhaft von Inklusion gesprochen werden kann. Die Gestaltung des Prozesses sollte so angelegt sein, dass exkludierende Bedingungen und Prozesse abzubauen und Veränderungen im System zu vollziehen sind, die zu höheren Passungen und störungsärmeren Relationen führen. Es ist somit elementar, dass Schulen ihr Potenzial stärken, auch leistungsschwache Schüler, solche mit Migrationshintergrund, aus Familien mit Multiproblemlagen oder mit problematischem Verhalten einzubinden und bedarfsgerecht zu fördern. Der oft erhebliche Förderbedarf der Kinder und Jugendlichen, insbesondere in den Schwerpunkten emotionale und soziale Entwicklung und Lernen, bedingt eine beziehungs- und bindungsintensive Rahmung, adaptive didaktische Ansätze, eine ausgeprägte Kooperation mit Erziehungsberechtigten und die Einbindung in funktionierende Netzwerke unterstützender Dienste. Da die Systemfrage nicht ohne die Qualitätsfrage zu beantworten ist (Biewer, 2005), sind deutlich mehr Forschungsanstrengungen als bisher gefordert, insbesondere zu den pädagogisch-didaktischen Gelingensbedingungen schulischer Inklusion.

Es ist Aufgabe der Sonderpädagogik, im schulischen Bildungssystem innerhalb eines integrativen und präventiven Ansatzes die allgemeinen Schulen in der Entwicklung von Förderkompetenz zu unterstützen und ihre soziale Integrationskraft zu stärken. Auf eine offene, unvoreingenommene Haltung bei den pädagogisch Tätigen hinzuwirken und so die sozial akzeptierte Eingliederung der Schüler zu begünstigen ist eine kontinuierliche Aufgabe. Die Bereitstellung personaler Ressourcen (z. B. für Mitarbeiter im Mobilen Dienst oder für Doppelbesetzungen) schafft erst den Rahmen für eine kompetente sonderpädagogische Begleitung der Förderung innerhalb eines gemeinsamen Förderkonzepts mit differenzierenden Lernhilfen und didaktischer Individualisierung (v. d. Groeben, 2008).

Die Entwicklung hin zu einem stärker inklusiven Schulsystem ist unumkehrbar und insofern sind diesbezüglich spürbare Veränderungen zu erwarten – was ja zudem durch die gesetzliche Stärkung des Elternwillens noch unterstützt wird –, die nicht nur die Förderschulen betreffen. Notwendigerweise ist dieser Wandlungsprozess einzubetten in die Schulentwicklung, deren Ziel ein inklusives Handlungskonzept in jeder allgemeinen Schule und ein gelebtes Reintegrationskonzept in ggf. verbleibenden Förderschulen sein sollte. Die allgemeinen Schulen verfügen noch über unzureichende pädagogische Optionen, Schüler mit Förderbedarf in der emotionalen und sozialen Entwicklung effektiv zu fördern. Dies zeigt sich bereits in einigen Bundesländern wie Bremen, Berlin oder sehr deutlich durch den schrittweisen Abbau von Förderschulstandorten. Schon jetzt erfolgt eine deutlich spürbare Auflösung der Förderschulen Lernen – ohne eine sichtbare konkrete Absicherung eines äquivalenten sonderpädagogischen Förderangebots in der Allgemeinen Schule. Auch pädagogisch ist dieser Schritt nur schwer nachvollziehbar, da hiermit ggf. Kindern eine individuell erforderliche Unterstützung verwehrt wird.

Die Schulen auf dem Weg zur Inklusion benötigen in der Konsequenz mehr fachliche und personelle Ressourcen, die durch Kompetenz und die Bereitschaft, sich den neuen Schülergruppen zu öffnen, Handlungsfähigkeit schaffen. Um diesen Prozess zu unterstützen, können bereits erfolgreich implementierte und prozessbezogen evaluierte Organisationsformen, wie die in diesem Beitrag exemplarisch vorgestellten, Orientierungshilfen sein. So können Mobile Dienste innerhalb einer komplexen Förderstruktur eine entscheidende Funktion in Bezug auf die konkrete Fallarbeit wie auch auf den nötigen Kompetenztransfer einnehmen. Die flächendeckende Einführung einer weitgehenden gemeinsamen Beschulung von nichtbehinderten und behinderten Kindern und Jugendlichen im Rahmen gestufter Systeme würde aller Wahrscheinlichkeit nach die sonderpädagogische Förderquote erkennbar steigen lassen, was in Ländern mit inklusivem Schulsystem gut zu beobachten ist (Herz/Kuorelahti, 2005). Eine solche Entwicklung würde zwar die Kosten der sonderpädagogischen Förderung nicht senken, insgesamt jedoch für mehr Gerechtigkeit und Chancengleichheit im Schulsystem sorgen.

## Kommentierte Literaturempfehlungen

Reiser, Helmut/Willmann, Marc/Urban, Michael: Sonderpädagogische Unterstützungssysteme bei Verhaltensproblemen in der Schule. Bad Heilbrunn: Klinkhardt, 2007

*In dem Grundlagenwerk werden alle relevanten nationalen wie auch exemplarisch internationale Unterstützungssysteme im Förderschwerpunkt emotionale und soziale Entwicklung sehr verständlich und gleichzeitig sehr fundiert vorgestellt. Zudem werden sowohl wichtige historische Entwicklungslinien als auch wesentliche gesetzliche Grundlagen zur Beschulung und sonderpädagogischen Förderung in diesem Kontext skizziert.*

Finnish National Board of Education: Education. 2013. Im Internet unter https://www.oph.fi/en/education-system/basic-education [30.05.2024]

*Das nationale finnische Schulministerium stellt mit seinem weltweit zugänglichen Internetportal eine großartige Nutzerfläche für den interessierten Leser zur Verfügung, die sich auszeichnet durch umfangreiche Informationen über erforderliche inklusive Umsetzungsschritte, über die ermittelten nationalen Befunde zur Inklusion sowie die Erfahrungen mit konkreten eingesetzten Förder- und Unterrichtsmethoden – für die inklusiven Umsetzungsvorhaben in Deutschland eine sehr hilfreiche und weiterführende Internetseite.*

Lindsay, Geoff: Educational psychology and the effectiveness of inclusive educational mainstreaming. In: British Journal of Educational Psychology 77, 2007, S. 1–24

*Die Metaanalyse von Lindsay verschafft dem forschungsinteressierten Leser ein sehr umfassendes empirisches Bild der bisherigen internationalen Forschungsergebnisse zur inklusiven Beschulung. Wie Kavale und Mostart schon in ihrer Metaanalyse 2003 resümieren, so kommt auch Lindsay nach seiner aufwendigen und forschungsmethodisch hoch anspruchsvollen Analyse der Befunde bis zum Jahr 2006 zu dem Schluss, dass der Forschungsgegenstand ›Inklusion‹ noch sehr wenig im Hinblick auf Wirksamkeit sowie ›harte‹ Gelingensbedingungen erforscht ist. Die vorliegenden empirischen Befunde werden hochstrukturiert und systematisch vorgestellt.*

Ricking, Heinrich/Bolz, Tijs/Rieß, Bastian/Wittrock, Manfred (Hrsg.): Prävention und Intervention bei Verhaltensstörungen: Gestufte Hilfen in der schulischen Inklusion. Stuttgart: Kohlhammer, 2021.

*Dieses Herausgeberwerk thematisiert gestufte Formen der Unterstützung im Schwerpunkt emotionale und soziale Entwicklung im Kontext schulischer Inklusion, referiert dabei den aktuellen Forschungsstand und fasst zentrale Gesichtspunkte zusammen. Im Mittelpunkt stehen dabei die Organisationsformen der Förderung, die Aufgabenfelder im sich inklusiv entwickelnden Bildungssystem und die Konzepte, die darin Umsetzung finden.*

# Literatur

Ahrbeck, Bernd: Der Umgang mit Behinderung. Stuttgart: Kohlhammer, 2011
Albers, Viviane/Wittrock, Manfred: Schulische Bildung in der Kinder- und Jugendpsychiatrie und im Jugendstrafvollzug. In: Ricking, Heinrich/Bolz, Tijs/Rieß, Bastian/Wittrock, Manfred (Hrsg.): Prävention und Intervention bei Verhaltensstörungen: Gestufte Hilfen in der schulischen Inklusion. Stuttgart: Kohlhammer, 2021, S. 105–125
Anderson, Colin J. K./Klassen, Robert M./Georgiou, George K.: Inclusion in Australia: What Teachers Say They Need and What School Psychologists Can Offer. In: School Psychology International 28, 2007, S. 131–147. Im Internet unter http://spi.sagepub.com/content/28/2/131.full.pdf+html [17.02.2011]
Bach, Heinz: Sonderschule gestern, heute, morgen. Perspektiven schulischer Förderung beeinträchtigter Kinder und Jugendlicher. Zeitschrift für Heilpädagogik 46, 1995, S. 4–7.
Bielefeldt, Heiner: Menschenrechte auf inklusive Bildung. Der Anspruch der UN-Behindertenrechtskonvention. In: Vierteljahresschrift für Heilpädagogik und ihre Nachbargebiete 79, 2010, S. 66–69
Biewer, Gottfried: »Inclusive Education« – Effektivitätssteigerung von Bildungsinstitutionen oder Verlust heilpädagogischer Standards. In: Zeitschrift für Heilpädagogik 56, 2005, S. 101–108

Bless, Gérard: Zur Wirksamkeit der Integration. Forschungsüberblick, praktische Umsetzung einer integrativen Schulform, Untersuchungen zum Lernfortschritt. Bern: Huber, ³2007

Bolz, Tijs/Ricking, Heinrich: Kurzzeitinterventionen. In: Ricking, Heinrich/Bolz Tijs/Rieß, Bastian/Wittrock, Manfred (Hrsg.): Prävention und Intervention bei Verhaltensstörungen: Gestufte Hilfen in der schulischen Inklusion. Stuttgart: Kohlhammer, 2021, S. 72–84

Bolz, Tijs/Rieß, Bastian: Gestuftes System der Hilfen. In: Ricking, Heinrich/Bolz Tijs/Rieß, Bastian/Wittrock, Manfred (Hrsg.): Prävention und Intervention bei Verhaltensstörungen: Gestufte Hilfen in der schulischen Inklusion. Stuttgart: Kohlhammer, 2021, S. 31–49

Bunch, Gary: Crucial Terms for Inclusion and Special Education: Confusion in Education for Learners with Disabilities. Vortrag beim Inclusive and Supportive Education Congress, International Special Education Conference, Inclusion: Celebrating Diversity? In Glasgow, Schottland, am 1.–4. August 2005. Im Internet unter http://www.isec2005.org.uk/isec/abstracts/papers_b/bunch_g.shtml [12.09.2013]

Casale, Guido/Huber, Christian/Hennemann, Thomas/Grosche, Michael (2019): Direkte Verhaltensbeurteilung in der Schule. Eine Einführung für die Praxis. München: Ernst Reinhard.

Department of Education New Brunswick (Hrsg.): Guidelines and Standards – Educational Planning for Students with Exceptionalities. Im Internet unter http://www.gnb.ca/0000/publications/ss/sep.pdf [12.09.2013]

Deno, Stanley L.: Developments in curriculum-based measurement. In: The Journal of Special Education 37, 2003, S. 184–192

Deutsche UNESCO-Kommission: Inklusion: Leitlinien für die Bildungspolitik. Bonn: Deutsche UNESCO-Kommission e.V. (DUK), 2009

Durlak, Joseph A./Weissberg, Roger P./Dymnicki, Allison B./Taylor, Rebecca D./Schellinger, Kriston B.: The impact of enhancing students social and emotional learning: a meta-analysis of school-based universal interventions. In: Child Development 82, 2011, S. 405–432

Dyson, Alan: Die Entwicklung inklusiver Schulen: drei Perspektiven aus England. In: Die deutsche Schule 102, 2010, S. 115–126

Ellinger, Stephan: Institutionen der Heil- und Sonderpädagogik. In: Hansen, Gerd/Stein, Roland (Hrsg.): Kompendium Sonderpädagogik. Bad Heilbrunn: Klinkhardt, 2006, S. 261–275

Ellinger, Stephan/Stein, Roland: Effekte inklusiver Beschulung: Forschungsstand im Förderschwerpunkt emotionale und soziale Entwicklung. In: Empirische Sonderpädagogik 4, 2012, S. 85–109

Erich, Regina: Entwicklungspädagogische Förderung von Kindern mit sozial-emotionalem Förderbedarf. In: Gasteiger-Klicpera, Barbara/Julius, Henry/Klicpera, Christian (Hrsg.): Sonderpädagogik der sozialen und emotionalen Entwicklung. Handbuch Sonderpädagogik – Band 3. Göttingen: Hogrefe, 2008, S. 622–644

Fairbanks, Sarah/Sugai, George/Guardino, David/Lathrop, Margaret: Response to Intervention: Examining Classroom Behavior Support in Second Grade. In: Exceptional Children 73, 2007, S. 288–310

Farell, Peter/Dyson, Alan/Polat, Filiz/Hutcheson, Graeme/Gallanough, Frances: Inclusion and achievement in mainstream schools. In: European Journal of Special Needs Education, 22, 2007, S. 131–145

Finnish National Board of Education: Education. 2013. Im Internet unter http://www.oph.fi/english/education [09.09.2013]

Fuchs, Douglas/Fuchs, Lynn S./Stecker, Pamela M.: The »Blurring« of Special Education in a New Continuum of General Education Placements and Services. In: Exceptional Children 76, 2010, S. 301–323

Fuchs, Lynn S.: The Past, Present, and Future of Curriculum-Based Measurement Research. In: School Psychology Review 33, 2004, S. 188–192

Gouvernement du Quebec: Loi sur l'instruction publique (Education Act). 2011. Im Internet unter http://www2.publicationsduquebec.gouv.qc.ca/dynamicSearch/telecharge.php?type=2&file=/I_13_3/I13_3_A.html [12.09.2013]

Groeben, Annemarie von der: Verschiedenheit nutzen – Besser lernen in heterogenen Gruppen. Berlin: Cornelsen, 2008

Hartke, Bodo/Koch, Katja: Qualitätsstandards von Prävention und Präventionsforschung. In: Borchert, Johann/Hartke, Bodo/Jogschies, Peter (Hrsg.): Frühe Förderung entwicklungsauffälliger Kinder und Jugendlicher. Stuttgart: Kohlhammer, 2008, S. 37–56

Hattie, John: Lernen sichtbar machen. Baltmannsweiler: Schneider-Verlag Hohengehren, 2013

Hegarty, Seamus: Inclusive Education – a Case to Answer. In: Journal of Moral Education 30, 2001, S. 243–249

Heimlich, Ulrich: Schulische Organisationsformen sonderpädagogischer Förderung auf dem Weg zur Inklusion. In: Heimlich, Ulrich/Kahlert, Joachim (Hrsg.): Inklusion in Schule und Unterricht. Wege zu Bildung für alle. Stuttgart: Kohlhammer, 2014, S.80–116

Hennemann, Thomas/Ricking, Heinrich/Hillenbrand, Clemens: Didaktik in der schulischen Erziehungshilfe: Wie arbeiten Lehrkräfte im Förderschwerpunkt Emotionale und soziale Entwicklung? In: Zeitschrift für Heilpädagogik, 60, 2009, S. 131–138

Herz, Birgit/Kuorelahti, Matti: Integrative Förderung in Finnland. In: Zeitschrift für Heilpädagogik 56, 2005, S. 330–334

Hillenbrand, Clemens: Einführung in die Pädagogik bei Verhaltensstörungen. München: Reinhardt, 2008

Hillenbrand, Clemens: Integration bei Verhaltensstörungen: Die Mobile Erziehungshilfe in Bayern. In: Die neue Sonderschule 44, 1999, S. 186–207

Hillenbrand, Clemens/Hennemann, Thomas: Präventive Erziehungshilfe in der Grundschulstufe. In: Zeitschrift für Heilpädagogik 57, 2006, S. 42–51

Hippler, Bernd: Mobile schulische Erziehungshilfe. Pädagogisch-therapeutische Maßnahmen von Sonderschullehrern bei verhaltensgestörten Kindern an Grund- und Hauptschulen. Birkach: Ladewig-Verlag, 1985

Hobbs, Julie: Lessons from Quebec's English Sector. In: Education Canada. Web Exclusive. Im Internet unter http://www.cea-ace.ca/education-canada/article/web-exclusive-inclusive-education-lessons-quebec's-english-sector [12.09.2013]

Huber, Christian: Jenseits des Modellversuchs: Soziale Integration von Schülern mit sonderpädagogischem Förderbedarf im Gemeinsamen Unterricht – Eine Evaluationsstudie. In: Heilpädagogische Forschung 2008, S. 2–14

Huber, Christian: Gemeinsam einsam? Empirische Befunde und praxisrelevante Ableitungen zur sozialen Integration von Schülern mit sonderpädagogischem Förderbedarf im Gemeinsamen Unterricht. In: Zeitschrift für Heilpädagogik 60, 2009, S. 242–248

Huber, Christian: Soziale Referenzierungsprozesse und soziale Integration in der Schule. In: Empirische Sonderpädagogik 3, 2011, S. 20–36

Jensen, Mary M.: Introduction to emotional and behavioral Disorders. Recognizing and managing problems in the classroom. Upper Saddle River: Prentice Hall, 2005

Jimerson, Shane R./Oakland, Thomas D./Farrel, Peter T. (Hrsg.): The Handbook of International School Psychology. Thausend Oaks: Sage Publications, 2007

Johnson, Mellard E./Fuchs, D./McKnight, M. A.: Responsiveness to Intervention (RTI): How to Do It. National Research Center on Learning Disabilities. 2006. Im Internet unter http://eric.ed.gov/ERICWebPortal/contentdelivery/servlet/ERICServlet?accno=ED496979 [13.09.2013]

Jordan, Anne/Stanovich, Paula: Patterns of Teacher-Student Interaction in Inclusive Elementary Classrooms and Correlates with Student Self-Concept. In: International Journal of Disability, Development and Education 48, 2001, S. 33–52

Jordan, Anne/Schwartz, Eeileen/McGhie-Richmond, Donna: Preparing teachers for inclusive classrooms. In: Teaching and Teacher Education, 25, 2009, S. 535–542. Im Internet unter http://www.sciencedirect.com/science/article/pii/S0742051X09000365 [09.03.2011]

Jordan, Anne/Glenn, Christine/McGhie-Richmond, Donna: The Supporting Effective Teaching (SET) project: The relationship of inclusive teaching practices to teachers' beliefs about disability and ability, and about their roles as teachers. In: Teaching and Teacher Education 26, 2010, S. 259–266. Im Internet unter http://www.sciencedirect.com/science/article/pii/S0742051X09000729 [10.02.2011]

Kauffman, James M./Hallahan, Daniel P. (Hrsg.): The Illusion of Full Inclusion: A Comprehensive Critique of a Current Special Education Bandwagon. Austin: Pro-Ed, 2005

Kavale, Kenneth A./Forness, Steven R.: Social skill deficits and learning disabilities: A meta-analysis. In: Journal of Learning Disabilities, 29, 1996, S. 226–237. Im Internet unter http://dx.doi.org/10.1177/002221949602900301 [15.09.2013]

Kavale, Kenneth: Effectiveness of special education. In: Gutkin, Terry B./Reynolds, Cecil R. (Hrsg.): The handbook of school psychology. Oxford: John Wiley & Sons, Inc., 31999, S. 984–1024

Kivirauma, Joel/Ruoho, Kari: Excellence through special education? Lessons from the Finnish school reform. In: International Review of Education 53, 2007, S. 283–302

Klemm, Klaus: Inklusion in Deutschland – eine bildungsstatistische Analyse, 2013. Im Internet unter http://www.bertelsmann-stiftung.de/cps/rde/xbcr/SID-9FE1D608-39300339/bst/xcms_bst_dms_37485_37486_2.pdf [15.08.2013]

Klemm, Klaus: Inklusion in Deutschland – Daten und Fakten. Gutachten im Auftrag der Bertelsmann Stiftung. Gütersloh, 2015. Im Internet unter https://www.bertelsmann-stiftung.de/fileadmin/files/BSt/Publikationen/GrauePublikationen/Studie_IB_Klemm-Studie_Inklusion_2015.pdf [16.03.2017]

KMK (Kultusministerkonferenz): Empfehlungen zum Förderschwerpunkt emotionale und soziale Entwicklung. In: Drave, Wolfgang/Rumpler, Franz/Wachtel, Peter (Hrsg.): Empfehlungen zur sonderpädagogischen Förderung. Allgemeine Grundlagen und Förderschwerpunkte (KMK) mit Kommentaren. Würzburg: Edition Bentheim, 2000, S. 343–365

KMK (Kultusministerkonferenz): Sonderpädagogische Förderung in Schulen 1993 bis 2003. Dokumentation Nr. 170. Bonn: Sekretariat der Ständigen Konferenz der Kultusminister der Länder in der Bundesrepublik Deutschland. Im Internet unter http://www.kmk.org/fileadmin/pdf/PresseUndAktuelles/Dok170.pdf [01.04.2009]

KMK (Kultusministerkonferenz): Sonderpädagogische Förderung in Schulen 1997 bis 2008. Dokumentation Nr. 189. Bonn: Sekretariat der Ständigen Konferenz der Kultusminister der Länder in der Bundesrepublik Deutschland. Im Internet unter http://www.kmk.org/fileadmin/pdf/Statistik/Dok_189_SoPaeFoe_2008.pdf [02.11.2010]

KMK (Kultusministerkonferenz): Sonderpädagogische Förderung in Schulen 2015/2016. Ergänzung zur Dokumentation Nr. 2010. Bonn: Sekretariat der Ständigen Konferenz der Kultusminister der Länder in der Bundesrepublik Deutschland. Im Internet unter https://www.kmk.org/fileadmin/Dateien/pdf/Statistik/Dokumentationen/Aus_So Pae_2015.pdf [12.12.2016]

Laaksonen, Pirjo/Laitinen, Kristiina/Salmi, Minna: School Psychology in Finland. In: Jimerson, Shane R./Oakland, Thomas D./Farrel, Peter T. (Hrsg.): The Handbook of International School Psychology. Thausend Oaks: Sage Publications, 2007, S. 103–111

Lee, Ahhyun/Gage, Nicholas A.: Updating and expanding systematic reviews and meta-analyses on the effects of school-wide positive behavior interventions and supports [Article]. Psychology in the Schools, 57 (5), 2020, S. 783–804. Im Internet unter https://doi.org/10.1002/pits.22336 [14.05.2024]

Lindmeier, Christian: Sonderpädagogische Lehrerbildung für ein inklusives Schulsystem? In: Zeitschrift für Heilpädagogik 60, 2009, S. 416–427

Lindsay, Geoff: Educational psychology and the effectiveness of inclusive educational mainstreaming. In: British Journal of Educational Psychology 77, 2007, S. 1–24

Lösel, Friedrich/Beelmann, Andreas: Effects of Child Skills Training in Preventing Antisocial Behavior: A Systematic Review of Randomized Evaluations. In: The Annals of the American Academy of Political and Social Science 587, 2003, S. 84–109

MacKay, Wayne A.: Connecting, Care and Challenge: Tapping our Human Potential. Inclusive Education: A Review of Programming and Services in New Brunswick. Im Internet unter http://www.gnb.ca/0000/publications/mackay/Summary%20Document%20MacKay%20Report.pdf [12.09.2013]

Mays, Daniel: In Steps! – wirksame Faktoren schulischer Transition. Gestaltung erfolgreicher Übergänge bei Gefühls- und Verhaltensstörungen. Bad Heilbrunn: Klinkhardt, 2014

Mikami, Aamori Y./Griggs, Marissa S./Reuland, Meg M./Gregory, Anne: Teacher practices as predictors of children's classroom social preference. In: Journal of School Psychology 50, 2012, S. 95–112

Müller, Christoph M.: Negative peer influence in special needs classes – a risk for students with problem behavior? In: European Journal of Special Needs Education 25, 2010, S. 431–444

Müller, Christoph M./Hofmann, Verena/Studer, Felix: Lässt sich individuelles Schülerverhalten durch das Verhalten der Klassenkameraden vorhersagen? Ergebnisse einer Querschnittstudie und ihre Relevanz für die Frage einer integrativen vs. Separativen

Beschulung verhaltensauffälliger Schüler. In: Empirische Sonderpädagogik 4, 2012, S. 11–18

Müller, Christoph M./Begert, Thomas/Hofmann, Verena/Studer, Felix: Effekte der Klassenzusammensetzung auf individuelles schulisches Problemverhalten: Welche Rolle spielt das Verhalten der Gesamtklasse, der »Coolen«, der »Extremen« und der persönlichen Freunde? In: Zeitschrift für Pädagogik 59 (5), 2013, S. 722–742

Myschker, Norbert/Stein, Roland: Verhaltensstörungen bei Kindern und Jugendlichen. Stuttgart: Kohlhammer, 2018

Niedersächsisches Kultusministerium: Grundsatzerlass Sonderpädagogische Förderung. Im Internet unter http://www.nibis.de/~as-lg2/download/grundsatzerlass.pdf [20.09.2010]

Nitz, Jannik/Brack, Fabienne/Hertel, Sophia/Krull, Johanna/Stephan, Helen/Hennemann, Thomas/Hanisch, Charlotte: Multi-tiered systems of support with focus on behavioral modification in elementary schools: A systematic review. Heliyon, 9 (6), 2023. Im Internet unter https://doi.org/10.1016/j.heliyon.2023.e17506 [14.05.2024]

Porter, Gordon L./Stone, Julie: An Inclusive School Model: A Framework and Key Strategies for Success. In: Putnam, Joanne W. (Hrsg.): Cooperative Learning and Strategies for Inclusion. Baltimore: Paul Brookes Publishing, ²1998, S. 229–248

Porter, Gordon L.: The Methods & Ressource Teacher: A Collaborative Consultant Model. In: Porter, Gordon L./Richler, Diane (Hrsg.): Changing Canadian Schools: Perspectives on Disability and Inclusion. North York, Ontario: Roeher Institute, 1991, S. 107–154

Preuss-Lausitz, Ulf: Gemeinsam auf dem Weg. Zu Perspektiven integrativer Arbeit mit schwierigen Kindern und Jugendlichen. In: Preuss-Lausitz, Ulf (Hrsg.): Schwierige Kinder – Schwierige Schule. Weinheim: Beltz, 2004, S. 11–23

Preuss-Lausitz, Ulf/Textor, Anette: Verhaltensauffällige Kinder sinnvoll integrieren – eine Alternative zur Schule für Erziehungshilfe. In: Zeitschrift für Heilpädagogik 57, 2006, S. 2–8

Reiser, Helmut: Integrierte schulische Erziehungshilfe. In: H. Reiser, M. Willmann & M. Urban (Hrsg.), Sonderpädagogische Unterstützungssysteme bei Verhaltensproblemen in der Schule. Innovationen im Förderschwerpunkt emotionale und soziale Entwicklung. Bad Heilbrunn: Klinkhardt, 2007, S.71–90

Reiser, Helmut/Willmann, Marc/Urban, Michael: Sonderpädagogische Unterstützungssysteme bei Verhaltensproblemen in der Schule. Bad Heilbrunn: Klinkhardt, 2007

Reschley, Daniel/Bergstrom, Melissa K.: Response to Intervention. In: Gutkin, Terry B./Reynolds, Cecil R. (Hrsg.): The handbook of school psychology. Hoboken, N. J.: Wiley, ⁴2009, S. 434–460

Ricking. Heinrich: Förderschule als Durchgangsschule. In: Ricking, Heinrich/Bolz, Tijs/Rieß, Bastian/Wittrock, Manfred (Hrsg.): Prävention und Intervention bei Verhaltensstörungen: Gestufte Hilfen in der schulischen Inklusion. Stuttgart: Kohlhammer, 2021, S. 84–94

Ricking, Heinrich/Hennemann, Thomas: Stillstand oder Innovationen? Tendenzen in der Didaktik und Methodik im Förderschwerpunkt emotionale und soziale Entwicklung. In: Biewer, Gottfried/Luciak, Mikael/Schwinge, Mirella (Hrsg.): Begegnung und Differenz: Menschen – Länder – Kulturen. Beiträge zur Heil- und Sonderpädagogik. Bad Heilbrunn: Klinkhardt, 2008, S. 361–370

Ricking, Heinrich/Ockenga, Frank (Hrsg.): Mobile Dienste in der schulischen Erziehungshilfe. Oldenburg: Diz, 2011.

Ricking, Heinrich/Bolz, Tijs/Rieß, Bastian/Wittrock, Manfred (Hrsg.): *Prävention und Intervention bei Verhaltensstörungen: Gestufte Hilfen in der schulischen Inklusion.* Stuttgart: Kohlhammer, 2021.

Riedel, Eibe: Gutachten zur Wirkung der internationalen Konvention über die Rechte von Menschen mit Behinderung und ihres Fakultativprotokolls auf das deutsche Schulsystem. Dortmund u. a.: Gemeinsam Leben, Gemeinsam Lernen – Landesarbeitsgemeinschaft NRW e. V., 2010. Im Internet unter www.gemeinsam-leben.nrw.de/sites/default/files/Gutachten_Zusammenfassung_o.pdf [20.09.2013]

Scheer, David/Melzer, Conny: Trendanalyse der KMK-Statistiken zur sonderpädagogischen Förderung 1994 bis 2019. In: Zeitschrift für Heilpädagogik 71, 2020, S. 575–591

Spalding, Bob/Kastirke, Nicole: Umgang mit »auffälligem Verhalten«. Das Konzept des »Quiet Place« an englischen Grundschulen. In: Zeitschrift für Heilpädagogik 53, 2002, S. 378–382

Speck, Otto: Schulische Inklusion aus heilpädagogischer Sicht. Reinhardt: München, 2010

Speck, Otto: Wage es nach wie vor, dich deines eigenen Verstandes zu bedienen! In: Zeitschrift für Heilpädagogik 62, 2011, S. 84–91

Spies, Aanke/Chamakalayil, Lalitha/Wittrock, Manfred/Ricking, Heinrich: Abschlussbericht. Wissenschaftliche Begleitung der »Delmenhorster Präventionsbausteine«. Oldenburg: Universität, 2010

Stanovich, Paula J./Jordan, Anne: Canadian Teachers' and Principals' Beliefs about Inclusive Education as Predictors of Effective Teaching in Heterogeneous Classrooms. In: Elementary School Journal 98, 1998, S. 221–238

Stein, Roland/Stein, Alexandra: Unterricht bei Verhaltensstörungen. Ein integratives didaktisches Modell. Bad Heilbrunn: Klinkhardt, 2006

Stein, Roland: Pädagogik bei Verhaltensstörungen – zwischen Inklusion und Intensivangeboten. In: Zeitschrift für Heilpädagogik 62, 2011, S. 324–336

Team MoDiEDel/Ricking, Heinrich: Mobiler Dienst Emotionale und soziale Entwicklung Delmenhorst. In: Ricking, Heinrich/Ockenga, Frank (Hrsg.): Mobile Dienste in der schulischen Erziehungshilfe. Oldenburg: Diz, S. 59–69

Vaughn, Sharon/Linan-Thompson, Sylvia/Hickman, Peggy: Response to Instruction as a Means of Identifying Students with Reading/Learning Disabilities. In: Exceptional Children 69, 2003, S. 391–409

Vernooij, Monika A.: Zur Problematik der schulischen integrativen Erziehung und Bildung von Kindern und Jugendlichen mit Verhaltensstörungen. In: Ricking, Heinrich/Schulze, Gisela C. (Hrsg.): Förderbedarf in der emotionalen und sozialen Entwicklung. Bad Heilbrunn: Klinkhardt, 2010, S. 29–40

Walker, Hill M./Horner, Robert H./Sugai, George/Bullis, Michael/Sprague, Jeffrey R./Bricker, Diane/Kaufman, Martin J.: Integrated Approaches to Preventing Antisocial Behavior Patterns among School-Age Children and Youth. Journal of Emotional and Behavioral Disorders, 4 (4), 2016, S. 194–209. Im Internet unter https://doi.org/10.1177/106342669600400401 [14.05.2024]

Wachtel, Peter: Situation und Perspektiven des Förderschwerpunktes Emotionale und soziale Entwicklung. In: Ricking, Heinrich/Schulze, Gisela C. (Hrsg.): Förderbedarf in der emotionalen und sozialen Entwicklung. Bad Heilbrunn: Klinkhardt, S. 14–28

Willmann, Marc: Schulen für Erziehungshilfe – Survey 2004/05. In: Zeitschrift für Heilpädagogik 56, 2005, S. 442–455

Willmann, Marc: Die Schule für Erziehungshilfe/Schule mit dem Förderschwerpunkt Emotionale und Soziale Entwicklung: Organisationsformen, Prinzipien, Konzeptionen. In: Reiser, Helmut/Willmann, Marc/Urban, Michael: Sonderpädagogische Unterstützungssysteme bei Verhaltensproblemen in der Schule. Bad Heilbrunn: Klinkhardt, 2007, S. 13–69

Winzer, Margret: Children with exceptionalities in Canadian classrooms. Scarborough, Ontario: Prentice Hall Allyn & Bacon Canada, 1999

Wocken, Hans: Sonderpädagogischer Förderbedarf als systemischer Begriff. In: Sonderpädagogik 26, 1996, S. 34–38

Zeitler, Gerhard: Treffen der Landesreferentinnen und -referenten des Förderschwerpunkts »Emotionale und Soziale Entwicklung« 2011 in Berlin. In: Zeitschrift für Heilpädagogik 62, 2011, S. 282

www.sfeh.de [12.10.2013]

# Beziehung statt Erziehung?
# Psychoanalytische Perspektiven auf pädagogische Herausforderungen in der Praxis mit emotional-sozial belasteten jungen Menschen

Birgit Herz/David Zimmermann

Die Psychoanalytische Pädagogik ist ein Theorierahmen, der die biographischen Belastungen von Kindern und Jugendlichen und ihre Widerspiegelung in pädagogischen Interaktionen in den Mittelpunkt der Erziehungs- und Bildungsarbeit rückt. Armutslagen, erlittene Diskriminierungen, dysfunktionale familiäre Sozialisation, Gewalterfahrungen oder Trennungserleben zeigen sich auf der Verhaltensebene der hiervon betroffenen jungen Menschen. Sie führen oft zu Krisen und Konflikten im Schulalltag und belasten Lehrkräfte. Gleichwohl ist auch die Schule sowie ihre eigene Involviertheit in Wettbewerbs- und Optimierungslogiken an diesen herausfordernden Dynamiken beteiligt. Der psychodynamisch-interaktionelle Zugang zur pädagogischen Beziehungsgestaltung mit dieser Zielgruppe ist von zentraler Bedeutung, um die Reinszenierungen der biographischen und aktualgenetischen Verletzungen in institutionellen Systemen professionell wahrnehmen und anerkennen zu können. Nur auf diesem Weg lassen sich pädagogische Beziehungen entwicklungsförderlich, dabei sowohl haltend als auch zumutend gestalten.

Pädagogische Handlungskompetenz zeichnet sich hier durch eine hermeneutische Diagnostik und eine kontinuierliche Selbstreflexion besonders in schwierigen Phasen der Erziehungsprozesse aus. Der Beitrag versteht sich als Angebot zur Erweiterung der fachlichen Kompetenzen von Lehrkräften und als Plädoyer für das Primat der Beziehungsarbeit unter Beachtung ihrer triangulären, d.h. auf den Unterrichtsgegenstand bezogenen Komponente. Damit wird die aktuelle Inklusionsdiskussion um eine wesentliche personale Dimension erweitert.

## 1 Beziehung und Erziehung bei Kindern und Jugendlichen in Risikolagen

*Die Fünftklässlerin Hanna kommt verspätet zur ersten Stunde. Ihre Mitschüler, alle männlichen Geschlechts, rufen daraufhin in den Raum: »Ins Klassenbuch eintragen! Fünfzehn Minuten verspätet!« Hanna geht zu ihrem Platz, erwidert einem der Rufenden: »Fick deine Mutter«. Ein Wort gibt das andere, gegenseitigen Beschimpfungen und Drohungen folgen. Der Lehrer, der sich vorgenommen hatte, Hanna heute wertschätzend zu begrüßen, hat große Mühe, wieder Ruhe in die Klasse zu bringen und ist wütend auf das Mädchen.*

Ein solcher Ausschnitt spiegelt nicht untypische Interaktionen im Förderschwerpunkt emotional-soziale Entwicklung wider. Die starke emotionale Reaktion Hannas, gepaart mit einem aggressiv-ausagierenden Verhalten, fordert die professionelle Haltung der Lehrkraft heraus. Gleichermaßen zeigt diese kurze Sequenz auch, dass dieser Beobachtungsausschnitt allein nahezu keine Rückschlüsse auf die Belastungen des Mädchens oder gar pädagogische Handlungsoptionen zulässt. Nicht ausschließlich, aber insbesondere aus Perspektive der psychoanalytischen Pädagogik lässt sich die Beeinträchtigung nur im Wechselspiel von sozialer und relationaler Erfahrung, (unbewusster) Verinnerlichung und primär nonverbalem Ausdruck über das Verhalten konzeptualisieren (Dietrich/Zimmermann/Hofman, 2020).

In Deutschland wird ein hoher Anteil der Gesamtgruppe psychosozial beeinträchtigter Kinder und Jugendlicher im gemeinsamen Unterricht beschult, aufgrund systemischer Ressourcenzuweisungen wird vielerorts allerdings erst gar kein diagnostisches Feststellungsverfahren mehr durchgeführt (Liesebach, 2015); parallel dazu steigt die absolute Zahl der separiert beschulten Schüler:innen mit diesem Förderbedarf (Müller/Stein, 2013; Liesebach, 2020). In dem sozial relativ begrenzten System Schule mit dem Förderschwerpunkt emotionale und soziale Entwicklung treffen Schüler:innen mit heterogenen Risiko- und Belastungsbiographien aufeinander. In vielen Fällen entstehen in der Gruppe dann kumulative Effekte hinsichtlich der beeinträchtigten Selbst- und Fremdvorstellungen. Weder empirisch (Stein/Ellinger, 2012) noch theoriegeleitet (Herz, 2019) lassen sich jedoch einfache Antworten hinsichtlich des institutionell und systembezogen geeigneten strukturellen Rahmens finden; simplifizierende Aussagen zur »richtigen« äußeren Organisationsform für alle Kinder und Jugendlichen verbieten sich deshalb.

Willmann (2015) und vielen anderen Vertreter:innen einer praxeologischen Orientierung des Fachs zufolge kann eine Annäherung an Fragen der Teilhabe und Entwicklung von Kindern und Jugendlichen mit erheblichen psychosozialen Beeinträchtigungen nur gelingen, wenn »hinter das Verhalten« geschaut wird. Wer allerdings »nur« auf biographische Bedingtheit dieser Verhaltensweisen fixiert bleibt, vergisst allzu oft, wie De-Professionalisierung und institutionelle Verantwortungslosigkeit zumindest gleichwertige Bedingungsfelder für die sehr herausfordernden Beziehungen zwischen jenen Kindern und Jugendlichen und deren Fachkräften bilden (Bleher/Hoanzl, 2018, S. 84–86; Herz, 2019; von Freyberg/Wolff, 2005).

Dieses Beziehungsgeschehen schließt eine Begrenzung des Erziehungsgedankens auf ein Methodenrepertoire verhaltensmodifikatorischer Interventions- und Trainingsprogramme (Hillenbrand/Hennemann/Hens, 2010; Hövel/Hennemann/Rietz, 2019) aus, da sie zusammengenommen eine Verhaltens- und damit Emotionsregulation versprechen, die auch exkludierende Effekte erzeugt (vgl. Willmann, 2015; Herz, 2021). Der Bedeutung der Beziehung in pädagogischen Prozessen wird zwar im Förderschwerpunkt emotionale und soziale Entwicklung kaum jemand widersprechen, jedoch wird diese Terminologie zumeist mainstreamartig als Worthülse genannt. So entsteht in der pädagogischen Praxis nicht selten der Eindruck, dass die Handlungsanleitungen und die dadurch entstehende »vermeintliche« Sicherheit zur Vermeidung des Blicks »hinter das Verhalten« beitragen.

Im Hinblick auf psychoanalytische und traumatheoretische Aspekte belegte Garz bereits 2004, dass die Erziehungsarbeit im Förderschwerpunkt emotionale und soziale Entwicklung immer eines zweiten Bezugsrahmens außerhalb des Klassenraums bedarf. »Diesen zweiten Bezugsrahmen bietet im Ansatz jede pädagogische Fallarbeit« (ebd., S. 22). Mit einem Classroom Management (Piwowar 2013) allein ist der Beziehungs- und Erziehungsarbeit in diesem Kontext demnach noch nicht genüge getan. Vielmehr müsste der Begriff des Managements selbst bereits kritisch hinterfragt werden, da unklar bleibt, ob überhaupt und welche Qualität des Beziehungsgeschehens adressiert wird und welche inhärenten emotionalen Dynamiken über eine scheinbar erfolgversprechende Handlungsorchestrierung des Managements abgewehrt werden (vgl. Gewirtz, 2002).

Mit der Fallskizze vom Beginn kann im Folgenden exemplarisch gezeigt werden, wie schwer der Grundsatz des Primats der Beziehungsarbeit konkret in der Praxis einzuhalten ist und welch komplexe Anforderungen eine solche an Fachkräfte stellt. Längsschnittstudien belegen – weitgehend schulsystemunabhängig – ein überdurchschnittliches Belastungserleben bei Lehrkräften in der Arbeit mit dieser Gruppe (Ahrbeck/Fickler-Stang/Lehmann/Weiland, 2021; Bolton/Laaser, 2020). So werden die teils extremen Beziehungsmuster der Kinder und Jugendlichen, die Wechsel zwischen Idealisierung und Entwertung von Lehrkräften, als sehr belastend beschrieben. Von Freyberg und Wolff (2005; 2006) haben in ihrer zweibändigen Untersuchung »Störer und Gestörte« anschaulich dargelegt, wie es Kindern und Jugendlichen gelingt, dass selbst kompetente und erfahrene Praktiker:innen sich hilflos in Konflikte und Eskalationsspiralen verwickeln lassen. Von gelungener Beziehungsarbeit kann in diesen Situationen keine Rede sein. Schließlich sehen in den Fallgeschichten viele der Professionellen keine »andere Lösung mehr [...], als diese Kinder und Jugendlichen weiterzuleiten und auszustoßen« (v. Freyberg/Wolff, 2005, S. 11).

Die Psychoanalytische Pädagogik gründet ihre Bedeutung und Reichweite ganz besonders auf der Arbeit mit lebensgeschichtlich und aktuell schwer belasteten Kindern und Jugendlichen. In ihrer fast 100-jährigen Geschichte hat sie sich stets besonders mit diesen Kindern und hier mit der Qualität ihrer Beziehungsgestaltungen befasst (Überblick bei Dörr, 2016). Psychoanalytische Pädagogik beschäftigt sich somit mit einer Gruppe von Schüler:innen, die angesichts der derzeitigen Dominanz von evidenzbasierter Intervention und messbarem Fortschritt allzu schnell übersehen wird. Die Beziehung ist in der psychoanalytisch-pädagogischen Tradition nicht nur Grundlage gelungener Erziehungsarbeit, sondern Medium der Diagnostik sowie der Arbeit an emotionaler Entwicklung selbst. Der Leitbegriff der Praxeologie zeigt dabei die Wechselwirkung von praxisreflektierender Theoriebildung, theoriegeleiteter Praxis und praxisrelevanter Empirie auf (Zimmermann/Hennemann, 2023). Diese Praxeologie im Verständnis der Psychoanalytischen Pädagogik eröffnet neue, humane und partizipative Handlungsoptionen, ohne die in diesem Prozess entstehenden Unsicherheiten, Irritationen und möglicherweise Enttäuschungen zu verleugnen (Bernfeld, 1929; Dörr, 2019).

Die obige Fallskizze zeigt auch: Nicht nur Hannas emotionale und kognitive Entwicklung ist durch ihre Beeinträchtigungen gefährdet. Auch die soziale Entwicklung der Gruppe sowie ihre Lernmöglichkeiten werden durch solche Verhaltensweisen eingeschränkt (Hechler, 2018). Damit rückt eine sowohl in der Unterrichtsforschung als auch in der Psychoanalytischen Pädagogik zu wenig beachtete Frage von Bildung und Erziehung in den Fokus: Wie können relationale Angebote an Kinder und Jugendliche mit erheblichen psychosozialen Beeinträchtigungen einerseits und emotional aushaltbare und zur Entwicklung anregende Unterrichtsangebote für die Gruppe andererseits verschränkt werden? Nur im Wechselspiel beider Dimensionen können Lernblockaden gelöst und korrigierende Beziehungserfahrungen verinnerlicht werden (Reiser, 1977).

So ist eine dyadische, d.h. auf zwei Personen beschränkte Beziehungsvorstellung in inklusiven Schulsettings nicht anschlussfähig (Herz, 2006); sowohl das trianguläre Geschehen über den Unterricht als auch die Bedeutung der Klasse als Gruppe in inklusiven Bildungsangeboten müssen differenziert ausbuchstabiert werden (Hofmann, 2013). Nur so entfaltet sich der emanzipative Anspruch einer Psychoanalytischen Pädagogik, der auf Veränderung sozialer Verhältnisse zielt. Entwürfe dazu finden sich bereits bei Siegfried Bernfeld (vgl. Dörr, 2019), insbesondere aber auch in der französischen Tradition der Institutionellen Pädagogik (Dubois/Geffard, 2023). Beziehungsarbeit ist demnach auch Arbeit im und am Sozialen: Da Verhalten und das ihm zugrundeliegende seelische Leid immer auch auf soziale Verwerfungen verweisen, kann die pädagogische Handlungspraxis nie nur die konkrete Beziehung oder eine eindimensionale und technologische Verhaltenssteuerung umfassen; stets ist erzieherisches Handeln demnach auch auf die Beeinflussung und Veränderung sozialer Verhältnisse und spezifischer Unterdrückungsdynamiken gerichtet (Reiser, 1977).

Die Entwicklungsbedingungen von Kindern und Jugendlichen mit dem Förderbedarf emotionale und soziale Entwicklung sollen deshalb zunächst aus psychoanalytischer Perspektive dargestellt werden. Anschließend werden einige Auswirkungen auf den Unterricht und die schulische Beziehungs- und Erziehungsarbeit erläutert. Hieraus lassen sich Chancen psychoanalytisch fundierten Verstehens und Handelns ableiten, um im Abschlusskapitel Überlegungen zu aktuellen Perspektiven dieses Ansatzes unter besonderer Berücksichtigung der Inklusionsprogrammatik vorzunehmen.

## 2 Entwicklungsbedingungen von Kindern und Jugendlichen im Förderschwerpunkt emotionale und soziale Entwicklung

Mit Hilfe der Eingangsszene aus dem Alltag einer Schule mit dem Förderschwerpunkt emotionale und soziale Entwicklung lassen sich einige typische Beziehungs- und Unterrichtsbelastungen in diesem Arbeitsfeld abbilden. Diese emotional stark aufgeladenen Interaktionen stehen eng mit den lebensgeschichtlichen Belastungen der Kinder und Jugendlichen in Verbindung. Dabei sind es selten Einzelerfahrungen oder solche, die eindeutig von der biopsychosozialen Gesamtentwicklung isolierbar sind, welche das Belastungserleben beschreiben. Junge Menschen mit diesem Förderschwerpunkt weisen vielfach komplex belastete Entwicklungsbedingungen auf (Herz, 2013; Herz/Platte,

2017). Größere soziale Zusammenhänge (z.B. gesellschaftliche Rassismuserfahrungen) und unmittelbar persönliches Beziehungserleben (z.B. sexualisierte Gewalt) verdichten sich im Sinne psychoanalytischer Theoriebildung als Repräsentanzen in der Innenwelt und lassen sich in der Reflexion von Erlebens- und Verhaltensanteilen nicht mehr trennscharf voneinander unterscheiden. Die Komplexität der Verflechtungen der hier lediglich skizzierten und damit unwillkürlich reduzierten Belastungsdomänen, wie beispielsweise Rassismus (Davids, 2019), Kindeswohlgefährdung (Herz, 2022), Flucht (Seukwa/Wagner, 2022) oder Armut (Der Paritätische, 2023) illustriert allerdings unmissverständlich den geringen gesellschaftspolitischen Stellenwert von Kindern und Jugendlichen in der Bundesrepublik Deutschland.

Die folgenden Differenzierungssegmente dieser hier nur andeutungsweise kategorial gefassten Notlagen von Heranwachsenden sind eine nur dem Textformat geschuldete Begrenzung.

## 2.1 Soziale Rahmenbedingungen

Die sozialen Rahmenbedingungen beschreiben Bedingungsfelder für gestörte Entwicklungsverläufe. Dabei gibt es keine linear-kausalen Zusammenhänge oder rational-logische Schlussfolgerungen. Empirisch belegt ist hingegen der Zusammenhang zwischen psychosozialen Risikolagen und Beeinträchtigungen in der emotionalen, sozialen und kognitiven Entwicklung von Kindern und Jugendlichen in ihrer gesamten Bildungsbiographie (Laucht/Esser/Schmidt, 2000; Kirsch/Labede/Silkenbeumer, 2020).

Ein Großteil der massiv emotional und sozial beeinträchtigten Kinder und Jugendlichen entstammt schlechten materiellen Verhältnissen. Müller (2010) hält fest, dass der Anteil der von Lernmittelzuzahlung befreiten Kinder an allen Förderschultypen in Berlin deutlich höher ist als an den Grundschulen in den gleichen Ortsteilen. Übersetzt heißt das: Die Armutsquote an den Förderschulen ist stark erhöht. Unter der Lebenslage Armut, d.h. unter den Bedingungen sozioökonomischer und kultureller Benachteiligung, stellen sich zudem kumulative Effekte ein: Sie führen zur Verfestigung multipler Beeinträchtigungen (Centre for Equity & Innovation in Early Childhood, 2008; Heinrich-Böll-Stiftung, 2021). Sozioökonomisch deprivierte Kinder und Jugendliche haben bereits bei der Einschulung schlechte Startchancen; sie werden zudem auch heute, nach über einem Jahrzehnt der Bestandsaufnahme von Müller, in sozial benachteiligten Quartieren sozialisiert (Autor:innengruppe Bildungsberichterstattung, 2022). Die Kinderkommission stellte 2017 entsprechend fest, dass das Risiko für finanziell benachteiligte Kinder, verhaltensauffällig zu werden, deutlich erhöht ist (Kommissionsdrucksache, 2017).

Im Kontext der Theorie Sozialer Desintegration (Heitmeyer, 2007) sind diese sozial- und bildungsbenachteiligten Kinder und Jugendlichen von der positionalen Anerkennung durch Partizipation an materiellen Gütern der Gesellschaft ausgeschlossen. Soziale Desintegration, dessen Bezugsgröße auch, aber nicht allein, finanzieller Mangel ist, widerspricht ›dem fundamentalen Bedürfnis Jugendlicher nach Anerkennung und Selbstbestätigung‹ (Pfeiffer/Wetzels/Enzmann, 1999, S. 3; Ecarius/Berg/Serry/Oliveras, 2017). Dieser Prozess kann sich in der Schule verfestigen und wird derzeit im Kontext pseudoinklusiver Bildungs'reformen' teilweise noch verstärkt (Herz, 2015; 2021).

Unter den dramatischen Konkurrenzbedingungen auf dem Ausbildungs- und Arbeitsmarkt ist diese Zielgruppe nicht oder nur sehr schwer zu vermitteln oder macht mannigfaltige Diskriminierungserfahrungen (Thielen/Kurth, 2023). In englischen Studien werden sie als ›NEEDS‹ etikettiert, als junge Menschen ›Not in Education, Employment or Training‹ (Rennison/Maguire/Middleton/Ashworth, 2005). Diese Jugendlichen müssen gleichsam ihr eigenes ›Planungsbüro‹ für gelingendes Selbstmanagement betreiben, was eine hohe soziale Organisationskompetenz voraussetzt. Fehlende außerfamiliäre und soziale Netzwerke sowie Schulversagen tragen zu hochriskanten Lebenslagen bei, die teilweise kompensiert werden durch aggressives und/oder autoaggressives Verhalten (vgl. Göppel, 2002; Hoyer, 2020). Spezifische Förderorte, in England z.B. die Pupil Referral Units, haben aus dieser Perspektive eine doppelte Funktion: Sie sollen – auf der Vorderbühne – kompensatorische Beziehungs- und Bildungserfahrungen anbieten und bilden – auf der Hinterbühne – zugleich ein Auffangbecken sein für die, die im Sinne der neoliberalen Optimierungslogik ausgeschlossen und entwürdigt sind (Murphy, 2021). Es ist begründet davon auszugehen, dass die (Wieder-)Einrichtung von Kleinklassen, insbesondere in deutschen Bundesländern ohne ein zuverlässig verfügbares schulisches Angebot für Kinder und Jugendliche mit erheblichen psychosozialen Problemen, in gleicher Weise diese doppelte und nur scheinbar widersprüchliche Aufgabe erfüllt (Zimmermann, 2023).

## 2.2 Beziehungserfahrungen

Aus der Heterogenität und Unbestimmtheit möglicher Beziehungserfahrungen schwer belasteter Kinder und Jugendlicher sollen nun exemplarisch vier Aspekte näher erläutert werden, da sie sich nachhaltig auf die emotionale und soziale Entwicklung auswirken. Sie sind gleichermaßen kennzeichnend für die Erfahrungswelt eines großen Teils der Mitglieder dieser Gruppe:

- gestörte familiäre Interaktionsmodi,
- misslingende Mentalisierung,
- Gewalt und sexualisierte Gewalt und
- Trennungen und Verluste.

### 2.2.1 Gestörte familiäre Interaktionsmodi

Die empirischen und theoretischen Erträge der für die Pädagogik zentralen psychoanalytischen Schulen sowie der neueren Säuglingsforschung belegen, dass zuverlässige emotionale Beziehungserfahrungen in den ersten Lebensjahren die Voraussetzung für eine gelingende biologische, kognitive und psychosoziale Entwicklung sind (Poscheschnik, 2016).

Ein zentrales Entwicklungsfundament ist das von Bion (1990) erforschte »Containing«. In den ersten Lebensjahren stehen noch keine ausreichend ausgebildeten emotionalen Strukturierungsmuster und -codes zur Verfügung, so dass biopsychosensitive Erfahrungen – Hunger, Dunkelheit, Kälte usw. – als bedrohlich erlebt werden. Die primären Beziehungspersonen reagieren in der Regel feinfühlig auf diese Empfindungen des Kleinkinds. Analog zu einem Container nehmen feinfühlige primäre Bezugspersonen diese ängstigenden biopsychischen Affekte gleichsam wie ihre eigenen auf und stellen sie ›angstbereinigt‹, in facettenreichen Übersetzungen, ihrem Kind wieder zur Verfügung. Was hier wie ein quasi technischer Vorgang klingt, ist ein hochkomplexer, bewusster und teils auch unbewusster Prozess vielfältiger verbaler und nonverbaler Interaktionen, welcher für die Entwicklung einer altersangemessenen Emotionsregulation unverzichtbar ist. In dysfunktionalen Familienkonstellationen fehlt dieser gegenseitige Austausch oder ist deutlich beeinträchtigt (Brisch, 2000). Bei emotional selbst beeinträchtigten primären Bezugspersonen reicht vielfach das eigene psychische Energielevel nicht aus, um in diesen existentiell wichtigen Dialog mit ihren Kindern zu treten. Stattdessen werden diese Kinder nur (all)zu oft instrumentalisiert und emotional schwer belastet, da sie mit dem häufig fehlgeschlagenen Containment schutzlos überfordert sind.

### 2.2.2 Misslingende Mentalisierung

Mentalisierung(en) finden innerhalb der menschlichen Kommunikation statt unter »Beachtung und Reflexion des eigenen psychischen Zustands und der psychischen Verfassung anderer Menschen« (Allen/Fonagy/Bateman, 2011, S. 21, zit. nach Ramberg, 2013, S. 84). Kinder sind bei der Wahrnehmung, Codierung und damit begrifflichen Verarbeitung von Emotionen fundamental abhängig von ihren primären Bezugspersonen (vgl. Herz, 2014). Das Spezifische des mentalisierenden Interaktionsgeschehens liegt in einer Übertreibung (›Markierung‹) sowohl in der Mimik als auch in der Sprache der Bezugspersonen. Letztere wird vor allem als Baby-Sprache bezeichnet. Der mimisch-gestische Interaktionsmodus bahnt die sprachlichen Fähigkeiten über Emotionswissen und damit -wortschatz an und ermöglicht dem Kleinkind in diesem Prozess, seine biopsychischen Gefühle als seine ihm eigenen zu erkennen und so begreifbar und in einem mentalen Transformationsprozess symbolisierbar zu machen.

Mentalisierungstheoretisch bleibt die Bedeutung des Unbewussten als Teil der Innenwelt und dessen Widerspiegelung im Verhalten eher unbestimmt. Gleichwohl zeigen sowohl Forschungen im stationären Jugendhilfekontext (Behringer, 2021) als auch aus dem schulischen Bereich (Gingelmaier/Schwarzer/Nolte/Fonagy, 2021), wie stark beeinträchtigte emotionale Entwicklung mit misslingender Mentalisierung zusammenhängt. Eigene psychische Belastungen der Eltern, Drogenmissbrauch in der Familie und frühe Trennungen bilden Risikofaktoren für misslingende Mentalisierungsprozesse. Mentalisierung, die Fähigkeit, Emotionen quasi auf den Begriff zu bringen und dementsprechend in sozialen Situationen bei Peers, Lehrpersonen u. w. m. adäquat erkennen und interpretieren zu können, gelingt auf der Grundlage selbst erlebten Mentalisiert-Werdens. Extrem widersprüchliche emotionale Interaktionserfahrungen, wie bspw. panische Angst bei schwerer körperlicher Misshandlung bei gleichzeitiger Gewaltlust der Täter:innen, blockieren und chaotisieren die Mentalisierung.

### 2.2.3 Gewalterfahrungen

Eine breit angelegte Untersuchung von Pfeiffer, Wetzels und Enzmann (1999) belegt, dass etwa 10 % aller Kinder mit massiven Gewalterfahrungen im Sinne körperlicher Misshandlung aufwachsen. Sexualisierter Gewalt sind diesen Angaben zufolge je nach Studie zwischen 4 % und 16 % aller Kinder unter 14 Jahren ausgesetzt. Die große Streuung spiegelt dabei die massiven Unsicherheiten hinsichtlich der Abschätzung des Dunkelfelds sexueller Gewalt wider. Etwa 90 % der Täter:innen von Gewalt und sexualisierter Gewalt entstammen dabei dem unmittelbaren familiären Umfeld des Kindes (Streek-Fischer/v. d. Kolk, 2000, S. 904). Die Kontinuität von extremen familiären psychophysischen

Grenzverletzungen macht deutlich, wie wirkmächtig die transgenerationale Kraft dieser Gewalt ist (Hirsch, 2011).

In der Corona-Pandemie stieg die Zahl der Kindeswohlgefährdungen signifikant an, wobei hier von einer erhöhten Dunkelziffer ausgegangen werden kann (Mühlmann/Erdmann, 2022). Nach Erhebungen der Polizeilichen Kriminalstatistik wurden 3 516 Fälle von Kindesmisshandlung verfolgt und 2020 leiteten die Jugendämter knapp 197 759 Verfahren wegen Kindeswohlgefährdung ein (UBSKM/BKA, 2022; Mühlmann/Erdmann, 2022).

Der Zusammenhang zwischen den Misshandlungserfahrungen und schweren emotionalen und Verhaltensproblemen bestätigt sich in allen relevanten nationalen und internationalen Studien (Désbiens/Gagné, 2007; Heinemann, 2008; Herz, 2022). Erlittene Gewalt erzeugt Gefühle der Hilflosigkeit und Ohnmacht. »Insbesondere physische und psychische Gewalterfahrungen bei Kindern und Jugendlichen lösen [...] unkontrollierbare Stressreaktionen aus und führen zum Zusammenbruch der bisher erworbenen Emotionsregulation« (Herz, 2013, S. 59). Die wehrlos erlittenen Verletzungen psychophysischer Gewalt zeigen destruktive Konsequenzen, da das Erlebte nicht nur verdrängt, sondern in seiner Brutalität aufgrund psychischer Überlebensnotwendigkeit abgespalten werden muss. Diese Spaltungsprozesse sind gleichsam biopsychische Notlösungen, um in extremen Schmerz- und Peinerlebnissen emotional zu überleben. Die panischen Ängste in absoluter Isolation dürfen quasi nicht gefühlt werden, sie werden genau deshalb abgespalten.

Durch die primären Beziehungspersonen ausgeübte Gewalt weist dabei ein besonders destruktives Potential auf: Das Kind kann aufgrund der Abhängigkeit nicht auf die Vorstellung von guten Eltern verzichten. Ihm bleibt deshalb nichts Anderes übrig, als das elterliche Bild in ein schützendes, gutes und ein verfolgendes, strafendes Objekt zu spalten (Kreuter-Hafer, 2012). Diese unbewussten Spaltungsprozesse führen dazu, dass in sozialen Situationen mit erwachsenen Betreuer:innen, Lehrkräften, Sozialpädagog:innen u. ä. Personal derartige Idealisierungen respektive Diskreditierungen reaktiviert werden können.

Scham ist ein weiterer wichtiger Affekt, der als Folge von erlittener Gewalt, insbesondere in sexualisierter Form, auftritt. Erneut zeigt sich ein Wechselspiel des primär familiär Erlebten und Verinnerlichten und der pädagogischen Institution selbst. Wenn in Letzterer punitive, nahezu regelhaft beschämende Strategien dominieren, verdichten sich diese innerpsychisch mit den bereits vorhandenen Objektrepräsentanzen und werden umso wirkmächtiger über das Verhalten ausagiert (Dörr, 2021).

Erlittene Gewalt in der Qualität von Misshandlung sowie sexualisierte Gewalt sorgen zudem für eine innerpsychische Überflutung des Opfers (Leuzinger-Bohleber/Burkhardt-Mußmann, 2012), somit erfüllen sie die Grundbedingung für traumatische Prozesse bei betroffenen Individuen. Diese Überflutungserfahrungen wiederholen sich nunmehr in mit dem Trauma assoziierten Erfahrungen, auch im schulischen Kontext. Damit verbunden sind unerträgliche, körperliche Empfindungen, die jedoch nicht verstanden und codiert, mithin nicht symbolisiert werden können. Auch eine fast gänzlich fehlende Sensitivität gegenüber eigenen Empfindungen kann eine Folge überflutender, in diesem Sinn traumatischer Erfahrungen sein (von der Kolk, 2015). Fremd- oder Autoaggressivität können dann zu subjektiv notwendigen Handlungen werden, um die Heftigkeit der durch Erinnerungsspuren in die Aktualzeit übergreifenden Emotionen der Wut, Traurigkeit und des Schmerzes aktiv handelnd abzuwehren.

### 2.2.4 Trennungen

Unvorhergesehene Trennungen und wiederkehrende Verlusterfahrungen prägen die lebensgeschichtliche Erfahrung fast aller Kinder und Jugendlichen mit emotional-sozialem Förderbedarf. Trennungserfahrungen aufgrund von Flucht bei durchaus sicheren, stabilen Beziehungserfahrungen können destabilisierende und dementsprechend ebenfalls hoch belastende Effekte zeitigen (Jording, 2022). Frühe Trennungen gelten in der Bindungstheorie als einer der wichtigsten Risikofaktoren im Hinblick auf unsichere oder desorganisierte Bindungsmuster. Junge Geflüchtete, Kinder psychisch kranker Eltern oder Pflegekinder sind regelhaft mit Abbrüchen und schwer belastenden Trennungen konfrontiert (Zimmermann/Lindner, 2022; Oswald/Fegert/Goldbeck, 2013). Traumatisierend wirken sich dabei insbesondere solche Trennungen aus, bei denen dem Kind keine einzige sichere Beziehungsperson verbleibt.

Biographisch dominante und damit dominierende Trennungserfahrungen beeinflussen die weitere Beziehungsentwicklung und -qualität der betroffenen Kinder und Jugendlichen in neuen Situationen nachhaltig. Vielfach dominiert die Angst, es komme früher oder später wieder zu einem Verlust, und damit zu Vertrauensbeschädigung (Müller, 2017). So wird dieser teils selbst aggressiv herbeigeführt als ein unbewusst agierter Lösungsversuch des Kindes, um dem Abbruch der Beziehung nicht wieder hilflos ausgeliefert zu sein. Auch hier spielt der Abwehrmechanismus der Spaltung eine wichtige Rolle; eine Integration von guten und bösen inneren Objekten (bzw. eine Integration der (den) subjektiv gebrochenen Vorstellungen von Beziehungspersonen und -erfahrungen) ist hochgradig erschwert.

Verstärkend wirken in den schulischen und außerschulischen Institutionen von Bildung und Erziehung auf der sozial-strukturellen Ebene selbst unvorhergesehene und damit für Kinder willkürliche Trennungs- und Verlusterfahrungen. Nicht erst seit dem aktuellen Fachkräftemangel produzieren – und reproduzieren, gleichsam subkutan – deren Systeme durch eine hohe Personalfluktuation, Stellensperren oder befristete Arbeitsverträge den Verlust an emotionaler Sicherheit durch kontinuierliche und verlässliche Beziehungsräume.

## 3 Gestörte Beziehungs- und Erziehungsprozesse als Re-Inszenierungen biografischer Erfahrungen

### 3.1 Die Ausgangslage

Nicht jede Unterrichtsstörung entwickelt sich zwangsläufig zu einem heftigen Konflikt oder einer Krise. Nicht jedes schulvermeidende Verhalten ist mit Kindeswohlgefährdung zu assoziieren und nicht jeder Wutausbruch im Klassenzimmer löst pädagogische Dramen aus. Entscheidend für alle Beteiligten ist der Kontext, die Intensität, die Häufigkeit, die Bedeutung und Reichweite der damit verbundenen emotionalen Dimensionen. Die intensiven Interaktionsgeschichten von Freyberg und Wolff (2005; 2006) oder Zimmermann (2016) zeigen aber beispielhaft auf, welche Konsequenzen schwere lebensgeschichtliche Belastungen für die schulischen und außerschulischen Beziehungs- und Erziehungsprozesse haben. Die Bedingungsfelder sind individuell verschieden. Massiv gestörte familiäre Interaktion, Gewalt und Verlusterfahrungen sowie Armut, Flucht und rassistische Diskriminierung sind jedoch zentrale Querschnittsthemen der Belastung dieser Kinder und Jugendlichen.

> »Im Hinblick auf Verhaltensstörungen hat der schulische Alltag in mehrfacher Hinsicht von allem zu viel auf einmal. Es ist zu laut, zu unübersichtlich, zu instabil und um das Chaos zu beheben, wird zu hastig durchgegriffen. [...] Währenddessen randalieren, sitzen oder schwänzen die Kinder und Jugendlichen im Schulkontext weiter und eine kurzfristige Lösung kommt erst einmal einer Erlösung gleich« (Zapke, 2020, S. 28f.).

Pädagog:innen treffen in ihrer Praxis auf Kinder und Jugendliche, die ihre schwierigen lebensgeschichtlich erworbenen Erfahrungen aufgrund individueller Risikobelastungen in die Institutionen hineintragen und dort reinszenieren (Zimmermann, 2012, S. 191). Mit dem Begriff der Reinszenierung – dies unterscheidet den Fachbegriff vom alltagssprachlichen – ist keine bewusste Handlung gemeint. Stattdessen beschreibt er den besonders mit traumatischen und anderen schwer belastenden Erfahrungen verbundenen Versuch, das verbal Unaussprechliche durch das Verhalten als unbewusstes Lösungsbemühen zum Ausdruck zu bringen. Zugleich enthält die Verhaltensinszenierung als Ausdruck frühester Kindheitserlebnisse den Wunsch nach Auflösung und Erfüllung nie erlebter Fürsorge und Verlässlichkeit.

Diese unbewussten und unwillkürlichen Prozesse führen nun zwangsläufig zu einer starken emotionalen Involviertheit der Erwachsenen, wobei hier erneut auf das komplexe Miteinander von Übertragungen durch Fachkräfte, den Reinszenierungen der Kinder und Jugendlichen und institutionellen Aspekten hingewiesen werden muss (Gerspach, 2018, S. 199 f.). Dabei fällt es Lehrkräften oftmals schwer, beispielsweise ein extrem unterrichtsstörendes Verhalten als ›Überlebensstrategie‹ und als das Ergebnis der bisherigen Lebensumwelt eines Kindes oder Jugendlichen zu verstehen. In konflikthaften Beziehungskonstellationen im Unterricht, vor allem bei massiven Macht-Ohnmacht-Eskalationen, entsteht eine komplexe Psychodynamik von Übertragung, Gegenübertragung sowie Abwehr eigener Gefühle der Hilflosigkeit oder Beschämung auf Seiten der Pädagog:innen (Dörr, 2010).

Dies ist auch der Grund für den geringeren Erfolg von Sozialtrainings und vergleichbaren Programmen: Die emotionale und soziale Störung des Kindes oder Jugendlichen ist ja gerade kein »maladaptives Verhalten« (Myschker, 1999, S. 41) und damit wie eine eingrenzbare Normabweichung von einem statistischen Mittelmaß zu adressieren (Herz, 2013). Im Gegenteil: Das Verhalten ist im Sinne der lebensgeschichtlichen Erfahrung sogar sehr gut angepasst und sichert das emotionale Überleben (vgl. Stein/Müller: Verhaltensstörungen, i.d.B.). Verhaltenstherapeutisch fundierte Trainingsprogramme oder Zielvereinbarungen haben bei diesen Konfliktlagen nur eine sehr begrenzte Kraft (Popp, 2018), da sie lediglich auf der Symptomebene kurzfristige Effekte zeigen und zudem selbst wiederum neue Figurationen der Normabweichung produzieren. Manchmal sind sie auch kontraproduktiv. Das gilt immer dann, wenn sich das Kind bei verhaltensregulativen Maßnahmen in seinen eigentlichen, aus schwerwiegenden psychophysischen Verletzungen hervorgegangenen Bedürfnissen missachtet fühlt oder derartige Programmpädagogiken ihre disziplinierende oder gar strafende Programmatik nur schlecht maskieren (Dörr, 2021).

## 3.2 Beziehung als Medium der Diagnostik und Reflexion

Im konkreten Erleben, dem Verhalten, ganz besonders aber in der Beziehungsdynamik zu Erwachsenen zeigen sich nicht unmittelbar die Erfahrungen, sondern die damit verbundenen Erlebensmuster. Zentrale Aspekte dieses Erlebens sind dem Bewusstsein nicht zugänglich. Der wichtigste pädagogische Begriff für diesen Zusammenhang lautet *Subjektlogik* (Zimmermann, 2017):

> Jedes Erleben und Verhalten (ebenso jede Lernbeeinträchtigung) ist vor dem Hintergrund des inneren Erlebens einer Person und spezifisch der damit verbundenen Affekte sinnvoll.[2]

Bezugnehmend auf sowohl sozial- und sonderpädagogische als auch genuin psychoanalytisch-pädagogische diagnostische Zugriffe lässt sich das beziehungsorientierte Fallverstehen als Medium und Kern von reflexiver Professionalisierung konzeptualisieren (vgl. Zimmermann/Lindner, 2022). Im Fokus steht dabei die Analyse des Zusammenspiels realer Extremerfahrungen mit inneren Repräsentanzen aller Beteiligter und den pädagogischen Handlungsmöglichkeiten (ebd.). Konkret und praktisch umsetzbar lässt sich das Fallverstehen folgendermaßen darstellen:

- Erster Schritt: Das Wissen um die biografischen Erfahrungen der jungen Menschen ist von großer Bedeutung, um sinnverstehend Verhalten entschlüsseln zu können. Wenn mehrere Fachkräfte gemeinsam über die biografischen Kernerfahrungen nachdenken, verändert sich meist schon die professionelle Haltung.
- Zweiter Schritt: Wird von der (oft nur skizzenhaft rekonstruierbaren) lebensgeschichtlichen Erfahrung unmittelbar auf aktuelle Bedürfnisse und Verhaltensweisen geschlossen, bleibt eine Leerstelle, ohne die sich pädagogische Haltungen und Handlungen nur schwerlich entwickeln lassen. Entscheidend ist nicht primär, was eine Person erfahren hat, sondern welche Relevanz diese Erfahrung für ihre Selbst- und Weltwahrnehmung

---

2 Dies ist übrigens etwas anderes als das, was sich in zahlreichen traumapädagogischen Publikationen unter dem Schlagwort »Der Gute Grund« findet. Dort steht meist sinngemäß: Vor dem Hintergrund der Lebenserfahrung des Kinds macht jedes Verhalten Sinn. Dies ist jedoch mindestens verkürzt. Es geht nicht um die Erfahrung als solche, sondern um die zentralen Affekte, Wünsche, Nöte etc., die aufgrund der Erfahrungen das Erleben der Kinder und Jugendlichen prägen (vgl. Gerspach, 2012).

gewonnen hat. Deshalb ist es für ein diagnostisches Fallverstehen von herausragendem Wert, die Vorstellung der Person von sich und anderen zu rekonstruieren. Im Fallverstehen arbeiten die Fachkräfte dabei mit Ich-Sätzen, mit deren Hilfe sie sich in das konkrete Kind oder den Jugendlichen hineinversetzen.

- Dritter Schritt: Die eigene emotionale Involviertheit im Kontext eines komplexen Übertragungsprozesses wird näherungsweise bestimmt, indem die Fachkräfte ihre körperlichen und emotionalen Reaktionen in der pädagogischen Arbeit mit dem jungen Menschen reflektieren.
- Vierter Schritt: Unter der Leitfrage: »Was braucht der junge Mensch« entwickeln die Fachkräfte Ideen, welche – v. a. beziehungsorientierten – Angebote zunächst unabhängig von konkreten Ressourcen zur Stabilisierung und Entwicklung der/des Schüler:in beitragen könnten.
- Fünfter Schritt: Abschließend entwickeln die Fachkräfte konkrete Ideen, welche milieu- und beziehungsorientierten Angebote sie tatsächlich in der Arbeit mit diesem jungen Menschen umsetzen möchten.

**Fallvignette: Hanna**

Hannas familiäre Geschichte ist durch ein transgenerational wirkendes hohes Maß an Gewalt geprägt. Es gibt bei Hanna einen gut begründbaren Verdacht auf die Erfahrung sexualisierter Gewalt, der sich primär aus ›beiläufigen‹ Äußerungen Hannas speist. Auf eine Gefährdungsmitteilung der Schule reagierte das Jugendamt mit einem Einzelgespräch mit der Mutter. Die schulische Erfahrung Hannas ist durch vielerlei Ausschlüsse geprägt. An zwei Grundschulen galt sie als untragbar, was insbesondere mit zahlreichen Beschwerden von Eltern anderer Kinder begründet wurde. In ihrer Schule mit dem Förderschwerpunkt emotionale und soziale Entwicklung ist sie in ihrer männlich dominierten Klasse eine Außenseiterin.

Hanna formuliert und agiert einen deutlichen Wunsch nach Nähe und Sicherheit gegenüber ihren Lehrkräften. In Einzelsituationen zeigt sie sich zugewandt und arbeitsbereit. Sie drückt aus, dass sie gern zur Schule kommt. Hanna macht dennoch deutlich, sie habe Angst, dass die Schule ihre Familie ›bespitzeln‹ würde und sie deshalb ihre Eltern verlieren könnte. Die im zweiten Schritt des diagnostischen Fallverstehens formulierten »Ich-Sätze« der Fachkräfte sind ambivalent: Einerseits spiegeln sie Hannas Wunsch, gehalten zu werden, andererseits die Unaushaltbarkeit von »komplexen« Beziehungsstrukturen.

In den Fachkräften löst Hannas Verhalten stark ambivalente Emotionen aus. Einerseits erzeugt sie mit ihrer weitgehend bekannten Geschichte

›Schutzinstinkte‹ und auch Sympathie. Andererseits wird sie als hochbelastend wahrgenommen; der Wunsch nach Ausschließung manifestiert sich in vielen Unterrichts- und Schulausschlüssen.

Die Frage »Was braucht Hanna?« beantworten die Fachkräfte einerseits schulbezogen: mehr Raum für sich und 1:1-Beziehungen und eine Anerkennung ihrer Wut. Andererseits braucht sie nach Ansicht der Fachkräfte die Chance, sich vom massiven Druck der Familie Stück für Stück zu befreien.

Zuletzt beraten die Fachkräfte darüber, wie der in der Schule vorhandene Auszeit-Raum für Hanna genutzt werden kann, ohne dass es vorher zu Eskalationen kommt und Hanna so Möglichkeiten des Sprechens über ihre Emotionen gegeben werden können.

Bei dem hier beschriebenen Ansatz ist nunmehr ein besonders hohes Maß an Selbstreflexion gefordert. Denn neben der intensiven Auseinandersetzung mit der Geschichte und dem Erleben der Kinder fordert dieser pädagogische Zugang eben auch zur Analyse der eigenen Biografie auf (Herz, 2015). So sind es einerseits die wirkmächtigen Gegenübertragungsgefühle auf die Beziehungsangebote von Kindern wie Hanna, die die Reaktionen der Fachkräfte bestimmen. Es sind andererseits die eigenen lebensgeschichtlichen Erfahrungen der Lehrkräfte, die unbewusst einen massiven Einfluss auf die Wahrnehmung von und den Umgang mit diesen Kindern haben (Wininger, 2012; Weiss, 2002).

Mit dem Ziel, Stabilität, Eindeutigkeit der Normen und moralische Integrität zu gewährleisten, ist dieser hohe Anspruch von Reflexionsvermögen an pädagogische Professionalität jedoch unerlässlich. Ebenso wie der persönlichen bedarf es der Reflexion der institutionellen Normen, Werte und Regeln sowie der affektiven Kommunikationsstrukturen in Lehrerkollegien und Teams (Herz, 2013). Wenn es der Lehrperson gelingt, »in die Gefühlswelt des Gegenübers einzutreten, ohne sich davor zu fürchten, sich in ihr zu verlieren« (Curchod-Ruedi/Doudin, 2010, S. 37), lassen sich entwicklungsfördernde Beziehungen aufbauen. Dieser psychodynamisch-interaktionelle Zugang geht über die administrativ vorgegebenen Rollen hinaus: Die angstbesetzte innere und äußere Realität wird zugelassen und wahrgenommen und nicht über institutionell verankerte Ritualisierungen abgewehrt. Mit einer ausschließlich disziplinarischen Bewältigung von schwierigen schulischen Alltagssituationen ist noch keine Problemlösung oder Konfliktklärung verbunden, auch wenn dies eine zunächst psychophysisch geringere Anstrengung mit zusätzlichem pädagogischen Engagement verspricht (Boger/Wawereit, 2020). Auch vermeintlich positiv konnotierte Interventionsformate, die attraktive Handlungsschablonen für einen konfliktbereinigten Unterricht (Omer/von Schlippe, 2015) anbieten, täuschen darüber hinweg, dass pädagogischer Alltag der schulischen und außerschulischen Erziehungshilfe prioritär Emotionsarbeit ist – und damit konflikt- und krisenhaft.

Kollegiale Fallbesprechung, Intervision und Supervision sind hier unverzichtbar, um eine professionelle Balance zwischen Halten und Zumuten, Wertschätzung und Konfrontation zu finden und die eigene emotionale Stabilität in der Praxis zu gewährleisten. Solche Prozesse der Selbst- und Gruppenreflexion über die unbewusste Bedeutung von Störungen als Reinszenierungen biografischer Erfahrungen fördern die Fähigkeit, ganz bewusst Entlastung für sich selbst in beruflichen Überforderungssituationen zu schaffen (vgl. Hirblinger, 2011a; Herz, 2013).

Ohne diesen Zugang zum emotionalen Geschehen im Klassenzimmer, zu den eigenen möglichen Verstrickungen in Widersprüche und Ambivalenzen – u. U. auch mit Kolleg:innen und Dienstvorgesetzten – bestimmen Frustrationen, Enttäuschungen und permanente Überforderung den Berufsalltag, was wiederum zu Exklusionsmechanismen der Klientel beiträgt.

# 4 Folgen für die Erziehungsarbeit in variablen Kontexten

Wie bereits dargestellt wurde, ist der Schwerpunkt auf ›Beziehung‹ als wichtigster Leitgedanke von Erziehung keine ausschließliche Domäne psychoanalytisch orientierter pädagogischer Praxisfelder. Gleichwohl stellt die Thematisierung von kasuistischem Material als erkenntnisleitendes Fundament ein Spezifikum dieser Pädagogik dar. Damit ist mehr gemeint als bspw. eine Individualisierung von Unterricht. Das bestmögliche – und damit weder stigmatisierende, diskriminierende oder sekundärtraumatisierende – Verstehen der bewussten und unbewussten Bedeutungsmuster der Schüler:innen bildet den Ausgangspunkt für eine dementsprechend förderliche Beziehungsgestaltung.

Aus diesen komplexen Verstehensprozessen entstehen demnach Haltungen und Handlungsmöglichkeiten, die den Kindern und Jugendlichen dabei helfen, ihre schweren seelischen Verletzungen in der aktuellen Beziehung zu überwinden (vgl. Herz, 2006). Dies stellt sich als Kernmerkmal psychoanalytischer Schulpädagogik dar: Die Erziehungsarbeit hat ihren Bezugspunkt in der aktuellen Beziehung. Das heißt, das Wissen um die belastete Vergangenheit ist für das Verstehen auf Seiten der Professionellen unabdingbar. Die unmittelbare Arbeit mit den Kindern und Jugendlichen findet jedoch im Hier und Jetzt statt. Die emotionale Teilhabe der Professionellen ist dafür unerlässlich. Ihre Reflexion verhindert die unbewusste Verstrickung in die Reinszenierung und ermöglicht adäquate pädagogische Antworten. Unter Bezugnahme auf die Bedürfnisse der jungen Menschen wie der Professionellen wird ein fördernder Dialog angestrebt, mit dessen Hilfe die schwierigen Reinszenierungen thematisiert und partiell überwunden werden können (Solomon/Thomas, 2013). Heinemann (1993) verwendet hierfür unter anderem die Begriffe des *Nichtgenetischen Deutens* und der *Möglichkeit der Wiedergutmachung*. Zentral für die Schulpädagogik ist es, dass im Fördernden Dialog Beziehungsarbeit und Unterricht nicht getrennt voneinander sind. Gerade über den Unterrichtsgegenstand und eine emotional reflektierte Didaktik können trianguläre Beziehungsprozesse und somit korrigierende Beziehungserfahrungen realisiert werden.

Ausgehend von vergleichbaren individuellen Belastungen der Schüler:innen können Unterricht, seine curricularen Schwerpunkte und methodisch-didaktische Vermittlung selbst einen emotional entwicklungsfördernden Prozess anregen, unterstützen und festigen. Dabei wird nicht jeder Unterrichtsgegenstand in statistisch messbarer Gleichzeitigkeit Resonanzeffekte bei jedem Kind erzeugen, sondern es bilden sich aufgrund der je individuell verschiedenen Biografien auch verschiedene Resonanzfelder. Die zumeist unbewussten, latenten Sinngehalte von Unterrichtsthemen, bspw. bei Elektrizität, Tierpflege, Mülltrennung u.ä. m., gilt es auf Lehrer:innenseite profunde zu analysieren, zu reflektieren und in Bildungsangebote zu transformieren (Hirblinger, 2011b). Hier steht nicht ein genetisches Deuten in Taschenformat im Mittelpunkt des Bildungsauftrages von Lehrer:innen, sondern es geht im Kern um die Qualität von Unterricht.

Die inklusive Förderung von Kindern und Jugendlichen mit schweren emotionalen und sozialen Belastungen erfordert hier zugleich und zuvorderst die Gewährleistung von Kontinuität, Sicherheit und Überschaubarkeit – für Schüler:innen ebenso wie für Lehrerkräfte. Vorbehalte oder Ängste gegenüber der Teilhabe der emotional schwer belasteten Kinder und Jugendlichen am allgemeinen Unterricht (Forsa, 2017) gilt es zunächst ernst zu nehmen. Vor diesem Hintergrund erscheinen Angebote einer technologisch inspirierten Programmpädagogik mit ihren Machbarkeitsversprechungen hochattraktiv, bleiben jedoch bei den hier im Mittelpunkt stehenden Kindern und Jugendlichen gleichsam ein Oberflächenmedium (Hagen/Hennemann/Hillenbrand/Rietz/Hövel, 2020; Strumann/Roos, 2022). Psychoanalytische Pädagogik eröffnet mit den hier ausschnitthaft erläuterten Verstehens- und damit zugleich Handlungswegen nicht nur Zugänge zu den je individuellen Lebensbelastungen des einzelnen Kindes, sondern erlaubt auch einen deutlichen Bezug zum Gruppengeschehen in der Klasse sowie zur interprofessionellen Kooperation in Teams. Die Qualifizierung von Lehrkräften, die Rahmenbedingungen ihrer pädagogischen Praxis sowie geschützte Räume für ihre Persönlichkeitsbildung sind zentrale Elemente für die bewusste Gestaltung einer stabilen Bewältigungskompetenz in psychodynamisch belastenden Konflikten mit Schüler:innen, aber auch Kolleg:innen oder Dienstvorgesetzten. Bedeutsam ist zudem ein feldspezifisches Wissen über Kommunikation und Interaktion, vor allem auch in Hinblick auf die Herausforderungen der schulischen Inklusion und des Umgangs mit Diversität: Das Arbeiten in multiprofessionellen Teams bei Kumulation von Problemlagen, fachlicher Umgang mit unterschiedlichen emotionalen und kognitiven Niveaus beeinflussen das Berufsrollenverständnis in der alltäglich Erziehungs- und Bildungsarbeit nachhaltig (Maykus/Wiedebusch/Herz/Franek/Gausmann, 2021).

Ein Schwerpunkt dieser Be- und Erziehungsarbeit besteht allerdings in der Arbeit der Pädagog:innen an sich selbst. Solomon und Thomas (2013) stellen eindrücklich dar, dass Lehrkräfte grundlegende Bedürfnisse in einem schwierigen Arbeitsfeld haben, die jenen ihrer Schüler:innen ganz ähnlich sind: Sicherheit, Zugehörigkeit, Containment. Kratz (2022, S. 185) betont des Weiteren, dass Lehrkräfte in »Räumen voller Ungewissheit« tätig seien, ihnen selbst aber handlungsentlastende Räume fehlten. Jener Mangel steht in einem Wechselspiel mit dem enormen Handlungs- und häufig Leidensdruck, den zahlreiche Lehrkräfte in der Arbeit mit psychosozial erheblich beeinträchtigten Schüler:innen wahrnehmen. Wenn also angenommen wird, dass diese »Räume voller Ungewissheit« nicht nur strukturellen Antinomien oder dem Verhalten von Schüler:innen entspringen, sondern eng verwoben sind mit der eigenen lebensgeschichtlichen Erfahrung und dem damit verbundenen Selbstbild als Lehrkraft, so ist die Spür- und Reflexionsfähigkeit gegenüber eigenen Belastungen ein wichtiger Ausgangspunkt für ihre professionelle und zugleich für eine Institutionsentwicklung. Gleichwohl bleibt anzumerken, dass hinsichtlich der Entwicklung genau solcher Fähigkeiten sowohl im Hochschulkontext als auch in der Weiterbildung nur sehr begrenzt tragfähige Konzeptionen vorliegen (Zimmermann/Obens/Fickler-Stang, 2019; Hierdeis/Walter, 2022; Rauh/Datler/Weber/Griesinger/Meißnest, 2019).

Die in diesem Beitrag dargelegten psychodynamischen Dimensionen von Beziehungsarbeit und Unterricht machen deutlich, dass Sorgfalt, Achtsamkeit und systembezogene Wertschätzung aller Beteiligten wichtige Parameter sind, um mit dieser Klientel entwicklungsförderliche Bildungs- und Erziehungsangebote zu realisieren. Nur auf diesem Weg kann innere und äußere

Inklusion von Kindern und Jugendlichen mit erheblichen Problemlagen gelingen (Reiser, 2013).

## Kommentierte Literaturempfehlungen

Datler, Wilfried/Finger-Trescher, Urte/Gstach, Johannes (Hrsg.): Psychoanalytische-pädagogisches Können. Vermitteln – Aneignen – Anwenden. (= Jahrbuch für Psychoanalytische Pädagogik 20). Gießen: Psychosozial, 2012

*Dieser Herausgeber:innenband diskutiert in sieben Einzelbeiträgen grundlegende Fragen psychoanalytisch-pädagogischer Qualifizierung im (schul-)pädagogischen Feld. Insbesondere werden darin auch Möglichkeiten der Integration derartiger Qualifizierung in die Hochschulausbildung thematisiert. Die Reihe »Psychoanalytische Pädagogik«, deren 20. Band hier vorgestellt wird, bietet mit variablen Themenschwerpunkten Einblicke in ein Arbeitsfeld, das insbesondere in der Pädagogik bei Verhaltensstörungen von hoher Bedeutsamkeit ist.*

Gerspach, Manfred: Verstehen, was der Fall ist. Vom Nutzen der Psychoanalyse für die Pädagogik. Stuttgart: Kohlhammer, 2021

*Der Autor vermittelt grundlegendes theoretisches ebenso wie praxisrelevantes Grundlagenwissen über die Praxis der Fallarbeit in der Psychoanalytischen Pädagogik. Die Erläuterung zentraler Begriffe und Handlungsformate zeigen die vielfältigen Möglichkeiten dieser Fallarbeit in unterschiedlichen Institutionen ebenso auf wie deren Nutzen für die interprofessionelle Kooperation der pädagogischen Fachkräfte.*

Eggert-Schmid Noerr, Annelinde/Finger-Trescher, Urte/Gstach, Johannes/Katzenbach, Dieter (Hrsg.): Zwischen Kategorisieren und Verstehen. Diagnostik in der psychoanalytischen Pädagogik. Gießen: Psychosozial-Verlag, 2017

*Dieser Herausgeber:innenband illustriert aus unterschiedlichen professionellen, institutionellen und zielgruppendifferenzierenden Perspektiven eine entwicklungsfordernde pädagogische Praxis, die statt klassifikatorischer Statusdiagnostik die lebensgeschichtlich begründete Sinnhaftigkeit emotional und sozial abweichenden Verhaltens in den Mittelpunkt von Bildung und Erziehung rückt. Fokussiert wird der fachspezifische Blick auf die beteiligten Subjekte, auch und gerade in konflikthaften Interaktionen.*

# Literatur

Ahrbeck, Bernd/Fickler-Stang, Ulrike/Lehmann, Rainer/Weiland, Katharina: Anfangserfahrungen mit der Entwicklung der inklusiven Schule in Berlin. Eine exploratorische Studie im Rahmen von Schulversuchen. Münster: Waxmann, 2021

Allen, Jon G./Fonagy, Peter/Bateman, Anthony W.: Mentalisieren in der psychotherapeutischen Praxis. Stuttgart: Klett-Cotta, 2011

Autor:innengruppe Bildungsberichterstattung (Hrsg.): Bildung in Deutschland 2022. Ein indikatorengestützter Bericht mit einer Analyse zum Bildungspersonal. Bielefeld: wbv Publikation, 2022. Im Internet unter https://www.bildungsbericht.de/de/bildungsberichte-seit-2006/bildungsbericht-2022 [02.03.2023]

Behringer, Noëlle: Mentalisieren in der Heimerziehung. Eine qualitative Untersuchung zu reflexiven Prozessen bei pädagogischen Fachkräften. Wiesbaden: Springer VS, 2021.

Bernfeld, Siegfried: Der soziale Ort und seine Bedeutung für Neurose, Verwahrlosung und Pädagogik. In: Siegfried, Bernfeld (Hrsg.): Sozialpädagogik. Gießen: Psychosozial-Verlag (Werke, 4), 2012 (1929), S. 255–272

Bion, Wilfred R.: Lernen durch Erfahrung. Frankfurt a.M.: Suhrkamp, 1990

Bleher, Werner/Hoanzl, Martina: Schule Erziehung – Aspekte, Herausforderungen und Probleme. In: Müller, Thomas/Stein, Roland (Hrsg.): Erziehung als Herausforderung. Grundlagen für die Pädagogik bei Verhaltensstörungen. Bad Heilbrunn: Klinkhardt, 2018, S. 82–118

Bogner, Mai-Ahn/Wawerek, Fernando: Strafen im post-ödipalen Zeitalter – Lehrer*innenbildung zwischen normalisierten Sadismus und Authentizitätswünschen. In: Rauh, Bernhard/Welter, Nicole/Franzmann, Manuel/Magiera, Kim/Schramm, Jennis/Wilder, Nicola (Hrsg.): Emotion – Disziplinierung – Professionalisierung. Opladen u.a.: Barbara Budrich, 2020, S. 67–82

Bolton, Sharon C./Laaser, Knut: The Moral Economy of Solidarity: A Longitudinal Study of Special Needs Teachers. In: Work, Employment and Society 34 (1), 2020, S. 55–72.

Bonin, Holger: Bessere Bildungschancen für sozial benachteiligte junge Menschen In: Heinrich-Böll-Stiftung (Hrsg.). Berlin: Heinrich-Böll-Stiftung, 2021

Brisch, Karl-Heinz: Bedeutung von Vernachlässigung und Gewalt gegenüber Kindern und Jugendlichen aus Sicht der Bindungstheorie. In: Finger-Trescher, Urte/Krebs, Heinz (Hrsg.): Mißhandlung, Vernachlässigung und sexuelle Gewalt in Erziehungsverhältnissen. Gießen: Psychosozial, 2000, S. 91–104

Centre for Equity & Innovation in Early Childhood: Literature Review: Transition: a positive start to school, RFQ Reference Number 200808, University of Melbourne, November/December, 2008

Curchod-Ruedi, Denise/Doudin, Pierre-André: Empathie gegenüber gewalttätigem Verhalten. Emotionale und kognitive Aspekte. In: Schweizerische Zeitschrift für Heilpädagogik 16, 2010, S. 35–40

Davids, Fakhry M.: Ethnic purity, otherness and anxiety: the model of internal racism. In: White, Kristin/Klingenberg, Ina (Hrsg.): Migration and Intercultural Psychoanalysis: Routledge, 2019, S. 11–29.

Der Paritätische Gesamtverband: Armutsbericht 2022 (aktualisiert). Zwischen Pandemie und Inflation. Paritätischer Armutsbericht, Berlin, 2023. Im Internet unter https://www.der-paritaetische.de/themen/sozial-und-europapolitik/armut-und-grundsicherung/armutsbericht-2022-aktualisiert/ [12.01.2023]

Desbiens, Nadia/Gagné, Marie-Hélène: Profiles in the development of behavior disorders among youths with family maltreatment histories. In: Emotional and Behavioural Difficulties 12, 2007, S. 215–240

Dietrich, Lars/Zimmermann, David/Hofman, Josef: The importance of teacher-student relationships in classrooms with ›difficult‹ students: a multi-level moderation analysis of nine Berlin secondary schools. European Journal of Special Needs Education 36 (3), 2020, S. 1–16

Dörr, Margret: Über die Verhüllung der Scham in der spätmodernen Gesellschaft und ihre Auswirkungen auf die pädagogische Praxis. In: Dörr, Magret/Herz, Birgit (Hrsg.): Unkulturen der Bildung. Wiesbaden: VS, 2010, S. 191–207

Dörr, Margret: Psychoanalytische Pädagogik. In: Weiß, Wilma/Kessler, Tanja/Gahleitner, Silke B. (Hrsg.): Handbuch Traumapädagogik. Weinheim u. a.: Beltz Juventa, 2016, S. 44–55

Dörr, Margret: Soziale Orte im Spannungsfeld von Professionalisierungsanforderungen und organisationaler Rahmung. In: Zimmermann, David/Rauh, Bernhard/Trunkenpolz, Kathrin/Wininger, Michael (Hrsg.): Sozialer Ort und Professionalisierung – Geschichte und Aktualität psychoanalytisch-pädagogischer Konzeptualisierungen. Leverkusen: Budrich (Schriftenreihe der DgfE-Kommission Psychoanalytische Pädagogik, 9), 2019, S. 77–89

Dörr, Margret: Strafe und Erziehung – über Grenzen, Grenzsetzungen und Grenzverletzungen in der Sozialisation von Kindern und Jugendlichen. In: Vierteljahresschrift für Heilpädagogik und ihre Nachbargebiete 90 (4), 2021, S. 20–34

Dubois, Arnaud/Geffard, Patrick: Die institutionelle Online-Pädagogik während der Covid-Krise. In: Zimmermann, David/Dietrich, Lars/Hofman, Josef/Hokema, Janneke (Hrsg.): Soziale Krisen und ihre Auswirkungen auf Familien, pädagogische Professionalität und Organisationen. Leverkusen: Budrich (Schriftenreihe der DgfE-Kommission Psychoanalytische Pädagogik, 16), 2023, S. 161–176

Ecarius, Jutta/Berg, Alena/Serry, Katja/Oliveras, Ronnie: Spätmoderne Jugend – Erziehung des Beratens – Wohlbefinden. Wiesbaden: Springer VS, 2017

Forsa: Inklusion an Schulen aus Sicht der Lehrkräfte in Deutschland – Meinungen, Einstellungen und Erfahrungen. Ergebnisse einer repräsentativen Lehrerbefragung. Berlin: Politik- und Sozialforschung GmbH, 2017

Garz, Hans-Günter: Sorgenkind Schule für Erziehungshilfe. Pädagogische und psychologische Perspektiven zum Umgang mit schwierigen Kindern. In: Zeitschrift für Heilpädagogik 55, 2004, S. 17–23

Gerspach, Manfred: Psychodynamisches Verstehen in der Sonderpädagogik. Stuttgart: Kohlhammer, 2018

Gerspach, Manfred: Verstehen, was der Fall ist. Vom Nutzen der Psychoanalyse für die Pädagogik. Stuttgart: Kohlhammer, 2021

Gewirtz, Sharon: The Managerial School. Post-welfarism and Social Justice in Education. London and New York: Routledge, 2002

Gingelmaier, Stephan/Schwarzer, Nick/Nolte, Tobias/Fonagy, Peter (2021): Epistemisches Vertrauen – Eine wichtige Ergänzung für die mentalisierungsbasierte (Sonder)Pädagogik. In: Menschen 44, 5, S. 29–36

Göppel, Rolf: »Wenn ich hasse, habe ich keine Angst mehr ...«. Psychoanalytisch-pädagogische Beiträge zum Verständnis problematischer Entwicklungsverläufe und schwieriger Erziehungssituationen. Donauwörth: Auer, 2002

Hagen, Tobias/Hennemann, Thomas/Hillenbrand, Clemens/Rietz, Christian/Hövel, Dennis C.: TEACH-WELL – Psychische Gesundheit und Wohlbefinden im Klassenraum durch das Good Behavior Game (Team-Oriented Classroom Intervention to support Mental Health and Well Being – TEACH-WELL). In: Emotionale und soziale Entwicklung in der Pädagogik der Erziehungshilfe und bei Verhaltensstörungen ESE 2, 2020, S. 160–171

Hechler, Oliver: Feinfühlig Unterrichten. Lehrerpersönlichkeit – Beziehungsgestaltung – Lernerfolg. Stuttgart: Kohlhammer, 2018

Heinemann, Evelyn: Psychoanalyse und Pädagogik im Unterricht der Sonderschulen. In: Heinemann, Evelyn/Rauchfleisch, Udo/Grüttner, Tilo (Hrsg.): Gewalttätige Kinder. Frankfurt a. M.: Fischer, 1993, S. 39–89

Heitmeyer, Wolfgang: Deutsche Zustände. Folge 7. Frankfurt a, M.: Suhrkamp, 2007

Herz, Birgit: Der Einstieg in den Ausstieg: Zur Relevanz des Mehrpersonensettings in außerschulischen Bildungsangeboten mit Heranwachsenden im subkulturellen Milieu der Straße – Kernprobleme von Bildungs- und Erziehungsprozessen. In: Herz, Birgit (Hrsg.): Lernen für Grenzgänger. Bildung für Jugendliche in der Straßenszene. Münster: Waxmann, 2006, S. 19–50

Herz, Birgit: Aggression – Macht – Angst. In: Herz, Birgit (Hrsg.): Schulische und außerschulische Erziehungshilfe. Bad Heilbrunn: Klinkhardt, 2013, S. 55–65

Herz, Birgit: Emotionen und Persönlichkeit. In: Feuser, Georg/Herz, Birgit/Jantzen, Wolfgang (Hrsg.): Emotionen und Persönlichkeit. Bad Heilbrunn: Klinkhardt, 2014

Herz, Birgit: Inklusionssemantik und Risikoverschärfung. In: Kluge, Sven/Liesner, Andrea/Weiß, Edgar (Hrsg.): Inklusion als Ideologie. Frankfurt a.M.: Peter Lang (Jahrbuch für Pädagogik 31), 2015, S. 59–76

Herz, Birgit/Platte, Anett: Psychische Beeinträchtigungen im Kindes- und Jugendalter. In: Popp, Kerstin/Methner, Andreas/Seebach, Barbara (Hrsg.): Verhaltensprobleme in der Sekundarstufe. Stuttgart: Kohlhammer, 2017, S. 226–237

Herz, Birgit: Deprofessionalisierungstendenzen in der schulischen und außerschulischen Erziehungshilfe: Ein exemplarischer Blick auf das universitäre Qualifizierungs-»Setting«. In: Zimmermann, David/Fickler-Stang, Ulrike/Dietrich, Lars/Weiland, Katharina (Hrsg.): Professionalisierung für Unterricht und Beziehungsarbeit mit psychosozial beeinträchtigten Kindern und Jugendlichen. Bad Heilbrunn: Klinkhardt, 2019, S. 23–36

Herz, Birgit: Ist Intensivpädagogik gleich Intensivprofessionalität? In: Sozialmagazin 45 (11), 2020, S. 82–89

Herz, Birgit: »Unerziehbare«, »Systemsprenger«, »Austherapierte« – und dann als »Kriminelle« in die Jugendstrafanstalt. In: Vierteljahresschrift für Heilpädagogik und Ihre Nachbargebiete 90 (3), 2021, S. 169–17

Herz, Birgit: Ökonomisierungsstress und Unterrichtsstörungen. In: Amrhein, Bettina/Badstieber, Bernd (Hrsg): (Un-)mögliche Perspektiven auf herausforderndes Verhalten in der Schule. Weinheim, Basel: Beltz Juventa, 2022, S. 58–76

Herz, Birgit: Kinder und Jugendliche mit Behinderung: Annäherungen an ein ambivalentes Praxisfeld im Kinderschutz. In: Hollweg, Carolyn/Kieslinger, David (Hrsg): Inklusion in den Erziehungshilfen III – Kinderschutz inklusiv gedacht. Theorie und Praxis der Jungendhilfe 40, 2022, S. 56–69

Hierdeis, Helmwart/Walter, Hansjörg: Zur Geschichte der Psychoanalytischen Pädagogik am Institut für Erziehungswissenschaften der Universität Innsbruck. Versuch einer brieflichen Rekonstruktion. In: Gstach, Johannes/Neudecker, Barbara/Trunkenpolz, Kathrin (Hrsg.): Psychoanalytische Pädagogik zwischen Theorie und Praxis. Festschrift Für Wilfried Datler. Wiesbaden: Springer Fachmedien, 2022, S. 41–60

Hillenbrand, Clemens/Hennemann, Thomas/Hens, Sandra: Lubo aus dem All! Programm zur Förderung emotional-sozialer Kompetenzen in der Schuleingangsphase. München: Ernst Reinhardt, 2010

Hirblinger, Heiner: Unterrichtskultur. Band 1: Emotionale Erfahrungen und Mentalisierung in schulischen Lernprozessen. Band 2: Didaktik als Dramaturgie im symbolischen Raum. Gießen: Psychosozial-Verlag, 2011a

Hirblinger, Heiner: Unterrichtskultur. Band 2: Didaktik als Dramaturgie im symbolischen Raum. Gießen: Psychosozial-Verlag, 2011b

Hirsch, Mathias: Trauma. Gießen: Psychosozial, 2011

Hofmann, Christiane: Inklusion beginnt in der Gruppe. In: Gruppenanalyse (23), 2013, S. 46–65

Hövel, Dennis C./Hennemann, Thomas/Rietz, Christian: Meta-Analyse programmatischer-präventiver Förderung der emotionalen und sozialen Entwicklung in der Primarstufe Emotionale und soziale Entwicklung in der Pädagogik der Erziehungshilfe und bei Verhaltensstörungen. In: Emotionale und soziale Entwicklung in der Pädagogik der Erziehungshilfe und bei Verhaltensstörungen ESE, 1, 2019, S. 38–55

Hoyer, Jan: Metaphern der Jugenddelinquenz. Bad Heilbrunn: Klinkhardt, 2021

Jording, Judith (Hrsg.): Flucht, Migration und kommunale Schulsysteme 1-4. Bielefeld: transcript, 2022

Kommissionsdrucksache 18/18: Stellungnahme Kinderkommission des Deutschen Bundestages zum Thema Kinderarmut, Berlin, 2017

Kratz, Marian: Sprachsymbolisierung als transformativer Bildungsprozess. Alfred Lorenzers Angebot an den erziehungswissenschaftlichen Professionalisierungsdiskurs. In: Dörr, Margret/Schmidt Noerr, Gunzelin/Würker, Achim (Hrsg.): Zwang und Utopie – das Potenzial des Unbewussten. Zum 100. Geburtstag von Alfred Lorenzer. Weinheim: Beltz, 2022, S. 184–196

Kreuter-Hafer, Birgit: »Fliegen sterben in der Nacht«. Zur psychoanalytischen Behandlung traumatisierter Kinder im Vorschulalter – exemplarisch aufgezeigt anhand des Therapieprozesses eines chronisch kranken Kindes. In: Analytische Kinder- und Jugendlichenpsychotherapie 43, 2012, S. 521–542

Laucht, Manfred/Esser, Günther/Schmidt, Martin: Entwicklung von Risikokindern im Schulalter. Die langfristigen Folgen frühkindlicher Belastungen. In: Zeitschrift für Entwicklungspsychologie und Pädagogische Psychologie 32, 2000, S. 59–69

Leuzinger-Bohleber, Marianne/Burkhardt-Mußmann, Claudia: Sexueller Missbrauch – ein Trauma mit lebenslangen Folgen. In: Thole, Werner/Baader, Meike S./Helsper, Werner/Kappeler, Manfred/Leuzinger-Bohleber, Marianne/Reh, Sabine/Sielert, Uwe/Thompson, Christiane (Hrsg.): Sexualisierte Gewalt, Macht und Pädagogik. Opladen, Berlin: Barbara Budrich, 2012, S. 186–207

Leuzinger-Bohleber, Marianne: Frühe Kindheit als Schicksal? Stuttgart: Kohlhammer, 2009

Liesebach, Jochen: Dilemmata inklusiver Schulentwicklung. In: Herz, Birgit/Zimmermann, David/Meyer, Matthias (Hrsg.): »... und raus bist du!«. Pädagogische und institutionelle Herausforderungen in der schulischen und außerschulischen Erziehungshilfe. Bad Heilbrunn: Klinkhardt, 2015, S. 118–129

Liesebach, Jochen: Die Macht der »irrationalen Zahlen«. In: Emotionale und soziale Entwicklung in der Pädagogik der Erziehungshilfe und bei Verhaltensstörungen ESE 2, 2020, S. 208–219

Maykus, Stefan/Wiedebusch, Susanne/Herz, Birgit/Franek, Muriel/Gausmann, Niklas: Inklusive Grundschule als Ort der Kooperation. Das Praxismanual InproKiG zur interprofessionellen Förderung von Kindern. Weinheim: Beltz Juventa, 2021

Mühlmann, Thomas/Erdmann, Julia: Gefährdungseinschätzungen der Jugendämter während der Corona-Pandemie. Abschlussbericht zur Zusatzerhebung der Verfahren gemäß § 8a SGB VIII. Dortmund: Technische Universität Dortmund, 2022. Im Internet unter https://www.forschungsverbund.tu-dortmund.de/fileadmin/user_upload/2022-09-02_Abschlussbericht_8a-Zusatzerhebung_AKJStat.pdf [19.06.2023]

Müller, Frank J.: Verteilung von Armut im Primarbereich in Berlin. In: Zeitschrift für Inklusion 4, 2010. Im Internet unter http://www.inklusion-online.net/index.php/inklusion/article/viewArticle/85/86 [15.09.2013]

Müller, Thomas/Stein Roland: Erziehung an Schulen für Erziehungshilfe? Zum fehlenden Erziehungsdiskurs einer Schulart. In: Vierteljahresschrift für Heilpädagogik und ihre Nachbargebiete 82, 2013, S. 213–226

Müller, Thomas: »Ich kann Niemandem mehr vertrauen.« Konzepte von Vertrauen und ihre Relevanz für die Pädagogik bei Verhaltensstörungen. Bad Heilbrunn: Klinkhardt, 2017

Murphy, Rick: How children make sense of their permanent exclusion: a thematic analysis from semi-structured interviews. In: Emotional and Behavioural Difficulties 27 (1), S. 43–57

Myschker, Norbert: Verhaltensstörungen bei Kindern und Jugendlichen. Erscheinungsformen, Ursachen, hilfreiche Maßnahmen. Stuttgart: Kohlhammer, $^{3}$1999

Omer, Haim/von Schlippe, Arist: Stärke statt Macht. Göttingen: V&R, 2015

Oswald, Sylvia/Fegert, Jörg/Goldbeck, Lutz: Evaluation eines Projekts zur Sensibilisierung der Jugendhilfe für Traumafolgestörungen bei Pflegekindern. In: Praxis der Kinderpsychologie und Kinderpsychiatrie 62, 2013, S. 128–141

Pfeiffer, Christian/Wetzels, Peter/Enzmann, Dirk: Innerfamiliäre Gewalt gegen Kinder und Jugendliche und ihre Auswirkungen. Kriminologisches Forschungsinstitut Niedersachsen, 1999. Im Internet unter http://www.kfn.de/versions/kfn/assets/fb80.pdf [15.10.2013]

Piwowar, Valentina: Multidimensionale Erfassung von Kompetenzen im Klassenmanagement: Konstruktion und Validierung eines Beobachter- und eines Schülerfragebogens für die Sekundarstufe 1. Zeitschrift für Pädagogische Psychologie 27, 2013, S. 215–228

Popp, Kerstin: Erziehung durch Programme und Trainings. Potentiale und Grenzen. In: Müller, Thomas/ Stein, Roland (Hrsg.): Erziehung als Herausforderung. Grundlagen für die Pädagogik bei Verhaltensstörungen. Bad Heilbrunn: Klinkhardt, 2018, S. 255–270

Poscheschnik, Gerald: Psychoanalytische Entwicklungswissenschaft – Geschichte, Paradigmen, Grundprinzipien. In: Poscheschnik, Gerald/Traxl, Bernd (Hrsg.): Handbuch Psychoanalytische Entwicklungswissenschaft. Theoretische Grundlagen und praktische Anwendungen. Originalausgabe. Gießen: Psychosozial-Verlag, 2016, S. 27–80.

Rauh, Bernhard/Datler, Margit/Weber, Jean-Marie/Griesinger, Tillman/Meißnest, Jörg: Schulpraktika zwischen Meister-Lehre und reflexiver Professionalisierung. Ausgewählte Forschungsbefunde, reflexionsfördernde Formate und zentrale Interaktionsdynamiken. In: Zimmermann, David/Fickler-Stang, Ulrike/Dietrich, Lars/Weiland, Katharina (Hrsg.): Professionalisierung für Unterricht und Beziehungsarbeit mit psychosozial beeinträchtigten Kindern und Jugendlichen. Bad Heilbrunn: Klinkhardt, 2019, S. 132–144

Reiser, H.: Integration psychoanalytischer Konzepte in die Arbeit mit Sonderschülern. In: Behindertenpädagogik (Beiheft 3), 1977, S. 23–37.

Reiser, Helmut: Inklusion und Verhaltensstörungen – Ideologien, Visionen, Perspektiven. In: Herz, Birgit (Hrsg.): Schulische und außerschulische Erziehungshilfe. Bad Heilbrunn: Klinkhardt, 2013, S. 319–330

Rennison, Joanne/Maguire, Sue/Middleton, Sue/Ashworth, Karl (Eds.): Young People not in Education – Employment or Training: Evidence from the Education Maintenance Allowance Pilots Database. Nottingham: Loughborougth University, DfES Publications, 2006. Im Internet unter www.dfes.go.uk/research [21.03.2008]

Schore, Allen N.: Right Brain Affected Regulation – An Essential Mechanism of Development, Trauma, Dissociation and Psychotherapy. In: Fosha, Diana/Siegel, Daniel J./Solomon, Marion F. (Hrsg.): The Healing Power of Emotion – Affective Neuroscience, Development & Clinical Practice. New York, London: W. W. Norton & Company, 2009, S. 112–144

Schwarzer, Nicola/Behringer, Noëlle/Beyer, Anna/Gingelmaier, Stephan/Henter, Melanie/Müller, Liesa-M./Link, Pierre-C.: Reichweite einer mentalisierungsbasierten Pädagogik im Förderschwerpunkt Emotionale und soziale Entwicklung – ein narratives Review. In: Emotionale und soziale Entwicklung in der Pädagogik der Erziehungshilfe und bei Verhaltensstörungen ESE 5, 2023, 5, S. 90–102

Seukwa, Louis H./Wagner, Uta (Hrsg.): Pädagogik angesichts von Vulnerabilität und Exklusion. Bummeln durch die Landschaft der Randständigkeit. Berlin: Peter Lang, 2021

Solomon, Mike/Thomas, Gaby: Supporting behavior support: developing a model for leading and managing a unit for teenagers excluded from mainstream schools. In: Emotional and behavioural difficulties 18, 2013, S. 44–59

Stein, Roland/Ellinger, Stephan: Effekte inklusiver Beschulung. Forschungsstand im Förderschwerpunkt emotionale und soziale Entwicklung. In: Empirische Sonderpädagogik (2), 2012, S. 85–112

Streek-Fischer, Annette/van der Kolk, Bessel A.: Down will come badly, cradle and all: diagnostic and therapeutic implications of chronic trauma on child development. In: Australian and New Zealand Journal of Psychiatry 34, 2000, S. 903–918

Strumann, Barbara/Roos, Stefanie: BLEIB AUF GRÜN! Praxisbericht zum Einsatz eines Spiels zur Psychoedukation mit dem Fokus auf sozial-emotionalem Lernen in Anlehnung an die Polyvagal-Theorie. In: Emotionale und soziale Entwicklung in der Pädagogik der Erziehungshilfe und bei Verhaltensstörungen ESE 4, 2022, S. 144–152

Thielen, Marc/Kurth, Stephani: Übergangskulturen in der Sekundarstufe I: Einzelschulische Modi der Gestaltung von Berufsorientierung im Spiegel von Differenz- und Ungleichheitsdynamiken. In: Vierteljahresschrift für Heilpädagogik und ihre Nachbargebiete VHN*plus* 1–18, 2023

Thiersch, Sven/Silkenbeumer, Mirja/Labede, Julia: Individualisierte Übergänge. Aufstiege, Abstiege und Umstiege im Bildungssystem. Wiesbaden: VS Verlag für Sozialwissenschaften, 2020

[UBSKM und BKA] Unabhängiger Beauftragter für Fragen des sexuellen Kindesmissbrauchs und Bundeskriminalamt: Vorstellung der Zahlen kindlicher Gewaltopfer – Auswertung der Polizeilichen Kriminalstatistik 2021. Pressemitteilung vom 30.05.2022. Im Internet unter http://www.bka.de/SharedDocs/Pressemitteilungen/DE/Presse_2021/pm21 0526_kindGewalt.pdf [02. 03. 23]

van der Kolk, Bessel A.: Verkörperter Schrecken. Traumaspuren in Gehirn, Geist und Körper und wie man sie heilen kann. Probst: Lichtenau, 2015

von Freyberg, Thomas/Wolff, Angelika: Störer und Gestörte. Konfliktgeschichten nicht beschulbarer Jugendlicher. Frankfurt a.M.: Brandes & Apsel, Band 1, 2005

von Freyberg, Thomas/Wolff, Angelika: Störer und Gestörte. Konfliktgeschichten als Lernprozesse. Frankfurt a.M.: Brandes & Apsel, Band 2, 2006

Weiss, Stephen: How teachers' autobiographies influence their responses to children's behaviors. In: Emotional and Behavioural Difficulties 7, 2002, S. 9–18

Willmann, Marc: »Was hinter dem Verhalten steht« – Pädagogische Beziehungsgestaltung und ihre Reflexion im Unterricht mit »schwierigen« Kindern. In: Dörr, Margret/Gstach, Johannes (Hrsg.): Trauma und schwere Störung. Pädagogische Arbeit mit psychiatrisch diagnostizierten Kindern und Erwachsenen. Gießen: Psychosozial-Verlag (Jahrbuch für psychoanalytische Pädagogik 23), 2015, S. 127–142

Wininger, Michael: »Reflection on action« im Dienst pädagogischer Professionalisierung. Psychoanalytisch-pädagogische Überlegungen zur Vermittlung sonderpädagogischer Kompetenzen an Hochschulen. In: Datler, Wilfried/Finger-Trescher, Urte/Gstach, Johannes (Hrsg.): Psychoanalytisch-pädagogisches Können. Vermitteln – Aneignen – Anwenden. Gießen: Psychosozial (Jahrbuch für psychoanalytische Pädagogik, 20), 2012, S. 53–80

Zapke, Barbara: Spielräume für Schüler, die nicht passen. Intensivpädagogik in der Sekundarstufe. München: Ernst Reinhardt Verlag, 2020

Zimmermann, David: Migration und Trauma. Verstehen und Handeln in der Arbeit mit jungen Flüchtlingen. Gießen: Psychosozial, 2012

Zimmermann, David: Traumapädagogik in der Schule. Pädagogische Beziehungen mit schwer belasteten Kindern und Jugendlichen. Gießen: Psychosozial, 2016

Zimmermann, David: Traumabezogene Diagnostik – Überlegungen zu einem umstrittenen Aspekt pädagogischer Professionalität. In: Zimmermann, David/Dabbert, Lars/Rosenbrock, Hans (Hrsg.): Praxis Traumapädagogik. Perspektiven einer Fachdisziplin und ihrer Herausforderungen in verschiedenen Praxisfeldern. Weinheim u. a.: Beltz Juventa, 2017, S. 91–107

Zimmermann, David/Obens, Katharina/Fickler-Stang, Ulrike: Reflexionsfähigkeiten im Hochschulmilieu entwickeln. Theorie, Forschung und Lehre. In: Emotionale und soziale Entwicklung in der Pädagogik der Erziehungshilfe und bei Verhaltensstörungen ESE 1, 2019, S. 116–137

Zimmermann, David/Lindner, Anne: Fluchterfahrungen, Traumatisierungen und die Bedeutung des Fallverstehens als pädagogische Diagnostik. In: Piegsda, Felix/Bianchy, Katja/Link, Pierre-Carl/Steinert, Cedric/Jurkowski, Susanne (Hrsg.): Diagnostik und pädagogisches Handeln zusammendenken. Beispiele aus den Bereichen Emotionale und soziale Entwicklung, Sprache und Kommunikation. Baltmannsweiler: Schneider Hohengehren, 2022, S. 57–76

Zimmermann, David: Die Beschulung psychosozial erheblich beeinträchtigter Kinder und Jugendlicher in Kleinklassen. Praxeologische Desiderata und empirische Antworten aus dem englischen Diskurs. In: Vierteljahresschrift für Heilpädagogik und ihre Nachbargebiete 92 (4), 2023, S. 281–293

Zimmermann, David/Hennemann, Thomas: »Evidenzbasierte Praxis« oder »Praxeologie« als Leitbegriffe für den Dialog von Wissenschaft und Praxis? Annäherungen über ein fallorientiertes Gespräch. In: Emotionale und soziale Entwicklung in der Pädagogik der Erziehungshilfe und bei Verhaltensstörungen ESE (5), 2023, S. 172–183

# Evidenzbasierte Praxis im Förderschwerpunkt emotional-soziale Entwicklung

Clemens Hillenbrand

Evidenzbasierte Praxis meint die Ausrichtung des Handelns an überprüften und wissenschaftlich fundierten Maßnahmen bezogen auf die spezifische, professionelle Situation (Sackett, 1997). Seit der UN-Konvention über die Rechte von Menschen mit Behinderung, die reale Verbesserungen für Personen mit Benachteiligungen und Behinderungen verlangt, stellt sich die Frage des wirksamen Handelns und der effektiven sonderpädagogischen Unterstützung (Kultusministerkonferenz, 2011) dringlicher denn je: Welche Vorgehensweisen und Handlungsmöglichkeiten lassen tatsächlich eine positive Wirkung erwarten? Der Begriff »Evidenzbasierung«, aus der medizinischen Forschung übernommen, drückt generell die Anforderung an Vorgehensweisen, Methoden, Verfahren und Programme aus, bestimmten wissenschaftlichen Überprüfungen Stand zu halten und dabei zu positiven Wirkungen zu führen. Evidenzbasierung als Anforderung wird in der deutschsprachigen Sonderpädagogik erst in jüngerer Zeit thematisiert und kritisch diskutiert, aber nur selten werden Studien zur Überprüfung praxisorientierter Handlungsvorschläge nach Kriterien der Evidenzbasierung durchgeführt.

Die begrifflichen Grundlagen und empirische Kriterien für Evidenzbasierung werden im folgenden Beitrag geklärt, bevor ein Überblick über die Verfahren geboten wird, die den Kriterien zumindest näherungsweise genügen. In der internationalen, englischsprachigen Forschung stellt die Ausrichtung an einer evidenzbasierten sonderpädagogischen Praxis jedoch einen breit akzeptierten Standard dar, der als Auswahlkriterium für sonderpädagogische Vorgehensweisen dient (vgl. What Works Clearinghouse). Für den Einsatz evidenzbasierter Verfahren in inklusiven Bildungssystemen ist jedoch ein schlüssiges Rahmenkonzept notwendig, das eine den Bedürfnissen der Lernenden angemessene und wirksame Unterstützung bietet. International anerkannte Mehrebenenmodelle entsprechen nach den vorliegenden Studien diesen Anforderungen. Evidenzbasierte Verfahren der emotionalen und sozialen Entwicklung, die in diesem Rahmen genutzt werden können, lassen sich zwei verschiedenen Grundkonzeptionen zuordnen: erstens die klar strukturierte, unterstützende Gestaltung der

Lernumgebung und zweitens die gezielte Vermittlung emotionaler und sozialer Kompetenzen. Als Schlussfolgerung ist festzuhalten, dass evidenzbasierte Praxis ein Gesamtkonzept darstellt, das wissenschaftliche Standards mit den praktischen Anforderungen an konkrete Handlungsmöglichkeiten verbindet. International besteht Konsens darin, dass durch den Einsatz evidenzbasierter Verfahren in einem wirksamen Rahmenkonzept tatsächlich das Recht auf inklusive Bildung, nämlich eine den Bedürfnissen angemessene Unterstützung, verwirklicht werden kann. Letztlich profitieren davon auch die pädagogischen Fachkräfte.

# 1 Einführung

Der Auftrag zur inklusiven Bildung gemäß UNESCO und UN-Konvention über die Rechte von Menschen mit Behinderung fordert eine wirksame Unterstützung für alle Lernenden gemäß ihren Bedürfnissen (United Nations, 2006, § 24; Hillenbrand, 2012) – institutionelle oder schulorganisatorische Fragen werden, sofern sie nicht systematisch von Teilhabe ausschließen, hingegen nicht angesprochen, sondern liegen in der Hoheit der Unterzeichnerstaaten (Bielefeldt, 2010; Riedel, 2008). Damit bildet die nachgewiesene Wirksamkeit von Maßnahmen der Erziehung und Bildung einen Schlüssel zur Verwirklichung von Inklusion.

Daraus resultieren brisante Konsequenzen, die bisher wenig diskutiert werden. Wie lässt sich die Wirksamkeit prüfen? Sind alle sonderpädagogischen Maßnahmen zur Unterstützung emotionaler und sozialer Prozesse positiv wirksam und in gleichem Maße? Muss die Wirksamkeit differenziert für spezifische Situationen eingeschätzt werden? Bedeutet die nachgewiesene Wirksamkeit die Verpflichtung zum Einsatz, also eine Quasi-Technologie? Wenn keine Erkenntnisse über die Wirksamkeit einer Maßnahme vorliegen – wie ist dann vorzugehen? Solche Fragen sind keineswegs banal, sondern treffen den Kern des Förderschwerpunkts emotionale und soziale Entwicklung, sowohl für die Forschung als auch für die Praxis. Das Programm einer evidenzbasierten Praxis möchte Hilfen zur Beantwortung dieser Fragen bieten.

## 2 Das Grundproblem: zur Kausalität pädagogischen Handelns

Zur Klärung der Wirksamkeit sonderpädagogischen Handelns stellt sich ein grundsätzliches Problem, das im Diskurs der analytischen Erziehungsphilosophie (Oelkers, 2001) herausgearbeitet wurde: Erziehung stellt immer ein Versuchshandeln dar, das eine Wirkung intendiert und erzielen will, aber die Wirksamkeit des eigenen Handelns nicht in der Hand hat. »Die pädagogische Intention garantiert nicht die Wirksamkeit der Handlung. Die Absicht des Pädagogen kann erfüllt werden, aber das pädagogische Handeln kommt lediglich einem Versuchen gleich« (Oelkers, 1984, S. 29, H. i.O.). Und: »Es ist nicht kausal im Sinne einer naturwissenschaftlichen Kausalität und kann also auch nicht mit einer technologischen Verknüpfung zwischen ›Intention‹ und ›Wirkung‹ rechnen« (ebd., S. 29f.). Niklas Luhmann bescheinigte der Erziehung denn auch ein Technologiedefizit (Kiper, 2007).

Ist damit jede Bemühung um möglichst wirksames sonderpädagogisches Handeln von vornherein obsolet und sinnlos? Wenn einerseits dieses Defizit konstatiert wird, heißt das andererseits nicht, dass es nach Kiper keine Bemühungen um die Annäherung an möglichst wirksame, erfolgreiche Handlungsformen geben sollte (ebd.). Gerade die Aufgabe sonderpädagogischer Unterstützung im Rahmen inklusiver Bildungssysteme (Kultusministerkonferenz, 2011) erfordert eine wissenschaftlich fundierte Aussage über die Wirksamkeit der genutzten Maßnahmen: »Persons with disabilities receive the support required, within the general education system, to facilitate their effective education« (United Nations, 2006, § 24, 3d; Hervorhebung C.H.). Die notwendigen und nachgewiesenermaßen wirksamen Maßnahmen (»effective«) sind in einem inklusiven Bildungssystem also für die Lernenden im allgemeinen Bildungssystem verfügbar. Interessanterweise taucht in der UN-Konvention keine Aussage zu den Organisationsformen auf, formuliert wird hingegen dieser Anspruch auf tatsächlich wirksame Unterstützung, auf die insbesondere Lernende unter benachteiligenden und behindernden Bedingungen Anspruch haben (Bielefeld, 2010). Dieser Anspruch lässt sich vernünftiger Weise auch kaum bestreiten. Zahlreiche Veröffentlichungen versuchen mit der Publikation und Hervorhebung von »best practice«-Beispielen Hilfen für eine wirksame Unterstützung zu bieten: Als prominentes Beispiel lässt sich die Verleihung des Jakob-Muth-Preises für inklusive Schulmodelle durch die Bertelsmann-Stiftung verstehen.

Selten jedoch werden die hervorgehobenen und ausgezeichneten Modelle einer wissenschaftlichen Prüfung der Wirksamkeit unterworfen und so bleiben die Kriterien für »best practice« sehr stark von der (sprachlichen) Qualität der Darstellung, den persönlichen Einschätzungen und Werturteilen abhängig. Diese Unbestimmtheit dessen, was »best practice« nun eigentlich ausmacht, ist wissenschaftlich ungenügend und auch für die Praxis nicht hinnehmbar (Cook/Tankersley/Cook/Landrum, 2008). Das Problem wird durch die Einsetzung von Kommissionen nicht geringer und so herrscht ein buntes Angebot an »best practice«-Beispielen im gesamten pädagogischen Feld, die auch politische Entscheidungen beeinflussen können. Wissenschaftlich-empirische Standards sind jedenfalls nicht anzutreffen.

Die internationale wissenschaftliche Diskussion wie auch die Bildungspolitik anderer Staaten hat daher empirisch fundierte Anforderungen formuliert und legt durchgehend strengere Kriterien an. Hierfür kann die Bildungspolitik der US-Regierungen als Beispiel stehen: Der No Child Left Behind Act von 2001 fordert die sonderpädagogische Unterstützung durch solche Maßnahmen, die durch wissenschaftlich fundierte Forschung überprüft und durch nachvollziehbare Studien als nachgewiesenermaßen wirksam belegt wurden (Cook et al., 2008, S. 70). Die Forderungen werden bestätigt im Individuals with Disabilities Education Improvement Act von 2004, der zugleich die Notwendigkeit der Ausbildung von Lehrkräften in solchermaßen überprüften Handlungsformen fordert (ebd.). Verfahren, die diesen Anforderungen entsprechen, sind evidenzbasierte Verfahren: Sie erhöhen gewissermaßen die Wahrscheinlichkeit, tatsächlich eine positive Wirkung auszulösen, auch wenn sie es nicht garantieren können (Oelkers, 2001). Evidenzbasierung stellt damit einen probabilistischen, keinen technologischen Zugang zum Problem pädagogischen Handelns dar, um von Erfahrungen und wissenschaftlichen Ergebnissen im praktischen Handeln profitieren zu können.

Wenn also die Kriterien für evidenzbasiertes Vorgehen international definiert sind, müsste sich ein Korpus von Verfahren identifizieren lassen, die diesen Kriterien genügen. Welche Konsequenzen für das praktische Handeln sind daraus zu ziehen? Ist folglich der (quasi-technologische) Einsatz der wissenschaftlich ermittelten Verfahren – verkürzt gesagt: der handelnde Sonderpädagoge als Anwender wissenschaftlich aufbereiteter Techniken zur Behebung psychosozialer Defizite – der Sinn von evidenzbasierter Praxis im Förderschwerpunkt emotionale und soziale Entwicklung?

## 3   Das Programm evidenzbasierter Praxis

Den Einsatz von Maßnahmen und Vorgehensweisen in Handlungsfeldern der Medizin, Psychologie und Pädagogik, deren Wirkungen durch wissenschaftlich fundierte Forschung überprüft wurde, nennt die internationale wissenschaftliche Diskussion »evidence-based practices« (Freeman/Sugai, 2013, S. 6; Fuchs/Fuchs/Compton, 2012; McLeskey/Waldron, 2011). Eine einfache Übersetzung in den Terminus »evidenzbasierte Praxis« in deutscher Sprache birgt ein grundlegendes Problem: Der deutsche Ausdruck »evident« meint »offenkundig und klar ersichtlich« (Duden Fremdwörterbuch, 1982, S. 232), folglich keiner weiteren Überprüfung zu unterziehen. Die deutschsprachige Bedeutung bildet damit ziemlich genau das Gegenteil vom englischsprachigen »evidence«, nämlich »facts or information indicating whether a belief or proposition is true or valid« (Oxford Dictionaries, 2013). Evidenzbasierte Praxis meint also operationalisierte, replizierbare Handlungsformen, die einer kritischen Prüfung durch wissenschaftliche Forschung unterzogen wurden und daher belegbare, nachgewiesene Fakten ihrer positiven Wirksamkeit vorlegen können.

Das Programm evidenzbasierten Handelns und das zugrundeliegende Axiom stammen aus der Medizin und gehen von der Wertschätzung empirischer Wirkungs- und Evaluationsforschung aus, die zu einem grundlegenden Verständniswandel der Therapie in der Medizin führt: weg von den Lehrmeinungen anerkannter Autoritäten hin zu empirisch-kritisch überprüften Heilverfahren. Zurhorst spricht von einem Wandel der Therapie von medizinischen Schulen zu kritischer Forschung, gewissermaßen weg von »eminenzbasierter« hin zu »evidenzbasierter« Behandlung (Zurhorst, 2003, S. 98).

Dieser grundlegende Wandel medizinischen Selbstverständnisses geht insbesondere auf die Autorengruppe um Sackett zurück, die erst in diesem Schritt die konsequente Nutzung wissenschaftlicher Erkenntnisse für die bestmögliche medizinische Behandlung für die einzelnen Klienten sieht. Evidenzbasierte Medizin (EbM) »ist der gewissenhafte, ausdrückliche und vernünftige Gebrauch der gegenwärtig besten externen, wissenschaftlichen Evidenz für Entscheidungen in der medizinischen Versorgung individueller Patienten. Die Praxis der EbM bedeutet die Integration individueller klinischer Expertise mit der bestverfügbaren externen Evidenz aus systematischer Forschung« (Sackett/Rosenberg/Gray/Haynes/Richardson, 1997, S. 644). Diese häufig zitierte Definition für Evidenzbasierung betont einerseits die individuelle Expertise der Professionellen und andererseits die Orientierung an kritischer, wissenschaftlicher Forschung. Es ist also keineswegs eine technologische, rezeptartige, nach »Kochbuch« vorgehende Therapie, sondern die Suche nach einer verantwortlichen, transparenten Entscheidungsfindung gemäß dem aktuellen Stand wissenschaftlicher Forschung für die dem Klienten geeignetste Maßnahme.

Gefordert ist also die Verbindung der fachlichen Expertise der Professionellen bezogen auf den Einzelfall mit dem besten, verfügbaren wissenschaftlichen Wissen. Gegenüber manchen Vorwürfen meint Evidenzbasierung also keineswegs eine standardisierte, vielleicht noch nach Kostenersparnis normierte Vorgehensweise, die ohne Rücksicht auf die Adressaten eingesetzt wird. Vielmehr drückt das mit dem Begriff Evidenzbasierung gemeinte Programm das Anliegen aus, auf der Basis professioneller Expertise und Erkenntnis des konkreten Einzelfalls nach dem besten wissenschaftlichen Erkenntnisstand zu handeln. Nutzt die Praxis der Sonderpädagogik so weit wie möglich solche Vorgehensweisen, wie es die internationale sonderpädagogische Forschung (Fuchs/Fuchs/Compton, 2012; McLeskey/Waldron, 2011) wie auch die bildungspolitische Diskussion (UNESCO, 2010) im breiten Konsens fordern, und setzt sie mit Hilfe professioneller Kompetenz (Baumert/Kunter, 2011) in Beziehung zur konkreten erzieherischen Situation – dann realisiert sie eine evidenzbasierte Praxis der Sonderpädagogik. Dennoch behält Erziehung den Charakter des Versuchshandelns, wenn auch nun mit der optimierten Chance auf Erfolg.

Evidenzbasierte Praxis meint damit nicht nur das konkrete Handeln des individuellen Sonderpädagogen, sondern umfasst drei Ebenen (Freeman/Sugai, 2013, S. 6): das Programm pädagogischen Handelns, schulweite Maßnahmen und die Maßnahmen auf kommunaler Ebene. Zu allen drei Ebenen liegen wissenschaftliche Befunde wirksamer Vorgehensweisen vor, die für eine evidenzbasierte sonderpädagogische Praxis genutzt werden können.

Evidenzbasierung in diesem Sinn als professionelles und empirisch fundiertes Handeln wurde in der deutschsprachigen Sonderpädagogik allerdings wenig zur Kenntnis genommen (hingegen schon Nußbeck, 2007 und die Diskussion in der Sprachheilpädagogik bei Hartmann, 2013), eine intensive Debatte lässt sich ab 2015 beobachten (Ahrbeck/Ellinger/Hechler/Koch/Schad, 2016; Casale/Hennemann/Grosche, 2015; Hillenbrand, 2015; Krizan/Voßen, 2016; Wember, 2017). Hingegen stellt das Konzept der Evidenzbasierung in der angelsächsischen Literatur ein bereits seit längerem diskutiertes und auch in konkrete Handlungsstrategien übersetztes Vorgehen sowohl für allgemeine Erziehungsfragen (Davies, 1999) als auch für die Sonderpädagogik (Odom/Brantlinger/Gersten/Horner/Thompson/Harris, 2005) dar.

Wenngleich der Begriff Evidenzbasierung im deutschen Sprachraum Gegenstand heftiger Auseinandersetzung ist (Willmann, 2020), steht dennoch das Anliegen, nämlich wirksame Hilfen bei Erziehungsproblemen anzubieten, von Anfang an im Zentrum heilpädagogischer Bemühungen. Heinrich Hanselmann, der in Zürich den ersten Lehrstuhl für Heilpädagogik im deutschsprachigen Raum übernahm, strukturiert bereits sehr reflektiert das Vorgehen der Heilpädagog:innen bei »Schwererziehbarkeit« der Zöglinge: Fragenstellen, Behandlung, Entwicklungen ändern, die Gegenseitigkeit des Erziehungsprozesses beachten, auf die Einmaligkeit des schwererziehbaren Kindes eingehen (Hanselmann, 1928, S. 40 ff.). Damit wird deutlich, dass schon in der Perspektive Hanselmanns die Aufgaben im Bereich emotionaler und sozialer Entwicklungsunterstützung ein fundiertes Vorgehen benötigen, keineswegs jedoch durch kurzschlüssigen Einsatz einer bestimmten Technik zu beantworten sind.

Die Forderung nach evidenzbasierter Praxis stellt zugleich Forderungen an die Forschung wie auch an die Praxis: Wissenschaftler generieren Forschungsergebnisse zur Überprüfung der Wirksamkeit von Maßnahmen und Professionelle entwickeln eine Praxis, welche die vorliegenden Ergebnisse kennt und bezogen auf die konkrete Person und Situation in konkrete Handlungen umsetzt.

Zur Klärung des Auftrags an die Forschung geht der Beitrag zunächst folgenden Fragen nach:

- Welche Kriterien werden an eine evidenzbasierte Praxis gelegt?
- Welche Verfahren der Unterstützung bei emotionalem und sozialem Förderbedarf erfüllen diese Kriterien? Welche Vorgehensweisen lassen sich differentiell spezifischen Problembereichen und Störungsbildern zuordnen?
- Wie sieht ein wissenschaftlich überprüftes Rahmenkonzept einer evidenzbasierten Praxis aus?

Zur Klärung der Konsequenzen für eine Professionalisierung der Praxis werden im weiteren Verlauf dann folgende Fragen behandelt:

- Wie gelingt die Implementation evidenzbasierter Praxis?
- Welche praktikablen Vorgehensweisen zur Identifikation und Implementation evidenzbasierter Praxis können genutzt werden?

Zur Beantwortung dieser Fragen greift der Beitrag auf verschiedene Forschungsstränge zurück:

- Kriterien der Evaluationsforschung,
- Forschungsergebnisse zur (schulbasierten) Prävention und Intervention,
- Forschungen zum praktischen Rahmenkonzept der Mehrebenenmodelle und
- die Implementationsforschung.

Die Anforderungen an evidenzbasierte Praxis umfassen zugleich alle Ebenen: die Gestaltung der konkreten Erziehungs- und Unterrichtssituation, des institutionellen Rahmens, beispielsweise der Schule und des sozialen Umfelds, beispielsweise von Unterstützungsangeboten in der Kommune. Es geht also um die wirksame Unterstützung auf allen Ebenen sonderpädagogischen Handelns, weit über den quasi-therapeutischen Einsatz bestimmter Techniken, bspw. von Token-Programmen oder Gesprächstechniken (Freeman/Sugai, 2013, S. 6), hinaus.

## 4 Evidenzbasierung als wissenschaftlicher Auftrag

Sonderpädagogische Forschung muss zahlreiche Fragen und Probleme bearbeiten, die sich durch eine große Komplexität auszeichnen. Entsprechend den jeweiligen Forschungsfragen sind verschiedene Forschungsmethoden zu nutzen (Odom et al., 2005, S. 139 f.; Mertens/McLaughlin, 2004). Die Komplexität resultiert aus den Fragestellungen, den individuell divergierenden Bedürfnissen der Zielgruppen sonderpädagogischen Handelns wie auch aus den unterschiedlichen Handlungsfeldern und Institutionen. Im Förderschwerpunkt emotionale und soziale Entwicklung stellen schon die Spannbreite von externalisierenden bis zu internalisierenden Störungsformen, die hohe Komorbidität und die differierenden Entwicklungsverläufe sehr unterschiedliche Anforderungen an die Forschung wie auch an das sonderpädagogische Handeln. Dazu kommt die Komplexität der verschiedenen institutionellen Rahmenbedingungen: Die Frühförderung für sozial benachteiligte Kleinkinder stellt Aufgaben, die gänzlich anders strukturiert sind als die Anforderungen im Jugendstrafvollzug. Beide Felder verlangen jedoch eine wirksame Praxis. Die Komplexität des Themenfelds führt also zu Konsequenzen für die wissenschaftliche Forschung, die dieser Komplexität gerecht werden muss: Erst die Passung von Fragestellung und Forschungsmethode macht die Qualität von Wissenschaft aus, wie Odom und Kollegen (2005, S. 139) unter Hinweis auf Wissenschaftstheoretiker wie Dewey, Skinner und Habermas betonen.

Die nationale Wissenschaftsakademie der USA unterscheidet den größten Teil der erziehungswissenschaftlichen Forschung in drei Typen (ebd., S. 138f.):

1. Deskription: Was geschieht?
2. Ursache: Gibt es einen systematischen Effekt?
3. Prozess: Warum oder wie passiert etwas?

Alle drei wissenschaftlichen Fragestellungen und deren Ergebnisse gelten zunächst einmal als relevante Fragestellungen für die Forschung – alle haben auch ihre Bedeutung für die sonderpädagogische Praxis. Sie verlangen zu ihrer Beantwortung nach unterschiedlichen Methoden, die zugleich Grenzen besitzen. Deskriptive Forschung, die oft über qualitative Studien (»Welche Motive verfolgt ein konkretes Kind? Welche individuellen Gründe bei bestimmten Lehrkräften führen zur Akzeptanz einer Unterrichtsmethode?«) und korrelative Studien (»In welchem Ausmaß hängen die schulische Anwesenheit und der Lernerfolg zusammen?«) erfolgt, kann nicht die Fragen nach der Verursachung (»Was ist die Ursache für Schulschwänzen?«) beantworten (Cook et al., 2008, S. 70f.). Ursachenforschung ist dann die notwendige Basis für die differenzierte Untersuchung von Abläufen und Prozessen (»Welche Merkmale des Classroom Managements bei der Gestaltung von Phasenübergängen führen zum unterrichtsadäquaten Verhalten?«).

Die Vielzahl der in der empirisch-sonderpädagogischen Forschung eingesetzten methodischen Konzeptionen lässt sich unterscheiden. Eine Expertengruppe der größten und einflussreichsten internationalen Vereinigung für Sonderpädagogik, das Council for Exceptional Children, unterscheidet vier Formen sonderpädagogischer Forschung (Odom et al., 2005, S. 138):

1. Experimentelle Studien,
2. Korrelationale Studien,
3. Einzelfall-Studien und
4. Qualitative Studien.

Der Nutzen einer bestimmten Forschungsmethode hängt entscheidend von der Fragestellung ab, die Qualität der Forschung wird bestimmt durch die schlüssige Passung von Fragestellung und Forschungsmethode. Wenn auch korrelative und qualitative Untersuchungen wichtige Aussagen generieren, indem sie oftmals erst auf Probleme aufmerksam machen, erlauben sie keine Aussagen zur Verursachung. Einzelfall-Studien stellen den Nutzen einer Maßnahme in einer spezifischen Situation heraus und können dadurch sehr spezifisch auf bestimmte Situationen angepasst werden, die Übertragbarkeit der Ergebnisse kann erst nach der Überprüfung durch weitere Studien eingeschätzt werden (Nußbeck, 2007). Nur experimentelle Studien jedoch können die Aussagen über Verursachungen überprüfen (Rost, 2007).

Sonderpädagogische Maßnahmen sollen nun aber Ursachen für (positive) Veränderungen sein, sie haben den Auftrag zur positiven Beeinflussung einer Entwicklung für eine »effective education« (United Nations, 2006, § 24, S. 3). Der wissenschaftliche Nachweis über deren Wirksamkeit stellt eine zentrale Aufgabe sonderpädagogischer Forschung dar, die insbesondere durch die Anwendung experimenteller Verfahren zu führen ist (Cook et al., 2008, S. 71). Drei wichtige Designs kommen dabei vorrangig zum Einsatz:

1. experimentelle Designs (randomisierte Kontrollgruppendesigns: Probanden werden der Experimental- und Kontrollgruppe per Zufall zugeordnet),
2. quasi-experimentelle Designs (Versuchs- und Vergleichsgruppe, die Zuordnung erfolgt aber nicht randomisiert),
3. kontrollierte Einzelfallstudien (mit Versuchsplänen zur Kontrolle der Wirkung der Intervention).

Nur durch solche Forschungsdesigns kann verlässlich die Verursachung einer (positiven) Veränderung auf die sonderpädagogische Maßnahme zurückgeführt werden und die so gewonnenen Ergebnisse verdienen daher besondere Beachtung bei der Implementation einer evidenzbasierten sonderpädagogischen Praxis (Gersten/Fuchs/Compton/Coyne/Greenwood/Innocenti, 2005). Insbesondere die Nutzung experimenteller Designs mit randomisierter Zuordnung der Probanden zur Experimental- oder Kontrollgruppe gilt als der »Goldstandard« der Evaluationsforschung, der am besten die dokumentierten Veränderungen ursächlich auf die Wirksamkeit einer Maßnahme zurückführen kann (Odom et al., 2005, S. 14). Die Durchführung solch randomisierter Kontrollgruppenstudien, insbesondere im Feld der sonderpädagogischen Praxis selbst, kann sehr anspruchsvoll und aufwändig sein. Nach intensiver Diskussion werden inzwischen auch gute Studien mit kontrollierten Einzelfalldesigns zum Nachweis der Wirksamkeit anerkannt (Horner/Carr/Halle/McGee/Odom/Wolery, 2005; Freeman/Sugai, 2013) und seit 2010 in wichtigen Datenbanken zu evidenzbasierten Verfahren (What Works Clearinghouse, s. u.) aufgenommen.

Experimentelle Studien stärken oder schwächen die Hypothesen über die Verursachung von Veränderungen. Entscheidend für die Vertrauenswürdigkeit von wissenschaftlichen Aussagen über die Ursachenfaktoren ist einerseits die Qualität der Studien, die durch die Kontrolle und den Ausschluss anderer Einflussfaktoren die Ursachen bestimmen können: »The higher the quality of research methodology, the more confidence the researcher and readers will have in the findings of the study« (Odom et al., 2005, S. 141).

Da eine einzelne Studie jedoch immer fehlerbehaftet sein kann, spielt andererseits auch der gesamte Forschungskorpus eine wichtige Rolle. Eine höhere Zahl verfügbarer Untersuchungen, möglichst durch verschiedene Forschendengruppen durchgeführt, belegt die Transferierbarkeit der Ergebnisse, kann die Bedeutung spezifischer Einzelfaktoren reduzieren und dadurch eine höhere Verlässlichkeit der Aussagen erreichen (Cook et al., 2008, S. 71). Selbst die Nutzung des »Goldstandards« der Evaluationsforschung in einer Studie erfüllt also noch nicht die höchsten Anforderungen einer evidenzbasierten sonderpädagogischen Praxis.

Der Forschungsstand, auch der internationalen Untersuchungen mit sonderpädagogischer Relevanz, ist aufgrund der Vielzahl von Studien jedoch inzwischen schwer überschaubar und es stellt sich die Frage, wie hierzu ein Überblick gewonnen werden kann. Zudem können die möglicherweise verzerrenden Faktoren einer einzelnen Studie durch den Vergleich mit anderen Untersuchungen eliminiert werden. Erst die Zusammenfassung mehrerer Untersuchungen unterschiedlicher Forschergruppen, wie dies insbesondere in Form von Metaanalysen geschieht, belegt eine Maßnahme als wirksam im Sinne hoher Evidenz, die dann für die evidenzbasierte Praxis vorrangig genutzt werden sollte. Was bedeutet dieser Anspruch? Während frühere Zusammenfassungen des Forschungsstands in verbalen Darstellungsformen (narrative Reviews) oft von der Fairness und dem Überblick eines Experten abhingen, werden heute Kriterien einer transparenten Vorgehensweise, dem Anspruch der Objektivität und damit der Nachvollziehbarkeit folgend, für die Publikation angelegt. Die Nachvollziehbarkeit beginnt bei der Auswahl der Studien, zeigt sich in der Einschätzung ihrer Qualität und der oft anhand von zuvor festgelegten Kriterien erfolgenden Re-Analyse der gewonnenen quantitativen Ergebnisse. Liegt eine größere Anzahl von qualitativ sehr guten empirisch-quantitativen Studien vor, schlägt Glass (1976; 1978) vor, die Einzelergebnisse auch quantitativ zusammenzufassen, statistisch neu zu analysieren und dadurch den aktuellen Forschungsstand auch quantitativ zu repräsentieren. Die praktische Bedeutung einer Maßnahme kann mit Hilfe einer solchen Metaanalyse quantitativ dargestellt werden und drückt sich insbesondere in der Berechnung der Effektstärke, also des Ausmaßes der Wirkung einer Maßnahme, aus. Der Vorteil liegt auf der Hand: Durch die erheblich größere Anzahl von Probanden, die Reduktion der Wirkung spezifischer Konstellationen von Einzelstudien und die dadurch erfolgende Zusammenfassung unterschiedlicher Erkenntnisse führt die Metaanalyse zu verlässlicheren und überschaubaren Aussagen. Einige Nachteile müssen dafür in Kauf genommen werden (Wember, 2017): Subgruppen einer Studie werden systematisch ausgeblendet, die Anzahl der berücksichtigten Studien ist aufgrund der Auswahlkriterien oft sehr niedrig, die zusammengefassten Interventionen können durchaus unterschiedlich sein wie auch die Studien in ihrer Anlage durchaus differieren. Dennoch: Die so gewonnenen Aussagen besitzen innerhalb der internationalen Evaluationsforschung die wissenschaftlich höchste Glaubwürdigkeit und gelten als Belege für die Evidenzbasierung einer Maßnahme.

Aus diesen forschungsmethodischen Überlegungen resultiert eine hierarchisch gegliederte Struktur des Wissens über die Wirksamkeit von Maßnahmen, ohne die Bedeutung anderer Forschungsansätze für spezifische Fragestellungen zu mindern. Das »Oxford Centre for Evidence-based Medicine« unterscheidet daher vier Stufen der Evidenz, hier dargestellt in einer Reihenfolge mit abnehmender Zuverlässigkeit der Wirksamkeit einer Maßnahme (Odom et al., 2005, S. 144):

1. eine vorhandene Meta-Analyse mit (mindestens einer) randomisierten Kontrollgruppen-Studie (RCT);
2. kontrollierte Studien mit RCT-Design, evtl. auch quasi-experimentelle Studien;
3. gute non-experimentelle Studien und relevante Einzelfallstudien;
4. Berichte von Forschungsgruppen, ein dokumentierter Konsens von Fachkonferenzen, Erfahrungen von respektierten Experten;
5. andere Gremien formulieren leicht veränderte Anforderungen für eine Evidenzbasierung (Nußbeck, 2007).

Das Vorliegen einer Metaanalyse nach den Vorschlägen von Glass auf der Basis randomisierter Kontrollgruppenstudien zu einer Maßnahme stellt also die höchste Stufe der Evidenzbasierung dar. Mit Hilfe dieser elaborierten Form von Zusammenfassungen wissenschaftlicher Forschung wurden seitdem zahlreiche Metaanalysen mit Relevanz für die Praxis sonderpädagogischer Unterstützung publiziert. Hattie (2012) beispielsweise greift auf über 900 Metaanalysen zurück, seine Synthese des (englischsprachigen) Forschungsstandes wird inzwischen auch im deutschen Sprachraum diskutiert (Hattie, 2013) und als Basis für evidenzbasierte Unterrichtsgestaltung eingeschätzt (Köller, 2012).

Für manche sonderpädagogischen Fragen stellt sich jedoch weiterhin aufgrund von regelmäßig eher kleinen Zielgruppen mit sehr speziellen Bedingungen und spezifischen Bedürfnissen das Problem, dass fundierte Befunde kaum mittels eines randomisierten Kontrollgruppendesigns und darauf basierenden Metaanalysen gewonnen werden können. Gerade dann erweisen sich Einzelfallstudien als nützliche Mittel der Wirksamkeitsprüfung sonderpädagogischer Maßnahmen, allerdings muss dabei besonders auf die Qualität der Studien geachtet werden (Freemann/Sugai, 2013, S. 7). Für die Zusammenfassung mehrerer Einzelfallstudien besteht – im Gegensatz zu Gruppendesigns in Form von Metaanalysen – zudem bisher kein Konsens, wenn auch verschiedene hilfreiche Vorschläge vorliegen (Banda/Therrien, 2008; Freeman/Sugai, 2013).

Um die Praxisrelevanz einer Intervention zu bestimmen, berechnen Metaanalysen in der Regel auch Maße, die das Ausmaß der Wirkung ausdrücken. Das am häufigsten genannte Maß ist die Effektstärke d nach Cohen (1988); es drückt die Größe der Mittelwertsunterschiede von Experimental- und Kontrollgruppe in Relation zu den Standardabweichungen aus und bestimmt dadurch das Ausmaß der Effekte einer Maßnahme (Wember, 2017). Die Effektstärke hilft damit bei der Beurteilung über den zu erwartenden Zugewinn in einer bestimmten Variablen durch den Einsatz einer Maßnahme. Zur Interpretation schlägt Cohen die in Abbildung 1 dargestellten Konventionen vor (Cohen, 1988, S. 40).

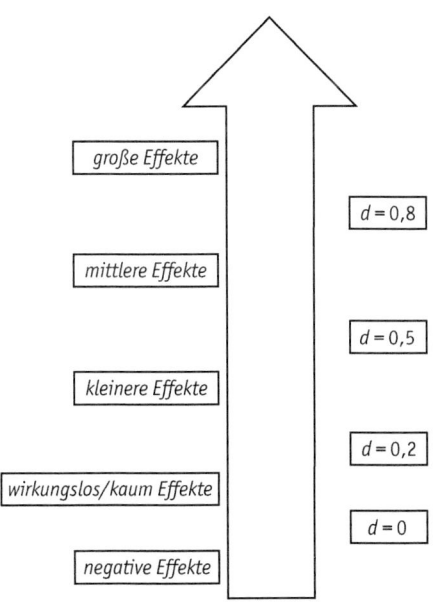

**Abb. 1:** Konvention zur Einschätzung der Effektstärken nach Cohen (1988, S. 40)

Diese Konvention muss jedoch in Relation zu den untersuchten Faktoren gesetzt werden. Während im Bereich schulischen Lernens von prinzipiell höheren Wirkungen der Maßnahmen auszugehen ist und Hattie daher erst ab einer Effektstärke von $d = 0{,}4$ von relevanten Wirkungen spricht, ist im Bereich der sozialen und emotionalen Entwicklung grundsätzlich von niedrigeren Wirkungen auszugehen (vgl. den Überblick: Banda/Therrien, 2008, S. 67). Die Effektstärke muss folglich in Beziehung zur Zieldimension beachtet werden, erlaubt dann jedoch eine empirisch fundierte Einschätzung über das Ausmaß der zu erwartenden Effekte einer Maßnahme. Damit wird auch der Vergleich von Maßnahmen möglich.

Zusammenfassend lässt sich festhalten: Evidenzbasierung stellt eine anspruchsvolle Forschungsaufgabe dar, die das Ziel der Vermittlung wissenschaftlicher Erkenntnisse für eine verbesserte Praxis verfolgt. Die Forderung nach einer evidenzbasierten sonderpädagogischen Praxis zielt auf eine Orientierung des praktischen sonderpädagogischen Handelns durch den neuesten Erkenntnisstand wissenschaftlicher Forschung: »Evidence-based practices can form the highest level of a hierarchy of teaching practices, which teachers prioritize when selecting instructional techniques« (Cook et al., 2008, S. 73). Für die Forschung stellt die Frage der Evidenzbasierung sonderpädagogischer Praxis die anspruchsvolle Aufgabe, sonderpädagogische Maßnahmen nach ihrer Wirksamkeit, also der möglichst positiven Veränderung wichtiger Zielbereiche der Entwicklung der Zielgruppe, zu prüfen. Die geforderten Forschungsdesigns (experimentelle und quasi-experimentelle Kontrollgruppenstudien, kontrollierte Einzelfalldesigns) stellen in der Durchführung hohe Ansprüche. Die Vielzahl vorliegender Studien macht Zusammenfassungen des Erkenntnisstands (Metaanalysen, Reviews) unverzichtbar.

Der aktuelle Stand zur Evidenzbasierung im internationalen Diskurs zeichnet sich durch zwei Probleme aus (Freeman/Sugai, 2013): Einerseits liegt eine Fülle von Erkenntnissen bereit, die nur schwer zu überblicken sind und deren Zusammenfassung oftmals gerade die spezifisch sonderpädagogischen Fragen vernachlässigt (Hattie, 2013). Eine Antwort auf dieses Problem stellt das Angebot von Datenbanken dar, über die der aktuelle Erkenntnisstand abgerufen werden kann (s. u.). Solche Datenbanken fehlen jedoch weitgehend im deutschen Sprachraum. Andererseits gibt es in der sonderpädagogischen Praxis weiterhin sehr spezifische Fragestellungen und Konstellationen, die nicht durch die Standards der Evaluationsforschung abgedeckt sind – hier muss durch ein strukturiertes und reflektiertes Vorgehen eine kritische Passung von Bedürfnislage und bestmöglicher Intervention durch den reflektierenden Praktiker erfolgen (Freeman/Sugai, 2013). Im deutschen Sprachraum kommt erschwerend eine grundsätzliche Distanz, teilweise sogar

Ablehnung empirischer sonderpädagogischer Forschung hinzu, so dass die Programmatik evidenzbasierter Praxis in der Sonderpädagogik bisher kaum realisiert wird.

# 5 Verfahren evidenzbasierter Praxis zur Unterstützung emotionaler und sozialer Entwicklung

Die Realisierung wirksamer Unterstützung im Förderschwerpunkt emotionale und soziale Entwicklung erfordert ein differenziertes Wissen über wirksame Verfahren, dadurch wird eine evidenzbasierte Praxis überhaupt erst möglich. Risikobehaftete Entwicklungsverläufe schon in der frühen Kindheit belasten die Entwicklung bis ins Jugend- und Erwachsenenalter (Schell, 2011). Die Frage wirksamer Unterstützung erweist sich daher insbesondere im Förderschwerpunkt emotionale und soziale Entwicklung als eine sehr basale Thematik (Hillenbrand, 2009). In der aktuellen Diskussion lassen sich divergierende theoretische Schulen nachweisen, die zu sehr unterschiedlichen Handlungsformen anleiten (Hillenbrand, 2008; Myschker/Stein, 2018; Blumenthal/Casale/Hartke/Hennemann/Hillenbrand/Vierbuchen, 2020). Die Frage ihrer Wirksamkeit und damit ihres Beitrags zu einer evidenzbasierten sonderpädagogischen Praxis jedoch blieb früher weitgehend unbeachtet, inzwischen liegen umfangreiche Forschungsbemühungen auch aus dem deutschen Sprachraum vor (vgl. Grüne Liste Prävention).

Welche Maßnahmen entsprechen den Anforderungen für eine evidenzbasierte sonderpädagogische Praxis im Förderschwerpunkt emotionale und soziale Entwicklung? In der Sonderpädagogik liegen im deutschsprachigen Raum für den sonderpädagogischen Förderschwerpunkt Lernen hilfreiche Darstellungen vor: Es kann dazu grundlegend auf die Synthese von mehr als 800 Metaanalysen von Hattie (2013) zur erfolgreichen Gestaltung des Unterrichts generell zurückgegriffen werden und zugleich bieten Grünke (2006) und Walther (2002) Zusammenfassungen von wirksamen Maßnahmen bei vorliegenden Lernschwierigkeiten (auch: Gold, 2018; Hillenbrand/Melzer, 2018). Entsprechende Überblicksarbeiten liegen jedoch erst in Ansätzen für die sonderpädagogische Förderung der emotionalen und sozialen Entwicklung vor (vgl. Hövel/Hennemann/Rietz, 2019) und Studien zur gezielten Förderung bei mehrfachen Beeinträchtigungen stecken noch in den Anfängen (Hagen/ Vierbuchen/Hillenbrand/Hennemann, 2016).

## 5.1 Therapieforschung

Aufgrund der inhaltlichen Nähe zu psychotherapeutischen Maßnahmen, die oftmals die Konzeptionen in der Sonderpädagogik bei Gefühls- und Verhaltensstörungen geprägt haben (Hillenbrand, 2008; Myschker/Stein, 2018), erfolgt zunächst ein kurzer Überblick zur Therapieforschung im Kindes- und Jugendalter. Die Ergebnisse geben einen ersten Überblick zur Wirksamkeit spezifischer therapeutischer Konzeptionen, die oftmals auch in pädagogischen Kontexten (Kindergarten, Schule, Tagesstätte, Beratung, stationäre Einrichtungen, pädagogische Arbeit im Jugendstrafvollzug) Anwendung finden. Die Brisanz solcher Erkenntnisse wird an einer Studie zur Wirksamkeit der Kinder- und Jugendlichenpsychotherapie unter Alltagsbedingungen deutlich: Wenden die Therapeuten ihre Maßnahmen nach eigener Wahl ohne nähere Informationen zur Wirksamkeit an, erreichen die mit klinischen Störungen diagnostizierten Klienten *keinen* Vorsprung gegenüber einer Gruppe von Kindern und Jugendlichen, die einfach nur eine studentische Nachhilfe im schulischen Lernen erhielten (Döpfner, 2003, S. 259). Auch der Erfolg von Therapie hängt also entscheidend von dem evidenzbasierten Vorgehen ab, daher sind entsprechende Befunde von großer praktischer Relevanz.

Welche Verfahren erweisen sich als therapeutisch wirksam? Während tiefenpsychologische und systemische Ansätze bisher kaum ihre Wirksamkeit belegen konnten (Döpfner, 2003, S. 261), weisen zahlreiche Studien die Wirksamkeit kognitiv-behavioraler und behavioraler Verfahren für Kinder und Jugendliche mit diagnostizierten psychischen Störungen nach. Döpfner referiert dazu einige vorliegende internationale Metaanalysen: Für internalisierende Störungsformen (Angst, Depression, Phobien) besitzen die kognitiv-behavioralen Maßnahmen die besten Belege von Wirksamkeit, für externalisierende Störungsformen (ADHS, oppositionelles und aggressives Verhalten) erweisen sich Elterntrainings und behaviorale Interventionen in der Schule (!) als die am besten belegten Interventionsformen (Döpfner, 2003, S. 262f.). Wirksame Maßnahmen der Psychotherapie weisen über alle Maßnahmen zusammengefasst eine mittlere Effektstärke ($d$ = 0,5) auf, d.h., die psychotherapeutischen Interventionen verbessern die psychosoziale Gesundheit, gemessen für verschiedene Variablen, um ca. eine halbe Standardabweichung (Beelmann/Schneider, 2003). Döpfner geht, basierend auf älteren Studien, sogar von einer großen Effektstärke um $d$ = 0,8 aus (Döpfner, 2003, S. 259f.).

## 5.2 Prävention

In pädagogischen Kontexten findet jedoch nicht so sehr eine Psychotherapie statt – gleichwohl können pädagogische Maßnahmen eine therapeutische Wirkung haben! –, von großer Relevanz sind eher Maßnahmen der Prävention (Brezinka, 2003; Hennemann/Hövel/Casale/Hagen/Fitting-Dahlmann, 2016). Aufgrund der spezifischen Vorteile pädagogischer Institutionen (regelmäßiger Kontakt zur Zielgruppe, Peerkontakte, qualifiziertes Personal) gilt die Schule als zu präferierender Einsatzort von Präventionsmaßnahmen (Brezinka, 2003), die oftmals hier auch evaluiert werden (Durlak/Weissberg/Dymnicki/Taylor/Schellinger, 2011).

Als präventive Maßnahmen werden alle Interventionen verstanden, die das Auftreten eines bestimmten Problems vermeiden oder reduzieren sollen (Brezinka, 2003). Präventive Maßnahmen generell können nach der weit akzeptierten Klassifikation des amerikanischen Institute of Medicine (Mrazek/Haggerty, 1994) entsprechend der jeweiligen Zielgruppe unterschieden werden. Nach dieser Klassifikation lassen sich drei Formen differenzieren:

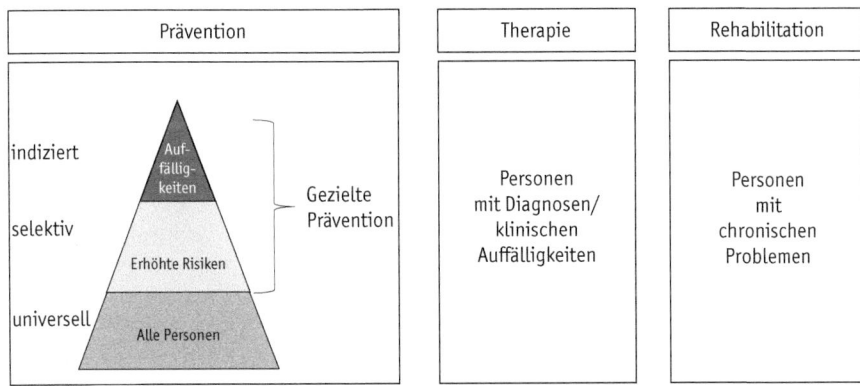

**Abb. 2:** Prävention, Therapie und Rehabilitation (nach Beelmann/Raabe, 2007 sowie Huber/Grosche, 2012)

Universelle Präventionsmaßnahmen richten sich an die gesamte Population, selektieren nicht nach Risikofaktoren und besitzen dadurch eine relativ hohe Akzeptanz, da die Gefahr der Stigmatisierung gering ist. Allerdings stellt sich die Frage, ob die Maßnahmen intensiv und langfristig genug sind, um effektiv zu wirken (Brezinka, 2003). Gezielte Präventionsmaßnahmen umfassen selektive und indizierte Maßnahmen. Eine selektive Prävention richtet sich an eine Zielgruppe mit erhöhten Risiken (Kinder psychisch erkrankter Eltern,

Kinder aus sozialen Problemmilieus). Personen und Probandengruppen mit einem ausgeprägten und hohen Risiko, evtl. mit bereits beginnenden Problemen, sind die Zielgruppe von indizierten Präventionsmaßnahmen (Schell, 2011). Zur Wirksamkeit von Präventionsmaßnahmen gibt es eine breite Literatur (Beelmann/Raabe, 2007), die hier nur in Auswahl referiert werden kann.

In einer fundierten Metaanalyse, die auch deutschsprachige Studien erfasst, analysieren Lösel und Beelmann (2003) 84 kindorientierte Maßnahmen zur Prävention von antisozialem Verhalten. Die Autoren ermittelten Effektstärken differenziert nach Programmmerkmalen, Präventionsformen und dem Alter.

**Tab. 1:** Wirksamkeit präventiver Maßnahmen (Zusammenfassung nach Lösel/Beelmann, 2003)

| Wirksamkeit nach Art der Maßnahme | Post | Follow-up |
| --- | --- | --- |
| reine Verhaltenstrainings | $d = 0{,}37$ | $d = 0{,}17$ |
| kognitive Trainings | $d = 0{,}39$ | $d = 0{,}36$ |
| kombinierte Trainings | $d = 0{,}39$ | $d = 0{,}37$ |
| Beratungs-/Betreuungsprogramme | $d = 0{,}36$ | $d = 0{,}17$ |

Die Kombination von kognitiven und behavioralen Verfahren erweist sich also auf lange Sicht als die wirksamste Form der Prävention im Kindes- und Jugendalter. Dies deckt sich mit den Befunden zur Wirksamkeit der Kinder- und Jugendlichenpsychotherapie.

**Tab. 2:** Wirksamkeit nach Form der Prävention (Zusammenfassung nach Lösel/Beelmann, 2003)

| Wirksamkeit nach Art der Prävention | Post | Follow-up |
| --- | --- | --- |
| universell | $d = 0{,}38$ | $d = 0{,}15$ |
| selektiv | $d = 0{,}30$ | $d = 0{,}23$ |
| indiziert | $d = 0{,}45$ | $d = 0{,}41$ |

Die Unterscheidung nach Form der Prävention führt zu dem Hoffnung machenden Befund, dass insbesondere risikobelastete Zielgruppen von Präventionsmaßnahmen profitieren. Der Übergang zur Intervention ist zudem fließend und die als wirksam evaluierten Konzepte stehen, wie oben gezeigt, nicht im Widerspruch zu den psychotherapeutischen Interventionen. Die Befunde zum Alter der Zielgruppe verdeutlichen insgesamt eine eher niedrige bis mittlere Wirksamkeit präventiver Maßnahmen, die jedoch bei Gruppen im Vorschulalter und ab 13 Jahre höher liegt.

**Tab. 3:** Wirksamkeit nach Alter (Zusammenfassung nach Lösel/Beelmann, 2003)

| Wirksamkeit nach Alter | Post | Follow-up |
| --- | --- | --- |
| 4 – 6 Jahre | $d = 0{,}31$ | $d = 0{,}73$ |
| 7 – 12 Jahre | $d = 0{,}39$ | $d = 0{,}20$ |
| 13 Jahre und älter | $d = 0{,}41$ | $d = 0{,}78$ |

Belastete Gruppen profitieren von einer gezielten, selektiven Prävention deutlicher als unbelastete Kinder und Jugendliche, dabei sind kombinierte Verfahren, die zugleich kognitiv und behavioral arbeiten, erfolgreicher und gerade im Übergang vom Kindergarten in die Schule und zu Beginn des Jugendalters wirksam.

Eine Zusammenfassung von quantitativen Metaanalysen und weiteren Reviews zu präventiven Interventionen im Kindes- und Jugendalter legt Beelmann (2006) vor. Aus der Übersicht über 23 internationale Arbeiten zieht er eine sehr informative Zwischenbilanz (S. 157):

- Die meisten Metaanalysen belegen grundsätzlich die Wirksamkeit von Präventionsmaßnahmen.
- Die beste Schätzung über die Höhe der Effekte universeller und selektiver Maßnahmen liegt bei einer Effektstärke von $d = 0{,}34$. Indizierte Maßnahmen erreichen mittelgroße Effekte ($d = 0{,}50$). Es ist also insgesamt von eher kleinen bis mittleren Effekten auszugehen.
- Das zugrundeliegende Programm ist entscheidend für die Wirkung der Maßnahme: Reine Aufklärungsprogramme, bspw. gegen Substanzmissbrauch, zeigen in der Regel keine Wirkung. Die besten Ergebnisse finden sich bei kognitiv-behavioralen und multimodalen Programmen, die neben dem Kind auch dessen Umfeld (Eltern, Erzieher oder Lehrkräfte, Peers) einbeziehen (Beelmann, 2006, S. 159).

- Die erfolgreichen Maßnahmen arbeiten mit hochstrukturierten, lerntheoretisch fundierten Methoden und berücksichtigen die wirksamen Prinzipien der Implementation praktischer Prävention (s. u.).
- Effektive Ansätze basieren zudem auf den empirisch belegten Risiko- und Schutzfaktoren und konzipieren die Maßnahme zielorientiert zur Stärkung von Ressourcen und dem Abbau von Risiken (Beelmann, 2006, S. 159).

Insgesamt belegt diese Übersicht die Wirksamkeit von Präventionsmaßnahmen, auch wenn die Erwartungen hinsichtlich der Effektstärken durchaus nüchtern sein müssen. Breit angelegte und häufig rezipierte Metaanalysen (Wilson/Lipsey/Derzon, 2003; Sklad/Diekstra/Ritter/Ben/Gravesteijn, 2012) bestätigen die Befunde und weisen nach, dass effektive Prävention zugleich eine Intervention darstellt, von der die Beteiligten wie das soziale Umfeld, also auch die gesamte Schule, profitiert.

Eine wichtige Ergänzung im Hinblick auf schulische Handlungsmöglichkeiten stellt die umfassende Metaanalyse zur emotional-sozialen Entwicklungsförderung durch schulbasierte Prävention psychischer Störungen dar. Sie stammt aus dem Jahr 2011 und wurde in der renommierten Zeitschrift »Child Development« veröffentlicht (Durlak et al., 2011). Die Studie bezieht 213 schulbasierte, universelle Maßnahmen sozial-emotionalen Lernens ein und erfasst 270.034 Kinder und Jugendliche. Die präventive Förderung von emotional-sozialen Kompetenzen verbessert tatsächlich die emotionalen und sozialen Fähigkeiten der untersuchten Schüler um durchschnittlich ca. 10 bis 15 % in den untersuchten Verhaltensdimensionen. Einer der für Lehrkräfte wichtigsten Befunde besagt zudem, dass mittels der überprüften Maßnahmen zur emotional-sozialen Entwicklung die unterstützten Schüler auch im akademischen Lernen profitieren: Sie gewinnen beeindruckende 11 % in ihren schulischen Leistungen. Berücksichtigen Lehrkräfte in ihrem Unterricht also Maßnahmen der emotional- sozialen Unterstützung, vernachlässigen sie gerade nicht das schulische Lernen, wie oft unterstellt wird, sondern sie unterstützen es wirksam. Erstmals zeigen die Autoren zudem auf, dass Klassenlehrer bei der Umsetzung wirksamer Maßnahmen in ihrer Klasse besonders erfolgreich sind und nach dieser Analyse höhere Wirkungen als die wissenschaftlichen Arbeitsgruppen erreichen.

Die Studie strukturiert zudem die erfolgreichen Maßnahmen, identifiziert Erfolgsfaktoren und leistet damit einen wichtigen Beitrag zu einem reflektierten Vorgehen bei der Implementation evidenzbasierter Verfahren. Die Autoren ordnen die effektiven Maßnahmen in zwei grundlegende Ansätze ein:

1. die Etablierung positiver, sicherer Lernumgebungen – und
2. die gezielte Förderung sozial-emotionaler Fertigkeiten in der Schule.

Zur Förderung positiver Lernumgebungen sind insbesondere Ansätze des Classroom Managements heranzuziehen (Hennemann/Hillenbrand, 2009). Ein gutes Classroom Management leitet durch die Planung, Organisation, motivierende Gestaltung des Unterrichts und die Geltung klarer Verhaltensregeln eine transparente und konsistente Orientierung des Verhaltens der Schüler an. Zugleich gewährleistet es eine möglichst optimale Lernaktivierung und Zeitnutzung für den Lernerfolg (Helmke, 2004). Alle Lernenden profitieren davon in ihrem Lernfortschritt, einem insgesamt höheren Leistungsniveau und einer geringeren Anzahl von Störungen (Wang/Haertel/Walberg, 1993). In der Synthese der Metaanalysen von Hattie (2013) gilt Classroom Management mit einer Effektstärke von $d = 0{,}52$ daher auch als deutlich wirksame Maßnahme.

Der zweite Ansatz wirksamer, schulbasierter Prävention besteht in der gezielten Förderung sozial-emotionaler Fertigkeiten in der Schule durch gezielte Förder- und Trainingsprogramme. Insbesondere die seit Anfang der 2000er Jahre auch im deutschen Raum entwickelten Förderprogramme und Trainings zur sozial-emotionalen Entwicklungsförderung sind hier einzuordnen. Der Grundgedanke besteht in dem Ziel, durch die Förderung sozialer und emotionaler Kompetenzen potentielles Problemverhalten zu vermeiden. Sie sind bisher durchgängig als universell-präventive, multimodale Interventionen konzipiert, finden ihre Verwendung aber sowohl in universeller wie selektiver Prävention, nach Adaption auf die spezifische Situation teilweise auch als indizierte Maßnahmen (bspw. Hövel/Hillenbrand/Hennemann/Osipov, 2016). Die Verfahren bieten einer Lehrkraft die Möglichkeit, ein konkretes Projekt sozial-emotionalen Lernens durchzuführen, das einen positiven Beitrag zur psychosozialen Entwicklung aller Schüler und in aller Regel auch zu einer besseren Kohäsion der Klasse leisten kann. Insbesondere Schüler unter Risikobedingungen werden dadurch mehrdimensional unterstützt. In mehreren Publikationen finden sich Übersichten zu den vorhandenen Verfahren und ihren spezifischen Charakteristiken (Beelmann/Raabe, 2007; Casale/Hövel/Hennemann/Hillenbrand, 2018; Fingerle/Ellinger, 2008; Hennemann/Hillenbrand, 2009; Lohaus/Domsch, 2009). Einen aktuellen Überblick erlaubt seit 2011 die Internetplattform »Gruene-Liste-Praevention«, auf der in deutscher Sprache die Maßnahmen recherchiert werden können. Die Datenbank stellt die Maßnahmen kurz dar und bietet eine Einschätzung ihrer Wirksamkeit.

Beide Ansätze der Förderung, Etablierung positiver, sicherer Lernumgebungen und gezielte Förderung sozial-emotionaler Fertigkeiten, sind gut miteinander zu kombinieren: Eine evidenzbasierte sonderpädagogische Praxis könnte sowohl Verfahren eines guten Classroom Managements als auch gezielte Programme zur Vermittlung emotionaler und sozialer Fähigkeiten einsetzen. In eigenen Praxisversuchen führt bspw. die Kombination des Lubo-Programms mit dem KlasseKinderSpiel (Hennemann/Hillenbrand, 2012) zu einer hohen Praktikabilität und trifft auf hohe Akzeptanz bei den Lehrkräften.

## 5.3  Interventionen

Auch wenn Schulen keine therapeutischen Einrichtungen sind und den Schwerpunkt auf die Prävention legen sollten, müssen sie dennoch mit störenden Verhaltensweisen umgehen. Dabei stehen externalisierende Formen im Fokus des Interesses, obwohl internalisierende Formen nicht vernachlässigt werden dürfen (Stein, 2012). Eine evidenzbasierte Vorgehensweise kann dabei auf eine sonderpädagogische Metaanalyse (Quinn/Kavale/Mathur/Rutherford/Forness, 1999) zurückgreifen: Sie untersucht die Wirksamkeit der Vermittlung sozialer Fertigkeiten (social skills) und belegt einen großen Gewinn bei Angststörungen (Banda/Therrien, 2008, S. 67).

Maßnahmen zur Reduktion von störenden, externalisierenden Verhaltensweisen in Schulen werden sehr viel häufiger untersucht. In einer älteren Metaanalyse (Stage/Quiroz, 1997) führen sie durchschnittlich zu hohen Effektstärken ($d = 0{,}78$), die sogar die Wirksamkeit der Therapien übersteigt (s. o.). Die höchste Wirksamkeit besitzen dabei Gruppenkontingenzverfahren ($d = 1{,}02$), wie etwa das Good Behavior Game (Barrish/Saunders/Wolf, 1969; Hillenbrand/Pütz, 2008), gefolgt von Selbstmanagement- ($d = 0{,}97$) und Verstärkungs-Programmen ($d = 0{,}95$) (Stage/Quiroz, 1997, S. 357). Sonderpädagogische Metaanalysen bestätigen die Wirksamkeit behavioraler Maßnahmen und von Elterntrainings (Banda/Therrien, 2008, S. 67).

Bei massiven Formen (Delinquenz, Drogenkonsum, Schulschwänzen) weist eine umfassende Metaanalyse (Wilson/Gottfredson/Najaka, 2001) nicht nur darauf hin, dass wiederum kognitiv-behaviorale und behaviorale Verfahren, wenn auch geringe, so doch noch die besten Wirkungen besitzen. Die Studie deckt darüber hinaus einige Probleme auf, denn verbreitet akzeptierte Vorgehensweisen sind oftmals nicht evaluiert oder, wie (nicht kognitiv-behaviorale) Beratung, Sozialarbeit und unspezifische Therapien, können sogar negative Effekte haben. Evidenzbasierte Professionalität, so eine mögliche Schlussfolgerung, bedeutet nicht nur zu wissen, was wirkt, sondern auch, was negative Wirkungen erzeugen kann und daher in diesen speziellen Situationen dringend zu meiden ist.

Als evidenzbasierte Verfahren bei sehr hoher externalisierender Belastung (Delinquenz, Substanzmissbrauch) können zwei Verfahren gelten, auf die an anderer Stelle bereits hingewiesen wurde (Vierbuchen/Hillenbrand, 2011; Hillenbrand/Vierbuchen, 2021). Von pädagogischer Relevanz ist insbesondere die Multisystemic Therapy, die inzwischen international weit verbreitet ist, u.a. in Dänemark und der Schweiz, bisher in Deutschland jedoch erst in wenigen Regionen implementiert wurde.

## 5.4 Wirksame Praxis

Wie sollte die Umsetzung evidenzbasierter Verfahren erfolgen? Die Evaluationsstudien zur Prävention liefern auch hierzu hilfreiche Erkenntnisse. Die genannte Metaanalyse zur schulbasierten Prävention (Durlak et al., 2011) untersucht die erfolgreichen Maßnahmen auch nach der Art und Weise ihrer Implementation. Wirksame Methoden folgen zusammengefasst dem SAFE-Prinzip (ebd., S. 408):

- Sequenzen: Bauen die Lernschritte im Programm strukturiert aufeinander auf?
- Aktivität: Verwendet das Programm aktive Lernformen und Übungen, die das gewünschte Verhalten einüben?
- Fertigkeiten: Fördert das Programm soziale Fertigkeiten, also konkrete Verhaltensweisen?
- Explizierte Ziele: Sind die Programmziele des sozial-emotionalen Lernens explizit formuliert?

Diese Prinzipien kennzeichnen wirksame Programme und können – neben der Berücksichtigung der theoretischen Fundierung in kognitiv-behavioralen, behavioralen und multimodalen Ansätzen – die Entscheidung über die passende Auswahl anleiten. Damit die Implementation erfolgreich verläuft, sollten bestimmte Qualitätskriterien beachtet werden (Petermann, 2003):

- Längere Dauer der Förderung: Die Maßnahmen sollten mindestens über drei Monate hinweg angewandt werden.
- Direkte Förderung: Die Schüler selbst werden gefördert.
- Feedback: Die Schüler erfahren eine Steigerung ihrer Kompetenzen und erhalten dazu auch Rückmeldungen.

- Intensität: Intensivere Maßnahmen (häufigere Maßnahmen, mehr Übungen) erhöhen die Wirkung.
- Aktive Eltern: Eine kontinuierliche und engagierte Mitarbeit der Eltern ist sehr hilfreich.
- Multimodale Förderung: Die verschiedenen Ebenen der kindlichen Entwicklung zu berücksichtigen, also Verhalten, Emotionen und Sprache zu nutzen, führt zu besseren Erfolgen.
- Nutzung sozialer Ressourcen: Die Unterstützungsmöglichkeiten durch das soziale Umfeld werden einbezogen.

Diese Kriterien bilden eine grundsätzliche Orientierung für eine wirksame Implementation evidenzbasierter Verfahren. Sie verlangen zugleich eine Abkehr von der Erwartung, durch eine einzelne, kurzfristige Maßnahme die sozial-emotionalen Risiken und deren Auswirkungen, unter denen zahlreiche Kinder und Jugendlichen aufwachsen müssen, beheben zu können.

## 6 Umsetzung evidenzbasierter Praxis

Der Auftrag zur Etablierung eines inklusiven Bildungssystems, verstanden als Ausrichtung des Bildungssystems an den Bedürfnissen (»needs«) der Lernenden, setzt den Rahmen für die Implementation von wirksamen Präventions- und Interventionsmaßnahmen. Die Ergebnisse der Evaluationsforschung zur Prävention und Intervention im emotionalen und sozialen Bereich stellen für den Förderschwerpunkt emotionale und soziale Entwicklung die wissenschaftliche Grundlage und wirksamen Handlungsformen einer evidenzbasierten sonderpädagogischen Praxis dar. Für die Umsetzung evidenzbasierter Verfahren ist – wie oben gezeigt – ein technologisches Verständnis verfehlt, vielmehr muss eine professionelle Expertise jeweils prüfen, welche konkreten Bedürfnisse bestehen und welche Verfahren dafür die beste Passung besitzen (vgl. die oben dargestellte Programmatik der Expertengruppe um Sackett). Die evidenzbasierte Praxis meint nicht einfach die Anwendung bestimmter, wissenschaftlich überprüfter Verfahren, sondern eine Gestaltung des gesamten Settings und darin den Einsatz wirksamer Verfahren. Wie kann das praktische Handeln aussehen? Dazu sind insbesondere zwei Fragen zu klären:

1. Wie kann ein Rahmenkonzept für eine evidenzbasierte sonderpädagogische Praxis gestaltet werden?

2. Wie können evidenzbasierte Verfahren bestimmt werden?

Auf diese Fragen müssen Antworten gefunden werden, welche die Realisierung einer evidenzbasierten Praxis erst ermöglichen.

## 6.1  Das responsive Handlungsmodell

Einige Schulgesetze für inklusive Bildungssysteme (No Child left Behind Act, Individuals with Disabilities Education Act) bestimmen ein Rahmenkonzept (Framework), das eine Passung der Intensität von Maßnahmen mit den beobachtbaren, konkreten Entwicklungen der Lernenden beschreibt (Fuchs/Fuchs/Compton, 2012; Huber/Grosche, 2012). Die damit intendierten Mehrebenenmodelle, so der Response-to-Intervention-Ansatz (Voß/Blumenthal/Mahlau/Marten/Diehl/Sikora/Hartke, 2016), bilden einen Rahmen, in dem Assessment und Unterstützung, die Kooperation verschiedener Professionen und deren spezifische Kompetenzen strukturiert zusammengeführt werden. Sie finden inzwischen auch im deutschen Sprachraum intensiv Beachtung und Verwendung (Casale/Hövel/Hennemann/Hillenbrand, 2018).

Solche Mehrebenenmodelle werden insbesondere für die zahlenmäßig großen Förderschwerpunkte (nach deutscher Nomenklatur) Lernen, emotionale und soziale Entwicklung, sprachliche Entwicklung und ansatzweise im Bereich geistige Entwicklung (Kuhl/Euker, 2016) eingesetzt. Für die weit überwiegende Mehrheit der Schüler mit Bedarf an sonderpädagogischer Unterstützung wird in vielen angelsächsischen, asiatischen und australischen Bildungssystemen diese fundierte, die wirksame Prävention betonende Konzeption umgesetzt. Das responsive Handlungsmodell (Response-to-Intervention, RtI) hat in vielen Ländern in den letzten Jahrzehnten weite Verbreitung gefunden und ist in die Gesetzgebung eingeflossen, wie ein Überblick zeigt (Fuchs/Fuchs/Compton, 2012). Auch im deutschsprachigen Raum wird damit gearbeitet (Mahlau/Diehl/Voß/Hartke, 2011; Blumenthal/Casale/Hartke/Hennemann/Hillenbrand/Vierbuchen, 2020). Das responsive Handlungsmodell stellt den Wechsel von einem »Wait-to-fail«-Ansatz, also dem Abwarten, bis eine Störung manifest geworden ist, zu einer präventiven, proaktiven Organisation der sonderpädagogischen Unterstützung dar (Huber/Grosche, 2012). Wie arbeitet dieses Konzept?
Drei zentrale Elemente werden in einem Rahmenkonzept zusammengeführt:

- der Einsatz evidenzbasierter Verfahren des Unterrichts
- auf verschiedenen Stufen der Intensität in Verbindung mit

• einer entwicklungsbezogenen, engmaschigen Begleitdiagnostik.

Die herangezogenen Verfahren zur Unterstützung des Lernens und der Entwicklung von Schülern müssen also einerseits den oben beschriebenen Kriterien evidenzbasierter Verfahren entsprechen, sie werden jedoch durch den Einsatz fundierter Diagnostik auf die spezifische Entwicklung und deren Bedürfnislage angepasst. Die eingesetzte Diagnostik hat dem entsprechend nicht den Auftrag zur Selektion oder Klassifizierung, sondern zur Modifikation (Hillenbrand, 2008, S. 110 ff.). Diesem Auftrag müssen auch die diagnostischen Instrumente genügen. Mittels sensitiver Diagnose- und Messverfahren, insbesondere durch ökonomische Formen des Screenings wie das curriculumbasierte Messen (Walter, 2011), erfolgt eine frühe Identifikation von verzögerten und risikobehafteten Entwicklungen im Lernen und Verhalten.

Für den Bereich der emotionalen und sozialen Entwicklung werden Kriterien wie die Beteiligung am Unterricht (Häufigkeit des Meldens), Einschätzungen zum Lern- und Arbeitsverhalten in bestimmten Arbeitsphasen, aber auch die Häufigkeit störender Verhaltensweisen genannt, die durch Einschätzungen von Lehrkräften wie auch durch Selbstbeobachtungsverfahren erhoben werden können (Sayeski/Brown, 2011). In einem Screening-Prozess werden damit zunächst alle Lernenden erfasst, so dass auch wenig auffällige und sonst nicht erkannte Verhaltensprobleme identifiziert werden können. Diese frühe Diagnose auch von leichten Problemen intendiert keineswegs eine kategoriale Diagnose, sondern ermittelt den Bedarf von Maßnahmen zur Prävention und Intervention vor der Verfestigung problematischer Situationen, die dringend in der allgemeinen Schule zu verankern sind. Das pädagogische und sonderpädagogische Handeln kann so viel früher als nach bisherigen Konzeptionen den entstehenden Verhaltensproblemen begegnen. Schon früh erhalten damit Schüler eine wirksame Unterstützung, die den diagnostizierten Bedürfnissen entspricht.

Die grundlegende Struktur lässt sich anhand einer Grafik verdeutlichen (siehe Abb. 3; auch: Huber/Grosche, 2012, S. 314). Diese Unterstützung wird meist in drei Förderstufen gegliedert, die eine zunehmende Intensität und Individualisierung von Maßnahmen der Unterstützung darstellen:

• Stufe 1, universelle Stufe: Der reguläre Unterricht der Schule wird grundsätzlich an der Wirksamkeit von Maßnahmen ausgerichtet und evidenzbasierte Verfahren finden in der alltäglichen Praxis Verwendung. Dreimal im Schuljahr erfolgt dazu in den USA ein standardisiertes Screening der Entwicklung aller Schüler, so dass frühzeitig mögliche Problementwicklungen erkannt werden. Die Kooperation mit sonderpädagogischen Fach-

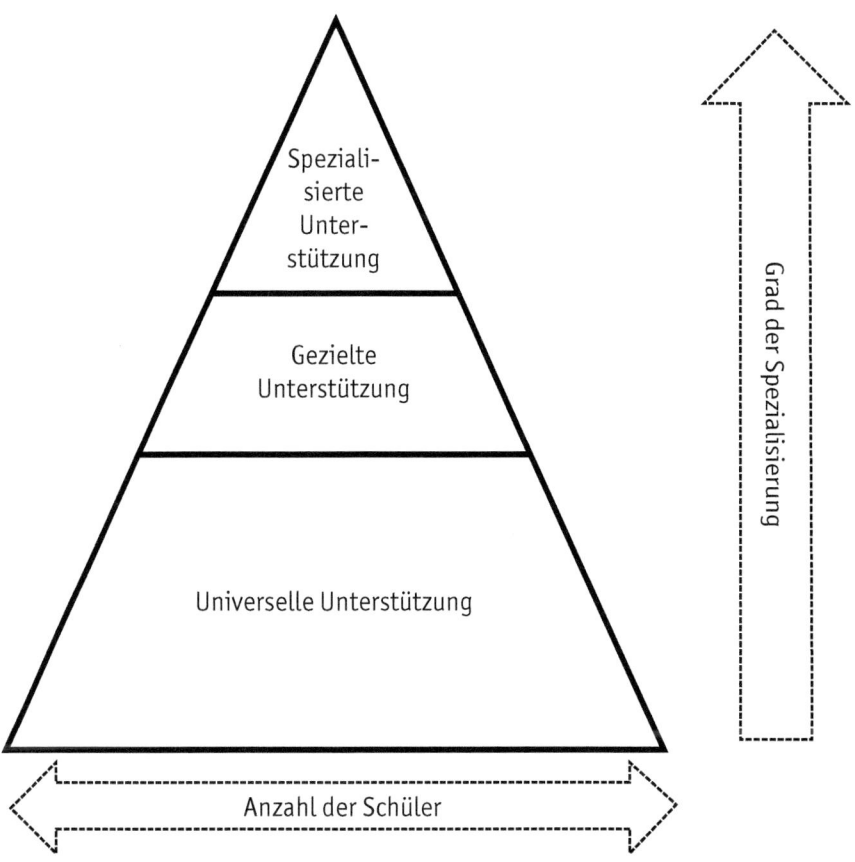

**Abb. 3:** Responsives Handlungsmodell in drei Stufen (nach McLeskey/Waldron, 2011, S. 55)

kräften erfolgt in Form von Beratung und Diagnose. Diese Stufe lässt sich der universellen Prävention zuordnen: Wissenschaftlich fundierte Maßnahmen kommen auf universeller Ebene für die ganze Klasse und die gesamte Schule zum Einsatz und gewährleisten damit einen wirksamen Rahmen für schulische Lern- und Entwicklungsprozesse aller Schüler. Insbesondere die Maßnahmen des Classroom Managements lassen sich auf dieser Ebene einordnen.

• Stufe 2: Für Kinder, die aufgrund ihrer risikobelasteten Entwicklungsbedingungen nicht ausreichend von Stufe 1 profitieren, werden intensivere Maßnahmen ergriffen, es handelt sich also um die selektive Präventionsebene. Voraussetzung ist hier die Identifikation besonderer Bedürfnisse durch ein diagnostisches Screening, die Nutzung eines ökonomischen Förderplans und die Begleitung der Entwicklung dieser Zielgruppe. Auf der

Basis diagnostischer Informationen können intensivere, selektive Maßnahmen ergriffen werden. Nach internationalen Studien benötigen ca. 15 bis 20 % aller Schüler eine solche, intensivere Unterstützung. Die Kooperation der Fachkräfte erfolgt hier im Team (Problem Solving Team, Huber/Grosche, 2012) zur Entwicklung individualisierter Förderpläne. Die Durchführung der Interventionen findet sehr häufig in der allgemeinen Klasse (Mainstreaming) statt, möglicherweise aber auch in Fördergruppen. Als ein wirksames Beispiel wird in der internationalen Literatur der intensive und gezielte Einsatz von Verfahren zur Regelbeachtung genannt (Sayeski/Brown, 2011), beispielsweise durch die Nutzung des Good Behavior Game. Durch ein häufigeres Monitoring (oft ein Mal pro Woche) wird die Passung der Maßnahmen sichergestellt, der Förderplan evaluiert und die Steigerung der emotionalen und sozialen Kompetenzen für die Schüler selbst und die Lehrkräfte dokumentiert.

- Stufe 3: Sollten die Maßnahmen der Stufen 1 und 2 nicht ausreichen und die Entwicklung der Kinder mit Risikobelastungen gemäß der Diagnostikbefunde keine ausreichend positiven Veränderungen zeigen, finden intensivere Maßnahmen auf der Basis eines individuellen Förderplans Verwendung. Es handelt sich hier also um Maßnahmen der indizierten Prävention; betroffen sind nach internationalen Studien ca. 1 bis 5 % aller Kinder. Hier greifen engmaschige Diagnosestrategien, beispielsweise durch ein tägliches Check-in/Check-out-System mit einer Bezugslehrkraft (Young/Cheney, 2013; Krull/Hintz/Paal, 2017), und indizierte Maßnahmen, die sehr individuell angepasst und mit hoher Intensität zum Einsatz kommen (Sayeski/Brown, 2011). Oft findet die Unterstützung in spezialisierten Settings, zum Beispiel in Kleingruppen oder speziellen Klassen statt Ziel ist jedoch die Passung der Unterstützung in ein möglichst normales Setting. Neben der intensiven Kooperation mit dem Bezugssystem (Eltern, Wohngruppe o. ä.) ist in aller Regel auch die multiprofessionelle Kooperation mit Fachkräften und spezialisierten Fachdiensten (Kinder- und Jugendhilfe, Therapien, Kliniken, Sonderpädagogischen Einrichtungen) unverzichtbar. Ziel bleibt immer die möglichst erfolgreiche Stabilisierung oder Rückführung in die jeweilige Klasse der allgemeinen Schule.

Auf allen drei Stufen finden die wissenschaftlich überprüften, evidenzbasierten Verfahren Verwendung (Fuchs/Fuchs/Compton, 2012; McLeskey/Waldron, 2011). Die Wirkungen der eingesetzten Maßnahmen auf die Lern- und Entwicklungsprozesse der Lernenden werden kontinuierlich diagnostisch überprüft, um eine flexible Passung der Maßnahmen an die Bedürfnisse der Schüler zu ermöglichen. Auch wenn für dieses Rahmenkonzept durchaus

Problemstellen, wie zum Beispiel fehlende Eindeutigkeiten in Bezug auf die Stufen, das Vorgehen zur Passung der Maßnahmen und die Bereitstellung von Diagnoseverfahren, berichtet werden, bildet es dennoch das aktuelle Rahmenkonzept zur Etablierung und Weiterentwicklung inklusiver Bildungssysteme in zahlreichen Staaten (Fuchs/Fuchs/Compton, 2012).

Die Wirksamkeit des Rahmenmodells hängt einerseits von dem Einsatz geeigneter diagnostischer Strategien und Verfahren, andererseits von der Wirksamkeit und Passung der eingesetzten Maßnahmen ab (Fuchs/Fuchs/Compton, 2012). Eine Metaanalyse zu diesem Rahmenkonzept selbst (Tran/Sanchez/Arellano/Swanson, 2011) belegt eine im Vergleich sehr hohe Effektstärke ($d = 1,07$) (auch: Hattie, 2012, S. 230). Es bietet damit einen sehr wirksamen Rahmen für eine evidenzbasierte sonderpädagogische Praxis, in dem eine sensitive Diagnostik in Kombination mit evidenzbasierten Verfahren in Kooperation von Fachkräften mit unterschiedlichen Spezialisierungen zum Einsatz kommen.

Bei gelingender Umsetzung führt das Responsive Handlungsmodell zu einem Profit für alle Schüler: Die Stufe 1 setzt die Nutzung evidenzbasierter Verfahren, also einen auch im Bereich der emotionalen und sozialen Entwicklung hochwertigen und wirksamen Unterricht, für alle Schüler voraus (Hattie, 2013). Davon profitieren auch Schüler in ihrem Lernen, die keine oder nur geringe Risiken besitzen (Durlak et al., 2011).

Damit dieses Modell erfolgreich umgesetzt werden kann, müssen einerseits die Lehrkräfte der allgemeinen Schule in diesen Verfahren, aber auch in kooperativen Lernformen, in der Differenzierung des Unterrichts (Werner/Drinhaus, 2012) sowie in Diagnostik und Grundlagen der Kooperation qualifiziert werden. Sonderpädagogische Fachkräfte müssen verstärkt nach dem Prinzip der Evidenzbasierung ausgebildet, zugleich aber für Diagnose-, Beratungs- und Evaluationsprozesse qualifiziert werden. Insbesondere die Übergänge zwischen verschiedenen Institutionen (Kindergarten – Grundschule, Grundschule – weiterführende Schule, weiterführende Schule – berufsbildende Systeme, Berufsbildung – berufliche Tätigkeit) müssen dabei proaktiv gestaltet werden, um diese sensiblen Phasen des Bildungsprozesses zu einem Erfolg zu machen. Für diese Transitionsprozesse auf den Stufen des Bildungssystems sind gezielte Präventionsmaßnahmen vorzusehen: Ein Ausbau der Kooperation der Fachkräfte über Systeme hinweg ist notwendig, um Rahmenbedingungen in den aufnehmenden Institutionen und wirksame Maßnahmen dort zu etablieren (z. B. STEP; Check & Connect, Hennemann/Hillenbrand, 2007).

Ein Beispiel einer wissenschaftlich fundierten Passung evidenzbasierter Verfahren in das responsive Handlungsmodell belegt die zusammenfassende Abbildung 4 (Sayeski/Brown, 2011, S. 11).

**Stufe 3**
Selbst-Monitoring, differentielle Verhaltensdiagnostik, individualisierte Förderprogramme, Krisen-/Interventionsplan

**Stufe 2**
Regeln, Verstärkersystem, Token-Programme, Verhaltenskontrakte, gezielte Förderprogramme, systematisches Elterninformationssystem, Interventionstechniken, Monitoring und Förderplan

**Stufe 1**
Peer Tutoring, Aktivierung der Lernenden, klare Kommunikation, Strukturierung von Lernprozess und Klassenraum, Modellierung positiven Verhaltens, L-S-Beziehung, Routinen, Monitoring

**Abb. 4:** Evidenzbasierte Maßnahmen zur emotionalen und sozialen Unterstützung im responsiven Handlungsmodell

Die Implementation von Mehrebenenmodellen benötigt neben dem politischen Willen auch längere Veränderungsprozesse im Schulsystem insgesamt. Es wird auch von Problemen berichtet:

- Die Implementationsqualität ist nicht immer gegeben und verweist auf die notwendige Unterstützung der Fachkräfte (Keller-Margulis, 2012).
- Die vagen Formulierungen in manchen Vorgaben (z. B. den o. g. Gesetzen) sorgen für Verwirrungen.
- Unterschiedliche Formen der Umsetzung in einzelnen Staaten (Zirkel, 2012, S. 72) führen zur Uneinheitlichkeit der konkreten Arbeit, so dass es auch für die Professionellen zu unproduktiven Überschneidungen und Schwierigkeiten im Teamprozess kommen kann (Nellis, 2012).

Diese Kritikpunkte stellen also nicht den Kern des Mehrebenenansatzes, sondern nur seine konkrete Ausführung in Frage. Das responsive Handlungsmodell gilt international nicht nur als wirksames Konzept für die Unterstützung der Lernenden, sondern auch als geeigneter Rahmen für die Kooperation der verschiedenen Professionen der allgemeinen Schule, der Sonderpädagogik und der Schulpsychologie (Keller-Margulis, 2012; Huber/Grosche, 2012).

## 6.2  Implementation evidenzbasierter Praxis

Der vorgelegte Überblick belegt ein umfangreiches, international und wissenschaftlich sehr gut abgesichertes Wissen um eine evidenzbasierte sonderpädagogische Praxis im Bereich der emotionalen und sozialen Entwicklung. Warum findet sie bisher kaum statt?

Einerseits wissen Lehrkräfte in Deutschland, sowohl Fachkräfte für Sonderpädagogik als auch Lehrkräfte anderer Schulformen, kaum etwas über evidenzbasierte Maßnahmen, selbst nach den Diskussionen um die Hattie-Studie. Mehrere Untersuchungen (Grosche/Grünke, 2008; Runow/Borchert, 2003) befragten Studierende bzw. Lehrkräfte nach ihrer Einschätzung der Wirksamkeit von Maßnahmen. Die Befunde sind ernüchternd: Die Einschätzungen liegen weit entfernt von den empirischen Befunden zur Wirksamkeit; dies trifft bedauerlicherweise auch auf sonderpädagogische Fachkräfte zu. Die Kenntnisse zur effektiven Unterstützung von Lernenden mit Behinderungen werden in der deutschen Lehrerbildung, auch im Lehramt Sonderpädagogik, bisher zu wenig vermittelt. Grosche und Grünke sehen hier einen Zusammenhang zu dem Mangel an empirischer Orientierung in der universitären Lehre (Grosche/Grünke, 2008).

Die größte vorliegende internationale Studie zum Wissen von Lehrkräften, insbesondere von Lehrkräften für Sonderpädagogik, weist nach, dass dies verändert werden kann (Gable/Tonelsen/Sheth/Wilson, 2012). Mehr als 3000 befragte Lehrkräfte – die Hälfte davon sind sonderpädagogische Lehrkräfte – wurden nach der Kenntnis evidenzbasierter Verfahren und ihrer Einschätzung zur Umsetzbarkeit befragt. Die Untersuchung belegt, dass sonderpädagogische Lehrkräfte in den USA sehr viel besser die Wirksamkeit, praktische Brauchbarkeit und den Aufwand evidenzbasierter Verfahren zur sozial-emotionalen Förderung einschätzen können als Lehrkräfte der allgemeinen Schulen. Die Nutzung solcher Verfahren durch die Lehrkräfte erfolgt dennoch auch in den USA in zu geringem Umfang.

Die Befunde belegen damit sehr deutlich die inhaltlichen Probleme:

- Im deutschen Sprachraum fehlt es an fundierten Kenntnissen für eine evidenzbasierte Praxis.
- Die Umsetzung eines potentiellen Wissens gelingt jedoch nicht von selbst, sondern benötigt Unterstützung und ein systematisches, strukturiertes und reflektiertes Vorgehen.

Wie kann die Umsetzung gelingen? Zu klären ist zunächst, wie sonderpädagogische Fachkräfte, aber auch andere Professionelle aus den Feldern der allgemeinen Schule, der Sozialen Arbeit und der Therapie Informationen zur Identifikation evidenzbasierter Verfahren gewinnen können. Die Schritte zur Umsetzung sind anschließend zu skizzieren, um wirksame Änderungen in der Praxis zu erreichen.

## 6.3 Identifikation evidenzbasierter Verfahren

In englischer Sprache liegen mehrere Datenquellen vor, die teilweise unterschiedliche Kriterien nutzen. Einige sind nicht offen zugänglich (z.B. die Datenbank des Council für Exceptional Children, CEC), andere hingegen, wie die wichtigste Plattform »What Works Clearinghouse« des US-amerikanischen Bildungsministeriums, können kostenfrei genutzt werden. Die Angebote sind meist nutzerfreundlich strukturiert: Sie bieten in der Regel einen Überblick zu den Zieldimensionen und -gruppen einer Maßnahme, dem Ausmaß der Wirksamkeit einer Maßnahme (Effektstärke), eine Beurteilung der Zuverlässigkeit der Befunde und Informationen zur praktischen Umsetzung sowie weiterführende Informationsquellen an. Während bis 2010 die wichtigsten Datenbanken, insbesondere What Works Clearinghouse, nur die Ergebnisse von Studien mit Gruppendesigns berücksichtigten, gingen in den letzten Jahren auch zunehmend Befunde mit kontrollierten Einzelfalldesigns in die Beurteilung von Maßnahmen bei mehreren Datenbanken ein (Freeman/Sugai, 2013). Dadurch erweiterte sich die Perspektive auch für sonderpädagogische Fragestellungen, da nun auch Studien zu Problemkonstellationen mit geringer Prävalenz berücksichtigt werden. Chancen und Grenzen von Einzelfallstudien mit ihren Einschränkungen in der Aussagekraft sind zu beachten und werden in der Fachliteratur intensiv diskutiert (ebd.; Horner et al., 2005; auch das Themenheft der »Empirischen Sonderpädagogik«, 2013). Tabelle 4 gibt einen Überblick über die wichtigsten Informationsquellen, die genutzt werden können.

Im deutschen Sprachraum existiert bisher nur ein einziges äquivalentes Angebot: Die Grüne Liste Prävention stellt eine sehr hilfreiche Informati-

**Tab. 4:** Ausgewählte Informationsquellen zur Bestimmung evidenzbasierter Verfahren

| | **Wichtige Quellen zur Identifikation evidenzbasierter Verfahren** | | | | |
|---|---|---|---|---|---|
| | **Datenbank** | | | | |
| Angebote | Grüne Liste Prävention | What Works Clearinghouse | Promising Practices Network | Council for Exceptional Children | Blueprints for Healthy Youth Development |
| Link | https://www.gruene-liste-praevention.de/nano.cms/datenbank/information | https://ies.ed.gov/ncee/wwc/ | https://www.rand.org/randeurope/research.html | www.cec.sped.org/ | https://www.blueprintsprograms.org/ |
| Betreiber | Landespräventionsrat Niedersachsen, Niedersächsisches Justizministerium | Institute for Education Sciences (IES), U.S. Department of Education | RAND Cooperation | Council for Exceptional Children | University of Colorado Boulder |
| Wertung | + deutschsprachig. <br> - wissenschaftliche Kriterien weniger streng | + Wissenschaftliche Fundierung <br> + schnelle Übersichten | + Schnelle Orientierung <br> + zahlreiche Themenfelder <br> - wissenschaftliche Informationen | + sonderpädagogische Perspektive <br> - kostenpflichtig, nur eigene Studien | + transparente Bedienung <br> - weniger Informationen zur Praxis |

6 Umsetzung evidenzbasierter Praxis

onsquelle zur Prävention von »Problemverhaltensweisen« dar, die auf ein Projekt des niedersächsischen Justizministeriums mit dem Ziel der Reduktion von Jugendkriminalität zurückgeht.

Das Vorgehen zur Informationsgewinnung erfolgt in reflektierter Weise in mehreren Stufen (nach Freeman/Sugai, 2013):

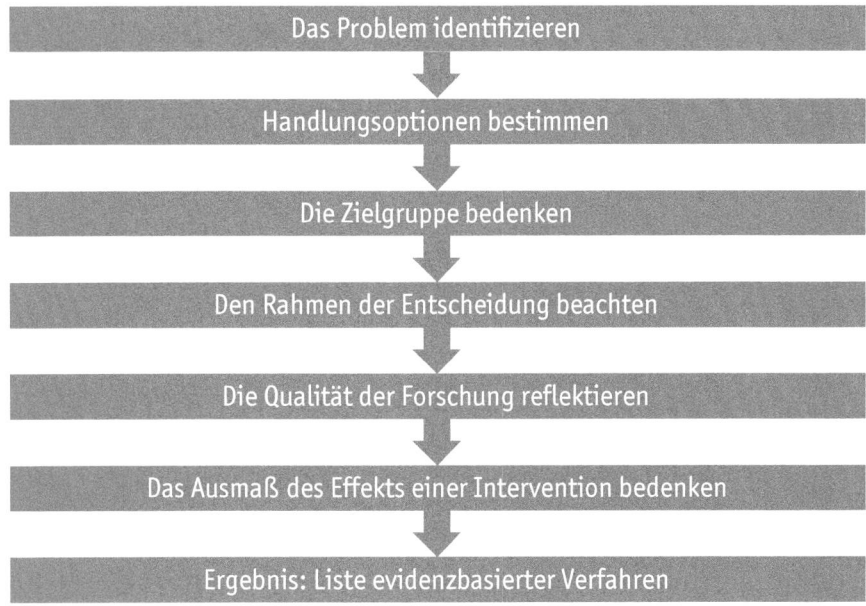

**Abb. 5:** Stufen zur Bestimmung evidenzbasierter Verfahren (nach Freeman/Sugai, 2013, 7 ff.)

Auf den einzelnen Stufen sind die folgenden Themen zu bearbeiten:

1. *Das Problem identifizieren*
Ohne eine genaue Bestimmung des Problems ist die Suche nach einer evidenzbasierten pädagogischen Maßnahme sinnlos. Festzulegen ist zunächst der Entwicklungsbereich (emotionale Entwicklung, soziales oder akademisches Lernen, Kombinationen). Anschließend müssen, unter Nutzung fundierter diagnostischer Verfahren, Häufigkeit, Dauer, Intensität, Umfang und Kontext der Bedürfnisse bestimmt werden. Merkmale der Personen oder des Probanden (Alter, Geschlecht, Beeinträchtigungen, besondere Kompetenzen) und weitere potentielle Einflussfaktoren sind zu bestimmen. Hierzu gehören auch Ressourcen und vorhandene Fähigkeiten, die sinnvollerweise für eine erfolgreiche Intervention weiter ausgebaut werden können. In dieser Phase soll ein vertieftes Verständnis der Pro-

blemlage und der Chancen in einer spezifischen pädagogischen Situation gewonnen werden.
2. *Handlungsoptionen bestimmen*
Auf der Grundlage dieser Identifikation der Problemlage erfolgt die Suche nach potentiellen Maßnahmen unter Nutzung der o. g. Informationsquellen. Für den deutschen Sprachraum muss auch auf die, meist aufwändigere, Nutzung von Fachliteratur verwiesen werden. Die ermittelten Kriterien sind hilfreich zur zielgenauen Identifikation von wirksamen Maßnahmen. Allerdings kann die Nutzung mehrerer Kriterien auch ein sehr eingeschränktes Ergebnis liefern, so dass die Recherche wiederum verallgemeinert werden muss, möglicherweise auch unter Nutzung von allgemeinen Recherchestrategien und Literaturdatenbanken (z.B. www.fis-bildung.de).
3. *Die Zielgruppe bedenken*
Die Liste der so identifizierten Maßnahmen sollte mit Blick auf die Zielpersonen geprüft werden: Ist die Maßnahme zielgenau zur Problemlage? In welchem Ausmaß besteht ein Unterschied vom Setting der Untersuchung zur eigenen Praxis? Kann die Maßnahme in der eigenen Praxis auf die gegebene Zielgruppe adaptiert werden? Lassen sich die Befunde vermutlich transferieren?
4. *Den Rahmen der Entscheidung* beachten
Evidenzbasierte Praxis betrifft alle Entscheidungsebenen; die Reichweite einer solchen Entscheidung ist daher zu bedenken. Wenn Maßnahmen auf Schulebene umfassend sind – beispielsweise die Einführung eines umfassenden Mediatorensystems, eines Evaluationssystems schulischer Leistungen oder der Aufbau von schulübergreifenden Kooperationen mit außerschulischen Hilfen – und daher viel Aufwand erfordern, sollte eine sehr fundierte Absicherung ihrer Wirksamkeit gefordert werden, um einen tatsächlichen Gewinn für alle Beteiligten sicherzustellen. Hier sollte geprüft werden, ob eine Maßnahme in mehreren Settings mit einer äquivalenten Population auf der Basis hochwertiger Studien tatsächlich die Wirkung im erwünschten Ausmaß erbracht hat; mögliche unerwünschte Nebenwirkungen sind zu beachten. Maßnahmen auf individueller Ebene oder für Kleingruppen hingegen, etwa der Aufbau von Selbstmonitoring oder von individuellem Feedback, können in aller Regel recht flexibel und ohne großen Aufwand eingesetzt, aber auch modifiziert werden. Hier sind niedrigere Anforderungen an die Qualität der Erkenntnisse durchaus akzeptabel.
5. *Die Qualität der Forschung reflektieren*
Um die Entscheidung über die Anwendung einer spezifischen Maßnahme

fundiert treffen zu können, muss für die evidenzbasierte sonderpädagogische Praxis die Qualität der Untersuchungen und damit die Absicherung der Wirksamkeit bedacht werden. Dazu gehört an erster Stelle eine kritische Sichtung der genutzten Untersuchungsdesigns, erst an zweiter Stelle die Höhe der Effekte. Der Grund für diese Reihenfolge liegt in einem systematischen Zusammenhang von Design und Effektstärke: Einfachere Designs führen regelmäßig zu größeren Effekten, sind jedoch sehr viel stärker mit Fehlern behaftet. Hochwertige Forschungsdesigns reduzieren einerseits Fehler, andererseits aber auch die Stärke der Wirksamkeit. Zudem sollten Designs einen kausalen Zusammenhang zwischen der Intervention und den Effekten belegen, wofür insbesondere RCT-Designs oder quasi-experimentelle wie auch anspruchsvolle Einzelfallstudien-Designs (ABAB oder Multiple Baseline Designs) akzeptiert werden. Zu prüfen ist auch, ob die vorliegenden Studien das Setting, die Intervention und die konkreten Handlungsformen detailliert genug beschreiben. Zudem sollten die Vorgehensweise und die Instrumente zur Evaluation der Maßnahme so detailliert dargestellt werden, dass sie für die eigene Praxis anwendbar sind.

6. *Das Ausmaß des Effekts einer Intervention bedenken*
Im letzten Schritt ist zu prüfen, ob die Effekte nach kritischer Prüfung der Untersuchungen auch tatsächlich auf die Intervention zurückzuführen sind und ob das belegte Ausmaß der Effekte auch pädagogisch relevant ist. Im Entwicklungsbereich emotionaler und sozialer Kompetenzen muss dabei grundsätzlich von geringeren Effektstärken ausgegangen werden, die nach Cohens Klassifikation eher im Bereich niedriger Effekte ($d$ = 0.20–0.50) liegen.

Mit Hilfe einer solch reflektierten Vorgehensweise gelingt es professionellen Fachkräften, die vorliegenden Befunde zu identifizieren und kritisch auf ihre Verwendung in der eigenen Praxis zu prüfen. Die Umsetzung sollte ähnlich strukturiert und reflektiert erfolgen.

## 6.4   Schritte zur Implementation

Die Identifikation evidenzbasierter Verfahren stellt einen wichtigen Schritt dar, ist aber nicht gleichbedeutend mit einer evidenzbasierten Praxis. Die Programmatik (Sacket et al., 1997, s.o.) sieht explizit die Verbindung der besten verfügbaren wissenschaftlichen Basis mit der individuellen Expertise bezogen auf die Zielgruppe und -person vor.

Wie kann eine solche spezifische, evidenzbasierte Praxis auf der Basis der gewonnenen Informationen realisiert werden? Folgende Schritte zu einer evidenzbasierten Praxis werden vorgeschlagen (nach Freeman/Sugai, 2013):

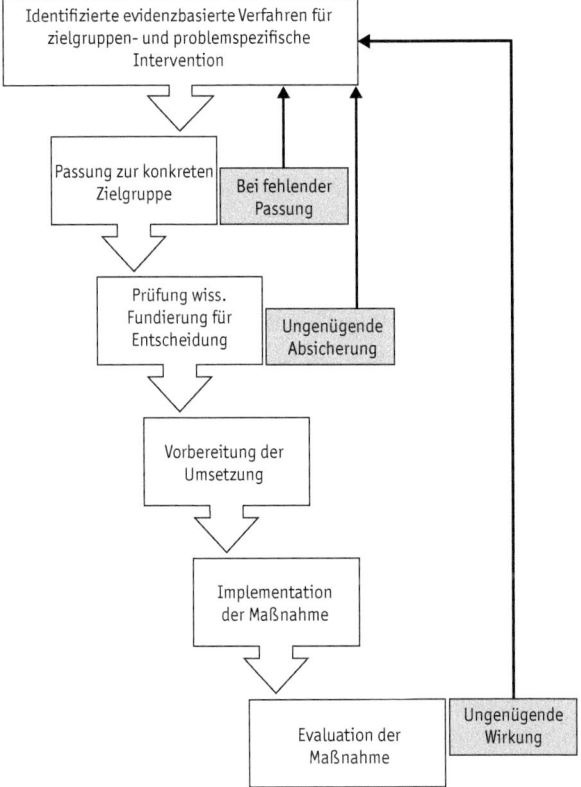

**Abb. 6:** Schritte zur Realisierung evidenzbasierter Praxis (nach Freeman/Sugai, 2013, S. 7 ff.)

Die genannten Schritte prüfen die identifizierten Verfahren für die Implementation in eine evidenzbasierte sonderpädagogische Praxis.

1. *Liste evidenzbasierter Verfahren*
   Die im oben genannten Arbeitsschritt identifizierten Maßnahmen sollten auf einer Liste festgehalten werden, um bei Bedarf wieder darauf zurückzukommen. Die nach der vorherigen Prüfung geeignetste Maßnahme muss zunächst bestimmt werden, um sie in einem strukturierten Prozess in die eigene Praxis zu implementieren.

2. *Passung zur konkreten Zielgruppe der eigenen Praxis*
   Auf der Basis der vorliegenden diagnostischen Informationen zur konkreten Zielgruppe erfolgt der Vergleich mit der Zielgruppe der wissenschaftlichen Studien. Hier kann auf Stufe 3 der Informationsgewinnung zurückgegriffen werden: Liegt hier eine gute Passung vor? Sollte dies nicht der Fall sein, wird eine andere Maßnahme aus der Liste gewählt.
3. *Prüfung der wissenschaftlichen Fundierung für die eigene Entscheidung*
   Je nach Rahmen der zu treffenden Entscheidung (vgl. Stufe 4 der Informationsgewinnung) ist die Qualität der wissenschaftlichen Fundierung zu reflektieren. Sollte hier ein Missverhältnis deutlich werden, ist eine andere Maßnahme der Liste zu wählen.
4. *Vorbereitung der Umsetzung der Maßnahme*
   Auf der Basis der Informationen zu dem gewählten Verfahren sind die Strategien, Handlungsweisen und Materialien zur Förderung und Diagnose bereitzustellen. Häufig stehen Manuale zur Verfügung, die zunächst zu sichten sind. Ein Zeitplan zur Umsetzung hilft bei der Konkretisierung der Maßnahme. In einem Förderplan können verschiedene Fachkräfte eine effiziente Vorgehensweise vereinbaren.
5. *Einsatz der Maßnahme*
   Die Wirksamkeit der Anwendung evidenzbasierter Verfahren hängt entscheidend von der Implementationsqualität und Implementationstreue ab. Wenn auch Adaptionen in aller Regel unvermeidbar sind, sollten solche Anpassungen jedoch der zugrundeliegenden Theorie entsprechen. Die Beachtung von Qualitätskriterien und eine Begleitung durch kompetente Kollegen können dabei wichtige Formen der Unterstützung darstellen.
6. *Evaluation der Maßnahme mit Hilfe valider Instrumente*
   Die Wirksamkeit evidenzbasierter Verfahren in der eigenen Praxis muss kritisch geprüft werden, denn möglicherweise beeinflussen nun weitere Faktoren den praktischen Prozess, die in den wissenschaftlichen Studien ausgeschlossen waren. Hierzu kann man in ökonomischer Weise auf eine Auswahl der dort genutzten Instrumente zurückgreifen. Alternativ kann aus dem gesamten Repertoire diagnostischer Verfahren des Fachs eine valide Auswahl getroffen werden (Hillenbrand, 2008, S. 113ff.; Casale/Huber/Hennemann/Grosche, 2019).

Diese Schritte zur Realisierung einer evidenzbasierten Praxis werden so oder ähnlich als Hilfe angeboten (Freeman/Sugai, 2013, S. 11), sie bilden jedoch keineswegs ein festes Schema im Sinne einer Standardisierung sonderpädagogischen Handelns. Insbesondere die begleitende Evaluation erlaubt ein kontinuierliches Monitoring des eigenen Handelns, das bei Hinweisen auf eine mangelnde Wirksamkeit oder beim Auftreten unerwünschter Nebeneffekte revidiert werden muss. Insofern stellt die Implementation evidenzbasierter Praxis *ein betont selbstkritisches Konzept* dar, das sich kontinuierlich einem Monitoring auf der Basis wissenschaftlicher Verfahren unterwirft.

# 7 Ergebnis

Aus dem Auftrag inklusiver Bildung im Verständnis der UNESCO und der Behindertenrechtskonvention leitet sich der Auftrag einer wirksamen, effektiven Unterstützung in Erziehung und Bildung für alle Lernenden ab. Insbesondere für Personen mit Risikobelastungen, Beeinträchtigungen und Behinderungen stellt dies eine dringende Forderung dar, die eine kritische Prüfung auch sonderpädagogischen Handelns erfordert. Die verbreitete Orientierung an »best practice« ist dabei völlig ungenügend, da es hier an überprüfbaren Kriterien mangelt.

Evidenzbasierte Praxis hingegen stellt ein wissenschaftlich anspruchsvolles Alternativkonzept dar, das in anderen Wissenschaften wie Medizin oder Psychotherapie, aber auch im internationalen Diskurs der Sonderpädagogik breite Akzeptanz gefunden hat. Gemeint ist die Integration des aktuellen wissenschaftlichen Erkenntnisstands in die Expertise der Professionellen zur bestmöglichen Ausrichtung des Handelns an der individuellen Situation der Zielgruppe bzw. Lernenden. Die wissenschaftlich fundierten und in der Forschung nach anerkannten wissenschaftlichen Prozeduren überprüften Maßnahmen werden also nicht als Technologie verstanden, sondern müssen in Bezug auf die spezifische Aufgabenstellung und Situation identifiziert und implementiert werden.

Die Forschung erhält dadurch die vorrangige Aufgabe, auf der Basis einer guten theoretischen Fundierung einer Maßnahme diese mittels anspruchsvoller Forschungsdesigns (experimentelle und quasi-experimentelle Designs, kontrollierte Einzelfallstudien) in ihrer Wirksamkeit zu prüfen. Den Status einer Evidenzbasierung erreicht eine Maßnahme jedoch erst auf der Ebene von Metaanalysen, die die Ergebnisse mehrerer Einzelstudien quantitativ zusammenfassen. Der erfolgversprechende Einsatz solcher Maßnahmen setzt ein tragfähiges Rahmenkonzept voraus, wie es die Mehrebenenmodelle, z.B. der Response-to-Intervention-Ansatz, anbietet.

Grundsätzlich erweisen sich nach den vorliegenden Metaanalysen zwei grundlegende Ansätze als wirksam für die (schulbasierte) Unterstützung der emotionalen und sozialen Entwicklung:

- die Förderung emotionaler und sozialer Kompetenzen mittels gezielter Förderprogramme und
- die Gestaltung einer positiven Lernumgebung, wie sie insbesondere die Maßnahmen des Classroom Managements gewährleisten.

Für beide grundlegenden Ansätze liegen zahlreiche konkrete Verfahren vor, die häufig nach Zielgruppe, Problemstellung und Setting variieren.

Für die Identifikation einer wirksamen Präventions- und Interventionsmaßnahme für spezifische professionelle Situationen leisten Datenbanken hilfreiche Dienste. Eine evidenzbasierte sonderpädagogische Praxis erfordert jedoch mehr als die Entdeckung einer wirksamen Maßnahme – sie verlangt ein reflektiertes, wissenschaftlich geschultes und selbstkritisches Vorgehen in der Informationsgewinnung wie auch in der Implementation evidenzbasierter Verfahren. Angesichts des Kenntnisstands von (potentiellen) Lehrkräften zeigen sich hier große Herausforderungen für die zukünftige Lehrerbildung in allen Phasen (Hillenbrand/Melzer/Hagen, 2013; Hillenbrand, 2021).

Die Wirkungen evidenzbasierter sonderpädagogischer Praxis unterstützen die emotional-sozialen Entwicklungsprozesse, sie reduzieren zugleich die Störungen pädagogischer Prozesse, so dass nicht zuletzt die pädagogischen Fachkräfte profitieren. Evidenzbasierte sonderpädagogische Praxis stellt letztlich ein Gesamtkonzept dar, das nach internationalem Konsens die wissenschaftlichen Erkenntnisse mit den praktischen Anforderungen verbindet und konkrete Handlungsmöglichkeiten aufdeckt. Professionelle verwirklichen dadurch das Recht auf inklusive Bildung, nämlich eine den Bedürfnissen angemessene Unterstützung für alle Lernenden.

## Kommentierte Literaturempfehlungen

Beelmann, Andreas/Raabe, Tobias: Dissoziales Verhalten von Kindern und Jugendlichen. Erscheinungsformen, Entwicklung, Prävention und Intervention. Göttingen: Hogrefe, 2007

*Die Autoren stellen die Grundlagen externalisierenden Verhaltens und wirksame Maßnahmen vor. Aus psychologischer Perspektive geschrieben berücksichtigen sie dabei den internationalen Forschungsstand in sehr gelungener Weise. Man erhält einen sehr guten Überblick über die Wirksamkeit von Maßnahmen, die – wie bspw. konfrontative Pädagogik – immer wieder in der öffentlichen Diskussion stehen.*

Freeman, Jennifer/Sugai, George: Identifying evidence-based special education interventions from single-subject Research. In: Teaching Exceptional Children 45, 2013, S. 1–12

*Ein aktueller Beitrag mit ganz praktischen Vorschlägen – den Autoren geht es um die Vorgehensweise zur Bestimmung von evidenzbasierten Verfahren, die bisher nur mit Einzelfalldesigns überprüft wurden. Ganz nebenbei bieten sie einen sehr hilfreichen Überblick über das Konzept und die Diskussion zur evidenzbasierten Praxis in der internationalen Sonderpädagogik.*

Durlak, Joseph A./Weissberg, Roger P./Dymnicki, Allison B./Taylor, Rebecca D./Schellinger, Kriston B.: The impact of enhancing students social and emotional learning: a meta-analysis of school-based universal interventions. In: Child Development 82, 2011, S. 405–432

*Die aktuelle und umfangreiche Metaanalyse bietet einen hervorragenden Überblick über den Stand der Forschung zu wirksamen Maßnahmen der Prävention in der Schule. Publiziert in einer der wichtigsten psychologischen Zeitschriften bildet sie die Wirksamkeit verschiedener Methoden ab. Spannende Erkenntnisse stellen einerseits die größere Wirksamkeit der Klassenlehrkräfte und andererseits die Gewinne in akademischen Leistungen durch Präventionsmaßnahmen dar.*

Lohaus, Arnold/Domsch, Holger: Psychologische Förder- und Interventionsprogramme für das Kindes- und Jugendalter. Berlin: Springer, 2009

*Die Autoren stellen wichtige Förderprogramme und deren Wirksamkeit vor. Damit gewinnt man einen ersten Überblick über Verfahren, die auch im deutschsprachigen Raum zur Verfügung stehen. Aufgrund des Publikationsjahrs wären die Informationen dringend zu ergänzen, zum Beispiel durch die Nutzung der Datenbank der »Grünen Liste Prävention«.*

Rost, Detlef H.: Interpretation und Bewertung pädagogisch-psychologischer Studien. Weinheim: Beltz, ²2007

*Das Studienbuch bietet wissenschaftliche Grundlagen für die Beurteilung vorliegender Evaluationsstudien und beschreibt, anschaulich und teilweise sogar unterhaltsam geschrieben, die Anforderungen für Wirksamkeitsnachweise (Designs, Analyseverfahren) – für Studierende ein Standardwerk!*

Sayeski, Kristin L./Brown, Monica R.: Developing a Classroom Management Plan Using a Tiered Approach. In: Teaching Exceptional Children 44, 2011, S. 8–17

*Welche Unterrichtsverfahren zur Förderung emotionaler und sozialer Entwicklung kann man auf der universellen, selektiven und indizierten Ebene einsetzen? Welche Verfahren werden den Bedürfnissen der Lernenden gerecht und sind nachgewiesenermaßen wirksam? Ganz praxisnah geben die Autoren einen umfassenden Überblick zu diesen Schlüsselfragen inklusiver Bildung.*

## Literatur

Ahrbeck, Bernd/Ellinger, Stephan/Hechler, Oliver/Koch, Katja/Schad, Gerhard: Evidenzbasierte Pädagogik. Sonderpädagogische Einwände. Stuttgart: Kohlhammer, 2016

Banda, Devender R./Therrien, William J.: A Teacher's Guide to Meta-Analysis. In: Teaching Exceptional Children 41, 2008, S. 66–71

Barrish, Harriet H./Saunders, Muriel/Wolf, Montrose M.: Good behavior game: Effects of individual contingencies for group consequences on disruptive behavior in a classroom. In: Journal of applied behavior analysis 2 (2), 1969, S. 119–124

Baumert, Jürgen/Kunter, Mareike: Das Kompetenzmodell von COACTIV. In: Kunter, Mareike/Baumert, Jürgen/Blum, Werner/Klusmann, Uta/Krauss, Stefan/Neubrand, Michael (Hrsg.): Professionelle Kompetenz von Lehrkräften. Münster u. a.: Waxmann, 2011, S. 29–53

Beelmann, Andreas: Wirksamkeit von Präventionsmaßnahmen bei Kindern und Jugendlichen: Ergebnisse und Implikationen der integrativen Erfolgsforschung. In: Zeitschrift für Klinische Psychologie und Psychotherapie 35, 2006, S. 151–162

Beelmann, Andreas/Schneider, Norbert: Wirksamkeit von Psychotherapie bei Kindern und Jugendlichen. Eine Übersicht und Meta-Analyse zum Bestand und zu Ergebnissen der deutschsprachigen Effektivitätsforschung. In: Zeitschrift für Klinische Psychologie und Psychotherapie 32, 2003, S. 129–143

Beelmann, Andreas/Raabe, Tobias: Dissoziales Verhalten von Kindern und Jugendlichen. Erscheinungsformen, Entwicklung, Prävention und Intervention. Göttingen: Hogrefe, 2007

Bielefeldt, Heiner: Menschenrecht auf inklusive Bildung. Der Anspruch der UN-Behindertenrechtskonvention. In: Vierteljahresschrift für Heilpädagogik und ihre Nachbargebiete 79, 2010, S. 66–69

Blumenthal, Yvonne/Casale, Gino/Hartke, Bodo/Hennemann, Thomas/Hillenbrand, Clemens/Vierbuchen, Marie-Christine: Kinder mit Verhaltensauffälligkeiten und emotional-sozialen Entwicklungsstörungen. Förderung in inklusiven Schulklassen. Stuttgart: Kohlhammer, 2020

Brezinka, Veronika: Zur Evaluation von Präventivinterventionen für Kinder mit Verhaltensstörungen. In: Kindheit und Entwicklung 12, 2003, S. 71–83

Casale, Gino/Hennemann, Thomas/Grosche, Michael: Zum Beitrag der Verlaufsdiagnostik für eine evidenzbasierte sonderpädagogische Praxis am Beispiel des Förderschwerpunktes der emotionalen und sozialen Entwicklung. In: Zeitschrift für Heilpädagogik 66, 2015, S. 325–334

Casale, Gino/Hövel, Dennis/Hennemann, Thomas/Hillenbrand, Clemens: Prävention und psychische Gesundheitsförderung in der Schule. In: Röhrle, Bernd/Anding, Jana/Ebert, David/Christiansen, Hanna (Hrsg.): Prävention und Gesundheitsförderung. Bd. 6: Zur Verbesserung der Wirksamkeit. Tübingen: DGVT-Verlag, 2018, S. 245–285

Casale, Gino/Huber, Christian/Hennemann, Thomas/Grosche, Michael: Direkte Verhaltensbeurteilung in der Schule. Eine Einführung für die Praxis. München: Ernst Reinhardt, 2019

Cohen, Jacob: Statistical power analysis for the behavioral sciences. New York: Academic Press, $^{2}$1988

Cook, Brian G./Tankersley, Melody/Cook, Lysandra/Landrum, Timothy J.: Evidence-Based Practices in Special Education: Some Practical Considerations. In: Intervention in School and Clinic 44, 2008, S. 69–75

Davies, Philip: What is evidence-based education? In: British Journal of Educational Studies 47, 1999, S. 108–121

Döpfner, Manfred: Wie wirksam ist Kinder- und Jugendlichenpsychotherapie? In: Psychotherapeutenjournal 1, 2003, S. 258–266

Durlak, Joseph A./Weissberg, Roger P./Dymnicki, Allison B./Taylor, Rebecca D./Schellinger, Kriston B.: The impact of enhancing students social and emotional learning: a meta-analysis of school-based universal interventions. In: Child Development 82, 2011, S. 405–432

Fingerle, Michael/Ellinger, Stephan: Sonderpädagogische Förderprogramme im Vergleich: Orientierungshilfen für die Praxis. Stuttgart: Kohlhammer, 2008

Freeman, Jennifer/Sugai, George: Identifying evidence-based special education interventions from single-subject Research. In: Teaching Exceptional Children 45, 2013, S. 1–12

Fuchs, Douglas/Fuchs, Lynn S./Compton, Donald L.: Smart RTI: A Next-Generation Approach to Multilevel Prevention. In: Exceptional Children 78, 2012, S. 263–279

Gable, Robert A./Tonelsen, Stephen W./Sheth, Manasi/Wilson, Corinne: Importance, Usage, and Preparedness to Implement Evidence-based Practices for Students with Emotional Disabilities: A Comparison of Knowledge and Skills of Special Education and General Education Teachers. In: Education and Treatment of Children 35, 2012, S. 499–519

Gasteiger-Klicpera, Barbara/Julius, Henri/Klicpera, Christian (Hrsg.): Handbuch Sonderpädagogik: Sonderpädagogik der sozialen und emotionalen Entwicklung. Bd. 3. Göttingen: Hogrefe, 2008

Gersten, Russell/Fuchs, Lynn S./Compton, Donald/Coyne, Michael/Greenwood, Charles/Innocenti, Mark S.: Quality indicators for group experimental and quasi-experimental research in special education. In: Exceptional Children 71, 2005, S. 149–164

Glass, Gene V.: Primary, Secondary, and Meta-Analysis of Research. In: Educational Researcher 5, 1976, S. 3–8

Glass, Gene V.: Integrating findings: The meta-analysis of research. In: Review of Educational Research 5, 1978, S. 351–371

Gold, Andreas: Lernschwierigkeiten. Ursachen, Diagnostik, Intervention. Stuttgart: ²Kohlhammer, 2018

Grosche, Michael/Grünke, Matthias: Das Sonderpädagogikstudium wissenschaftlicher gestalten. In: Vierteljahresschrift für Heilpädagogik und ihre Nachbargebiete 77, 2008, S. 190–197

Grünke, Matthias: Zur Effektivität von Fördermethoden bei Kindern und Jugendlichen mit Lernstörungen. Eine Synopse vorliegender Metaanalysen. In: Kindheit und Entwicklung 15, 2006, S. 239–254

Hagen, Tobias/Vierbuchen, Marie-Christine/Hillenbrand, Clemens/Hennemann, Thomas: Effekte eines schulbasierten sozial-kognitiven Trainings bei Jugendlichen mit dem Förderschwerpunkt Lernen. In: Empirische Sonderpädagogik 4, 2016, S. 307–326

Hanselmann, Heinrich: Das schwererziehbare Kind als Aufgabe der Heilpädagogik. In: Klink, Job-Günter (Hrsg.): Zur Geschichte der Sonderschule. Bad Heilbrunn: Klinkhardt, 1966, S. 40–45

Hartmann, Erich: Evidenzbasiertes Denken und Handeln in der Logopädie/Sprachheilpädagogik. State of the Art und Perspektiven. In: Vierteljahresschrift für Heilpädagogik und ihre Nachbargebiete 82, 2013, S. 339–343

Hattie, John: Visible Learning for Teachers. New York: Routledge, 2012

Hattie, John: Lernen sichtbar machen. Baltmannsweiler: Schneider, 2013

Hennemann, Thomas/Hövel, Dennis/Casale, Gino/Hagen, Tobias/Fitting-Dahlmann, Klaus: Schulische Prävention im Bereich Verhalten. Stuttgart: Kohlhammer, 2016

Hennemann, Thomas/Hillenbrand, Clemens: Präventionsprogramme gegen Dropout: Classroom Management und Check & Connect. In: Lernchancen 10, 2007, S. 28–31

Hennemann, Thomas/Hillenbrand, Clemens: Klassenführung: Effektives Classroom Management in der Schuleingangsstufe. In: Hartke, Bodo/Koch, Katja/Diehl, Kirsten (Hrsg.): Förderung in der schulischen Eingangsstufe. Stuttgart: Kohlhammer, 2010, S. 255–279

Hennemann, Thomas/Hillenbrand, Clemens: Prävention von Gefühls- und Verhaltensstörungen. Grundlagen der sozial-emotionalen Entwicklung im Kindesalter. In: Grundschule aktuell 120, 2012, S. 6–10

Hillenbrand, Clemens: Einführung in die Pädagogik bei Verhaltensstörungen. München: Klinkhardt, ⁴2008

Hillenbrand, Clemens: Förderschwerpunkt Emotionale und Soziale Entwicklung: Standards ermöglichen Förderung! In: Wember, Franz/Prändl, Stephan (Hrsg.): Standards sonderpädagogischer Förderung. München: Ernst Reinhardt, 2009, S. 133–155

Hillenbrand, Clemens: Inklusive Bildung: Plädoyer für einen Perspektivwechsel. In: Pädagogik 64, 2012, S. 44–46

Hillenbrand, Clemens: Evidenzbasierung sonderpädagogischer Praxis. Widerspruch oder Gelingensbedingung. In: Zeitschrift für Heilpädagogik 66, 2015, S. 312–324

Hillenbrand, Clemens: Qualifikation für inklusive Schulen. In: Wilferth, Kathrin/Eckerlein, Tatjana (Hrsg.): Inklusion und Qualifikation. Stuttgart: Kohlhammer, 2021, S. 32–56

Hillenbrand, Clemens/Pütz, Kathrin: KlasseKinderSpiel. Spielerisch Verhaltensregeln lernen. Hamburg: edition Körber Stiftung, 2008

Hillenbrand, Clemens/Melzer, Conny/Hagen, Tobias: Bildung schulischer Fachkräfte für inklusive Bildungssysteme. In: Weishaupt, Horst/Döbert, Hans (Hrsg.): Inklusion professionell gestalten. Münster: Waxmann, 2013, S. 33–68

Hillenbrand, Clemens/Melzer, Conny: Zwischen Inklusion und Exklusion. Empirische Aspekte der schulischen Inklusion im Förderschwerpunkt Lernen. In: Heimlich, Ulrich/Benkmann, Rainer (Hrsg.): Inklusion im Förderschwerpunkt Lernen. Stuttgart: Kohlhammer, S. 66–132

Hillenbrand, Clemens/Vierbuchen, Marie-Christine: Jugenddelinquenz – (k)ein Thema der Schule für Erziehungshilfe? In: Kaplan, Anne/Roos, Stefanie (Hrsg.). Delinquenz bei jungen Menschen. Ein interdisziplinäres Handbuch. Wiesbaden: Springer, 2021, S. 91–107

Hövel, Dennis/Hillenbrand, Clemens/Hennemann, Thomas/Osipov, Igor: Effekte indizierter Prävention zur Förderung der emotional-sozialen Kompetenzen mit »Lubo aus dem All!« in Abhängigkeit des Theoriewissens und des Alltagstransfers der Lehrkräfte. In: Heilpädagogische Forschung 3, 2016, S. 114–124

Hövel, Dennis/Hennemann, Thomas/Rietz, Christian: Meta-Analyse programmatischer-präventiver Förderung der emotionalen und sozialen Entwicklung in der Primarstufe. In: Emotionale und soziale Entwicklung in der Pädagogik der Erziehungshilfe und bei Verhaltensstörungen 1 (1), 2019, S. 38–55

Horner, Robert H./Carr, Edward G./Halle, James/McGee, Gail/Odom, Samuel/Wolery, Mark: The use of single-subject research to identify evidence-based practice in special education. In: Exceptional Children 71, 2005, S. 165–179

Huber, Christian/Grosche, Michael: Das Response-to-Intervention-Modell als Grundlage für einen inklusiven Paradigmenwechsel in der Sonderpädagogik. In: Zeitschrift für Heilpädagogik 63, 2012, S. 311–322

Huber, Christian/Wilbert, Jürgen: Soziale Ausgrenzung von Schülern mit sonderpädagogischem Förderbedarf und niedrigen Schulleistungen im gemeinsamen Unterricht. In: Empirische Sonderpädagogik 4, 2012, S. 147–165

Kavale, Kenneth A./Forness, Steven R.: Social Skill Deficits and Learning Disabilities: A Meta-Analysis. In: Journal of Learning Disabilities 29, 1996, S. 133–140

Keller-Margulis, Milena A.: Fidelity of Implementation Framework: A critical Need for Response to Intervention Models. In: Psychology in the Schools 49, 2012, S. 342–352

Kiper, Hanna: Von der These über den Slogan zum Axiom – die Rede vom ›Technologiedefizit in der Pädagogik‹: Ursache für konzeptionelle Probleme der Disziplin? In: Hoffmann, Dietrich (Hrsg.): Mythen und Metaphern, Slogans und Signets. Hamburg: Kovač, 2007, S. 99–116

Köller, Olaf: What works best in school? Hatties Befunde zu Effekten von Schul- und Unterrichtsvariablen auf Schulleistungen. In: Psychologie in Erziehung und Unterricht 59, 2012, S. 72–78

Krizan, Ana/Vossen, Armin: Evidenzbasierung in Schulen durch Verzahnung von Wissenschaft und Praxis erreichen. In: Zeitschrift für Heilpädagogik 67, 2016, S. 79–90

Krull, Johanna/Hintz, Anna-Maria/Paal, Michael: CICO – für ein gelungeneres Zusammenspiel. In: Grundschule 49 (9), 2017, S. 24–29

Kuhl, Jan/Euker, Nils (Hrsg.): Evidenzbasierte Diagnostik und Förderung von Kindern und Jugendlichen mit intellektueller Beeinträchtigung. Bern: Hogrefe, 2016

Kultusministerkonferenz (KMK): Inklusive Bildung von Kindern und Jugendlichen mit Behinderungen in Schulen. Beschluss der Kultusministerkonferenz vom 20.10.2011. Im Internet unter http://www.kmk.org/fileadmin/veroeffentlichungen_beschluesse/2011/2011_10_20-Inklusive-Bildung.pdf [13.08.2013]

Lösel, Friedrich/Beelmann, Andreas: Effects of child skills training in preventing antisocial behavior: A systematic review of randomized evaluations. In: The Annals of the American Academy of Political and Social Science 587, 2003, S. 84–109

Lohaus, Arnold/Domsch, Holger: Psychologische Förder- und Interventionsprogramme für das Kindes- und Jugendalter. Berlin: Springer, 2009

Mahlau, Kathrin/Diehl, Kirsten/Voß, Stefan/Hartke, Bodo: Das Rügener Inklusionsmodell – Konzeption einer inklusiven Grundschule. In: Zeitschrift für Heilpädagogik 62, 2011, S. 464–472

McLeskey, James/Waldron, Nancy L.: Educational Programs for Elementary Students with Learning Disabilities: Can They Be Both Effective and Inclusive? In: Learning Disabilities Research & Practice 26, 2011, S. 48–57

Mertens, Donna M./McLaughlin, John A.: Research and Evaluation Methods in Special education. Thousands Oaks: Corwin, 2004

Mrazek, Patricia/Haggerty, Robert J.: Reducing Risks for Mental Disorders: Frontiers for Preventive Intervention Research. Washington, DC: National Academy Press, 1994

Myschker, Norbert/Stein, Roland: Verhaltensstörungen bei Kindern und Jugendlichen. Erscheinungsformen – Ursachen – Hilfreiche Maßnahmen. Stuttgart: Kohlhammer, $^8$2018

Nellis, Leah M.: Maximizing the Effectiveness of Building Teams in Response to Intervention Implementation. In: Psychology in Schools, 49, 2012, S. 245–256

Nußbeck, Susanne: Evidenzbasierte Praxis – ein Konzept für sonderpädagogisches Handeln? In: Sonderpädagogik 37, 2007, S. 145–154

Odom, Samuel L./Brantlinger, Ellen/Gersten, Russell/Horner, Robert H./Thompson, Bruce/Harris, Karen R.: Research in Special Education: Scientific Methods and Evidence-Based Practices. In: Exceptional Children 71, 2005, S. 137–148

Oelkers, Jürgen: Theorie und Praxis? Eine Analyse grundlegender Modellvorstellungen pädagogischer Wirksamkeit. In: Neue Sammlung 24, 1984, S. 19–39

Oelkers, Jürgen: Einführung in die Theorie der Erziehung. Weinheim: Beltz, 2001

Oxford Dictionaries: Evidence. Im Internet unter http://www.oxforddictionaries.com/definition/english/evidence?q=evidence [24.09.2013]

Quinn, Mary Magee/Kavale, Kenneth A./Mathur, Sarup R./Rutherford, Robert B., Jr./Forness, Steven R.: A meta-analysis of social skill interventions for students with emotional or behavioral disorders. In: Journal of Emotional and Behavioral Disorders 7, 1999, S. 54–64

Petermann, Franz: Prävention von Verhaltensstörungen – Einführung in den Themenschwerpunkt. In: Kindheit und Entwicklung 12, 2003, S. 65–70

Riedel, Eibe: Gutachten zur Wirkung der internationalen Konvention über die Rechte von Menschen mit Behinderung und ihres Fakultativprotokolls auf das deutsche Schulsystem. Erstattet der Landesarbeitsgemeinschaft »Gemeinsam Leben« Nordrhein-Westfalen, Zusammenfassung der wichtigsten Ergebnisse. Universität Mannheim/HEID Genf, 2008

Rost, Detlef H.: Interpretation und Bewertung pädagogisch-psychologischer Studien. Weinheim: Beltz, ²2007

Runow, Volker/Borchert, Johann: Effektive Interventionen im sonderpädagogischen Arbeitsfeld – ein Vergleich zwischen Forschungsbefunden und Lehrereinschätzungen. In: Heilpädagogische Forschung 29, 2003, S. 189–203

Sackett, David L./Rosenberg, W.M.C./Gray, J.A.M./Haynes, R.B./Richardson, W.S.: Was ist Evidenz-basierte Medizin und was nicht? In: Münchener medizinische Wochenschrift 139, 1997, S. 644–645. Im Internet unter http://www.cochrane.de/de/sackett-artikel [16.09.2013]

Sayeski, Kristin L./Brown, Monica R.: Developing a Classroom Management Plan Using a Tiered Approach. In: Teaching Exceptional Children 44, 2011, S. 8–17

Schell, Annika: Die Förderung emotionaler und sozialer Kompetenzen im Vorschulalter. »Lubo aus dem All!«: Entwicklung, Implementierung und Evaluation eines Trainingsprogramms zur Prävention von Gefühls- und Verhaltensstörungen. Bad Heilbrunn: Klinkhardt, 2011

Sklad, Marcin/Diekstra, René/Ritter, de Monique/Ben, Jehonathan/Gravesteijn, Carolien: Effektiveness of school-based universal social, emotional, and behavioral programs: Do they enhance students' development in the area of skill, behavior, and adjustment? In: Psychology in the Schools, 49 (9), 2012, S. 892–909

Stage, Scott A./Quiroz, David R.: A meta-analysis of interventions to decrease disruptive classroom behavior in public education settings. In: School Psychology Review 26, 1997, S. 333–368

Tran, Loan/Sanchez, Tori/Arellano, Brenda/Swanson, H. Lee: A Meta-Analysis of the RTI Literature for Children at Risk for Reading Disabilities. In: Journal of Learning Disabilities 44, 2011, S. 283–295

UNESCO: Reaching the marginalized. Paris: UNESCO, 2010

United Nations: UN-Convention on the Rights of Persons with Disabilities. Im Internet unter http://www.un.org/disabilities/convention/conventionfull.shtml [06.01.2011]

Vernooij, Monika A./Wittrock, Manfred (Hrsg.): Verhaltensgestört. Perspektiven, Diagnosen, Lösungen im pädagogischen Alltag. Paderborn: Schöningh, 2004

Vierbuchen, Marie Christine/Hillenbrand, Clemens: Wirksame pädagogische Hilfen bei Delinquenz im Jugendalter. In: Zeitschrift für Heilpädagogik 62, 2011, S. 258–268

Voß, Stefan/Blumenthal, Yvonne/Mahlau, Kathrin/Marten, Katharina/Diehl, Kirsten/Sikora, Simon/Hartke, Bodo: Der Response-to-Intervention-Ansatz in der Praxis. Evaluationsergebnisse zum Rügener Inklusionsmodell. Münster: Waxmann, 2016

Wang, Margaret C./Haertel, Geneva D./Walberg, Herbert J.: Toward a Knowledge Base for School learning. In: Review of Educational Research 63, 1993, S. 249–294

Walter, Jürgen: »Einer flog übers Kuckucksnest«. Oder: welche Interventionsformen erbringen im sonderpädagogischen Feld welche Effekte? Ergebnisse ausgewählter amerikanischer Meta- und Mega-Analysen. In: Zeitschrift für Heilpädagogik 53, 2002, S. 442–450

Walter, Jürgen: Die Messung der Entwicklung der Lesekompetenz im Dienste der systematischen formativen Evaluation von Lehr- und Lernprozessen. In: Zeitschrift für Heilpädagogik 62, 2011, S. 204–217

Werner, Birgit/Drinhaus, Mareike: Differenzieren – aber wie? Konzept und erste Befunde zur Beschreibung und Erfassung von Differenzierungskompetenzen bei Lehrkräften an Förderschulen. In: Zeitschrift für Heilpädagogik 63, 2012, S. 375–380

Willmann, Marc: Deutungsmacht der Forschung, Ohnmacht in der Praxis? Evidenzbasierte Sonderpädagogik als Exlusionsrisiko. In: Emotionale und soziale Entwicklung in der Pädagogik der Erziehungshilfe und bei Verhaltensstörungen ESE 2, 2020, S. 222–232

Wilson, David B./Gottfredson, Denise C./Najaka, Stacy S.: School-based prevention of problem behaviors: A meta-analysis. In: Journal of Quantitative Criminology 17, 2001, S. 247–272

Wilson, Sandra Jo/Lipsey, Mark W./Derzon, James H.: The Effects of School-Based Intervention Programs on Aggressive Behavior: A Meta-Analysis. In: Journal of Consulting and Clinical Psychology 71, 2003, S. 136–149

Young, Minglee/Cheney, Douglas A.: Essential Features of Tier 2 social-behavioral interventions. In: Psychology in the Schools 50, 2013, S. 844–861

Zirkel, Perry A.: The Legal Dimension of RTI – Confusion Confirmed. In: Learning Disability Quarterly 35, 2012, S. 72–75

Zurhorst, Günter: Eminenz-basierte, evidenz-basierte oder ökologisch-basierte Psychotherapie? In: Psychotherapeutenjournal, 2, 2003, S. 97–104

# Pädagogik bei Verhaltensstörungen einschließlich inklusiver Bildung: zu disziplinären und professionsbezogenen Grundsatzfragen

Pierre-Carl Link

> In diesem Beitrag erfolgt in einem ersten Schritt eine Hinführung zum Thema durch die Grundlegung des umfassenden interdisziplinären Inklusionsbegriffs von Franziska Felder. Im Anschluss wird auf Polaritäten und Hintergründe im Inklusionsdiskurs bei Verhaltensstörungen hingewiesen. Dabei wird durch die Annahme eines gespaltenen Subjekts die (Voll-)Inkludierbarkeit des Menschen grundsätzlich in Frage gestellt und erläutert, dass die Frage, ob das Subjekt exkludiert oder inkludiert ist, nicht die alles entscheidende Frage ist und sein kann. Auf den Grenzen von inklusiver Bildung aufbauend wird in einem zweiten Schritt die Frage nach Möglichkeiten und Risiken schulischer Inklusion im Förderschwerpunkt emotionale und soziale Entwicklung beantwortet. In einem weiteren Kapitel wird als Fazit der Problemhintergrund eines zu normativen respektive inklusionsenthusiastischen und einem zu enthaltsamen respektive inklusionsskeptischen Verständnisses inklusiver Bildung erörtert. Abschließend werden ein Vorschlag für eine tragende Leitidee für die Disziplin sowie Schlussfolgerungen für einen verantwortbaren professionellen Umgang mit Kindern und Jugendlichen in einer schwierigen Freiheit skizziert - im Krebsgang.

## 1 Eine nonideale Theorie inklusiver Bildung in psychoanalytischer Konturierung als Zugang für den sonderpädagogischen Inklusionsdiskurs

Im Kontext der Disziplin Pädagogik bei Verhaltensstörungen scheinen Inklusionsforderungen und Exklusionsrisiken gerade im Hinblick auf Kinder mit massiven Störungen des Verhaltens und Erlebens, die von seelischer Behinderung bedroht oder psychisch erkrankt sind, ein leeres Versprechen zu sein. Kinder und Jugendliche mit Verhaltensstörungen sowie Personen mit komplexer Behinderung verschwinden im Inklusionsdiskurs der Spätmoderne nahezu, sie zählen zu den ›Verlieren‹ im Wettlauf um Inklusive Bildung (vgl. Dederich, 2013; Ahrbeck, 2022). Der Diskurs um Inklusion findet 2024 bei Weitem nicht mehr nur innerhalb und um die Sonderpädagogik statt, sondern ist in den Bildungs- und Erziehungswissenschaften allgemein *en vogue* geworden (vgl. Sturm/Balzer/Budde/Hackbarth, 2023; Miethe/Tervooren/Ricken, 2017; Jahrbuch für Pädagogik, 2015). Ricken (2023) zählt gegenüber den Termini Entwicklung, Lernen, Sozialisation, Erziehung und Bildung beispielsweise Inklusion nicht zu den Grundbegriffen der Bildungswissenschaften oder gar als pädagogische Antwort auf Exklusionserfahrungen per se, sondern nüchtern lediglich als »eine wichtige Markierung und weiterführende Weichenstellung [...] – auch gesellschaftstheoretisch [...]«. Trotz der zunehmend begrifflichen und mitunter theoretischen Auseinandersetzung um inklusive Bildung muss mit Felder für das Inklusionskonzept nach wie vor eine »verwirrende Definitionsvielfalt« konstatiert werden (2022, S. 57f.). In den Diskursarenen um inklusive Bildung sind aktuell vor allem zwei problematische Definitionsweisen sichtbar, von denen mit Felder die eine »zu enthaltsam« und die andere »zu normativ« geprägt sei (ebd.; siehe Kap. 4 in diesem Beitrag). Der anfängliche pädagogische Enthusiasmus um Inklusion verfliegt allmählich und kritische Stimmen werden im Diskurs zunehmend sichtbar (exemplarisch Ahrbeck 2023; 2022a; 2022b). Die Eule der Minerva beginnt bekanntlich erst mit der einbrechenden Dämmerung ihren Flug (Hegel, 1972, S. 14).

Im pädagogischen Diskurs um Inklusion empfiehlt Willmann (2017, S. 100) »eine Schärfung des Blicks gerade auch auf die Innensicht von Inklusions- und Exklusionsprozessen«. Würden zunehmend psychologische Perspektiven im transdisziplinären Diskurs um Inklusion Berücksichtigung finden, könnte das pädagogische Verständnis dieser Prozesse eine Erweiterung erfahren, da diese ein Vokabular für die Beschreibung »für innerpsychische Motive für soziale Ab- und Ausgrenzungsprozesse« bereitstelle (ebd.). Dies würde insofern zu einem differenzierteren Blick auf das Subjekt führen, das ja selbst Initiator und damit auch Gegenstand und Ziel von Inklusionsanforderungen und Exklusionsbedrohung ist, da Abgrenzungs- und Ausschließungsdynamiken, folgt man Willmann weiter, auch eine »identitätsstiftende und somit gleichermaßen ›inkludierende‹ Funktion für das Kohärenzerleben« des Subjekts haben. Damit sind vor allem von Seiten der psychoanalytischen Pädagogik (vgl. Rauh, 2010; Naumann, 2014; Langnickel, 2021) Erkenntnisse über das psychische Leben

## 1 Eine nonideale Theorie inklusiver Bildung in psychoanalytischer Konturierung

sowie die sozial-emotionalen Befindlichkeiten der zu inkludierenden Subjekte zu erwarten (vgl. Ahrbeck, 2023; Göppel/Rauh, 2016).

Zwei solcher Ansätze im aktuellen Diskurs um schulische Inklusion, welche auch die Psychologische Dimensionen berücksichtigen, lassen sich in der *Pädagogik des gespaltenen Subjekts* (Langnickel, 2021) und der *nonidealen Theorie von inklusiver Bildung* (Felder 2022) identifizieren.

Langnickel zeigt aus Sicht einer strukturalen psychoanalytischen Pädagogik auf, dass das vulnerable Subjekt aufgrund seiner anthropologischen Verfasstheit nicht voll inkludierbar ist (vgl. Langnickel/Link, 2019). Gemeinsam mit Langnickel habe ich die These entwickelt, dass die innere Spaltung des Subjekts darin mündet, dass es sich einer vollständigen Inkludierbarkeit entzieht. In Rückbezug auf philosophisch-anthropologische Grundlagen wird hier das Subjekt als Mängelwesen mit stetiger Angewiesenheit auf andere als Ausgangspunkt für inklusive Bildung dargestellt. Auf Seiten der Professionellen sollte hier die eigene Fragilität bewusst gemacht sowie eine illusorische Ganzheitlichkeit des Subjekts kritisiert werden, die mitunter in harmonisierende Inklusionsbestrebungen münden kann. Diese Perspektive psychoanalytischer Pädagogik und Anthropologie vertritt die These, dass das Subjekt in seiner Fragilität je schon in einem antagonistischen Verhältnis zu Inklusion und inklusiver Bildung steht. In seiner *Pädagogik des gespaltenen Subjekts* (2021) arbeitet Langnickel diese Gedanken weiter differenziert aus und verfolgt damit die Forderung Willmanns, den Blick im Inklusionsdiskurs stärker auf das Subjekt und seine grundlegende anthropologische und psychologische Konstitution zu richten. Langnickels die Disziplin Sonderpädagogik provozierende These, dass ein Riss durch die Sonderpädagogik gehen müsse, mündet in der Forderung einer neuen (alten) Lesart des Subjekts als ein gespaltenes, fragiles respektive als Mängelwesen, das sich nicht in ein Feld konfliktfrei ein- und anzupassen vermag.

Ebenfalls Felder (2022, S. 70f.) erweitert ein soziologisch systemtheoretisches Verständnis von Inklusion (Kastl, 2017), das prominent den strukturellen Einbezug des Subjekts in Gesellschaft sowie die Partizipation am sozialen Geschehen betont, um soziale Integration im Sinne einer zwischenmenschlichen Einbindung des Subjekts in sein soziales Feld. Damit legt Felder einen Fokus inklusiver Bildung, ausgehend von Erfahrungen der Marginalisierung auf Fragen der psychologischen Zugehörigkeit. Werte wie Gleichheit, Freiheit und Anerkennung dürfen damit nicht bei einem rechtlichen, strukturellen und ressourcenorientierten systemischen Verständnis aufhören, sondern müssen in das Psychologische respektive Zwischenmenschliche hinein erweitert werden (Felder 2022, S. 240). Damit wird inklusive Bildung als ein »soziales Gut« (ebd., S. 241) verstanden. Inklusive

Bildungsmomente können sich somit nur kollaborativ und dialogisch ereignen, entziehen sich dabei aber der Planbarkeit und Kontrolle. Somit ist inklusive Bildung »nicht etwas, was von einzelnen isoliert geleistet werden kann: Sie muss gemeinsam geschaffen und dialogisch in Prozessen verankert werden« (ebd.). Inklusion ist demnach primär ein Ausdruck sozialer Prozesse und von Beziehungen. Die Frage ist dabei nicht mehr, ob das Subjekt der Bildung inkludiert oder exkludiert ist. Insbesondere für die Pädagogik bei Verhaltensstörungen als Disziplin und Profession gilt, dass »[z]wischenmenschliche und personale Anteile von Inklusion [...] ständig prozessual neu erschaffen werden [müssen]. Sie sind fragil und flüchtig« (ebd., S. 243).

Diese beiden Beispiele verdeutlichen, dass eine gruppen- und psychoanalytische Pädagogik einen Theoriebeitrag für das von hoher Komplexität gekennzeichnete Feld der Inklusion bereithält. Diese Perspektive reflektiert das *Subjekt der Inklusion* und der Exklusion mit seinen je eigenen individuellen, inneren Notwendigkeiten und seinen mentalen Verarbeitungs- und Ausdrucksmöglichkeiten. Aus der Perspektive einer psychoanalytischen Pädagogik argumentierend könnte man festhalten, dass das Subjekt per se nicht voll inkludierbar ist, da es innerlich konflikthaft, das heißt in höchstem Maße gesellschafts- und gemeinschaftssubversiv ist (vgl. Freud, 1941, S. 131 f.; vgl. hierzu Langnickel/Link, 2019).

Innerhalb der Pädagogik bei Verhaltensstörungen sieht man sich mit Phänomenen wie Unangepasstheit, Wahnsinn, Verrücktheit, Verhaltensauffälligkeiten bis hin zu normabweichendem Verhalten sowie mit psychischem Leiden – mitunter in Form psychiatrischer Krankheitsbilder – konfrontiert. Walkenhorst (2017, S. 2 f.) stellt für die Profession und Disziplin der Pädagogik bei Verhaltensstörungen limitierend fest,

> »dass wir Gruppen junger Menschen beschreiben und im Einzelfall auch konkret diagnostizieren können, deren bisheriger Lebensweg als hoch belastet erscheint und die in ihrem psychosozialen Wahrnehmen, Verarbeiten und Verhalten sich selbst und ggf. auch andere möglicherweise ihrer potentiellen oder auch faktisch vorhandenen Optionen zur Lebensgestaltung in immerhin einer der freiesten, aber auch anspruchsvollsten Gesellschaften, die unser Globus zu bieten hat, berauben bzw. dieser Lebenschancen beraubt werden«.

Diese Grundproblematik der Vielgestaltigkeit der Phänomene scheint in anderen sonderpädagogischen Disziplinen nicht anders zu sein.

Die Disziplin Pädagogik bei Verhaltensstörungen hat seit ihrer Gründung bis heute eine tradierte Beziehung zur psychoanalytischen Pädagogik. Diese steht für die *Sperrigkeit* der Person und deren intersubjektive Verwobenheit mit anderen und der Umwelt. Das Subjekt mit seinen Konflikten fügt sich nie harmonisch in ein System oder löst sich gar friedlich in diesem auf. Das Subjekt bleibt eigenständig widersprüchlich; ist gespalten in Unbewusstes und Bewusstes (vgl. hierzu Freud, 1941, S. 131 f.).

Das gespaltene Subjekt ist in höchstem Maße *eigen-sinnig* aufgrund seiner inneren Notwendigkeiten, für das eine simple wie simplifizierende institutionelle Antwort (das Projekt einer inklusiven Schule für *alle*) für die hochkomplexe Psyché, die Konflikthaftigkeit und Mehrdeutigkeit des Subjekts sowie für die Förderung seiner inneren psychischen Notwendigkeiten – gerade bei stark belasteter Klientel – zu kurzschlüssig gedacht ist (Ahrbeck, 2023; 2022; 2009, S. 146).

Für eine Schule, die sich als Kooperationsverhältnis gespaltener Subjekte versteht – zu denen im Übrigen auch die Lehrpersonen zählen –, scheint konstitutiv, dass sie immer eine potentiell inkludierende und exkludierende Gemeinschaft zugleich darstellt, die pädagogisch ihre Subjekte konstruktiver wie destruktiver Machtausübung unterzieht und sie dadurch zum Adressaten, zum Objekt macht. Asymmetrische Beziehungsverhältnisse gehören anthropologisch zum Menschsein dazu und sind Voraussetzung für intersubjektive Befähigungs- und Anerkennungsprozesse zwischen Subjekten. Wagt man einen dystopischen Blick in eine zunehmend exklusiver oder inklusiver werdende Gesellschaft, angesichts von Transformationsdynamiken und Krisen der Spätmoderne, könnten solche Zugänge zu einer Wiederentdeckung des psychoanalytischen Blicks auf das Subjekt führen. Dies beinhaltet die Chance, den Menschen nicht mehr nur als Subjekt – und damit nicht mehr nur als Objekt von etwas her – zu denken, sondern ihn mit Flusser (1998) als *Projekt*, als ständig im Werden befindlichen Entwurf zu denken. Damit folgt die Sonderpädagogik einem weiten Begriff von Entwicklung und damit einem Paradigma der Entwicklungsorientierung, welches jenes der Wissens- und Kompetenzorientierung in sich aufzunehmen vermag.

Die derzeit stattfindende Kritik an schulischer Inklusion seitens Vertreter einer psychoanalytischen Pädagogik kann die Sperrigkeit und Widersprüchlichkeit des Subjekts anders verstehbar und dadurch zugänglicher machen (vgl. einzelne Beiträge in Göppel/Rauh, 2016). Diese Sperrigkeit der Person ist eine geteilte Verletzlichkeit, die Menschen miteinander verbindet oder zumindest in ihren Beziehungen zueinander positionieren kann.

Was bedeutet nun inklusive Bildung im Kontext auf diese Klientel der Kinder und Jugendlichen mit dem Förderbedarf emotionale und soziale Entwicklung?

Die Diskussion um Inklusion zeitigt Folgen. So kritisiert Ahrbeck, dass der Begriff der Verhaltensstörung im pädagogischen und behördlichen Sprachgebrauch ins Hintertreffen gerät (vgl. Ahrbeck, 2017, S. 2). Gefördert werde diese bedenklich stimmende Entwicklung »aus den um sich greifenden, durch den Inklusionsdiskurs noch verstärkten Sorgen, Kinder durch Fachbegriffe zu ›etikettieren‹ und zu ›diskriminieren‹, sie dadurch zu kränken und zu schädigen« (ebd.). Daraus resultiere, dass personenbezogene Diagnosen nicht mehr vergeben werden sollen.

Ahrbeck beschäftigt ethische Sorgeverhältnisse für Kinder und Jugendliche mit Verhaltensstörungen:

> »Gravierende persönliche Problemlagen und defizitäre Beeinträchtigungen, die unbestreitbar existieren, können dadurch nicht mehr adäquat als solche benannt werden. Sie werden als Originalitätsfrage bagatellisiert, als lediglich ›originelles‹ oder ›überraschendes Verhalten‹ trivialisiert. Die Folge davon ist, dass Kinder mit schwerwiegenden Problemen, die weit über das manifeste Verhalten hinausreichen, allein gelassen werden und nicht mehr angemessen pädagogisch betreut werden können« (Ahrbeck, 2017, S. 3).

## 2 Der dornenreiche Weg inklusiver Bildung bei Verhaltensstörungen

Ahrbeck et al. (2017) weisen mit Befunden einer Langzeituntersuchung, der Berliner Inklusionsstudie AiBe (Anfangserfahrungen mit der Entwicklung der Inklusiven Schule in Berlin), auf Möglichkeiten und Grenzen inklusiver Beschulung von Kindern und Jugendlichen mit Verhaltensauffälligkeiten hin (vgl. hierzu Ahrbeck, 2022). Anzuerkennen ist, dass die inklusive Beschulung ein soziales Miteinander zu etablieren vermag (ebd., S. 258). Allerdings zeigt sich dieses soziale Miteinander respektive positives Klassenklima bei stark belasteter Schülerschaft mit Verhaltensauffälligkeiten gefährdet. Diese Kinder und Jugendlichen erhalten wenig Anerkennung und erfahren wenig Verständnis. Deshalb ist hier das Risiko einer Sündenbock-Dynamik besonders groß. Ahrbeck und sein Team identifizieren eine hochbelastete kleine Gruppe, »die das Gefühl [hat] in der Schule überhaupt nicht zurechtzukommen« (ebd.). Kinder und Jugendliche mit speziellem Förderbedarf verfügen im Vergleich zu der Schülerschaft ohne diesen sonderpädagogischen Bedarf nicht gleichermaßen über ein positives Erleben des Klassenklimas oder ein entsprechendes Selbstkonzept. Sie erleben sich weniger anerkannt, was sich im Sekundarbereich verschärft. Dabei konnte das Berliner Forschungsteam zeigen, dass die sozialen Integrationswerte in der siebten und achten Klasse besonders abfallen. Ahrbeck hält fest, dass auch durch Klassenwiederholung in der inklusiven Beschulung »[w]eder auf der Leistungs- noch auf der sozial-emotionalen Ebene [...] sich zeitstabile Erfolge feststellen [ließen]« (ebd., S. 259). Hochbelastete Kinder und Jugendliche mit Verhaltensauffälligkeiten bereiten laut Studie die meisten Inklusionsprobleme (ebd.). Denn

> »[i]n ihrem Verhalten sind diese Kinder schwer zu steuern und die tieferen Gründe ihres Erlebens lassen sich nur mühsam aufdecken. Oft bedarf es einer intensiven persönlichen Zuwendung, die viel Zeit erfordert, damit eine tragfähige pädagogische Beziehung entstehen kann. Der Leidensdruck, dem diese Kinder ausgesetzt sind, ist zumeist ganz erheblich, weil sie sich nirgends richtig verständlich machen können und überall auf Ablehnung stoßen« (ebd.).

Mit Ahrbeck legt der aktuelle Forschungsstand nahe, dass diese Klientel »nicht durchgängig von einer gemeinsamen Unterrichtung profitiert« (ebd.). Grenzen der Belastbarkeit seitens der Klientel selbst, ihrer Mitschüler, Lehrpersonen und Eltern sind anzuerkennen. In der AiBe-Studie wurde die temporäre Unterbringung in spezialisierten Institutionen als Gelingensbedingung für inklusive Beschulung identifiziert (ebd.).

Auch zeigt die AiBe-Studie, dass die inklusive Beschulung für Lehrpersonen mitunter eine enorme Herausforderung darstellt (ebd.), denn »[u]nter den gegebenen Bedingungen würde die grosse Mehrzahl der beteiligten Lehrkräfte den inklusiven Weg nicht noch einmal beschreiten« (ebd.). Besonders ein Mangel an sonderpädagogischer Fachlichkeit und Unterstützung, an Zeit und Räumen sowie eine hohe Lehrverpflichtung tragen zu dieser Herausforderung bei.

Die weite Verbreitung sowie die Intensität von Verhaltensauffälligkeiten und psychischen Erkrankungen stellt das Schulsystem vor erhebliche Herausforderungen (vgl. Stein, 2012, S. 195). Denn Kinder mit Verhaltensauffälligkeiten stellen Lehrpersonen »vor schwierige, mitunter kaum lösbare pädagogische Aufgaben« (Ahrbeck, 2017, S. 4). Befunde aus empirischen Forschungen belegen diese besonderen pädagogischen Herausforderungen und Grenzen (vgl. hierzu Stein/Müller, 2023; Willmann, 2014).

Auf der Grundlage dieser Problematik und den sich stellenden Anforderungen im Kontext gestörten Verhaltens und Erlebens von Kindern und Jugendlichen fordert Stein (2012, S. 192 f.) für eine professionelle Initiierung und Begleitung von Bildungsprozessen dieser Klientel, dass »Bemühungen intensiviert werden,

- Kompetenzen zum Umgang mit Verhaltensauffälligkeiten in allen Schulen hineinzutragen,

- allen Schulen kontinuierlich kompetente Angebote der Beratung und Supervision zu machen sowie
- die Rate der integriert [bzw. inklusiv] beschulten Kinder und Jugendlichen mit Verhaltensauffälligkeiten zu erhöhen«.

Als moderater Inklusionsbefürworter appelliert Stein hierbei nicht an die Abschaffung von Fördereinrichtungen, sondern an eine Modifikation und Transformation dieser zu »Kompetenzzentren« (Stein, 2012, S. 193). Diese Schulen und Institutionen möchte er eingebettet wissen in den Lebensverlauf des jeweiligen Subjekts und versteht diese somit als durchlässige Einrichtungen auf Zeit. Die kardinale Aufgabe beispielsweise der Schule für Erziehungshilfe sollte, folgt man dieser Argumentation weiter, »die Unterstützung des Verbleibs von Schülern in den allgemeinen Schulen« sein sowie die »Begleitung an Übergängen« (Stein, 2012, S. 194).

Auch bei Ahrbeck lässt sich die These finden, dass eine Teilhabe von Kindern mit Verhaltensauffälligkeiten in allgemeinen Schulen durch besondere intensiv-pädagogische Förderung temporär möglich und zielführend sein könnte. Hinzu kommt, dass ein beträchtlicher Teil dieser Klientel bereits integrativ beschult wird. Inklusive Bildung ist für Ahrbeck ein hohes Gut – mit Grenzen, denn

> »Kinder mit dem Förderschwerpunkt ›Emotionale und soziale Entwicklung‹ müssen stark individualisiert und personell gebunden unterstützt werden, wenn die Förderung zum Erfolg führen soll. Gerade die Beziehung zu einem festen Ansprechpartner ist ein wichtiger Baustein in der Förderung ihrer Entwicklung. Welcher Ort aber der richtige ist, hängt entscheidend von den Ausstattungsmerkmalen ab. Eine intensivpädagogische Betreuung kann auch an Regelschulen gelingen, wenn die dazu dringend benötigten Rahmenbedingungen bereitgestellt werden. Sie sind für ein Gelingen unerlässlich« (Ahrbeck, zit. n. Verband Bildung und Erziehung, 2017).

Stein (2012, S. 191 f.) geht in diesem Zusammenhang noch einen Schritt weiter und betont den inklusiven Charakter von spezialisierten Schulen:

> »Insofern könnte man auch eine Schule für Erziehungshilfe als ›inklusiv‹ beschreiben, indem sie eine wichtige Ausprägungsform des allgemeinen Schulsystems darstellt und indem sie solchen Schülern im Hinblick auf ihre gesellschaftliche Integration hilft [...]«.

»Der ›exklusive‹ Charakter von Förderschulen ergibt sich ja nicht so sehr, weil sie exkludieren, sondern weil sie die vom allgemeinen Schulsystem exkludierten Schülerinnen und Schüler aufnehmen« (Ahrbeck, 2017, S. 9). Insofern ist jede Schulform auf ihre Art und Weise inkludierend und auch exkludierend. Der Fokus sollte aber auf der Perspektive des Individuums liegen, dass sich psychisch der Klasse oder Schule zugehörig fühlen kann oder eben auch nicht.

»Zentren für Erziehungshilfen sowie Schulen für Kranke im Bereich Kinder- und Jugendpsychiatrie können bereits heute, erst recht jedoch bei gezielter Weiterentwicklung, wesentliche Unterstützung für das gesamte Schulsystem liefern. Dabei werden sich viele Probleme in allgemeinen Schulen als lösbar erweisen, manche andere jedoch nur als sehr schwer zu bewältigen und einer gesonderten Förderung bedürftig« (Stein, 2012, S. 195).

Dies sollte in allen Bemühungen um schulische Inklusion von Kindern und Jugendlichen mit Verhaltensstörungen Berücksichtigung finden, damit »Karrieren und Verfestigung abweichenden Verhaltens« (Mutzeck, 2007, S. 13) pädagogisch begegnet werden kann. Vergessen werden darf dabei aber nicht, dass

»die Schule und insbesondere das Klassenzimmer [...] ein dicht bewohnter, äußerst belebter und von vielen, hoch getakteten Ereignissen geprägter Erfahrungsraum [sind], der an die soziale Kompetenz aller Beteiligten hohe Ansprüche stellt« (Felder, 2022, S. 149).

## 3 Problemhintergrund eines zu normativen Verständnisses inklusionsenthusiastischer Proponenten und eines zu enthaltsamen Inklusionsbegriffs inklusionsskeptischer Proponenten

Philosophisch betrachtet folgt – und dies muss in aller Deutlichkeit gesagt werden – aus der Forderung nach Inklusion aus den menschenrechtlichen Dokumenten der UN-Behindertenrechtskonvention zunächst praktisch gar nichts.[3] Inklusive Bildung ist keine absolute und vor allem nicht die einzige Zielsetzung von Schule, auch wenn dies durch die *European Agency for Special Needs and Inclusive Education* (2014, S. 5) suggeriert wird. Dies bedarf einer kurzen Erläuterung: Vor allem inklusionsenthusiastische Publikationen zum Thema Inklusion sind im Bereich empirischer Rechtsgestaltung in der Sonderpädagogik zu verorten. Es ist Felder, die als erste herausstellt, dass sowohl in der inklusionsenthusiastischen als auch in der inklusionsskeptischen Lite-

---

3 Am Beispiel der Schweiz lässt sich dies gut zeigen, da die Schweizer Bevölkerung jederzeit die Unterzeichnung der UN-BRK qua demokratischer Wahl zurücknehmen kann.

ratur ein problematisches Verständnis dessen, was (inklusive) Schule ist und sein soll, vorherrscht (vgl. Felder 2022, S: 146). Unter Verweis auf inklusionsskeptische Proponenten im Diskurs, wie zum Beispiel Kauffman und Badar (2014), Hegarty (2001) und Wilson (2000), zeigt Felder auf, dass dort ein Verständnis von Schule konzeptualisiert wird, dessen »vordringliche Funktion [...] die sei, Schüler*innen die für moderne Gesellschaften notwendigen akademischen Schlüsselqualifikationen zu vermitteln« (2022, S. 146) und dadurch eine artifizielle Trennung von inklusiver Bildung und schulischem Lernen postulieren, in dem es in der Schule um die Qualifikation, den Kompetenzerwerb und letztlich den Unterricht gehe und nicht um eine inklusive Zielsetzung (ebd.).

Inklusionsenthusiastische Proponenten hingegen betonen, dass inklusive Bildung primär ein Werteprojekt ist, bei dem individuelle Motivation und Überzeugungen von Bedeutung sind (vgl. ebd.). Dabei wird der Schule eine große Rolle bei der Umsetzung dieser moralischen Vision von Inklusion zugeschrieben, obwohl diese Unterstützung häufig nicht auf fundierten Gründen basiert. In der inklusionsenthusiastischen Literatur bleibt es, folgt man Felders Analyse weiter, insbesondere unklar,

a) warum die Schule als Institution besonders relevant für die Umsetzung von Inklusion ist,
b) warum individuellen Einstellungen eine herausragende Bedeutung zukommen soll sowie
c) wie sich die Aufgabe der Inklusion in Bezug auf andere Bildungsaufgaben verhält (ebd.).

Gleichzeitig zeigt Felder in ihrer Begründung von inklusiver Bildung auf, dass diese im Kern immer ethisch-normativ sei (ebd., S. 71; S. 175 ff.).

Wenn inklusionsenthusiastische Positionen im Feld empirischer Rechtsgestaltung der Sonderpädagogik verortet werden, dann kann man anstelle von ›Recht‹ auch von demokratisch genormten Spielregeln sprechen. Darin ist das Verdienst von inklusionsenthusiastischen Proponenten zu sehen, die sich – wenn die UN-BRK nicht auf Art. 24 zu Bildung reduziert wird – zumeist intensiv mit den vorliegenden menschenrechtlichen Texten und Grundsatzartikeln, insbesondere der UN-BRK, auseinandersetzen. Keineswegs geht es allerdings in diesem sonderpädagogischen Diskurs um grundsätzliche rechtsphilosophische Fragestellungen, die als prinzipiell anerkannt bereits vorausgesetzt sind, die gleichwohl diskursiv und disziplinär völlig umstritten sind. Das zu klären ist und kann nicht Aufgabe der Sonderpädagogik oder sonstiger Teildisziplinen von Rechtswissenschaften, Inklusionsforschung,

Pädagogik oder Psychologie sein, sondern einer speziellen Philosophie, nämlich einer *Philosophie der Sonderpädagogik*. Die ›Würde des Menschen‹ wird in einem zu normativen Inklusionsbegehren inklusionsenthusiastischer Literatur zumeist einfach vorausgesetzt und die Frage behandelt, was denn daraus praktisch alles ›folgt‹. Folgt daraus wirklich, dass Förderschulen nach der UN-BRK per se ›menschenrechtsfeindliche Institutionen‹ sind? Aus (rechts-)philosophischer Perspektive kann festgehalten werden, dass aus diesen Gesetzestestexten zunächst gar nichts folgt, vor allen Dingen nichts für die Frage der so genannten ›inklusiven Bildung‹.

Tatsache ist doch, dass alle Menschen in jeder Hinsicht, raumzeitlich und materialiter, völlig und absolut ›individuell‹, unterschieden, also gerade *nicht* gleich, sondern *singulär* sind. Offensichtlich zielt die Rede von der ›Würde des Menschen‹ im Kontext von zu normativen Inklusionsforderungen auf etwas, worin Menschen aber ›gleich‹ sind und dies kann also gar nichts empirisches sein. Das wäre – z.B. nach Kant (1903/1911) – das »transzendentale Subjekt«, also eigentlich das »Subjekt-sein«, wo der Mensch doch eben empirisch nur Objekt ist. Wagner (1980a) nennt das den »strengen Begriff des Subjekts«, der eben alltäglich mit ›Mensch‹ – im Allgemeinen anthropologischen Sinne – gleichgesetzt wird (vgl. hierzu Wagner, 1980b, S. 15 ff.). Dazu findet sich in inklusionsenthusiastischen Publikationen aktuell wenig bis nichts.

Behinderungen, gleich ob körperlicher, psychischer oder geistiger Art, sind aber zweifellos empirisch fassbare und (in einem weiten Sinne) behandelbare oder zumindest pädagogisch-therapeutisch adressierbare Beeinträchtigungen und haben schon insofern mit der in Art. I GG angezielten ›Würde‹ überhaupt nichts zu tun. Es werden also im Inklusionsdiskurs und in inklusionsenthusiastischer Literatur grundsätzlich zwei Ebenen verwechselt. Daraus entsteht dann die Streitfrage, wie man in der inklusiven Bildung von Menschen mit Behinderung verfahren solle, immer ein wenig in der Hoffnung, dass man sich dabei auf Implikationen des GG, der UN-Charta oder sonstiger gesetzlichen Vorgaben berufen könne. Das Spielfeld menschlicher Handlungsmöglichkeiten im Konkreten bleibt unendlich, gleichwohl ist es nicht beliebig, da es eine Regel gibt, der es nicht widersprechen darf. Und diese Regel ist im Kontext von Inklusion u.a. die UN-BRK.

Schon in der Kritischen Theorie bei Adorno (1944/2009), lassen sich die Risiken einer Ideologie und überhöhten idealistischen Forderung nach einer Vollinklusion und dort zum Beispiel die Vorstellung ausfindig machen, dass alle Menschen per se gleich seien. Adorno resümiert über eine Gesellschaft, die, wie es Ahrbeck fordert, über einen positiven Differenzbegriff verfügt. Dies soll heißen, dass die Unterschiedlichkeit und damit die Mehrdeutigkeit der

Subjekte untereinander und des Subjekts in sich gesellschaftlich ausgehalten werden kann. Dies ist freilich kein konfliktfreies Geschehen:

> »Eine emanzipierte Gesellschaft jedoch wäre kein Einheitsstaat, sondern die Verwirklichung des Allgemeinen in der Versöhnung der Differenzen. Politik, der es darum im Ernst noch ginge, sollte deswegen die abstrakte Gleichheit der Menschen nicht einmal als Idee propagieren. Sie sollte stattdessen auf die schlechte Gleichheit heute [...] deuten, den besseren Zustand aber denken als den, in dem man ohne Angst verschieden sein kann« (Adorno 1944/2009, S. 113 f.; vgl. hierzu Katzenbach/Schroeder, 2009).

Es ist der Verdienst von Franziska Felder, hier ›Licht ins Dunkel der Nacht‹ zu bringen. In einem Dreischritt begründet sie die normativ-ethischen Grundlagen für inklusive Bildung (Felder, 2022, S. 175–239). Neben dem Versuch von Müller, Müller und Stein (2021) stellt die systematische und analytische Begründung des ethisch-normativen Gehalts von inklusiver Bildung durch Felder – im deutschsprachigen Raum – den ersten ernstzunehmenden Versuch innerhalb der Bildungswissenschaften dar. Als Hintergrundfolie ihrer ethisch-normativen Begründung von inklusiver Bildung definiert Felder das menschliche Wohlergehen und die Frage nach Gerechtigkeit (Felder, 2022, S. 179). Denn der Gehalt moralisch wertvoller Inklusion müsse sich daran messen lassen, ob und wie diese einen Beitrag zu menschlichen Wohlergehen leisten könne (ebd.).

In einem ersten Schritt geht Felder von der Annahme aus, dass Inklusionsforderungen aus der Tatsache negativer Ereignisse und Erfahrungen, letztlich aus Exklusionsphänomenen, sozialer Ungleichheit und Marginalisierung resultieren. Nach Klärung des ethisch-normativen Gehalts negativer Exklusionserfahrungen geht sie in einem zweiten Schritt der moralischen Bedeutung von Inklusion auf den Grund und zeigt auf, an und durch welche Werte Inklusion zu einem normativen Konzept wird. Schließlich denkt sie diese beiden Schritte zusammen und geht den dritten Schritt hin zur Frage, was eine inklusive Bildung überhaupt ethisch-normativ bedeutsam mache (ebd., S. 178 f.). Die Begriffe Exklusion und Inklusion erhalten ihre ethisch-normative Bedeutung nach Felder erst durch normative Annahmen (ebd., S. 184).

Felder geht also von Exklusion als dialektische Opposition zu Inklusion aus und sieht darin, letztlich in der Ausgangslage des vulnerablen und verletzten Subjekts, den Anlass für inklusive Bemühungen. Dabei zeigt sie differenziert auf, dass Exklusion nicht in jedem Fall zu einer Ablehnung von Gerechtigkeit oder gar deren Zusammenbruch führen muss sowie dass Exklusion nichts ist, was man per se als etwas historisch zu Überwindendes ansehen sollte (ebd., S. 183). Mit Bezug auf Simmel zeigt sie auf, dass Inklusion und Exklusion als zwei sich in einem dialektischen Gleichzeitigkeitsverhältnis befindliche Begriffe verstanden werden sollten (ebd., S. 184; vgl. hierzu Simmel, 1908, S. 100). Dabei kommt Felder zum Ergebnis, dass Inklusion immer auch die Antwort auf eine Reihe von lebensweltlichen Erfahrungen sozialer Benachteiligung sei (Felder, 2022, S. 185 f.). Die Inklusionsforderung, negative Prozesse und Erfahrungen von Exklusion zu bekämpfen, sieht sie als »die eigentliche Aufforderung zum Handeln, zum Erwerb von neuem Wissen und zur Veränderung gesellschaftlicher Zustände« (ebd., S. 186).

Das scheint der bisher nicht in dieser Deutlichkeit benannte entscheidende Problemhintergrund zu sein, der in den Debatten um konkrete sonderpädagogische Aktivitäten und inklusive Bildung bislang völlig unbelichtet ist und viele Streitfragen als bloß strategisch-politisch-pädagogische Fragen ausweist, wo man so – oder auch ebenso anders, ohne Unrecht zu haben – handeln kann, nicht aber muss.

Dabei rückt nicht mehr die Frage nach dem Ort der Beschulung – sei es in der Förderschule oder in der Regelschule – in den Vordergrund der Betrachtung, denn »wichtig ist nämlich weniger der Ort der Beschulung an sich, sondern die Werte, die über die Inklusion oder Exklusion zum Ausdruck kommen« (ebd., S. 203). Gleichwohl kommt der Schule, sei es der Sonderschulung oder der Regelschule, auch eine Inklusionsfunktion zu (vgl. ebd., S. 164 f.).

## 4 Inklusion im Krebsgang: Pädagogische Beziehung als Leitidee der Pädagogik bei Verhaltensstörungen einschließlich inklusiver Bildung

Ahrbeck (2017) zieht, auf der Basis internationaler Erkenntnisse, in seiner Expertise »Welchen Förderbedarf haben Kinder mit emotional-sozialen Entwicklungsstörungen?« Schlussfolgerungen für einen professionellen Umgang mit dieser Klientel, die den Abschluss und gleichsam Perspektiven für ein moderates nonideales Inklusionsverständnis in Bezug eröffnen sollen. Die Beziehungsgestaltung, der Unterricht sowie die Erziehung von Schülern mit Verhaltensauffälligkeiten stellt Lehrpersonen vor große Herausforderungen, die im inklusiven und spezialisierten Setting nur mit ausreichender sonder- oder intensivpädagogischer Unterstützung bewältigt werden können (vgl.

ebd., S. 10). Beziehungsorientierte Bildungs- und Erziehungsangebote benötigen weiterhin einen entsprechenden Personalschlüssel, der temporär auch eine Eins-zu-eins-Betreuung der Klientel sowie die Unterrichtung in Kleinstgruppen ermöglicht, was vor allem in Bezug auf autistische, depressive, traumatisierte oder bindungsbeeinträchtigte Kinder und Jugendliche zutreffend sein dürfte. Ein Mehr an gemeinsamem Unterricht von Kindern mit und ohne Behinderung wird, so die Prognose Ahrbecks, begleitet sein von einem Anstieg des Bedarfes sonderpädagogischer Förderung, was sich aktuell in der Schulpraxis durchaus beobachten lässt.

Die Stellensituation von Sonderpädagogen in Deutschland und der Schweiz ist insofern prekär, als in vielen Bundesländern die Stellen nicht besetzt werden können – mangels fehlender Fachpersonen. Dies stellt gerade für die Klientel, die auf eine Sonderpädagogik respektive Förderung und Erziehung im Sinne bindungsorientierter Beziehungsarbeit angewiesen ist, eine nicht zu unterschätzende Situation der psycho-sozialen Unterversorgung dar, die keinen angemessenen Rahmen für eine altersgemäße und störungsspezifische individuelle Unterstützung bieten kann. Dazu bedarf es der Expertise und Beziehungsfähigkeit hoch professionell akademisch ausgebildeter Sonderpädagogen. Die besondere Qualität eines Studiums, das nicht nur als Ausbildung für die Praxis misszuverstehen ist, sondern bei Studierenden selbst transformatorische Bildungsprozesse und Persönlichkeitsentwicklung initiieren und begleiten muss, darf aufgrund einer Zunahme inklusionsspezifischer Inhalte nicht zu einem Qualitätsverlust durch den Abbau fachrichtungsspezifischer Disziplinen und Förderschwerpunkte führen (vgl. ebd., 10 f.). Folge eines solchen bereits stattfindenden Verlusts an Ausbildungsqualität in der Sonderpädagogik »ist eine Trivialisierung der Theoriebildung, eine Dequalifizierung der Lehrerschaft und ein zunehmender Niveauverlust der (sonder-)pädagogischen Förderung« (ebd., S. 11). Ahrbecks Forderungen betreffen nicht nur das Lehramt Sonderpädagogik, sondern auch andere Lehramtsstudiengänge. Für diese sieht er sonderpädagogische Inhalte als obligatorisch an, wenn Inklusionsbemühungen zumindest temporär erfolgreich sein sollen. Für eine Realisierung und einen Erhalt der Qualität der Lehramtsstudiengänge ist entweder eine Verlängerung der Studiendauer oder eine quantitative und inhaltliche Reduktion der Unterrichtsfächer vonnöten, wenngleich eingeräumt werden muss, dass »[d]er Integration sonderpädagogischen Wissens in die allgemeine Lehrerausbildung [...] damit Grenzen gesetzt« sind (ebd.).

Mit Ahrbeck sind auch Forderungen nach einer Dekategorisierung der sonderpädagogischen Förderbedarfe entschieden abzulehnen (vgl. ebd.). Denn würden diagnostische Termini fehlen, kann eine spezialisierte pädagogische

Förderung dieser Klientel nicht mehr gewährleistet werden (vgl. ebd.). Kinder und Jugendliche mit Verhaltensauffälligkeiten »sind um ihrer Förderung willen auf klare diagnostische Erkenntnisse angewiesen« (ebd.), möchte man sie nicht dem Risiko aussetzen, als solche Klientel nicht mehr identifiziert, das heißt gesellschaftlich nicht mehr sichtbar zu werden, was einen erheblichen Schaden für diese Klientel bedeuten kann (vgl. ebd., S. 12; vgl. hierzu Forness et al., 2013).

Neben Psychotherapeuten, Psychiatern und Juristen sind Sonderschullehrer der einzige Berufsstand in Deutschland, dem das Begutachten und Diagnostizieren berufsrechtlich erlaubt ist. Dekategorisierungsbemühungen und -forderungen inklusionsenthusiastischer Proponenten berauben Sonderpädagogen nicht nur eines kardinalen Arbeitsmittels, sondern bringen diese unter Umständen in eine Position der Überforderung (vgl. Ahrbeck, 2017, S. 12). Die sonderpädagogische Diagnostik ist unverzichtbar für eine individuelle und maßgeschneiderte Förderung der emotional-sozialen Entwicklung und bei Verhaltensstörungen und damit maßgeblicher Aspekt der Professionalisierung (vgl. Baumann/Bolz/Albers, 2021).

Außer Frage steht die Tatsache, dass eine sinnvolle möglichst weitgehend gemeinsame Beschulung wichtig wäre. Um dies zu gewährleisten, muss Kindern und Jugendlichen in besonderen Lebenslagen ein Ort ermöglicht werden, an dem sie in Freiheit, Geborgenheit und Zugehörigkeit erleben können und eine ihren individuellen Bedarfen angemessene Unterstützung und hinreichend gute pädagogische Beziehungsangebote erhalten.

In diesem Beitrag wurde versucht, das gespaltene Subjekt als Ausgangspunkt der Überlegungen eines kritischen Zeitbeobachters zu nehmen. Von dieser Perspektive aus erfolgte ein psychoanalytisch-pädagogisch geprägter Blick auf Inklusionsforderungen der Spätmoderne. Aufgrund der Sperrigkeit der Person sowie aufgrund ihrer inneren Notwendigkeiten und der Relevanz von Beziehungen stellt sich bei allen ideologischen und idealistisch-utopischen inklusiven Illusionen die Frage, inwiefern das gespaltene Subjekt überhaupt in eine Gemeinschaft vollends inkludierbar ist. Eine spezialisierte Sonderpädagogik scheint für die betroffene Klientel in Zeiten zunehmender Inklusionsbemühungen, sowie angesichts der Transformationsdynamiken und von Krisen dieser Zeiten, notwendig im Sinne von Not-wendend, das Leid und Leiden der Subjekte berücksichtigend. Dies markiert auch den Anfang von geforderter Solidarität und Anerkennung mit besonders vulnerablen Personen, die mit Honneth (1994, S. 148–174), neben den Dimensionen der Liebe und des Rechts, eine dritte Form der Anerkennung darstellt. Dadurch kann man gesellschaftlich wiederum Fragen der Anerkennung nicht isoliert von notwendiger materialer Umverteilung von Ressourcen diskutieren, wie dies, in

Kritik zu Honneths Ansatz, Fraser (2009, S. 204 f; vgl. hierzu Honneth/Fraser, 2003) als eine Vertreterin der Kritischen Theorie fordert. Honneth steht, eine aus meiner Sicht bislang kaum berücksichtigte Tatsache, theoretisch auf den ›Schultern‹ von Jessica Benjamin. Wegweisend für die Frage nach Anerkennung dürften deshalb primär die Arbeiten von Benjamin (2020a; 2020b; 2020c) sein, in denen sie psychoanalytisch und interdisziplinär eine differenziertere und auf das Zwischenmenschliche ausgerichtete Theorie entwickelt. Denn die psychologische zwischenmenschliche Dimension darf nicht außer Acht gelassen werden, in der Werte wie Freiheit, Anerkennung usw. auch eine Entsprechung, mitunter in einer schwierigen Freiheit, finden müssen. Damit werden – wie aufgezeigt wurde – Fragen der subjektiven Zugehörigkeit relevant, die sich nicht pädagogisch herstellen lässt.

Damit Inklusion nicht weiter wie ein goldenes Kalb verherrlicht und wie eine Verheißung eines gelobten Landes missverstanden wird, sollte man die Grenzen des Möglichen im Auge behalten, um den Sinn inklusiver Bemühungen davor zu bewahren, hin zu einer Utopie, Paradiesmetapher und Ersatzreligion zu pervertieren (vgl. Ahrbeck, 2014, S. 142; 2023). Deshalb ist eine Rückbesinnung auf das Realitätsprinzip gerade bei Reformen, wie die Inklusionsbewegung eine darstellt, dringend angezeigt, Inklusion als Reform, die in einem Mehr an gemeinsamen Alltag von Menschen in unterschiedlichen besonderen Lebenslagen besteht, sollte »vorsichtig und bedacht umgesetzt werden, Schritt für Schritt, mit ausreichender Überprüfung und der Möglichkeit, notwendige Korrekturen vorzunehmen« (Ahrbeck, 2017, S. 142).

Mit Walkenhorst (2017) sind verständige Worte gefunden, so dass eine hoch spezialisierte Pädagogik bei Verhaltensstörungen im Kontext zum Teil ideologisch eingefärbter zu normativer Inklusionsforderungen neben- und vielleicht sogar miteinander koexistieren können:

> »wir sollten sehr darauf achten, dass es immer um die Befähigung zur Verselbständigung und zum Leben in der Freiheit, zur Wahrnehmung der Optionen der Freiheit geht, um die Verteidigung der Interessen unserer Kinder und Jugendlichen, nicht um institutionelle Kontroll- und Befriedungsbedürfnisse oder allein ökonomische Verwertungszusammenhänge«.

Darin dürften sich inklusionsenthusiastische, inklusionsskeptische und moderate Inklusionsbefürworter einig sein. Mit diesem Beitrag soll das Ideal der inklusiven Bildung nicht zerstört werden. Ideale gehören zur Bildungswissenschaft hinzu, sie sollen angemessen reflektiert werden und sind im Sinne realistischer Utopien durchaus wünschenswert und konstitutiv. Inklusive Bildung sollte aber als Heuristik und nicht als erreichbare Zielgröße aufgefasst werden. Als Heuristik wird Inklusion ein Anlass für »Prozesse des Nachdenkens über Handlungsmöglichkeiten und deren Bedingungen, dann entsteht eine nonideale Theorie gewissermaßen als Ergebnis dieser Denkprozesse« (Felder, 2022, S. 22). Ein psychoanalytischer Blick kann inklusive Illusionen und goldene Phantasien der Pädagogik verstehen und gleichzeitig eine Haltung der Selbstkritik einzunehmen helfen, denn »weil wir Illusionen zerstören, wirft man uns vor, daß wir die Ideale in Gefahr bringen« (Freud, 1910d, S. 111).

Metaphorisch gesprochen stellt der Anspruch inklusiver Bildung bei Kindern und Jugendlichen mit Verhaltensstörungen einen ›Krebsgang‹ dar, der aber, fokussiert man die pädagogische Beziehung und damit Vulnerabilität und Relationalität als konstitutive Paradigmen der Sonderpädagogik als Disziplin und Profession, möglich wird, auch wenn der Weg dorthin dornenreich und steinig ist und bleiben wird – hic rhodus, hic salta. Der mit ihren bald 60 Jahren jüngsten der sonderpädagogischen Disziplinen, der Pädagogik bei Verhaltensstörungen, ermangelt es nach wie vor – damit bin ich mit Ahrbeck einig – einer »tragenden Leitidee« (Ahrbeck, 2005, S. 10). Prinzipiell sind es Beziehungen und mit ihnen die relational verfasste Psycho- und Soziodynamik sowie deren professionelle Reflexion, welche aus psychoanalytisch-pädagogischer Perspektive eine solche tragende Leitidee der Disziplin und Profession Pädagogik bei Verhaltensstörungen sein könnte. Durch die Grundlegung einer intensivpädagogischen Fördertriade Mentalisierung, Beziehungsgestaltung und Strukturierung rückt diese Idee wieder in den Fokus der Disziplin (exemplarisch Rauh, 2023), die sich stärker auf Paradigmen von Relationalität und Vulnerabilität stützen könnte und sollte. Denn mit Ahrbeck »[entstehen] Verhaltensstörungen [...] in der Beziehung zu bedeutsamen anderen und sie können in Beziehungen wieder ›vergehen‹. Persönliche Bindungen erweisen sich als die entscheidende Entwicklungsgröße zwischen Eltern und Kindern wie auch Lehrpersonen und Schülern« (Ahrbeck, 2005, S. 10). Damit wird die Bedeutung des affektiven, gruppalen und relationalen Bezugs bei Verhaltensstörungen betont sowie diese professionell als Ausdruck und Signal für Psycho- und Soziodynamik in Beziehungen zu lesen und damit zu verstehen versucht. Mit Ahrbeck (2005, S. 11) soll deshalb abschließend an die Kategorie der »pädagogischen Beziehung« als Leitidee der Pädagogik bei Verhaltensstörungen erinnert werden. Denn auch das von Singer etablierte Konzept von Inklusion verweist auf die Bedeutsamkeit von Relationalität. Er schlägt vor, Inklusion »nicht nur als formales, sondern zuallererst als intersubjektives und konflikthaftes Geschehen der Erfahrung zu thematisieren« (Singer, 2015, S. 42).

Die inklusive Bildung hat in Deutschland zum Ausbau der hochschulischen Sonderpädagogik geführt. Nie zuvor gab es im deutschsprachigen Raum dermaßen viele Professuren und Studienstätten der Pädagogik bei Verhaltensstörungen. Dies stellt eine besondere Möglichkeit dar, dass sich die pädagogische Beziehung als tragende Leitidee und mit ihr ein Paradigma der Relationalität in der Sonderpädagogik etablieren kann.

Sonderpädagogische Bemühungen dürfen aber nicht bei der (durchaus professionellen) Suche nach dem Verstehen von Verhaltensstörungen stehen bleiben, denn das kann bei emotional-sozial stark belasteten Kindern und Jugendlichen auch die Professionellen ›irre machen‹. Sonderpädagogik befindet sich – aus psychoanalytischer Perspektive – stets in einem nicht aufzulösenden Dilemma zwischen einer verstehenden Haltung und dem Aushalten des Nichtverstehens sowie des Nichtwissens. Auch dieses Nichtverstehen und Nichtwissen gegenüber Verhaltensstörungen muss anerkannt und die nicht selten erlebte Ohnmacht und Hilflosigkeit diesen Phänomenen gegenüber ausgehalten werden. Jacques Lacan, der Begründer der strukturalen Psychoanalyse, die aktuell in der psychoanalytischen Pädagogik eine Renaissance erlebt, beschreibt diese dilemmatische Position respektive diese für die Pädagogik bei Verhaltensstörung zentrale Erkenntnis trefflich, wenn er die Professionellen anmahnt:

> »[G]eben Sie vor allem acht, daß Sie den Kranken nicht verstehen, es gibt nichts, das Sie mehr irre macht als das. Der Kranke sagt etwas, das weder Hand noch Fuß hat, und wenn man's mir berichtet – Nun ja, sagt man mir, ich habe verstanden, daß er damit das sagen wollte. Das heißt, im Namen der Intelligenz findet einfach eine Umgehung dessen satt, was uns innehalten lassen soll und was nicht verstehbar ist« (Lacan, 1980, S. 115).

Die pädagogische Beziehung, mitsamt dem Verstehen ihrer Dynamik und das Aushalten des Nichtverstehens und Nichtwissens, stellt nach wie vor die entscheidende Bezugsgröße für (sonder-)pädagogisches Handeln dar (vgl. Scherzinger/Wettstein, 2022). Die Aufgabe der Prävention von Verhaltensstörungen nimmt als Paradigma zunehmend Raum in unserer Zunft ein. Bei aller Berechtigung und Relevanz der Prävention und mehrstufigen Förderung darf doch die kleine Gruppe von komplex belasteten und emotional-sozial beeinträchtigten Kindern und Jugendlichen nicht aus dem Blick sonderpädagogischer Disziplin, Profession und Praxis geraten. Ihnen sieht sich die Regelschulpädagogik wenig bis gar nicht verpflichtet – auch nicht unter einer Ziellinie inklusiver Bildung. Delegationen in die Felder der Psychiatrie und Psychotherapie sind nach wie vor der Fall, mehr denn eine sonderpädagogische Perspektive. Auch Walkenhorst (2017, S. 7) fragt kritisch nach »Freiräumen«, »die wir jungen Menschen noch lassen [sollten], bevor wir sie präventiv und möglichst nach unseren unausgesprochen bildungsbürgerlichen Vorstellungen belagern und bearbeiten«. Prävention und eine mehrstufige (universelle und selektive) Förderung emotional-sozialer Kompetenzen respektive überfachlicher Fertigkeiten gehört primär in den Aufgaben- und Verantwortungsbereich der Regelschulpädagogik und damit der allgemeinen Lehrerbildung. Dass die Sonderpädagogik, insbesondere die Pädagogik bei Verhaltensstörungen, hier eine besondere Fachlichkeit aufweist, steht außer Frage, und diese sollte auch für Lehrpersonen, andere bildungswissenschaftliche Disziplinen und Professionen zugänglich und damit in einen Dialog und in Kollaboration gebracht werden. Der Gegenstand der Pädagogik bei Verhaltensstörung als hochspezialisierte pädagogische Disziplin und Profession sowie damit verbunden ihr Hauptfokus und Verantwortungsbereich sollten in der Erziehung, Förderung und Bildung von komplex belasteten Kindern und Jugendlichen mit Verhaltensauffälligkeiten liegen; oder wie Ahrbeck es formuliert: »Die Verhaltensgestörtenpädagogik wäre gut beraten, sich in ihrem Kern auf die pädagogische Rehabilitation einer relativ kleinen Gruppe stark beeinträchtigter Kinder und Jugendlicher zu konzentrieren« (Ahrbeck, 2005, S. 11). Daran sollte unsere Zunft gemessen werden – auch und gerade angesichts inklusiver Bildungsbemühungen.

## Kommentierte Literaturempfehlungen

Felder, Franziska: Die Ethik inklusiver Bildung. Anmerkungen zu einem zentralen bildungswissenschaftlichen Begriff. Berlin: J. B. Metzler, 2022

*Die Autorin legt eine differenzierte und sachliche ethisch-normative Begründung für inklusive Bildung vor. Die interdisziplinäre Studie entwickelt eine nonideale Theorie der Inklusion, jenseits von inklusiven Illusionen, Inklusionsenthusiasmus, -skepsis und idealistischer Utopie. Felder hat ein neues und überdauerndes Grundlagenwerk der Allgemeinen Sonderpädagogik geschaffen. Inklusive Bildung nimmt damit ihren Ausgangspunkt im vulnerablen Subjekt und Erfahrungen der Marginalisierung und sozialen Ungleichheit und wird mit einer realistischen Utopie verbunden. Gerade die Erweiterung des Inklusionsverständnisses auf psychologische Fragestellungen der Zugehörigkeit von Kindern und Jugendlichen sowie die entwickelte nonideale Theorie inklusiver Bildung entlasten den Inklusionsdiskurs.*

Baumann, Menno/Bolz, Tijs/Albers, Viviane: Verstehende Diagnostik in der Pädagogik. Verstörenden Verhaltensweisen begegnen. Weinheim/Basel: Beltz, 2021

*Mit dieser Monographie ist ein theoretisch fundierter und praxisorientierter (psychodynamischer) Zugang zu Kindern und Jugendlichen mit zum Teil massiven Verhaltensstörungen entstanden. Subjektlogische Perspektiven werden im Speziellen gestärkt, sowie pädagogisch-diagnostische Kompetenzen im Allgemeinen. Ein guter Einstieg zu ressourcenorientierter, subjektlogischer sonderpädagogischer Diagnostik, die einen Beitrag zum Verstehen sowie dem Anerkennen und Aushalten des Nichtverstehens und Nichtwissens bei Verhaltensstörungen leistet. Dabei etabliert es das Leitprinzip der pädagogischen Beziehung und relationalen affektiven Involviertheit ihrer Akteure.*

Scherzinger, Marion/Wettstein, Alexander: Beziehungen in der Schule gestalten. Für ein gelingendes Miteinander. Stuttgart: Kohlhammer, 2022

*Auf Basis aktueller wissenschaftlicher Befunde zeigt dieses Buch die Relevanz der pädagogischen Beziehung im Brennpunkt Schule. Die Beziehungsgestaltung wird als zentrale Aufgabe des Lehrberufs definiert. Damit werden Fragen nach der Tragfähigkeit der Beziehung sowie nach der Verfasstheit und Strukturierung von Gruppendynamik und Klassenkultur gestellt. Scherzinger und Wettstein zielen auf die pädagogische Beziehung als Paradigma des Pädagogischen und damit für Kinder und Jugendliche auf die Möglichkeit, sich darin auch psychisch zugehörig zu fühlen.*

# Literatur

Adorno, Theodor W.: Minima Moralia. Frankfurt a. M.: Suhrkamp, 1944/2009
Ahrbeck, Bernd: Entwicklungslinien und Zukunftsperspektivem im Fach Verhaltensgestörtenpädagogik. In: Sonderpädagogische Förderung heute 50, 2005, S. 4–12
Ahrbeck, Bernd: Innenwelt: Störung der Person und ihrer Beziehungen. In: Ahrbeck, Bernd/Willmann, Marc (Hrsg.): Pädagogik bei Verhaltensstörungen. Ein Handbuch. Stuttgart: Kohlhammer, 2009, S. 138–147
Ahrbeck, Bernd: Inklusion. Eine Kritik. Stuttgart: Kohlhammer, ²2014
Ahrbeck, Bernd: Expertise »Welchen Förderbedarf haben Kinder mit emotional-sozialen Entwicklungsstörungen?«. Berlin: VBE, 2017
Ahrbeck, Bernd: Schulische Inklusion. Ideal und Wirklichkeit. In: Zeitschrift für Kinder- und Jugendpsychiatrie und Psychotherapie 50, 2022, S. 257–261
Ahrbeck, Bernd: Inklusive Illusionen. In: Teising/Martin/Burchartz, Arne (Hrsg.): Die Illusion grenzenloser Verfügbarkeit. Gießen: Psychosozial, 2023, S. 231–246
Ahrbeck, Bernd/Fickler-Stang, Ulrike/Lehmann, Rainer/Weiland, Katharina: Anfangserfahrungen mit der Entwicklung der inklusiven Schule in Berlin – eine exploratorische

Studie im Rahmen von Schulversuchen (AiBe). Senatsverwaltung für Bildung, Jugend und Familie. Münster: Waxmann, 2021

Baumann, Menno/Bolz, Tijs/Albers, Viviane: Verstehende Diagnostik in der Pädagogik. Verstörenden Verhaltensweisen begegnen. Weinheim/Basel: Beltz, 2021

Benjamin, Jessica: Die Fesseln der Liebe. Psychoanalyse, Feminismus und das Problem der Macht. Frankfurt a.M.: Klostermann, Nachdruck der 5. Aufl. 2015, 2020a

Benjamin, Jessica: Der Schatten des Anderen. Intersubjektivität – Gender – Psychoanalyse. Frankfurt a.M.: Klostermann, Nachdruck der 1. Aufl. 2002, 2020b

Benjamin, Jessica: Phantasie und Geschlecht. Studien über Idealisierung, Anerkennung und Differenz. Frankfurt a.M.: Klostermann, Nachdruck der 1. Aufl. von 1993, 2020c

Bittner, Günther: »Inklusion« und andere große Worte – oder: das stumpf gewordene Seziermesser der psychoanalytischen Kritik. In: Göppel, Rolf/Rauh, Bernhard (Hrsg.): Inklusion. Idealistische Forderung – Individuelle Förderung – Institutionelle Herausforderung. Stuttgart: Kohlhammer, 2016, S. 79–90

Dederich, Markus: Inklusion und das Verschwinden der Menschen. In: Behinderte Menschen 34 (1), 2013, S. 33–42

European Agency for Special Needs and Inclusive Education: Five key messages for inclusive education. Putting theory into practice. Odense: European Agency for Special Needs and Inclusive Education, 2014

Felder, Franziska: Die Ethik inklusiver Bildung. Anmerkungen zu einem zentralen bildungswissenschaftlichen Begriff. Berlin: Metzler, 2022

Forness, Steven R./Freeman, Stephany F. N./Paparella, Tanya/Kauffman, James M./Walker, Hill M.: Special education implications of point and cumulative prevalence for children with emotional or behavioral disorders. In: Journal of Emotional and Behavioral Disorders 20, 2012, p. 1–14

Flusser, Vilém: Vom Subjekt zum Projekt: Menschwerdung. Frankfurt a.M.: Fischer, 1998

Fraser, Nancy: Zur Neubestimmung von Anerkennung. In: Schmidt am Busch, Hans-Christoph/Zurn, Christopher F. (Hrsg.): Anerkennung. Berlin: Akademie Verlag, 2009, S. 201–212

Freud, Sigmund: Die zukünftigen Chancen der psychoanalytischen Therapie. GW Bd. 8, 1910d, S. 104–115

Freud, Sigmund: Die Zukunft einer Illusion. GW Bd. 14, 1927c

Freud, Sigmund: Das Unbewusste. GW Bd. 4, 1941

Göppel, Rolf/Rauh, Bernhard (Hrsg.): Inklusion. Idealistische Forderung, individuelle Förderung, institutionelle Herausforderung. Stuttgart: Kohlhammer, 2016

Hegarty, Seamus: Inclusive education – A case to answer. In: Journal of Moral Education 30 (3), 2021, S. 243–249

Hegel, Georg Friedrich Wilhelm: Grundlinien der Philosophie des Rechts. Frankfurt a.M.: Suhrkamp, 1972

Honneth, Axel: Kampf um Anerkennung. Zur moralischen Grammatik sozialer Konflikte. Frankfurt a.M.: Suhrkamp, 1994

Honneth, Axel/Fraser, Nancy: Umverteilung oder Anerkennung. Eine politisch-philosophische Kontroverse. Frankfurt a.M.: Suhrkamp, 2003

Jahrbuch für Pädagogik: Inklusion als Ideologie, Frankfurt a.M.: Peter Lang, 2015

Kant, Immanuel: Kritik der reinen Vernunft. Berlin: Reimer, 1903/1911

Kastl, Jörg Michael: Einführung in die Soziologie der Behinderung. Wiesbaden: Springer, ²2016

Katzenbach, Dieter/Schroeder, Joachim: »Ohne Angst verschieden sein können«. Über Inklusion und ihre Machbarkeit. In: Zeitschrift für Inklusion, 2009. Im Internet unter: http://www.inklusion-online.net/index.php/inklusion-online/article/view/176 [14.07.2023]

Kauffman, James M./Badar, Jeanmarie (2014): Instruction, not inclusion, should be the central issue in special education: An alternative view from the USA. Journal of International Special Needs Education 17 (1), S. 13–20

Lacan, Jacques: Das Spiegelstadium als Bildner der Ichfunktion, wie sie uns in der psychoanalytischen Erfahrung erscheint (1948). In: Ders.: Schriften I. Quadriga, Weinheim/Berlin: Turia + Kant, 1986, S. 61–70

Lacan, Jacques: Das Seminar. Buch II 1954–1955. Das Ich in der Theorie Freuds und in der Technik der Psychoanalyse. Olten: Walter, 1980

Langnickel, Robert/Link, Pierre-Carl: Strukturale Psychoanalyse und Inklusion: Zur Frage der Inkludierbarkeit eines gespaltenen Subjekts. In: von Stechow, Elisabeth/Hackstein, Philipp/Müller, Kirsten/Esefeld, Marie/Klocke Barbara (Hrsg.): Inklusion im Spannungsfeld von Normalität und Diversität. Bad Heilbrunn: Klinkhardt, 2019, S. 83–90

Miethe, Ingrid/Tervooren, Anja/Ricken, Norbert: Bildung und Teilhabe. Zwischen Inklusionsforderung und Exklusionsdrohung. Wiesbaden: Springer VS, 2017

Müller, Jörn/Müller, Thomas/Stein, Roland: Inklusion als normativer Anspruch. Perspektiven aus Sonderpädagogik und philosophischer Ethik. In: VHN 90 (4), 2021, S. 268–288

Mutzeck, Wolfgang: Sehen und Verstehen von Verhaltensstörungen. In: Mutzeck, Wolfgang/Pallasch, Waldemar/Popp, Kerstin (Hrsg.): Integration von Schülern mit Verhaltensstörungen. Grundlagen, Modelle, Praxiserfahrungen. Weinheim: Beltz, ⁶2007, S.10–20

Naumann, Thilo Maria: Gruppenanalytische Pädagogik. Eine Einführung in Theorie und Praxis. Gießen: Psychosozial, 2014

Rauh, Bernhard: Triade und Gruppe – Ressourcen schulischer Bildung. Eine Studie zur Weiterentwicklung des Verständnisses emotional-sozial bedingter schulischer Probleme und deren Prävention. Baltmannsweiler: Schneider, 2010

Rauh, Bernhard: Die intensivpädagogische Triade: Beziehung – Strukturierung – Mentalisierung. In: EREV. Evangelische Jugendhilfe 100 (1), 2023, S. 72–81

Scherzinger, Marion/Wettstein, Alexander: Beziehungen in der Schule gestalten. Für ein gelingendes Miteinander. Stuttgart: Kohlhammer, 2022

Singer, Philipp: Theoretischer Anspruch und praktische Wirklichkeit des inklusiven Ansatzes im pädagogischen Diskurs. Zu Konsequenzen der normativen Einseitigkeit und des Umgangs mit Fremdheit. In: Lelgemann, Reinhard/Singer, Philipp/Walter-Klose, Christian (Hrsg.): Inklusion im Förderschwerpunkt körperliche und motorische Entwicklung. Stuttgart: Kohlhammer, 2015, S. 41–84

Stein, Roland: Unlösbar oder gar kein Problem …? Die inklusive Beschulung verhaltensauffälliger Kinder und Jugendlicher. In: Breyer, Cornelius/Fohrer, Günther/Goschler, Walter/Heger, Manuela/Kießling, Christina/Ratz, Christoph (Hrsg.): Sonderpädagogik und Inklusion. Oberhausen: Athena, 2012, S. 189–198

Stein, Roland/Müller, Thomas (Hrsg.): Inklusion im Förderschwerpunkt emotionale und soziale Entwicklung. Stuttgart: Kohlhammer, ³2024

Sturm, Tanja/Balzer, Nicole/Budde, Jürgen/Hackbarth, Anja (Hrsg.): Erziehungswissenschaftliche Grundbegriffe im Spiegel der Inklusionsforschung. Opladen/Berlin;/Toronto: Budrich, 2023

Verband Bildung und Erziehung: Jeder zweite ESE-Schüler benötigt intensiv-pädagogische Förderung, 2017. Im Internet unter: http://www.vbe.de/presse/pressedienste/aktuell/aktuell-detail/article/jeder-zweite-ese-schueler-benoetigt-intensivpaedagogische-foerderung.html [14.07.2023]

Wagner, Hans: Kritische Philosophie. Systematische und historische Abhandlungen. Würzburg: Königshausen + Neumann, 1980a

Wagner, Hans: Philosophie und Reflexion. München/Basel: Reinhardt, ³1980b

Walkenhorst, Philipp: Nachdenklichkeiten. Gedanken zu einer kritischen E(SE)-Pädagogik. Vortrag auf der 9. DozentInnenkonferenz Pädagogik bei Erziehungshilfe in Dortmund. Unveröffentlichtes Manuskript, 2017

Willmann, Marc: Lernschwierigkeiten und Verhaltensstörungen in Europa. In: Wember, F./Stein, R./Heimlich, U. (Hrsg.): Handlexikon Lernschwierigkeiten und Verhaltensstörungen. Stuttgart: Kohlhammer, 2014, S. 316–319

Willmann, Marc: Pädagogik der Inklusion? – Konstitutionsprobleme inklusiver Bildung aus Sicht der Erziehungstheorie. In: Link, Pierre-Carl/Stein, Roland (Hrsg.): Schulische Inklusion und Übergänge. Berlin: Frank & Timme, 2017, S. 91–104

Wilson, J.: Some conceptual difficulties about ›inclusion‹. In: Support for Learning 14 (3), 199, S. 110–112

# Erziehung im Förderschwerpunkt emotionale und soziale Entwicklung

Thomas Müller/Roland Stein

Einem Verständnis von Erziehung als Kernaufgabe im Förderschwerpunkt emotionale und soziale Entwicklung kann man sich annähern; es entzieht sich jedoch einer allzu einfachen Bestimmung, wie sie durch populäre Literatur immer wieder angeboten wird. Erziehung ist eine pädagogische Herausforderung in allen Kontexten, seien sie inklusiv oder auch speziell – im Kontext Verhaltensstörungen tritt sie in besonderer Form in den Vordergrund. Erziehung wird erörtert als ein prozesshaftes Geschehen, das sich im Dialogischen vollzieht, in einer immer wieder neuen Aushandlung. Zugleich hat Erziehung, ›hinter‹ dem Dialog, eine gesellschaftliche Funktion, die auch besondere Anforderungen an Erzieher mit sich bringt – insbesondere, kritisch mit dem eigenen Auftrag und dem eigenen Wirken umzugehen. Autonomie – im Sinne von Eigenständigkeit und Mündigkeit, sozialer Einbindung und sozialer Verantwortlichkeit – ist dabei gleichsam Zielfokus wie Realisierungsform erzieherischen Geschehens. Gerade im hier erörterten Kontext sind auch die scheinbaren Schattenseiten des Erziehungsgeschehens, Scheitern sowie auch Erziehung in Kontexten der Geschlossenheit, auch der Einschränkung von Freiheit, zu berücksichtigen.

## 1  Einführung

Erziehung stellt die Kernaufgabe von Pädagogen im Förderschwerpunkt emotionale und soziale Entwicklung dar. Den Begriff und das Verständnis von Erziehung angemessen umfassend darstellen zu wollen, scheint fast nicht möglich, wenn zugleich der Komplexität des Themas Rechnung getragen werden soll. Es ist bei allem Bemühen um eine genauere Bestimmung wahrscheinlich, dass dabei mehr Fragen aufgeworfen als Antworten gegeben werden. Gleichwohl lassen sich auch Dimensionen von Erziehung herausstellen, die für die Pädagogik bei Verhaltensstörungen und die schulische Förderung emotionaler und sozialer Entwicklung im Zuge des Bemühens um ein stärker inklusives Bildungssystem besonderer Aufmerksamkeit bedürfen.

Die gegenwärtige Diskussion von Erziehung erweist sich als enorm zwiespältig: Zum einen ist Erziehung ein in den letzten Jahrzehnten immer wieder sehr populäres Thema, über welches öffentlich im Hinblick auf scheinbar besondere Erziehungsprobleme debattiert wird. So finden sich seit vielen Jahren unzählige, auch prominent gewordene Ratgeber, beispielsweise gegen »Disziplinlosigkeit« (Bueb, 2006) oder das Heraufkommen von »Tyrannen« (Winterhoff, 2008). Damit wird Erziehung, worauf Winkler (1995, S. 67) hinweist, so universell, dass der Begriff seine spezifische Differenz zu verlieren droht: Erziehung scheint sich überall abzuspielen, und jeder meint, auf der Grundlage eigener Erfahrungen und Ansichten darüber mitreden zu können. Zum anderen lässt sich feststellen, dass Erziehung in der wissenschaftlichen Diskussion im Vergleich zu anderen Aufgabenfeldern, wie insbesondere Bildung oder Lernen, eher ein Schattendasein führt – auch wenn es durchaus grundlegende Auseinandersetzungen gibt (Oelkers, 2001; Müller/Stein 2018; Schierbaum/Oliveras/Bossek, 2023).

Gerade in der Sonder- und Heilpädagogik ist die Auseinandersetzung mit dem Thema und Problem ›Erziehung‹ eher randständig – abgesehen von wenigen, bemerkenswerten Ausnahmen (insbesondere Möckel, 1987; 2001; 2007; Kobi, 2004; 2005; Speck, 1991; 1996; auch Ahrbeck, 2004). Diese Unterrepräsentierung ist besonders problematisch für die Pädagogik bei Verhaltensstörungen (Schad, 2008; Willmann, 2010; 2012; Müller/Stein 2018). Im Zuge der Diskussion um die Evaluation von Schulleistungen im internationalen Vergleich dürften Bildung und Lernen noch zusätzlich an Bedeutung gewinnen – und Erziehung, eher am Rande, vielleicht allenfalls dort aufscheinen, wo es zu besonderen Problemen mit Folgen für Bildungsprozesse kommt.

Dabei repräsentiert Erziehung einen der beiden pädagogischen Kernbegriffe – während man im englischsprachigen Raum nur »education« kennt, werden in Deutschland »Bildung« und »Erziehung« unterschieden. Insbesondere Verhaltensauffälligkeiten verweisen auf Erziehungserfordernisse und heben den Begriff damit aus seinem vermeintlichen Schattendasein.

## 2 Zu einem Verständnis von Erziehung

Es gibt unterschiedlichste Auffassungen von Erziehung. Grundsätzlich sind darunter Interaktionsprozesse zwischen mindestens zwei Personen zu verstehen, die durch ein Reifegefälle gekennzeichnet sind; definierte Rollen sind diejenigen des ›Erziehers‹ und des zu erziehenden ›Edukanden‹. Böhm (2005, S. 186) bestimmt Erziehung als »jene Maßnahmen und Prozesse [...], die den Menschen zu Autonomie und Mündigkeit hinleiten und ihm helfen, alle seine Kräfte und Möglichkeiten zu aktuieren und in seine Menschlichkeit hineinzufinden«. Es macht Sinn, dass gerade aus sonderpädagogischer Perspektive neben Autonomie und Emanzipation auch soziale und personale Integration als Ziele von Erziehung definiert werden (Willmann, 2010, S. 211). Im Kontext von Verhaltensstörungen liegen oft Probleme der sozialen Einbindung vor, noch stärker jedoch Gefahren einer personalen Desintegration und Exkludierung. Damit ist das Verständnis von Erziehung zugleich nicht mehr rein beschreibend, sondern es werden Ziele vorgegeben, die von gesellschaftlichen Vorstellungen und Werten geprägt sind – in einem diktatorischen Staat wäre Autonomie nicht unbedingt ein primäres Ziel von Erziehung in Schulen.

Aber das Ziel Autonomie und dessen Verständnis sind auch heute und in unserer Gesellschaft nicht unumstritten. In der Erziehungstheorie von Benner (2012) wird Selbsttätigkeit als Ziel formuliert. Kritisch könnte man zunächst angesichts dieses Begriffes einwenden, dass daraus Selbstverwirklichung in egozentrischer Form und auf Kosten anderer erwachsen mag. Klafki (1985) setzt dem entgegen, dass zur Selbstbestimmungsfähigkeit immer auch Mitbestimmungs- und Solidaritätsfähigkeit gehören. Specks differenzierte Sicht von Autonomie (1991) nimmt dies auf: Autonomie gehe aus Heteronomie, also der Fremdbestimmung hervor. Sie schließe zugleich das »Erlernen von Autonomie als des rechten Gebrauchs der Freiheit« und damit »das Befolgen von Regeln (Disziplin)« nicht aus (ebd., S. 83). Autonomie in diesem Sinne versteht sich nicht nur als individuelle Unabhängigkeit und Freiheit, sondern zugleich über das Respektieren der Freiheit und Würde des anderen und »die Kultivierung der eigenen Urteilskraft und eigenen sittlichen Maximen als Gewissensbildung« (ebd., S. 84), also die Erarbeitung eigener ethischer Leitlinien im Hinblick auf den Umgang mit dem Anderen.

Speck hat in seiner Auseinandersetzung um Chaos und Autonomie in der Erziehung herausgestellt, dass das Kind im Erziehungsprozess sein autonomes Selbst geltend macht und damit nicht erzogen wird, sondern aus dem Erziehungsprozess mit einem »eigenen Resultat« (Speck, 1997, S. 112) hervorgeht.

Besonders bei verhaltensauffälligen Kindern und Jugendlichen scheint das Geltendmachen des Bedürfnisses nach Autonomie in Form mehr oder weniger geglückter Ermächtigungsversuche, aber auch der Ausdruck erlebter Autonomieverletzungen immer wieder offensichtlich. Pädagogik bei Verhaltensstörungen steht dem mit eigenen unterrichtlichen wie erzieherischen Absichten gegenüber oder müht sich darum, Situationen zu gestalten, in denen sich das Erzieherische gerade darin zeigt, dass es im Sinne Kobis (1993) ausgehandelt wird. Dort wo dies gelingt, führt der Erziehungsprozess in eine gemeinsame »Daseinsgestaltung« (ebd., S. 89). Autonomie als oberstes Erziehungsziel im Sinne Specks ist frei von Gedanken des Eigennutzes und der grenzenlosen Überschätzung des eigenen Selbst, seiner Ansprüche, Möglichkeiten und Rechte. Sie »steht nicht nur für die Entwicklung von Authentizität, Aktivität, eigenem Willen, eigener Motivation und Kompetenz, sondern auch für die Akzeptanz des Anderen, für kooperative Bezogenheit, für Gemeinschaftlichkeit und für Verantwortlichkeit für andere« (Speck, 1997, S. 148). Dieses Verständnis von Autonomie berücksichtigt auch die Entwicklung eines »inneren Gesetzes« der Verantwortlichkeit für andere – als ein wesentliches Ergebnis des Erziehungsprozesses, welches deutlich über eine als Unabhängigkeit verstandene Autonomie hinausreicht und gerade für den Kontext Erziehungshilfe unverzichtbar ist. Erziehung müsste die Entwicklung einer solchen Autonomie ermöglichen und zugleich, wo notwendig, zu ihr auffordern (Benner, 2012).

Erziehung kann ausgesprochen unterschiedlich gesehen werden (Böhm, 2005, S. 186) – mit Brezinka (1990) wird dies an vier Gegensätzen deutlich:

- Prozess versus Ergebnis
- sachliche Beschreibung eines Tatbestandes versus Bestimmung über Normsetzungen und Wertungen
- erzieherische Absicht versus Wirkung als Effekt von erzieherischen Einflüssen
- konkrete Handlungen versus Geschehen im Rahmen einer Fülle von Einflüssen

Auch wenn es historisch wie theoretisch Gegenstimmen gibt, dürfte verbreiteter wissenschaftlicher Konsens darüber herrschen, den Menschen in der Tradition von Kants Vorlesungen über Erziehung 1776/77 als »erziehungsbedürftig« anzusehen (Kant, 1997). Im Erziehungsgeschehen selbst kommen jedoch drei wirkende Faktoren zusammen, worauf bereits Pestalozzi hingewiesen hat: Erziehung ist ebenso Werk der Natur wie Werk der Gesellschaft und »Werk meiner selbst« (Winkler, 1995, S. 63).

Während unter Sozialisation eher ein stattfindender Prozess verstanden wird (»sozial werden«; Gudjons, 1994, S. 167), steht bei Erziehung der intentionale Charakter in einem Interaktionsgeschehen zwischen konkreten Personen im Vordergrund (»sozial machen«; ebd.). Letzteres gilt auch für die Abgrenzung zu Bildung (Stein/Müller/Hascher, 2023), die zudem einen lebenslangen Entwicklungsprozess darstellt, während Erziehung von vorübergehender Natur ist, obgleich der Aspekt der Selbsterziehung ebenfalls als lebenslanges Geschehen angesehen werden könnte.

Nicht nur die Erziehung selbst, sondern insbesondere auch überdauernde Probleme mit dieser werden mit bestimmten Begriffen gekennzeichnet: So wird mit ›Unerziehbarkeit‹ die generelle Erziehbarkeit des Menschen in die Potenzialität der situativen oder personalen Unmöglichkeit gesetzt (Kobi, 2004, S. 77). Mit ›Schwererziehbarkeit‹ werden auftauchende Probleme unhinterfragt beim Edukanden gesehen – und ›Erziehungsschwierigkeiten‹ verweisen auf eine Perspektive, bei der nur scheinbar selbstverständlich auf die Edukanden geblickt wird. Diese Begriffe sind insofern problematisch, als aus ihnen heraus vorschnell ein Fokus der Diskussion und der Bemühungen um Erziehung auf externalisierende Problematiken gerichtet wird – Aggressivität, Gewalt, Oppositionalität – und dabei internalisierende Problematiken wie Ängstlichkeit oder Depressivität zu wenig Thema des Erziehungsgeschehens sind, obwohl auch hier ein erheblicher Erziehungsbedarf vorliegen mag. Zudem bewegt sich eine solche Sicht von Erziehung nur noch auf einer sehr eindimensional wertenden Ebene, die darauf angelegt ist, bestimmte Vorstellungen verwirklicht zu sehen, und zu wenig auf einer beschreibenden Ebene im Sinne grundsätzlicher, für die Entwicklung des Menschen notwendiger Ziele von Erziehung.

## 3    Erziehung als Prozess und Dialog

Im Erziehungsverständnis Brezinkas nehmen Erzieher über ihre Handlungen Einfluss auf die Zu-Erziehenden, um sie in ihrer Persönlichkeit zu fördern (Winkler, 1995, S. 55). Erziehung erweist sich in dieser Vorstellung als stark einseitig gerichtet. Aber »Erzieher und Zögling [...] müssen zusammenwirken, weil Erziehung sonst gar nicht geschieht« (Winkler, 1995, S. 65) – und Kobi (2004) arbeitet über eine Reihe von Postulaten das Dialogische und Prozesshafte des Erziehungsgeschehens heraus: Erziehung sei zunächst eine Haltung, nicht eine spezifische Tätigkeit. Sie repräsentiere sich stets im gemeinsam vollzogenen Gestaltungsprozess zwischen Erzieher und Edukand, in dessen Verlauf es zu gegenseitigen Aushandlungen komme. Thema dieses Diskurses sei die Daseinsgestaltung zwischen Subjekten. Erziehung könne Entwicklungsprozesse stimulieren, nie aber instruktiv ›von außen‹ (be)wirken.

Erziehung wird gerade im Umgang mit verhaltensauffälligen Kindern und Jugendlichen allzu oft mit Disziplinierungsmaßnahmen verwechselt. Zudem steht auch auf professioneller Seite immer wieder die Frage ›Was mache ich, wenn...?‹ im Raum. So sehr diese Frage für pädagogisch-institutionelle Kontexte nachvollziehbar sein mag, so sehr muss sie zugleich relativiert werden. Erzieherisches Denken und Handeln hätten sich weitaus weniger an der Frage nach dem Was im Sinne einer Reaktion auf ein bestimmtes Verhalten zu orientieren als am Wozu im Sinne der subjektiven Bedeutsamkeit dieses Verhaltens. Daraus ließe sich ein Verständnis von Erziehung als Haltung erarbeiten, die man bestimmen könnte, wie es Kobi (2004) getan hat. Es tritt eine erzieherische Daseinsgestaltung zutage, die auf ein »Aushandeln von Gestaltungsmöglichkeiten« (ebd., S. 76) gerichtet ist und nicht auf die Durchsetzung von Machtansprüchen. Gerade Erfahrungen zwischen Macht und Ohnmacht (Dlugosch, 2018), zwischen Ausgeliefert-Sein und Angewiesen-Sein dürften zur Auffälligkeit mancher Kinder und Jugendlicher beitragen. »Erziehung findet ihre Existenzgrundlage nicht im An-Sich-Seienden, sondern erst im Für-jemand-Werdenden. Erziehung gründet in einer intersubjektiven Beziehung, innerhalb derer eine wertorientierte Handlungsfähigkeit zu einer als sinnvoll erachteten Form der Lebensbewältigung und Daseinsgestaltung erworben und vermittelt wird. Erziehung ist ein psychosoziales Arrangement, in welchem ein verbindendes Muster, eine Textur, zur gemeinsamen Daseinsgestaltung gesucht wird« (Kobi, 2004, S. 92).

Zudem vollziehe sich Erziehung in einem bilateralen Beziehungswandel, in dem sich sowohl der Zu-Erziehende als auch die Beziehung veränderten – und damit letztlich auch der Erzieher. Gerade Letzteres wird besonders deutlich in den Konzeptionen psychoanalytischer Pädagogik (Krumenacker, 1998). An die Erzieher ergeben sich daraus Forderungen: entwicklungsfähig zu sein, offen für den Diskurs und davon ausgehende Veränderungen – und wenn Speck (1991, S. 83 f.) darauf hinweist, dass das Erziehungsziel Autonomie autonome Erzieher voraussetze, so stellt auch dies zugleich einen Aspekt von Entwicklung dar, denn Autonomie muss immer wieder neu erarbeitet werden.

Aber: »Wie kultiviere ich die Freiheit bei dem Zwange« (Kant, 1803, S. 711)? – Wie kann ›von außen anstoßend‹ ein Prozess hin zu Autonomie in Gang kommen – denn es ist in sich widersprüchlich, jemanden ›autonom machen‹ zu wollen? Benner (2012) sieht im Bewusstsein dieser schwer auflösbaren Problematik Erziehung als »Aufforderung zur Selbsttätigkeit«: Es bedürfe der pädagogischen Einwirkung, die aber die Bestimmung des Edukanden nicht festlegen oder auch nur einengen soll. Wie sich dies für Kinder und Jugendliche realisieren lässt, die möglicherweise stärker auf Strukturgebung und Orientierung angewiesen sind als andere, lässt sich weder einfach noch rezepthaft beantworten. Erziehung als Thema der Pädagogik bei Verhaltensstörungen hat es in bestimmten Kontexten mit einer schmalen Gratwanderung zwischen individueller Arbeit einerseits und gesellschaftlichem Auftrag andererseits zu tun. Dies zeigt sich besonders am Beispiel des Erziehungsauftrags in Formen geschlossener Unterbringung, in welchen Kinder und Jugendliche nicht nur vor sich selbst, sondern auch andere vor ihnen geschützt werden sollen und müssen. Derartige Zwangssituationen führen dazu, dass Kinder und Jugendliche durch den Freiheitsentzug (zunächst) ihrer Eigenverantwortung enthoben werden, die pädagogischen Institutionen aber gleichzeitig mit dem Anliegen und dem Ziel auftreten, förderlich für die positive und eigenverantwortliche Entwicklung des jeweiligen Kindes, Jugendlichen oder jungen Erwachsenen tätig zu werden und das Selbstwirksamkeitserleben der Betroffenen auf einer legalen und konstruktiven Basis nachhaltig zu stärken (Conen, 2007; Permien 2010; Schwabe, 2011; Oelkers 2015). Aus erzieherischer Sicht entsteht hier ein Widerspruch, welcher es erschweren könnte, pädagogische Gründe für eine freiheitsentziehende Maßnahme anzuführen, sofern man Mündigkeit und Selbstverantwortung als unverzichtbare Ziele und Grundlagen erzieherischer Arbeit und pädagogischer Begründungszusammenhänge sieht. Dieser Widerspruch mag sich unter den Bemühungen um mehr Inklusion noch zusätzlich verstärken. Das Anliegen, Kinder und Jugendliche in massiven Krisen und Gefährdungssituationen kompetent für ein Leben außerhalb des Freiheitsentzugs zu ›machen‹, sie dabei zu begleiten und individuell zu unterstützen, ist angesichts des Verantwortungsentzugs und der Kontrolle durch die Zwangsmaßnahme mehr als fragwürdig, zumindest dann, wenn sich die Betroffenen nach einem Anfangswiderstand nicht auf die Maßnahme einlassen können (Oelkers 2015). Böhnisch (1999, S. 160 ff.) spricht diesbezüglich für die Erziehungshilfe von einem »schmalen pädagogischen Grat« der »Hilfe als Kontrolle« – eine Gratwanderung, die davon betroffene Kinder und Jugendliche in aller Regel wahrnehmen und auf die sie reagieren – bis dahin, dass abweichendes Verhalten erzeugt wird oder sich verfestigt.

Mit diesen Überlegungen deutet sich an, dass ein auf das Dialogische zentrierter Erziehungsbegriff, wie ihn Kobi vertritt, nicht ausreichend erscheinen mag. Winkler (1995) identifiziert im Erziehungsgeschehen einen stets zu berücksichtigenden »dritten Faktor«: Erziehung erfüllt eine gesellschaftliche Funktion. Erzieher und Edukand wirken zusammen – aber nicht unmittelbar, sondern im kulturell-sozialen Kontext, der gleichsam den Rahmen der Konstituierung von Erziehung in einer ausdifferenzierten Gesellschaft bietet. »Auch die unmittelbar erfahrene Konflikthaftigkeit von Erziehungssituationen steht nicht im Gegensatz zur Annahme von einem dritten Faktor, geht es doch in diesen meist um soziale Regelungen, die für einen Zusammenhang unabhängig von den Beteiligten gelten« (Winkler, 1995, S. 65). Zudem würden die Interpretationen von Realität durch Macht entschieden, ein Faktor, der sozusagen ›von außen‹ in die Dualität der Erziehungssituation hineinkommt.

# 4 Besondere Aspekte und Problemstellungen

Der Blick auf Erziehung als gesellschaftliches Geschehen macht zugleich auch die Rolle der Erzieher deutlich. Ihre Aufgabe ist die »Überführung gesellschaftlicher in pädagogische Determination« (Benner, 1991). Dabei müssen vorgegebene Aufgabenstellungen für das eigene konkrete Handlungsfeld aufbereitet und dorthin übertragen werden. Pädagogik hat in diesem Kontext den unbedingten Auftrag, »nicht-affirmativ« (ebd., S. 105) zu sein, als gesellschaftliches Subsystem die gesellschaftlichen Vorgaben genau und kritisch zu überprüfen und nicht zu einem ›Erfüllungsgehilfen‹ gesellschaftlicher Vorgaben zu verkommen.

Aus diesem Grund heraus muss Pädagogik und müssen Erzieher reflektierte, vor sich selbst verantwortbare Vorstellungen von Zielen, Werten und Normen haben, die vertreten werden. Anders kann eine solche kritische Prüfung nicht gelingen. Dies erfordert den Mut zu Entscheidungen und Positionierungen – keine einfache Aufgabe in einer komplexen, von vielfältigen Werten geprägten postmodernen Gesellschaft. Solche Entscheidungen fordert jedoch auch das Erziehungsverhältnis, wenn hierfür autonome Erzieher als Grundbedingung bestimmt wurden. Selbst wenn solche Entscheidungen verantwortungsvoll gelingen, so ist damit keineswegs gesagt, dass Erziehungsprozesse konfliktfrei ablaufen – allzu oft bringen die betroffenen Kinder, Jugendlichen und ihre Familien Wert- und Zielvorstellungen mit in das Geschehen ein, die nicht ohne Weiteres mit denen der professionell Erziehenden übereinstimmen oder nicht einfach von ihnen vorausgesetzt oder erwartet werden können.

Erziehung beinhaltet (daher) immer auch die Möglichkeit und das Potenzial des »Scheiterns« (Bollnow, 1959) und der »Ohnmacht« (Oelkers, 2001, S. 63 ff.). Für Kobi (2004, S. 74) zählt dieses Bewusstsein, verlieren zu können (»auf möglichst hohem Niveau«), zur notwendigen erzieherischen Haltung. »Dass in der Erziehung etwas misslingt, dass der Erzieher nicht zu seinem erstrebten Ziel kommt, [...] ja, dass er endlich mit seinem ganzen Einsatz scheitert, das alles sind Vorgänge, die jedem Erzieher aus der täglichen Erfahrung seines Berufs nur allzu vertraut sind. [...] Und man kam gar nicht auf den Gedanken, dass die Möglichkeit des Scheiterns sehr viel tiefer begründet, dass sie nämlich im Wesen, ja in der Würde der Erziehung selbst angelegt ist« (Bollnow, 1959, S. 132 f.). Scheitern in der Erziehung ist demnach kein Tal, durch das man geht wie durch eine Krise und aus der man möglicherweise sogar gestärkt wieder hervorgeht. Scheitern bedeutet zunächst immer Stillstand, Abbruch, Aufgeben und Ende. Von daher wird über das Scheitern als Ergebnis erzieherischer Prozesse nicht gerne gesprochen – weder im Alltag noch in der Pädagogik. Und dennoch ist es integraler Bestandteil des Lebens eines jeden Einzelnen. Es ist genauso der ›Normalfall‹ wie das Gelingen. Es soll deutlich darauf hingewiesen werden, dass sich Scheitern und Gelingen als zwei Dimensionen desselben Lebens nicht immer die Waage halten. Für verhaltensauffällige Kinder und Jugendliche ist die Waagschale des Scheiterns oft weitaus stärker belastet als die des Gelingens. Dass aus dem erzieherischen Begleiten auch ein Entgleiten und Scheitern werden kann, ist das existentielle, aber unverzichtbare Wagnis der Erziehung – auch wenn das manchmal nur schwer auszuhalten ist. Dies sollte im Zuge der Inklusionsbemühungen gerade auch für Kinder und Jugendliche mit Auffälligkeiten des Verhaltens und Erlebens keinesfalls übersehen werden. Zugleich bedarf es dann allerdings immer weiterer Überlegungen, wie auf Misslingen und Scheitern reagiert werden könnte, um auch hier den betroffenen Kindern und Jugendlichen für die weitere Entwicklung gezielte Erziehungshilfen anzubieten.

Das Bedürfnis nach Sicherheit und Verlässlichkeit ist für viele Kinder und Jugendliche mit emotional-sozialem Förderbedarf besonders hoch (Baulig, 1998; Müller 2017). Ambivalente Bindungserfahrungen und Erziehungsstile können dafür ebenso verantwortlich sein wie stark belastende oder traumatisierende Erlebnisse. Es erscheint aus erzieherischer Sicht notwendig, sich mit Phänomenen der Grenze, Grenzüberschreitung und Begrenzung auseinanderzusetzen. Neben entwicklungspsychologisch bedingten Grenzüberschreitungen im Lebenslauf (z. B. in der Pubertät) sind andere Überschreitungen zwar subjektiv bedeutsam, aber zugleich auch wenig konstruktiv für die eigene Entwicklung sowie diejenige anderer – und damit aus erzieherischer Perspektive nicht akzeptabel bzw. tolerabel. Schulische Inklusion ist im Zusammenhang von Kindern und Jugendlichen mit emotional-sozialem Förderbedarf daher vor die schwierige Aufgabe gestellt, immer wieder einen Ausgleich zu schaffen und einen Umgang zu finden mit den notwendigen und zugleich wenig förderlichen Grenzüberschreitungen. Dies bringt auch eine Auseinandersetzung mit der Handhabung von Strafen als Erziehungsmittel (Heuer 2021) und der Bewertung von Verhaltensweisen mit sich, die keinesfalls darauf beschränkt sein kann, Maßnahmenkataloge für scheinbares Fehlverhalten zu erstellen. Sicherheit erleben Kinder und Jugendliche durch nachvollziehbare, bewusst gesetzte und konsequent eingehaltene Grenzen, an denen man nicht nur wachsen und sich reiben kann, sondern die auch Orientierung und Halt anbieten. Inklusiven schulischen Settings müsste es in einem erziehlichen Diskurs demnach um die Auslotung von Grenzen gehen, die einerseits Begrenzungen und andererseits Berührungspunkte darstellen. In die Gestaltung der schulischen Strukturen und Grenzsetzungen müssten die Kinder und Jugendlichen möglichst weitgehend mit einbezogen werden, um das notwendigerweise Dialogische des Erziehungsgeschehens zu berücksichtigen und ein Entwicklungsfeld für Autonomie zu eröffnen.

Daran anschließen lassen sich auch Diskussionen, die ausgehend von den Arbeiten zur Moralentwicklung Kohlbergs seit den 1990er Jahren auch als moralischer Aspekt von Erziehung (Stein 2018) thematisiert wurden. Speck (1991; 1996) kritisiert eine ›Ausblendung‹ der moralischen Dimension und fordert deren Neuverankerung in der Diskussion um Erziehung, ihre Aufgaben und ihr Möglichkeitspotenzial. Auf der einen Seite bedarf es, präventiv, einer Stärkung der schulischen Werteerziehung (vgl. Zierer 2010), auf der anderen Seite einer intensivpädagogischen Arbeit an moralischer Urteilsbildung (Aschhoff-Hartmann 2019) und an der Überführung dieser Urteile in eigenes Handeln. Dabei stellt sich auch die Frage der Miteinbeziehung der Eltern und der Zusammenarbeit mit ihnen – bei erheblichen Erziehungsschwierigkeiten oft eine ganz besondere Herausforderung.

Empirische Erziehungswissenschaft und Bildungsforschung streben die Operationalisierung ihrer Gegenstände an. Hier stellt sich die Frage der »Messbarkeit« von Erziehung: Können zum einen erzieherische Interventionen, zum anderen ihre Effekte erfasst werden? Dies ist problematisch, denn Erziehung ist kein anschauliches Objekt, sondern als solche häufig unsichtbar und flüchtig (Winkler, 1995, S. 56 f.). Andererseits ist das Problem damit nicht einfach vom Tisch zu wischen; es stellt sich gerade in jüngerer Zeit auch an pädagogische und sonderpädagogische Arbeit die Frage ihrer Wirkungen und Erfolge. Die Finanzierung von Maßnahmen wird von solchen Nachweisen abhängig gemacht. Zwar gibt es schwer ergründbare Anteile von Erziehung, aber andererseits wird es wichtig sein, das operationalisierbar zu machen, was empirischer Forschung zugänglich ist. Diese Befunde müssen jedoch wiederum, im Hinblick auf die Komplexität des Erziehungsgeschehens, einer Hinterfragung unterzogen werden. Insbesondere ist es unerlässlich, kritisch im Auge zu behalten, dass nicht messbare, aber bedeutsame Anteile und Aspekte von Erziehung angesichts der Tendenz zur »Evidenzbasierung« nicht aus dem Blick verschwinden, da sie in der Diskussion dessen, was messbar ist, und im Rahmen der aus solchen empirischen Untersuchungen resultierenden Ergebnisse kaum oder gar nicht mehr auftauchen. Die bedeutsame Frage des Moralischen (Stein 2018) könnte einen solchen Brennpunkt darstellen.

## 5 Ausblick

Kann ›schwierige‹ Erziehung auf Basis dieser Überlegungen als etwas Besonderes beschrieben werden? Zunächst ist festzustellen, dass Prozesse und Geschehnisse der Erziehung nie störungsfrei verlaufen. Von schwieriger oder besonderer Erziehung kann dann gesprochen werden, wenn Ausmaß und Intensität von Erziehungsschwierigkeiten die ›normalen‹ Probleme von Erziehung überschreiten (Willmann, 2010, S. 206). ›Schwierige‹ Erziehung liegt dann vor, wenn Bemühungen erheblich intensiviert werden müssen (Speck, 1979, S. 106). Es lassen sich hier allerdings schwerlich Kennzeichen zusammentragen, die diese von regulären, ›normalen‹ Problemstellungen abgrenzen würden. Es handelt sich letztlich um ein Kontinuum und eine Potenzierung von Schwierigkeiten. Eine solche Potenzialität lässt sich im Ergebnis auch als emotional-sozialer Förderbedarf beschreiben, obgleich verstärkt und mit hohem Bewusstsein darauf zu achten ist, dass damit nicht erneut schwierige und herausfordernde Aspekte (Müller/Stein 2018) von Erziehung ausschließlich und zu wenig reflektiert auf den Edukanden ›abgeschoben‹ werden. Besonders dann, wenn sich inklusive schulische Rahmungen Kindern und Jugendlichen mit emotional-sozialem Förderbedarf widmen, gilt es, dies durch ein auf gemeinsam geteilte Situationen und Interaktionen erweitertes Verständnis des Förderbegriffs zum Ausdruck zu bringen und als Prozess einer ebenso gemeinsamen Daseinsgestaltung immer wieder neu zu akzentuieren.

## Kommentierte Literaturempfehlungen

Ahrbeck, Bernd: Kinder brauchen Erziehung. Die vergessene pädagogische Verantwortung. Stuttgart: Kohlhammer, 2004

*Der Autor ist Psychoanalytiker und war Lehrstuhlinhaber für Verhaltensgestörtenpädagogik. Aus diesen Hintergründen heraus, also auch ausgehend von dem, was im erzieherischen Geschehen ›schiefgehen‹ kann, wird diskutiert, was Erziehung auch heute leisten kann und leisten muss. Die grundlegende Orientierung folgt der (psychoanalytischen) Säuglingsforschung und entwickelt ein tragfähiges Verständnis von Erziehung aus einer kritischen Analyse von Delinquenz bei Kindern und Jugendlichen, dem jüngeren Einfluss von Konstruktivismus und Systemtheorie in der Pädagogik, dem Aufkommen eines Konzepts von Erziehung als Dienstleistung mit ›Kundenorientie-*

rung‹ – sowie der zunehmenden Globalisierung und Beschleunigung gesellschaftlicher Prozesse und Geschehnisse. Entgegen der Beliebigkeit von Erziehungszielen wird Erziehung als verantwortungsvolle Aufgabe neu bestimmt.

Müller, Thomas/Stein, Roland (Hrsg.): Erziehung als Herausforderung. Grundlagen für die Pädagogik bei Verhaltensstörungen. Bad Heilbrunn, Klinkhardt, 2018

Erziehung ist ein Kernthema der Pädagogik – und insbesondere der sonderpädagogischen Disziplin Pädagogik bei Verhaltensstörungen. Erziehungsprozesse unter besonderen Bedingungen zum Wohle von Kindern und Jugendlichen zu gestalten stellt ein Fundament dieser Teildisziplin dar. Im Band »Erziehung als Herausforderung« wird daher ein grundlegendes und systematisches Verständnis dessen charakterisiert, was Erziehung aus Sicht der Pädagogik bei Verhaltensstörungen ausmacht. Fachvertreter an sonderpädagogischen Lehrstühlen sowie auch über diese engere Fachszene hinaus tragen mit ihren Beiträgen dem Gedanken Rechnung, dass man sehr unterschiedlich auf Erziehung und Problemverhalten blicken kann, und entfalten unterschiedliche Perspektiven. So versteht sich dieses Buch auch als wissenschaftliche Stellungnahme zu einem zukunftsweisenden Thema und als ein Beitrag zur aktuellen Diskussion. Das Buch richtet sich an Sonderpädagogen in Forschung und Praxis, aber auch an andere Erziehungswissenschaftler sowie an all diejenigen, die in ihrer täglichen Arbeit mit Erziehungsherausforderungen zu tun haben.

Speck, Otto: Chaos und Autonomie in der Erziehung. Erziehungsschwierigkeiten unter moralischem Aspekt. München u.a.: Reinhardt, 1991

*Wie bereits im Untertitel deutlich wird, orientiert sich diese bemerkenswerte Arbeit des Münchner Heilpädagogen hin auf eine Dimension, der allzu selten eine besondere oder auch nur ausreichende Aufmerksamkeit in der Erziehungsdiskussion gewidmet wird: der Entwicklung moralischen Urteilens und Handelns und ihrer Berücksichtigung im Erziehungsgeschehen. Den Ausgangspunkt der Diskussion wählt der Autor in Chaos, Gewalt, Destruktivität, Aggressivität und Mobbing. Diese Phänomene werden auf dem Hintergrund aktueller gesellschaftlicher Prozesse und Bedingungen betrachtet und auf dem Hintergrund von über die Zeit wechselnden Sichtweisen erklärt. Im Kern des Buches wird ein Verständnis von Autonomie entwickelt, das sich zugleich auf den freien wie auf den gesellschaftlich bezogenen Menschen richtet. Dessen Bedeutung für das Erziehungsgeschehen wird betrachtet – um daraus pädagogische Konsequenzen zu ziehen. Einen Kern der Konzeptentwicklung von Otto Speck bilden ›Haltgebende Lebenswelten‹, einen anderen eine Diskussion des ›Just Community‹-Modells von Law-*

rence Kohlberg. Im Gesamtbild werden die unterschiedlichen entwickelten Handlungsansätze als – einem bestimmten Verständnis folgende – ›pädagogische Hebelpunkte‹ verstanden, die sich gegen ein Chaos richten, welches für Otto Speck nicht nur ein pädagogisches Chaos ist, sondern ein ›allgemeines geistiges Durcheinander‹. Das Chaos ist in uns selbst.

# Literatur

Ahrbeck, Bernd: Kinder brauchen Erziehung. Stuttgart: Kohlhammer, 2004
Aschhoff-Hartmann, Stefanie: Das moralische Urteil von Schülerinnen und Schülern mit Verhaltensstörungen. Theoretische Ansätze und empirische Befunde aus kohlbergianischer und neo-kohlbergianischer Perspektive. Bielefeld: wbv, 2019
Baulig, Volkmar: Grenzziehung bei Lern- und Verhaltensstörungen. In: Förderschulmagazin 20, 1998, S. 5–9
Benner, Dietrich: Allgemeine Pädagogik. Eine systematisch-problemgeschichtliche Einführung in die Grundstruktur pädagogischen Denkens und Handelns. Weinheim, München: Juventa, $^1$1991; $^7$2012
Böhm, Winfried: Wörterbuch der Pädagogik. Stuttgart: Kröner, $^{16}$2005
Böhnisch, Lothar: Abweichendes Verhalten. Weinheim: Juventa, 1999
Bollnow, Otto-Friedrich: Existenzphilosophie und Pädagogik. Stuttgart: Kohlhammer, 1959
Brezinka, Wolfgang: Grundbegriffe der Erziehungswissenschaft. München u.a.: Reinhardt, $^5$1990
Bueb, Bernhard: Lob der Disziplin. Eine Streitschrift. Berlin: List, 2006
Conen, Marie-Luise: Eigenverantwortung, Freiwilligkeit und Zwang. In: Zeitschrift für Jugendkriminalrecht und Jugendhilfe 18, 2007, S. 370–375
Dlugosch, Andrea: Macht und Ohnmacht. In: Müller, Thomas/Stein, Roland (Hrsg.): Erziehung als Herausforderung. Grundlagen für die Pädagogik bei Verhaltensstörungen. Bad Heilbrunn: Klinkhardt, 2018, S. 147–157
Gudjons, Herbert: Pädagogisches Grundwissen. Bad Heilbrunn: Klinkhardt, $^2$1994
Heuer, Sven: Strafe als pädagogisches Prinzip. Kritik einer sozialen Praxis. Bad Heilbrunn: Klinkhardt, 2021
Kant, Immanuel: Über Pädagogik. In: (Ders.): Werke in 10 Bänden. 1803. Hrsg. von Weischedel, Wilhelm. Band 10, Darmstadt: Wissenschaftliche Buchgesellschaft, 1983, S. 691–764
Kant, Immanuel: Über die Erziehung. (Vorlesung WS 1776/77). München: dtv, 1997
Klafki, Wolfgang: Neue Studien zur Bildungstheorie und Didaktik. Beiträge zur kritisch-konstruktiven Didaktik. Weinheim u.a.: Beltz, 1985
Kobi, Emil E.: Grundfragen der Heilpädagogik. Berlin: BHP-Verlag, $^6$2004
Kobi, Emil E.: Erziehung. Der Heilpädagogik Kerngeschäft. In: Vierteljahresschrift für Heilpädagogik und ihre Nachbargebiete 74, 2005, S. 153–155

Krumenacker, Franz-Josef: Bruno Bettelheim. München: Reinhardt, 1998
Möckel, Andreas: Geschichte der Heilpädagogik. Oder Macht und Ohnmacht der Erziehung. Stuttgart: Klett-Cotta, 2007
Müller, Thomas: »Ich kann niemandem mehr vertrauen!«. Konzepte von Vertrauen und ihre Relevanz für die Pädagogik bei Verhaltensstörungen. Bad Heilbrunn: Klinkhardt, 2017
Müller, Thomas/Stein, Roland (Hrsg.): Erziehung als Herausforderung. Grundlagen für die Pädagogik bei Verhaltensstörungen. Bad Heilbrunn: Klinkhardt, 2018
Oelkers, Jürgen: Theorie der Erziehung. Weinheim: Beltz, 2001
Oelkers, Nina/Feldhaus, Nadine/Gaßmöller, Annika: Geschlossene Unterbringung in der Jugendhilfe – Drahtseilakt? Vechta: Vechtaer Verlag für Studium, Wissenschaft und Forschung, 2015
Permien, Hanna: Erziehung zur Freiheit durch Freiheitsentzug? Zentrale Ergebnisse der DJI- Studie »Effekte freiheitsentziehender Maßnahmen in der Jugendhilfe«. München: DJI Eigenverlag, 2010
Schad, Gerhard: Vom Verschwinden der Pädagogik im Wissenschaftsbetrieb der Verhaltensgestörtenpädagogik. In: Reiser, Helmut/Dlugosch, Andrea/Willmann, Marc (Hrsg.): Professionelle Kooperation bei Gefühls- und Verhaltensstörungen. Hamburg: Kovač, 2008, S. 29–41
Schierbaum, Anja/Oliveras, Ronnie/Bossek, Jan Frederik (Hrsg.): Erziehung, quo vadis? Entwicklungen und Kontroversen in der Erziehungsforschung. Weinheim: Beltz/Juventa, 2023
Schwabe, Mathias: Kann es ambivalenzfreie Erziehungshilfen geben jenseits von Kontrolle und Zwang? In: Unsere Jugend 63, 2011, S. 9–16
Speck, Otto: Verhaltensstörungen, Psychopathologie und Erziehung. Berlin: Marhold, 1979
Speck, Otto: Chaos und Autonomie in der Erziehung. München: Reinhardt, 1991
Speck, Otto: Erziehung und Achtung vor dem Anderen. München: Reinhardt, 1996
Stein, Roland: Erziehung und Fragen der Moralität. In: Müller, Thomas/Stein, Roland (Hrsg.): Erziehung als Herausforderung. Grundlagen für die Pädagogik bei Verhaltensstörungen. Bad Heilbrunn: Klinkhardt, 2018, S. 35–62
Stein, Roland/Müller, Thomas/Hascher, Philipp: Bildung als Herausforderungen. Grundlagen für die Pädagogik bei Verhaltensstörungen. Bad Heilbrunn: Klinkhardt, 2023
Willmann, Marc: Verhaltensstörungen als Erziehungsproblem: Zur pädagogischen Position im Umgang mit schwierigem Verhalten. In: Ahrbeck, Bernd/Willmann, Marc (Hrsg.): Pädagogik bei Verhaltensstörungen. Stuttgart: Kohlhammer, 2010, S. 205–214
Willmann, Marc: De-Psychologisierung und Professionalisierung der Sonderpädagogik. München: Reinhardt, 2012
Winkler, Michael: Erziehung. In: Krüger, Heinz-Hermann/Helsper, Werner (Hrsg.): Einführung in Grundbegriffe und Grundfragen der Erziehungswissenschaft. Opladen: Leske + Budrich, 1995, S. 53–69
Winterhoff, Michael: Warum unsere Kinder Tyrannen werden. Oder: Die Abschaffung der Kindheit. Gütersloh: Goldmann, 2008
Zierer, Klaus (Hrsg.): Schulische Werteerziehung. Baltmannsweiler: Schneider, 2010

# Schulische Inklusion im Förderschwerpunkt emotionale und soziale Entwicklung – quo vadis?

Thomas Müller/Roland Stein

Auch zehn Jahre nach Erscheinen der ersten Auflage dieses Buches sind die Herausforderungen für den Förderschwerpunkt emotional-soziale Entwicklung immens und werden durch die Bemühungen um ein zunehmend inklusives Bildungs- und Erziehungssystem weiter intensiviert. Die Statistiken der Kultusministerkonferenz Deutschlands verzeichnen auch mit Stand 2023 einen fortgesetzt deutlich ansteigenden Bedarf an schulischer Förderung im Förderschwerpunkt emotional-soziale Entwicklung. Verschiedene epidemiologische Studien und Metaanalysen gehen davon aus, dass etwa 15 bis 20 % aller Kinder und Jugendlichen gravierendere psychische Auffälligkeiten sowie Risiken aufweisen. Hinzu kommt, dass auch die außerschulische Erziehungshilfe wachsende Nachfragen in allen Bereichen verzeichnet, insbesondere mit Blick auf das Kindeswohl, und dies oft schon in früher Kindheit. Und nicht zuletzt erfahren viele Jugendliche mit emotional-sozialem Förderdarf im Übergang von der Schule in die Berufsausbildung und in das Arbeitsleben Exklusion, indem sie keine Berufsausbildung absolvieren, diese abbrechen und auch keine nachhaltige Verankerung im Rahmen eines Arbeitsplatzes erreichen. Zwar liegen zu den Transitionen dieser Personengruppe, insbesondere an der ersten Schwelle Schule – Beruf, kaum spezifische Forschungsbefunde vor, jedoch untermauern die Erkenntnisse aus den Segmenten des »Übergangssystems« (vgl. Bojanowski/Eckert, 2013), der Berufsausbildung (vgl. Stein/Kranert/Wagner, 2016) sowie der beruflichen Wiedereingliederung (vgl. Storck/Plößl, 2015) diese Schlussfolgerung (vgl. Stein/Kranert, 2022).

Da einerseits der wirtschaftliche Druck auf soziale Systeme ständig steigt und andererseits das deutsche Schul- und Ausbildungswesen, gerade angesichts des wirtschaftlichen Potenzials des Landes, nach wie vor unterfinanziert ist, muss befürchtet werden, dass insbesondere Kinder und Jugendliche mit emotional-sozialem Förderbedarf in Zukunft noch mehr ins pädagogische Abseits geraten. Die Gefahr, dass die bisher bestehende Fachlichkeit aus ökonomischen Gründen beschnitten und reduziert wird, scheint trotz – aber auch wegen – der Bemühungen um ein inklusives Schulsystem zu wachsen.

Die Konsequenzen zeigen sich in einer strukturellen und fachlichen Überforderung besonders der Allgemeinen Schulen und führen dazu, dass die Förderbedarfe der betroffenen Kinder und Jugendliche eher steigen als zurückzugehen. Soweit besondere Einrichtungen bestehen bleiben, könnten auch sie überfordert werden, indem sie – mit mangelnden Ressourcen – für den ›Rest‹ zuständig sind, der nicht (›irgendwie‹) offiziell integriert bzw. ›inkludiert‹ werden kann. Wenn im Zuge des Inklusionsprozesses Tendenzen dahin gehen, nicht mehr zu diagnostizieren und Probleme auch nicht mehr als solche zu bezeichnen – insbesondere, um Stigmatisierungen zu vermeiden –, besteht die sehr konkrete Gefahr, dass es auch an angemessener Prävention und Intervention fehlen wird, da Probleme nicht durch ihre Nichtbezeichnung aus der Welt geschafft werden können. Sie bestehen weiterhin – Ressourcen-Etikettierungs-Dilemma hin oder her. Dies könnte in besonderer Weise die internalisierenden Problematiken betreffen, die zunächst einmal wenig nach außen hin auffallen. Umgekehrt zeigen sich gerade in den letzten Jahren Tendenzen, in manchen Bundesländern die schon geschlossenen Schulen für Erziehungshilfe zu kleinen Teilen, wenn auch bisweilen in anderen Räumlichkeiten und unter anderer Nomenklatur, wieder zu eröffnen. Zugleich werden auch Forderungen laut, dass »separierter Unterricht wieder möglich sein müsse« (Paone, 2023). Dies ist sicherlich nicht als Versagen der Bemühungen um Inklusion zu werten, sondern vielmehr ein Zeichen dafür, dass erkannt wurde, dass Entscheidungen über die Frage des Ortes der Beschulung und Förderung alleine nicht ausreichen, ein sinnvolles inklusives Bildungssystem im Bereich emotional-soziale Entwicklung auf den Weg zu bringen.

Nach wie vor gilt für viele Kinder und Jugendliche, dass sie in sozial bedrängenden, auch chaotischen und ambivalenten Lebensverhältnissen, unter soziokultureller Benachteiligung, in Armutsbedingungen und mit erheblichen psychosozialen Belastungen in Form von Gewalt, Missbrauch, Vernachlässigung und Verwahrlosung aufwachsen. Dadurch entstehen Problemlagen, die sich vor allem in Übergangssituationen, sei es vom Kindergarten in die Schule oder von der Schule in Arbeit und Beruf (vgl. Bernhardt, 2010), zeigen und verfestigen können. Solche teilweise massiv problematischen Entwicklungsbedingungen führen zu emotional-sozialem Förderbedarf, der möglichst früh, insbesondere in den Frühförderstellen und Kindertagesstätten, professioneller Antworten bedarf – und zugleich Grenzen des Möglichen der Kompensation elterlicher Erziehung aufzeigt. Aber auch auf der anderen Seite des ›Spektrums‹ der pekuniären Ausstattung von Familien können Reichtum, Wohlstand und materielle ›Überversorgung‹ in Kombination mit fehlender emotionaler Anteilnahme, unklaren Strukturen und inkonsistenter elterlicher Erziehung Bedingungen für Gefühls- und Verhaltensstörungen darstellen.

Gravierende Verhaltensauffälligkeiten machen überdeutlich auf eine emotionale Notlage aufmerksam, welche die Entwicklung von Kindern und Jugendlichen nachhaltig gefährdet. Darüber hinaus sind sie eine oft unbewusste oder aber auch mehr oder weniger bewusste Strategie, intra- und interpersonale Konflikte zu bewältigen.

Verhaltensstörungen entstehen demnach im Wechselspiel vielschichtiger Prozesse zwischen Kindern und Jugendlichen, ihren Familien und den verschiedenen pädagogischen Institutionen, die sie besuchen, beispielsweise bedingt durch ambivalente Erziehungsstile von Eltern, unangemessene schulische Anforderungen oder auch problematische Einflüsse von Peergroups.

Bereichsspezifische Kompetenzen einer Pädagogik bei Verhaltensstörungen konkretisieren sich grundsätzlich in fünf genuin schulisch relevanten pädagogischen Handlungsfeldern:

- der präventiven pädagogischen Praxis im Bereich der Frühförderung und der elementaren Bildung zur Förderung der emotionalen und sozialen Entwicklung;
- der integrativen und inklusiven pädagogischen Praxis in allgemeinbildenden Schulen bei Beeinträchtigung der emotionalen und sozialen Entwicklung – ohne dabei exklusive Formen im inklusiven Rahmen der allgemeinbildenden Schule zu erzeugen, z.B. durch temporäre Lerngruppen, Auffangklassen u.ä.;
- der Weiterentwicklung von Stützsystemen für allgemeinbildende Schulen im Hinblick auf Prävention und Intervention bei Verhaltensstörungen in Form inhaltlich erweiterter Lehramtsstudiengänge, Weiterbildung und personeller Ressourcen;
- der förderschulischen Intensivpädagogik für Kinder und Jugendliche mit gravierenden und überdauernden Beeinträchtigungen im Verhalten und Erleben, mit Störungen der Emotionsregulation und in psychosozial extrem belastenden Notlagen, zumeist begleitet von Hilfen zur Erziehung und/ oder in multiprofessionellen pädagogischen Komplexeinrichtungen, – einschließlich pädagogischer Maßnahmen in der Kinder- und Jugendpsychiatrie sowie im Feld der Jugendgerichtsbarkeit;
- der Weiterentwicklung von Übergangssystemen zur erfolgreichen Berufsvorbereitung, Beruflichen Bildung sowie Integration in eine Arbeitswelt, deren inklusive Strukturen sich aufgrund der Bedarfe von Arbeitsgebern und Unternehmen allenfalls partiell und sehr langfristig voranbringen lassen werden.

Für die präventive pädagogische Praxis gilt es sicherzustellen, dass die emotionale und soziale Entwicklung von Kindern und Jugendlichen dauerhaft unterstützt wird, dass hierfür gezielte pädagogische Diagnostik eingesetzt wird, aber auch schwierige Erziehungs- und Unterrichtssituationen analysiert und alternative Gestaltungsformen für diese Prozesse entwickelt werden. Dies erfordert gezielte Fortbildungen zur Prävention im Elementarbereich unter Berücksichtigung der Erkenntnisse der Evidenzbasierung einerseits sowie auch eine intensive Auseinandersetzung mit erzieherischen Fragen jenseits vordergründiger Vorstellungen und Moralisierungen andererseits. Nicht zuletzt spielt die Zusammenarbeit mit den Eltern eine besondere Rolle, auch im Hinblick auf eine gezielte Beratung und Begleitung, was oft eine Herausforderung darstellt.

Für die bestehende und sich weiter entwickelnde integrative und inklusive pädagogische Praxis in allgemeinbildenden Schulen gilt es im Hinblick auf Verhaltensstörungen, kooperative Unterstützungskonzepte für und mit den allgemeinen Schulen zu entwickeln, auszubauen und auf ihre Wirksamkeit hin zu überprüfen. Besondere Aufmerksamkeit erhalten hierbei Fragen der Individualisierung von Lernprozessen, der Durchführung besonderer Fördermaßnahmen, der Zugrundelegung eines gegenüber dem Üblichen weiteren Verständnis von Lernen und der Entwicklung eines mehrdimensionalen Leistungsbegriffs. Eine zuverlässige und professionelle Beratung für Schüler, Lehrkräfte und Eltern sichert dies mit ab. Dazu gehört auch die Entwicklung tragfähiger Schulprogramme für eine Schulkultur, die Heterogenität angemessen impliziert, ohne der Ideologie zu unterliegen, Heterogenität sei grundsätzlich und bedingungslos wünschenswert und förderlich für alle.

Des Weiteren gilt es, die Kooperation mit außerschulischen Systemen, die Vernetzung individueller Hilfen sowie eine nachgehende Betreuung von Kindern und Jugendlichen zu realisieren, zu gewährleisten und voranzutreiben. Eine besondere Bedeutung hat dabei die Kooperation allgemeiner Schulen mit sonderpädagogischen Stützsystemen, welche Expertise im Bereich Erziehungshilfe einbringen, sowie die klare Bestimmung von Aufgaben, Rollen und Einsatzbereichen.

Im Hinblick auf eine förderschulische Intensivpädagogik für Kinder und Jugendliche mit schwerwiegenden und zeitlich langanhaltenden Beeinträchtigungen im Verhalten, mit Störungen der Emotionsregulation und in psychosozial extrem belastenden Notlagen stehen vor allem die Anbahnung des kooperativen Lernens in Gruppen sowie die Vermittlung und Einübung von Strategien der Emotionsregulation im Vordergrund. Beratung, Moderation und Mediation in komplexen Interaktionsdynamiken, aber auch Krisenintervention und die Kooperation mit außerschulischen Netzwerken sind von großer Bedeutung, um mit den betroffenen Kindern und Jugendlichen sowie zugleich für sie emotional und sozial stützende Individual- und Gemeinschaftsaufgaben zu gestalten. Einrichtungen für spezielle und intensive Maßnahmen müssen sich im Inklusionsprozess weiterentwickeln, ihr Aufgabenspektrum verändern und sich auch auf veränderte Zielgruppen einstellen.

Schließlich stellt die Integration in Arbeit und Beruf einen bedeutsamen Brennpunkt gelingender Inklusion dar, denn schulische Inklusion ist wenig hilfreich, wenn es danach zur Exklusion aus dem Arbeitsleben kommt. Auch hier gilt es, eine Fokussierung auf unbedingte unmittelbare institutionelle Inklusion in Regeleinrichtungen zu überwinden und alle Möglichkeiten zugunsten einer nachhaltigen gesellschaftlichen Integration von jungen Menschen mit Verhaltensauffälligkeiten in Betracht zu ziehen – denn die Arbeitswelt ist im Regelfall nicht durch vertieft inklusive Strukturen gekennzeichnet und wird es in absehbarer Zeit auch nicht sein. Es gilt, Menschen mit Unterstützungsbedarf die Entwicklung solcher Ressourcen zu ermöglichen, die ihnen helfen, sich eigenaktiv in Arbeit und Beruf zu integrieren – und so viele Stützstrukturen bereitzustellen, wie sie sich als notwendig erweisen, um diesen Integrationsprozess hin zu einer Berufsausbildung oder hin zu einem Studium und dann hin zu einem dauerhaften Arbeitsplatz zu flankieren. Die gute Vernetzung aller Schulen mit Bildungseinrichtungen nachschulischer Arbeits- und Berufshinführung ist dabei von essentieller Bedeutung; soweit Allgemeine Schulen dabei absehbar an Grenzen ihrer Möglichkeiten kommen, werden Spezialisten auch hier unverzichtbar sein (vgl. etwa Stein/Kranert/Wagner, 2016; Stein/Kranert/Hascher, 2020; Stein/Kranert, 2022).

Die Bemühungen um Inklusion im Förderschwerpunkt emotionale und soziale Entwicklung sind daher auch weiterhin auf spezifisches Expertenwissen angewiesen, welches nicht nur vorgehalten, sondern konsequent ausgebaut, gefördert und entwickelt werden muss. Es handelt sich um eine Expertise, die Wissen über Diagnostik und vertieftes, differenziertes Fallverstehen, Beratung, spezifische Organisationsformen, Unterrichts- und Erziehungsprozesse, entsprechende pädagogische und didaktische sowie auch therapeutische Konzepte, Interaktion und Kommunikation unter schwierigen Bedingungen beinhaltet, um in multiprofessionellen Teams sowohl personen- als auch systemorientiert handeln zu können – auch an der ›Schnittstelle‹ zwischen pädagogischem und therapeutischem Handeln. Dazu bedarf es als essentieller Grundlage der Entwicklung einer besonderen Haltung der Professionellen (Zimmermann et al., 2019; Müller, 2021, S. 190 ff.) – im Sinne einer nicht wertenden, annehmenden Empathie und der Offenheit und Sensibilität für psycho-sozio-dynamisches Prozessgeschehen – dies alles auf der Grundlage theoriegeleiteter Reflexivität. Dann stehen im Vordergrund einer sonderpädagogischen Perspektive die individuelle Welt und das Wohl des Kindes oder Jugendlichen mit emotional-sozialem Förderbedarf, was gerade für diese Gruppe von großer Bedeutung ist, da sie allzu oft keine Lobby hat. Sonderpädagogischer Auftrag ist für diesen Bereich eine besondere Anwaltschaft.

Inklusion verwirklicht sich also nicht unbedingt mit dem Verbleib von als störend empfundenen, auffälligen oder schwierigen Kindern und Jugendlichen an Allgemeinen Schulen – genauso wenig wie die Schulen für Erziehungshilfe oder andere spezialisierte Organisationsformen außerhalb der Allgemeinen Schule als Allheilmittel gelten können. Die Komplexität von gravierenderen, überdauernden Verhaltensauffälligkeiten bzw. das Bestehen eines erhöhten emotional-sozialen Förderbedarfs erfordern differenzierte Angebote für Unterricht, Erziehung und außerschulische Betreuung und Unterstützung. Die notwendige Vielschichtigkeit solcher Angebote realisiert sich nicht in einer Schulform allein, sondern in verschiedensten Institutionen und Diensten, so insbesondere in Schulen für Erziehungshilfe, mobilen Diensten, schulintegrierter Erziehungshilfe, Kompetenzzentren, Zentren für Beratung und Erziehung, Schulen für Kranke in Kinder- und Jugendpsychiatrien, Schulen im Strafvollzug – aber auch in allgemeinen Schulen und berufsbildenden Schulen, die sich täglich um eine inklusive Bildungs- und Erziehungspraxis mit Kindern und Jugendlichen mit Verhaltensauffälligkeiten bemühen. Von besonderer Bedeutung ist die Weiterentwicklung guter Verzahnungen und Vernetzungen sowie Unterstützungsstrukturen zwischen diesen Institutionen und Teilsystemen.

Ziel bleibt es, diesen Kindern und Jugendlichen Stabilität und Verlässlichkeit, Kontinuität und Orientierung, Wertschätzung und Anerkennung im Rahmen von Unterricht, Erziehung und Beratung anzubieten, wie auch immer man die Schulen, die das realisieren können, systemisch und organisatorisch verorten mag. Die Umsetzung dieser Funktionen und Aufgaben, die bislang von Schulen für Erziehungshilfe so oder in ähnlicher Weise realisiert werden, sind Ausdruck einer pädagogische Haltung, welche dem Anliegen eines weit gefassten Inklusionsverständnisses sehr nahe kommt und die an Allgemeinen Schulen nicht nur übernommen werden müsste, um in gleicher Qualität Kindern und Jugendlichen mit Auffälligkeiten des Erlebens und Verhaltens Beschulung und soziale wie emotionale Entwicklungen zu ermöglichen, sondern die sich als Ausdruck einer (veränderten) Haltung nachhaltig ausbilden und etablieren muss. Das grundsätzliche Anerkennungsmoment auch schwierigster Verhaltens- und Erlebensweisen als Ausdruck eines subjektiv bedeutsamen, wenn auch oft kontraproduktiv wirkenden Weltzugangs muss dabei mit dem Leistungs- und Verhaltensverständnis der Allgemeinen Schulen in Übereinstimmung gebracht werden.

Inklusion im Förderschwerpunkt emotionale und soziale Entwicklung realisiert sich unabhängig vom Schul- und Bildungsort da, wo Kinder und Jugendliche, die in ihrem Leben biografisch, familiär und/oder institutionell exkludiert werden, Teilhabe und Anerkennung erleben, indem sie auf- und angenommen, beschult und begleitet werden. Damit gewinnen sie einen wesentlichen Anteil an Bildung und Erziehung, an persönlicher Wertschätzung und sozialer Anerkennung – und erfahren somit Inklusion.

## Literatur

Bernhardt, Robert: Lebenslagen ehemaliger Förderschüler. Bad Heilbrunn: Klinkhardt, 2010

Bojanowski, Arnulf/Eckert, Manfred (Hrsg.).: Black Box Übergangssystem. Münster: Waxmann, 2012

Müller, Thomas: Basiswissen Pädagogik bei Verhaltensstörungen. München: Ernst Reinhardt, 2021

Paone, Alessandra (2023): Separierter Unterricht muss wieder möglich sein. In: Der Bund, 28.01.2023, S. 3

Stein, Roland/Kranert, Hans-Walter (Hrsg.): Psychische Belastungen in der Berufsbiografie. Interdisziplinäre Perspektiven. Bielefeld: wbv, 2022

Stein, Roland/Kranert, Hans-Walter/Hascher, Philipp: Gelingende Übergänge in den Beruf. Bielefeld: wbv, 2020

Stein, Roland/Kranert, Hans-Walter/Wagner, Stephanie: Inklusion an beruflichen Schulen. Bielefeld: wbv, 2016

Storck, Joachim/Plößl, Irmgard (Hrsg.): Handbuch Arbeit. Wie psychisch kranke Menschen in Arbeit kommen und bleiben. Bonn: Psychiatrie-Verlag, $^{3}$2015

Zimmermann, David/Fickler-Stang, Ulrike/Dietrich, Lars/Weiland, Katharina (Hrsg.): Professionalisierung für Unterricht und Beziehungsarbeit mit psychosozial beeinträchtigten Kindern und Jugendlichen. Bad Heilbrunn: Klinkhardt, 2019

# Autorenverzeichnis

*Univ.-Prof. Dr. Gino Casale*, Lehrstuhl für Methodik und Didaktik in den Förderschwerpunkten Lernen sowie emotionale und soziale Entwicklung, Bergische Universität Wuppertal, Gaußstraße 20, 42119 Wuppertal

*Univ.-Prof. Dr. Thomas Hennemann*, Lehrstuhl für Erziehungshilfe und sozialemotionale Entwicklungsförderung, Universität zu Köln, Department Heilpädagogik und Rehabilitation, Klosterstr. 79c, 50931 Köln

*Univ.-Prof. Dr. em. Birgit Herz*, Lehrstuhl für Pädagogik bei Verhaltensstörungen, Universität Hannover, Institut für Sonderpädagogik, Schloßwender Straße 1, 30159 Hannover

*Univ.-Prof. Dr. Clemens Hillenbrand*, Lehrstuhl für Pädagogik und Didaktik bei Beeinträchtigungen des Lernens, Universität Oldenburg, Institut für Sonderpädagogik und Rehabilitation, Ammerländer Heerstr. 114–118, 26129 Oldenburg

*Univ.-Prof. Dr. Christian Huber*, Lehrstuhl für Rehabilitationswissenschaften mit dem Förderschwerpunkt Emotional-soziale Entwicklung, Universität Wuppertal, Institut für Bildungsforschung, Rainer-Gruenter-Straße 21, 42119 Wuppertal

*Prof. Pierre-Carl Link*, Professur für Erziehung und Bildung im Feld sozio-emotionaler und psychomotorischer Entwicklung, Interkantonale Hochschule für Heilpädagogik Zürich, Institut für Verhalten, sozio-emotionale und psychomotorische Entwicklungsförderung, Schaffhauserstrasse 239, Postfach 5850, 8050 Zürich

*apl. Prof. Dr. Thomas Müller*, Lehrstuhl für Pädagogik bei Verhaltensstörungen, Universität Würzburg, Institut für Sonderpädagogik, Wittelsbacherplatz 1, 97074 Würzburg

*Univ.-Prof. Dr. Heinrich Ricking*, Professur für Emotionale und soziale Entwicklung unter Berücksichtigung sonderpädagogischer Förderung und inklusiver Kontexte, Marschnerstraße 29d/e, 04109 Leipzig

*Univ.-Prof. Dr. Roland Stein*, Lehrstuhl für Pädagogik bei Verhaltensstörungen, Universität Würzburg, Institut für Sonderpädagogik, Wittelsbacherplatz 1, 97074 Würzburg

*Univ.-Prof. Dr. Marc Willmann*, Lehrstuhl für Pädagogik bei Gefühls- und Verhaltensstörungen mit dem Schwerpunkt schulische Erziehungshilfe, Martin-Luther-Universität Halle-Wittenberg, Philosophische Fakultät III Erziehungswissenschaften, Franckeplatz 1, Haus 31, 06099 Halle (Saale)

*Univ.-Prof. Dr. David Zimmermann*, Lehrstuhl für Pädagogik bei psychosozialen Beeinträchtigungen, Humboldt-Universität Berlin, Institut für Rehabilitationswissenschaften, Georgenstr. 36, 10099 Berlin